말씀과 기도가 있는 구역 만들기 17

믿음의 유산을 잇는 사람들

| **정명철** 지음 |

쿰란출판사

머리말

우리 교회는 올해 창립 백 주년입니다. 하나님의 은혜가 늘 풍성하게 부어졌기에 오늘까지 이를수 있었습니다. 우리는 백 주년을 맞이하며 백 주년에 걸맞는 감사를 드리고 하나님께 영광을 돌리는 한 해가 되어야 하겠습니다.

또한 오늘이 있기까지 눈물로 기도하고 헌신한 많은 성도들이 있습니다. 한 사람, 한 사람의 헌신을 통해 도림교회가 여기까지 올 수 있었습니다. 일제 강점기의 고난, 6.25전쟁 시기에 겪었던 아픔들, IMF라는 경제적 위기, 코로나로 인해 찾아온 한국 교회의 위기를 지나 최근에는 미국의 경제정책으로 인해 나라가 흔들리고 걱정을 하고 있습니다.

이러한 큰 고난 속에서도 우리 신앙의 선조들은 믿음을 굳게 지켜 부흥하는 교회의 비전을 한국 교회에 남겼습니다. 우리는 이 믿음의 유산을 이어나가고 더 나아가 새 시대 새 부흥의 주인공들이 되어야겠습니다.

코로나 이후 멈추었던 모든 프로그램들이 다시 시작되었습니다. 얼마나 감사한 일인지 모릅니다. 이것은 그저 된 일이 아니라 눈물을 흘리며 씨를 뿌린 성도들이 있었기 때문에 가능한 일입니다. 하나님께서는 기쁨으로 그 단을 거두리라고 약속해 주셨습니다. 백 주년을 맞아 감사와 찬양으로 하나님께 영광을 돌릴 때 하나님께서는 분명히 더 좋은 계획으로 새로운 백 년을 우리에게 주실 것입니다.

코로나 시기에 멈추었던 예배의 회복과 함께 말씀의 회복이 있기를 바라며 이 책을 준비했습니다. 말씀을 더 많이 먹고 더 가까이하고 더 사랑하며 사모하는 한 해가 되기를 원합니다. 이 책이 나오기까지 출판을 도와주신 쿰란출판사와 모든 분들께 감사를 드립니다.

2025년 12월

정명철 목사

차례

1

나는 믿노라 하나님이 함께하심을

본 문: 여호수아 1장 9절(구 320쪽)
찬 송: 545장(이 눈에 아무 증거 아니 뵈어도, 통 344장)
요 절: "내가 네게 명령한 것이 아니냐 강하고 담대하라 두려워하지 말며 놀라지 말라 네가 어디로 가든지 네 하나님 여호와가 너와 함께하느니라 하시니라"(수 1:9)

새해 첫 주일입니다. 하나님께 예배드리며 한 해를 출발하는 여러분을 축복합니다. 하나님께서는 우리 모두에게 새해를 주셨습니다. 지난해에 실패한 일이 있었든지, 마음 상한 일이 있었든지 상관이 없습니다. 새해는 새롭게 시작하는 것입니다.

예수님께서는 '새 술은 새 부대에'라는 유명한 비유를 들려주셨습니다. 유대인들은 포도주를 항아리나 가죽 부대에 넣어 보관하는데 새 가죽 부대는 신축성이 있습니다. 그래서 포도주가 발효가 되어 팽창하여도 함께 늘어납니다. 그러나 오래된 가죽 부대는 딱딱해져서 여기에 새 포도주를 넣으면 발효가 되고 신축성이 없어 그만 터져 버리고 맙니다. 그래서 가죽 부대도 포도주도 다 못 쓰게 된다는 예수님의 비유입니다. 새로운 은혜와 축복을 누리기 위해서는 우리의 마음이 먼저 새로워져야 한다는 뜻입니다.

새해에 여러분은 어떤 마음으로 첫 예배에 참여하셨습니까? 새해에는 '내가 하나님 기뻐하시는 삶을 살자', '믿음으로 기도하여 응답받는 축복의 한 해가 되자', '교회를 위하여 뜨겁게 봉사하자' 하는 마음을 모두가 가지고 소망 가운데 예배에 참여하였을 줄 압니다. 첫 출발이 중요합니다. 여러분 모두 아름다운 소망을 가지고 1년 동안 마음의 소원을 이루는 축복이 있기를 바랍니다.

오늘 말씀은 우리가 1년 동안 함께 주제로 삼고 살아갈 표어의 말씀입니다. 여호수아는 이제 이스라엘의 지도자가 되어 새로운 출발을 하는 출발선에 서 있습니다. 지금까지는 모세가 이스라엘 백성들을 인도해 왔습니다. 모세는 이스라엘 역사상 불세출의 지도자입니다. 그는 신분이 이집트의 왕자 출신입니다. 노예들과 비교할 때 배운 것도 많고 군사와 정치와 경제에 두루 훈련을 받은 사람입니다. 더구나 지팡이 하나 들고 애굽왕 파라오와 대결하여 이스라엘 백성들을 출애굽시킨 민족의 지도자입니다.

홍해가 가로막을 때 기도하여 바닷물을 연 사람입니다. 그가 지팡이로 반석을 칠 때 광야의 반석에서 샘물이 터져 나왔습니다. 하나님께서 이스라엘 백성들을 치시려 하실 때 "차라리 내 이름을 생명책에서 지워주옵소서"라고 하나님 앞에 간구할 만큼 백성들을 사랑하는 사람입니다. 고라와 그 무리들이 반역할 때 지진이 일어나 땅이 갈라지고 불이 그들을 좇아 모두 죽임을 당하기도 했습니다. 심지어 그의 누이 미리암이 대적하려 할 때에 미리암의 정수리로부터 하얗게 나병이 일어나기도 했습니다.

이런 지도자에게도 이스라엘 백성들은 늘 불평했고 배신을 했습니다. 모세에 비하면 여호수아는 모세의 수종자입니다. 요즘으로 말하면 비서입니다. 노예 생활하다가 광야 생활한 것이 그의 이력의 전부입니다. 그런데 왜 하나님께서는 여호수아를 이스라엘 민족의 지도자로 삼으셨습니까? 다른 것을 보신 것이 아닙니다. 그는 믿음의 사람이었기 때문입니다. 하나님께서는 오늘도 믿음의 사람을 세상 모든 사람 가운데 가장 귀하게 여기시고 믿음의 사람을 사용하셔서 하나님의 일을 이루어 가십니다. 믿음으로 사는 교회를 통하여 세상을 변화시키십니다. 하나님을 믿는다는 것은 하나님께서 이 땅의 주재이심을 믿는다는 뜻입니다. 그러므로 여러분은 세상이 어렵고 우리를 두렵게 하여도 흔들리지 말고 담대하게 살아가시기를 바랍니다.

40년 전 이스라엘 백성들이 가나안 땅을 정탐할 때 각 지파의 대표 열둘을 정탐꾼으로 보냈습니다. 그때 열 명의 정탐꾼은 부정적인 보고를 합니다. 한마디로 가나안 사람들은 크고 장대하고 우리는 그들 앞에 메뚜기 같으니 그들 보기에도 그랬을 것이라는 것입니다. 우리는 이길 수 없다는 부정적인 보고를 합니다. 이 말을 들은 백성들이 한 사람, 한 사람 웅성거리기 시작합니다. 그리고 우는 사람들이 생겼습니다. 밤새 이스라엘 백성들이 통곡했습니다. 그러고 나서 이들은 하나님과 모세를 원망합니다. 우리가 차라리 애굽의 노예로 있는 것이 더 나았다, 괜히 자유인이 되었다는 것입니다. 거기서 더 나아가 이들은 돌을 들고 모세와 아론을 죽이려 했습니다. 그때 믿음의 사람 여호수아와 갈렙은 분노하여 옷을 찢으며 "이 땅은 하나님께서 우리와 우리 자손에게 약속해 주신 땅이다. 올라가서 정복하자"라고 외쳤습니다.

하나님은 믿음이 없는 이스라엘 백성들에게 가나안 땅을 주시기를 원하시지 않으셨습니다. 그러나 믿음의 사람 여호수아와 갈렙을 기억하셨습니다. 그리고 두 사람을 귀하게 키워주십니다. 그들은 장차 가나안 땅의 두 영웅이 됩니다. 하나님께서 무엇을 귀하게 여기십니까? 하나님께서는 믿음을 가장 귀하게 여기십니다. 내가 세상에서 무엇을 하고 무엇을 가지고 있고를 중요하게 생각하시지 않습니다.

세상의 모든 것이 하나님의 주재 아래 있는 것이요, 세상의 모든 지식도 믿음 앞에는 아무것도 아닙니다. 지식이 우리를 살리는 것이 아니라 믿음이 살립니다. 믿음은 하나님의 영광을 드러내게 합니다. 믿음은 세상의 능력으로 어떻게 할 수 없는 것도 치료하여 주십니다. 하나님은 다른 것을 보시는 것이 아니라 믿음을 보십니다. 그래서 주님도 병자들을 치유하실 때 "네 믿음대로 되리라" 하셨습니다.

이스라엘 백성들이 처음에는 믿음으로 출발했는데, 광야 생활을 하면서 믿음이 사라져 버렸습니다. 그로 인해 이스라엘 역사는 40년을 후퇴했습니다. 사실은 40년 동안 광야에서 믿음의 훈련을 다시 받은 것입니다. 그리고 하나님께서 이제는 가나안 땅을 차지할 때가 되었다고 보셨을 때 모세를 데려가시고 대신 여호수아를 지도자로 세우십니다. 이때 여호수아는 답답했을 것입니다. 두렵고 자신이 없었을 것입니다. '모세도 감당하지 못한 이스라엘 백성들을 내가 어떻게 감당할 수 있을까?' 하는 생각에 마음이 힘들었습니다.

지금 앞에는 요단 강물이 넘실대고 있습니다. 우기라서 요단강이 넘쳐 흐르는 시기입니다. 가나안으로 갈 수 없습니다. 여기 계속 머물러 있다가는 지금 광야에서 백성들은 또 웅성거리고 불평이 일어날 것입니다. 두려워합니다.

여호수아 1장에 보면 하나님께서는 여호수아에게 말씀하시기를

"모세는 죽었다. 이제 너는 모든 백성들과 요단을 건너 내가 주는 땅으로 가라. 내가 그 땅을 너희에게 주겠다. 강하고 담대하라. 단 율법을 지켜 행하고 좌로나 우로나 치우치지 말라. 율법책을 네 입에서 떠나지 말게 하며 주야로 묵상하여 그 안에 기록한 대로 다 지켜 행하라. 그리하면 네 길이 평탄하고 형통할 것이다"라고 하십니다.

그리고 주신 마지막 말씀이 오늘 읽은 9절의 말씀 "내가 네게 명령한 것이 아니냐 강하고 담대하라 두려워하지 말며 놀라지 말라 네가 어디로 가든지 네 하나님 여호와가 너와 함께하느니라 하시니라" 입니다. 하나님께서는 여호수아에게 무기를 점검하고 작전을 준비하라 하신 것이 아닙니다. "강하고 담대하라 두려워하지 말며 놀라지 말라" 하십니다. 마음의 준비, 영적 준비를 명하십니다.

하나님의 말씀을 보면 지금 여호수아가 두려워하고 있음에 틀림이 없습니다. 여호수아는 가나안 땅을 정탐할 때에도 하나님께서 우리에게 주셨다고 담대히 외쳤던 믿음의 사람입니다. 아말렉과 싸울 때에도 앞장서 싸운 사람입니다. 모세가 십계명을 받기 위해 시내산에 올라갔을 때에도 믿음으로 회막을 40일간 지킨 사람입니다. 그런데 지금 떨고 있습니다.

사실 가나안 땅보다 불평하는 이스라엘 백성들을 통솔하는 것이 더 두려웠을 것입니다. 그러나 하나님은 여호수아에게 "내가 네게 명령한 것이라"고 말씀하십니다.

하나님께서는 가나안 땅을 주시겠다고 아브라함에게, 이삭에게, 야곱에게 말씀하셨습니다. 모세에게도 약속하셨고, 여호수아에게도 약속하십니다. "내가 네게 약속했다. 나는 약속을 지킨다." 지금 하나님은 여호수아에게 이 약속을 상기시켜 주시고 계십니다.

하나님은 약속을 지키시는 분이십니다. 하나님의 약속은 절대 변하지 않습니다. 문제는 그 약속의 축복을 받을 그릇이 우리에게 준비되어야 하는 것입니다. 사람은 늘 변합니다. 실수하고 시험에 빠지기도 합니다. 그래서 하나님께서는 여호수아에게 승리의 비결을 말씀해 주십니다. 그것이 본문 바로 앞 7-8절의 말씀입니다.

첫째는 "네게 명령한 그 율법을 다 지켜 행하고 좌로나 우로나 치우치지 말라 그리하면 어디로 가든지 형통하리니"라는 약속입니다. 이 약속의 말씀들이 2024년도를 살아가는 우리 도림의 성도들에게 임하고 이루어지기를 바랍니다. 말씀대로 살면 됩니다. 말씀대로 살면 다른 길로 가지 않습니다. 그러므로 우리는 하나님의 약속대로 어디로 가든지 형통하게 될 줄 믿습니다.

둘째는 "율법책을 네 입에서 떠나지 말게 하며 주야로 그것을 묵상하여 그 안에 기록된 대로 다 지켜 행하라 그리하면 네 길이 평탄하게 될 것이며 네가 형통하리라"는 약속입니다. 올 한해 하나님의 말씀을 늘 곁에 두십시오. 올 한해 매일 말씀을 읽고 듣고 큐티하십시오. "내가 말씀대로 순종하겠나이다" 하고 고백하십시오. 그러면 우리의 길이 평탄하게 될 것이고 어디로 가든지 형통하게 될 줄 믿습니다.

여호수아에게 주신 약속의 말씀은 우리에게도 주시는 약속입니다. 이 두 가지를 지킬 것을 명하시며 하나님께서는 "강하고 담대하라 두려워하며 놀라지 말라" 하십니다. 그리고 하나님은 여호수아에게 "네가 어디로 가든지 네 하나님 여호와가 너와 함께하느니라" 약속을 주셨습니다.

여호수아는 이 약속을 듣자마자 백성들을 모으고 즉시 백성들에게 선포합니다. "양식을 준비하라. 사흘 안에 우리가 요단강을 건너 하나님께서 주시는 땅을 차지하러 들어갈 것이라"고 선포합니다. 사실 이 선포는 불가능에 도전하는 선포입니다.

이 믿음의 고백 앞에 백성들도 16-18절에 또한 믿음의 고백을 합니다.

> "그들이 여호수아에게 대답하여 이르되 당신이 우리에게 명령하신 것은 우리가 다 행할 것이요 당신이 우리를 보내시는 곳에는 우리가 가리이다 우리는 범사에 모세에게 순종한 것같이 당신에게 순종하려니와 오직 당신의 하나님 여호와께서 모세와 함께 계시던 것 같이 당신과 함께 계시기를 원하나이다 누구든지 당신의 명령을 거역하며 당신의 말씀을 순종하지 아니하는 자는 죽임을 당하리니 오직 강하고 담대하소서" (수 16:18).

백성들도 바뀐 것입니다. 이제 가나안 땅의 축복을 받을 자격이 있는 백성들이 된 것입니다. 하나님은 어떻게 약속을 지키십니까? 제사장들이 언약궤를 메고 요단강에 들어설 때에 넘실대던 요단 강물이 끊어졌습니다. 요단 강물이 멈추어 서는 것을 보면 생각나는 것이 있지 않습니까?

이스라엘 백성들이 애굽의 노예로 있다가 나올 때에 하나님께서는 홍해를 둘로 가르시고 마른 땅이 되게 하셨습니다. 이제 가나안 땅으로 들어가야 하는데 그저 되는 것이 아닙니다. 가나안 족속들과 싸워 이겨야 합니다. 싸움도 안 해본 노예들이 이런 일을 할 수 없습니다. 그래서 하나님께서는 기적을 보여주셔서 이들에게 믿음으로 살 것을 요구하신 것입니다. 그럼에도 이들은 광야에서 늘 불평만 하다가 여호수아와 갈렙 이외에는 모두 광야에서 죽었습니다. 그런데 지금 요단강 앞에 서 있는 백성들은 홍해의 기적을 체험하지 못한 세대입니다. 90세가 넘은 여호수아와 갈렙만이 홍해의 기적을 보았습니다.

하나님께서는 가나안을 주시기 전에 이들의 믿음을 강하게 하기 위하여 요단강이 갈라지는 기적을 다시 보여주신 것입니다. 가나안 땅에 들어가자마자 여리고 성을 매일 돌고 일곱째 날에 일곱 바퀴를 돌며 함성을 지른 것은 그저 된 것이 아닙니다. 여리고 성의 거민들이 성문을 닫고 나오지 못한 것도 다 이유가 있습니다.

이들은 요단강을 가르고 넘어온 하나님이 함께하는 기적의 백성들의 소문을 듣고 이들과 싸우기를 두려워한 것입니다. 이스라엘 백성들도 이 기적을 체험하고 나니 하나님 명령대로 말도 안 되는 여리고 성을 도는 명령에 순종한 것입니다. 하나님께서 약속하신 대로 여호수아와 함께하신 것입니다.

아모리 족속의 다섯 왕의 연합군과 싸울 때에도 성경에 자연의 현상을 거스르는 기브온에 태양이 멈추는 사건이 일어납니다. "여호와께서 사람의 목소리를 들으신 이같은 날은 전에도 없었고 후에도 없었나니 이는 여호와께서 이스라엘을 위하여 싸우셨음이니라"(수 10:14)고 성경은 기록하고 있습니다. 하나님께서는 여호수아에게 약속하신 대로 함께하셨고 여호수아는 하나님의 약속을 믿고 가나안 땅을 차례로 정복해 나갔습니다. 오늘도 하나님께서 원하시는 사람은 땅에 살아도 하나님의 약속을 믿고 살아가는 사람들입니다. 그런 사람들을 통해 하나님이 일을 이루어 나가십니다. 세상의 나라는 영원하지 않습니다. 그러나 하나님의 나라는 영원합니다. 세상의 기업도 영원하지 않습니다. 그러나 주님을 기업으로 삼는 가정은 영원합니다. 하나님의 약속이 함께하기 때문입니다.

하나님께서는 약속을 주시며 여호수아에게 하나님의 말씀을 지키며 주야로 묵상할 것을 명하셨습니다. 이 약속은 우리에게도 마찬가지입니다. 여러분의 심령이 새해에 하나님의 말씀으로 가득 채워지기를 바랍니다. 하나님의 말씀으로 시작하고 하나님의 말씀으로 행복해지기를 원합니다. 그것이 축복의 씨앗을 뿌리는 것입니다. 세상은 늘 어려움이 찾아올 것이라 이야기합니다. 긍정으로 이야기한 적이 거의 없습니다. 그러나 믿음의 사람들은 두려워할 것이 없습니다. 질병의 문제, 가정의 문제, 물질의 문제, 여러 가지 요단강이 우리 앞에 가로막고 있습니다. 하나님의 약속을 믿고 담대히 걸어가십시오. 하나님이 지켜주십니다.

오늘 주신 말씀을 나의 신앙고백으로 함께 읽겠습니다. "내가 네게 명령한 것이 아니냐 강하고 담대하라 두려워하지 말며 놀라지 말라 네가 어디로 가든지 네 하나님 여호와가 너와 함께하느니라 하시니라." 이 말씀이 모두 이루어지는 도림교회 성도들의 한 해가 되시기를 바랍니다.

적 용

ⓐ 오늘 말씀의 주제 파악하기:

ⓑ 오늘 말씀 중 은혜받은 부분 나누기:

ⓒ 삶에 구체적으로 적용하기:

함께 드리는 기도제목

1. 믿음으로 담대하게 살아가는 한 해가 되게 하소서.
2. 하나님의 말씀을 주야로 묵상하는 한 해가 되게 하소서.
3. 하나님의 약속을 굳게 붙잡고 순종하는 한 해 되게 하소서.

2

너도 이와 같이 하라

- **본 문:** 누가복음 10장 33-37절(신 110쪽)
- **찬 송:** 511장(예수 말씀하시기를, 통 263장)
- **요 절:** "네 생각에는 이 세 사람 중에 누가 강도 만난 자의 이웃이 되겠느냐 이르되 자비를 베푼 자니이다 예수께서 이르시되 가서 너도 이와 같이 하라 하시니라"(눅 10:36-37)

성경에는 예수님께서 우리에게 지켜야 할 많은 명령을 주셨습니다. 그중에 선교는 우리 주님의 최후 지상명령이요, 대명령(Great Commission)이라 합니다. 가장 큰 명령이라는 뜻입니다. 교회의 존재 목적은 복음을 전하는 것이요, 성도의 가장 큰 사명이 선교입니다.

그러므로 하나님께서는 복음을 전하는 교회, 선교에 힘쓰는 성도들을 가장 크게 기뻐하십니다. 예수님께서는 눅 19장 10절에 "인자가 온 것은 잃어버린 자를 찾아 구원하려 함이니라"고 말씀하셨습니다. 예수님께서 우리를 위해 오셔서 십자가에 달리신 그 이유가 복음이 전파되고 구원의 역사를 이루시기 위하여 오셨다는 말입니다. 선교는 영혼을 살리는 일입니다.

영원히 죽을 영혼을 살리는 일보다 더 귀한 일이 어디 있습니까? 오늘 한국 교회뿐 아니라 세계 교회가 코로나 팬데믹 이후 전쟁과 기근으로 어려움을 겪고 있습니다. 그동안 세계 교회는 부한 교회가 가난한 교회들을 많이 도왔습니다. 그런데 코로나가 오면서 선교비가 줄고 있습니다. 이것은 사실 선교의 열정이 줄어든 것입니다.

세계 역사를 보면 교회는 한 번도 쉰 적이 없었습니다. 고난 가운데, 핍박 가운데 있었지만, 복음 전하는 일은 중단하지 않았습니다. 선교는 사랑 없이는 안 됩니다. 하나님께서는 세상을 너무나 사랑하셔서 에덴동산의 회복을 원하시고 예수님을 이 땅에 십자가에 내어주셨습니다. 예수님께서도 우리를 너무나 사랑하셔서 친히 십자가를 감당하셨습니다. 그리고 부활 승천하시면서 우리에게 남은 이 일을 부탁하셨습니다.

선교는 나의 것을 희생해야 합니다. 남는 것 가지고 하는 것이 아닙니다. 적절히 분배하는 것도 아닙니다. 예수님의 가장 큰 명령이기 때문에 힘을 다하여 순종해야 하는 것입니다. 그래서 우리 교회는 다른 헌금을 작정하지 않아도 1년에 한 차례 선교헌금은 정해놓고 작정주일을 가집니다.

십일조는 하나님께서 약속하신 축복의 헌금이기에 여러분이 각자가 알아서 할 일입니다. 하나님은 네가 시험하여 보라고 말씀하셨습니다. 감사헌금도 감사하는 자가 알아서 드리는 것이기에 작정하지 않습니다. 그러나 선교의 헌금은 주님의 지상명령이기에 이 명령에 순종하기 위해 모두가 반드시 참여해야 하는 것입니다. 이 헌금을 통해 세계 곳곳의 불쌍한 영혼들이 구원을 받고, 가난한 교회들이 새 힘을 얻고 하나님께 영광을 돌리는 것입니다.

오늘 말씀에 예수님께서 주신 선한 사마리아인의 비유가 나옵니다. 이 비유의 배경은 한 율법사가 예수님을 시험하려고 질문을 합니다. "어떤 율법교사가 일어나 예수를 시험하여 이르되 선생님 내가 무엇을 하여야 영생을 얻으리이까"(25절). 예수님께서는 "율법에 무엇이라 기록되었느냐? 네가 어떻게 읽느냐?"라고 물으십니다. 율법사는 지식이 해박합니다. 율법에 기록된 대로 "마음과 목숨과 힘과 뜻을 다하여 하나님을 사랑하고 이웃을 자신같이 사랑하라 했습니다"라고 대답합니다. 예수님께서는 "네 대답이 옳다. 행하라. 그러면 살리라"고 말씀하셨습니다.

이 율법사는 자기를 옳게 보이려고 "그러면 내 이웃이 누구입니까?" 하고 또 질문을 합니다. 이때 예수님은 대답하지 않으시고 한 이야기를 들려주십니다. "예루살렘에서 여리고로 내려가던 한 사람이 강도를 만나 거의 죽게 되었다. 이때 길을 지나가던 제사장이 못 본체 지나갔고, 레위사람도 못 본체 지나갔다. 그런데 여행 중이던 사마리아 사람이 그를 불쌍히 여겨 치료해 주고 자기 짐승에 태워 주막으로 데리고 와 돌보아 주었다. 떠나면서 주막 주인에게 데나리온 둘을 주며 혹시 비용이 더 들면 내가 돌아올 때 갚겠다"라고 했다는 예수님의 이야기입니다.

오늘 성경에 여러 종류의 사람들이 나옵니다. 맨 처음에 질문한 율법사는 성전의 일을 맡은 사람입니다. 지도자입니다. 그런데 이 사람은 예수님을 시험하려고 질문을 했다고 성경은 분명히 기록하고 있습니다. 의도가 잘못되었습니다. 예수님은 율법사의 악한 마음을 이미 아셨습니다. 율법적인 답변 이외의 것에 대해 공격하려는 의도를 가진 것입니다. 그래서 예수님은 답변하지 않으시고 오히려 질문을 하시면서 율법사의 해박한 지식을 자랑하게 하십니다. 사실 율법사의 대답은 영생에 대한 정확한 답변은 아니었습니다. 그럼에도 예수님은 "네가 옳다. 그러면 그렇게 하라" 하시며 사마리아인의 비유를 통해 율법사의 의도를 무너뜨리십니다.

율법사는 자신을 중심으로 이웃이 누구인가 하는 생각이 있었습니다. 그런데 예수님은 강도 만난 사람을 이야기하며 "누가 이웃인가?" 하고 물으십니다. 고난을 당하는 자, 도움을 필요로 하는 자, 죽어 가는 자와 함께하는 자가 이웃이라는 것입니다.

두 번째로 제사장이 나옵니다. 제사장은 레위 지파로 하나님께 제사드리는 일을 맡은 성별된 사람들입니다. 세 번째 사람인 레위인도 시체나 부정한 것을 만지면 역시 부정하게 되기 때문에 죽어 가는 사람을 외면했을 수 있습니다. 예수님은 이 이야기 속에 이미 진실을 말씀하고 있습니다. 이들이 종교적인 이유 때문에 피한 것이 아니라 사실은 나도 죽을까 두려웠기 때문입니다. 백성들을 살리라고 부름받은 사람들임에도 불구하고 이들은 백성을 위하여 자신은 희생하지 않으려 했다는 말입니다. 강도 만난 사람을 데리고 가면 또 어떻게 할 것입니까? 내가 책임져야 합니다. 물질적 손해도 감수해야 합니다. 그것이 싫었기 때문입니다.

세 번째 사람인 사마리아인이 나옵니다. 사마리아 사람들은 앗시리아 정복기에 앗시리아에 의해 강제로 혼혈이 된 민족입니다. 그래서 유대인들에게 탄압을 받고 차별을 받았습니다. 유대인들은 이들을 성전에도 들어오지 못하게 했습니다. 이 사마리아인의 혈통을 이어받은 이들이 지금도 800명 정도 공동체 생활을 하고 있습니다. 이들은 지금도 철저하게 율법을 지키며 삽니다. 이 사마리아인이 지금까지의 사람들과 다른 것은 불쌍히 여겼다는 것입니다. 당시 이곳은 유대 지역이었기 때문에 강도 만난 사람은 유대인이었을 가능성이 높습니다. 그런데 사마리아인은 그런 것을 묻지 않았습니다. 그저 불쌍히 여겼습니다. 그래서 가까이 다가가 기름과 포도주를 상처에 붓고 응급 치료를 합니다. 다친 곳을 싸매고 자기 짐승에 태워 주막으로 데리고 가서 돌보아 주었습니다. 길을 떠나며 주막 주인에게 데나리온 둘을 주며 부탁을 하고 혹시 비용이 모자라면 돌아오는 길에 갚겠다고까지 합니다.

예수님은 율법사에게 "율법에 어떻게 기록되었으며 너는 어떻게 읽느냐?"라고 질문하셨는데 율법사는 기록된 것만 대답했습니다. 예수님께서는 율법사의 대답에 대해 강도 만난 사람의 이야기를 통해 설명해 주시고 있는 것입니다.

우리가 아는 것과 행하는 것은 다릅니다. 이웃이 어려움을 당하는 것을 아는 사람은 많습니다. 구체적인 통계를 내고 지식을 자랑하는 사람도 있습니다. 한국 교회가 어렵다고 말하는 사람도 많습니다. 다 알고 있지만 행하는 것은 다릅니다. 여기에는 희생과 헌신이 뒤따르기 때문입니다.

예수님이 지금 어떻게 읽느냐고 물으시는 것은 "네가 잘 안다고 하는데 이들을 생각하며 아파하고 너의 것을 희생하며 드리고 있느냐?" 하는 질문입니다. 당시 제사장과 레위인들이 겉으로는 율법을 가장 잘 지키고 하나님을 사랑하는 것 같았지만 이들은 껍질뿐이었습니다. 그래서 예수님은 이들을 향하여 회칠한 무덤이라 책망하신 것입니다.

예수님은 율법사에게 "네가 생각할 때 이 세 사람 중에 누가 강도 만난 자의 이웃이 되겠느냐?"라고 물으셨습니다. "자비를 베푼 자니이다." 율법사가 대답할 때에 예수님은 "가서 너도 이와 같이 하라"고 말씀하셨습니다. 사실은 우리가 강도 만난 사람임을 기억해야 합니다. 우리는 죽어 가던 사람이었습니다. 희망이 없는 민족이었습니다. 그런데 예수님께서 대한민국에 찾아오셨습니다.

수많은 선교사들이 이 땅에 와서 복음을 전하다가 수백 명 이상이 죽었습니다. 그것이 헛된 것입니까? 아닙니다. 하나님은 그 헌신과 희생을 귀하게 여겨 주셨습니다. 그래서 오늘의 대한민국 교회가 전 세계에 복음을 전하는 교회로 세워진 것입니다. 이것이 기적입니다. 이스라엘 백성들이 애굽에서 출애굽하는 기적을 체험한 것처럼 하나님의 역사는 우리 대한민국에 놀라운 기적을 주셨습니다.

오늘 우리가 이렇게 배부르게 먹고, 자녀들을 가르치고 살 수 있는 것이 기적인 것을 잊지 않고 감사하는 백성들이 되어야 합니다. 이 놀라운 은혜를 주신 것은 이유가 있습니다. 가서 너도 이와 같이 하라는 것입니다. 우리가 복음의 빚을 졌으니 그 빚을 갚으라는 것입니다. 하나님께서는 복음을 전한 자들을 귀하게 여겨 주십니다. 그 후손들을 반드시 복 주십니다.

우리 교회는 2009년에 세 분의 선교사를 섬기기 시작했습니다. 그리고 계속해서 늘어났습니다. 지난 주일에 함께 본 영상을 보니 200여 곳에 가까운 교회와 선교사님들을 우리가 섬기고 있었습니다. 매해 기도한 대로 늘어났습니다. 우리 교회도 매해 부흥했습니다. 코로나 기간 중에 교회가 부흥이 멈추고 거꾸로 줄고 있다는 보도 가운데에도 우리 교회는 계속 부흥했습니다. 이번 주에 사랑의 저금통을 결산해 보니 또 지난해보다 더 많이 드려졌습니다. 감사헌금이나 선교헌금이나 십일조나 한 번도 지난해보다 적은 적이 없습니다. 17년 동안 한 번도 지난해보다 줄지 않고 더 드려지는 것은 거저 되는 일이 아닙니다. 하나님께서 이웃을 도우라고, 선교지를 도우라고 우리에게 복을 주신 것을 잊어서는 안 됩니다. 우리 교회는 기적의 교회입니다.

우리를 기적의 교회로 세우신 것은 다른 것보다 우리를 하나님의 일에 귀하게 쓰시려고 택하신 것이 놀랍고 감사한 일입니다. 앞으로도 계속해서 기적을 주실 것입니다. 홍해가 갈라진 것도 믿고, 오병이어의 기적도 믿는 우리가, 죽은 나사로가 다시 살아났다는 사실도 믿는 우리가, 나도 장차 부활할 것을 믿는 우리가 무엇을 못 믿겠습니까? 문제는 우리가 순결한 믿음을 가질 때입니다. 그러면 우리가 알 수 없는 비밀한 하나님의 방법으로 반드시 우리를 복 주시고 지켜주실 줄로 믿습니다. 저는 기도할 때에 "하나님! 부산에서, 광주에서, 대구에서 신실한 교인들이 이사 오면 다 우리 교회 보내주세요" 하고 기도합니다.

물론 하나님을 알지 못하는 새 가족을 가장 많이 전도하는 우리 교회이기에 이런 축복도 주셔서 더 크게 일을 할 수 있도록 복을 달라는 기도입니다. 교회도 복을 받아야 하고 성도들도 복을 받아야 합니다. 그리고 더 크게 일해야 합니다. 우리로 인하여 하나님의 영광이 온 땅에 퍼져 나가야 합니다. 성도 여러분, 여러분은 선한 사마리아인입니까? "가서 너도 이와 같이 하라"는 주님의 말씀에 순종하는 우리 모든 성도들이 되시기를 바랍니다.

적 용

ⓐ 오늘 말씀의 주제 파악하기:

ⓑ 오늘 말씀 중 은혜받은 부분 나누기:

ⓒ 삶에 구체적으로 적용하기:

함께 드리는 기도제목

1. 주님의 지상 명령에 온전히 순종하게 하소서.
2. 이웃을 향한 예수님의 긍휼한 마음을 본받게 하소서.
3. 기적을 이루시는 하나님의 통로가 되게 하소서.

3

하나님은 왜 다윗을 쓰셨는가

본 문: 사무엘상 17장 45-50절(구 438쪽)
찬 송: 441장(은혜 구한 내게 은혜의 주님, 통 498장)
요 절: "너는 칼과 창과 단창으로 내게 나아오거니와 나는 만군의 여호와의 이름 곧 네가 모욕하는 이스라엘 군대의 하나님의 이름으로 네게 나아가노라"(삼상 17:45)

지금 세계는 이스라엘과 하마스의 전쟁, 러시아와 우크라이나의 전쟁 그리고 미국이 이라크와 시리아를 폭격한 뉴스를 들으며 미국과 중동 국가와의 전쟁 위기에 힘들어 하고 있습니다. 북한의 김정은이 우리도 한번 해볼 만하다는 생각이 들면 큰일 날 일입니다. 전쟁은 많은 사람들을 고통스럽게 합니다. 우리는 뉴스를 통해 전쟁의 상황을 듣고 보지만 현장에 있는 사람들의 고통은 말로 표현할 수가 없는 것입니다. 희망의 신학자로 알려진 몰트만이란 신학자는 마귀의 영 중에 가장 무서운 것이 전쟁의 영이라고 했습니다.

마귀는 한 사람의 마음을 미혹하여 넘어지게 만들고 사람과 사람 사이를 미혹하여 미움과 분쟁이 일어나게 만듭니다. 마귀는 평화를 좋아하지 않습니다. 이 마귀의 영이 집단적으로 역사하여 일어나는 것이 가장 무서운 전쟁이라 말합니다. 전쟁의 영이 집단 가운데 광기로 일어나게 되면 수많은 사람들이 한꺼번에 너무나 큰 아픔과 고통을 겪습니다. 그러면 '전쟁은 마귀가 마음대로 일으킬 수 있는 것인가?'라고 질문할 수 있습니다. 그럴 수 없습니다. 전쟁도 하나님께서 허락하셔야 하는 일입니다. 사람들의 마음이 악하여 하나님을 떠날 때 하나님은 마귀가 사람들의 마음에 전쟁의 유혹을 넣는 것을 허락하십니다. 내버려두신다는 말입니다. 그리고 그 전쟁을 통하여 깨닫게 하십니다.

오늘 읽은 말씀 47절에도 "전쟁은 여호와께 속한 것인즉"이라고 다윗은 말합니다. 이 세상의 모든 전쟁과 선한 일과 악한 일이 하나님의 섭리하심 아래 있다는 신앙의 고백입니다. 그러므로 우리는 다시는 전쟁이 일어나지 않도록 도와달라는 기도를 이 땅에 매일 쌓아야 하는 것입니다. 하나님은 평화의 하나님이시고 성경의 많은 곳에 평화를 말씀하셨습니다.

그런데 때로는 전쟁을 선포하십니다. 가나안 땅을 정복할 때에 한 사람도 살려두지 말라 하기도 하십니다. 이상하지 않습니까? 하나님께서 그렇게 잔인한 하나님이십니까? 우리 주님께서는 온 세상에 나가 복음을 전파하라 하셨습니다. 세상 모든 민족이 구원을 얻기까지 복음을 전파하라 하셨습니다.

그런데 왜 가나안 땅이나 당시 아말렉 같은 나라에 대해서는 그렇게 가혹하게 하십니까? 그것은 영적인 전쟁이기 때문입니다. 이들은 하나님을 대적하는 자들이었습니다. 하나님의 백성인 이스라엘 백성들이 가나안 땅의 거민들과 하나가 되고 동화가 되어 죄악의 길로 가게 되기 때문에 하나님은 그들과 하나 되는 것을 엄하게 금하신 것입니다.

하나님은 하나님을 대적하는 이방인들뿐 아니라 이스라엘 백성들이 범죄할 때에도 언제나 형벌을 내리셨습니다. 이것이 구약성경이 보여주는 이스라엘의 역사입니다. 이스라엘이 범죄했을 때 포로로 끌려가기도 하였고 2천 년 가까이 나라 없이 설움속에 살기도 했습니다. 모든 나라와 민족들에게 미움을 받으며 떠돌았습니다.

그토록 왕성했던 초대 일곱 교회도 지금은 이방인에게 빼앗기고 관광지가 되어 버렸습니다. 유럽의 찬란했던 교회들이 무너져 간 것도 이들이 진심으로 하나님을 섬기지 않고 이들의 교만함 위에 교회를 세웠기 때문입니다. 그러므로 우리는 교회의 순결함을 위해 미리미리 눈물로 기도해야 하는 것입니다.

오늘 성경 말씀으로 돌아가서 여호수아의 가나안 정복이 완전히 이루어지지 않고 그 땅에는 원주민들이 남아 있었습니다. 원래 가나안 땅에는 키가 큰 아낙 자손이 살고 있었는데 여호수아와 갈렙에 의해 치명타를 입고 블레셋 사람들이 사는 곳으로 피신합니다. 그곳은 가나안에 들어온 함의 후손들이 원주민들을 몰아내고 자리를 잡게 되는데 이들이 블레셋입니다. 역사학자들에 의하면 블레셋의 장수 골리앗은 거인족인 아낙 자손의 후손이라 보고 있습니다. 블레셋은 다윗 왕 시대에 힘을 잃고 솔로몬 왕 시대에 이스라엘에 평화가 찾아오게 됩니다. 그리고 바빌로니아에 의해 이스라엘과 블레셋은 함께 정복을 당하고 나라를 잃고 흩어지게 됩니다.

이후 이스라엘 백성들은 페르시아에 의해 고향 예루살렘에 돌아왔다가 다시 로마에 의해 멸망을 당하게 됩니다. 이천 년이 지나고 이스라엘은 다시 이곳에 나라를 세우고 이곳에 살고 있던 팔레스타인 사람들과 오늘도 그곳에서 전쟁을 벌이고 있습니다.

본문의 배경은 사울 왕의 시대입니다. 당시 전투적인 민족인 블레셋 사람들은 수시로 이스라엘 백성들을 괴롭혔습니다. 사무엘 선지자의 시대만 해도 이스라엘은 블레셋과의 전쟁에서 대승을 거두었습니다. 사무엘은 청렴결백한 지도자였습니다. 하나님께 기도하면 놀라운 기적을 주시기도 했습니다.

그런데 왕정 시대가 시작되고 사울 왕이 등극하고 나서 처음에는 전쟁에 승리했지만 점점 기울기 시작합니다. 오늘 말씀도 바로 그 배경에서 나온 말씀입니다. 블레셋은 장수 골리앗을 앞세우고 나와 싸움을 걸었습니다. 골짜기를 사이에 두고 두 나라가 신경전을 벌이고 있습니다. 이때 블레셋 진영에 골리앗이라는 장수가 나와 "너희가 지금 싸우러 나왔느냐? 그러면 누가 대표로 나와 일대일로 싸우자. 내가 지면 우리가 너희의 종이 되고 내가 이기면 너희가 우리의 종이 되어 우리를 섬기라"고 외칩니다.

골리앗은 기록에 의하면 키가 2m 80cm입니다. 미국의 로버트 와들러(Robert Wadlow)는 키가 2m 72cm로 세계에서 가장 키가 큰 기록을 남겼습니다. 현재 살아 있는 사람 중에 가장 키가 큰 사람은 터키의 술탄 코센으로 2m 51cm입니다. 골리앗은 이보다 더 컸다는 말입니다.

거기다가 힘도 강하여 놋 투구를 쓰고 오천 세겔이나 나가는 놋갑옷을 입었습니다. 60kg에 가까이 나가는 무게입니다. 이런 사람이 큰 창을 들고 나와 소리를 치니 이스라엘 병사들이 다 두려워 떨었습니다. 무려 40일이나 이런 일이 반복됩니다. 이상하지 않습니까? 블레셋이 그렇게 자신이 있으면 쳐들어오면 되는데 이렇게 이스라엘을 모욕하고 하나님을 모욕하는 일만 계속되고 있습니다. 마귀가 그렇습니다.

마귀는 큰소리를 치고 위협하지만 실제로 하나님의 백성들을 해칠 수는 없습니다. 코로나 팬데믹을 지나며 두려워 떠는 한국 교회를 보며 블레셋과 이스라엘 백성들의 모습을 떠올리게 되었습니다.

성도 여러분, 코로나가 한국 교회를 무너뜨릴 수 없습니다. 우리가 담대하면 되는 것입니다. 성경에 기록된 수많은 기적들이 실제로 이루어진 것을 믿는다면 코로나도 이길 수 있는 것입니다. 부활을 믿고 영생을 믿는다면 이 세상을 살아가는 동안 하나님의 역사가 나타날 것도 분명히 믿어야 하는 것입니다. 분명히 믿고 기도할 때 우리가 알지 못하는 놀라운 역사를 베풀어 주시는 하나님이십니다. 그런데 이스라엘 병사들은 지금 그런 믿음이 없습니다. 바로 얼마 전 사무엘상 15장에 보면 이스라엘 백성들은 블레셋 사람들과 싸워 대승을 거두었습니다. 이때 사울 왕은 사무엘 선지자가 빨리 오지 않자 자신이 제사를 직접 드립니다. 또 전쟁에 승리한 후 하나님의 명령을 순종하지 아니하고 가축들을 살려 끌어왔습니다.

사무엘 선지자가 책망할 때 사울 왕은 하나님께 제사드리려 했다고 변명을 합니다. 그때 사무엘 선지자는 '순종이 제사보다 낫고'라는 유명한 말씀을 합니다. 하나님은 "사울을 세운 것을 후회한다. 그리고 그를 버렸다"고 하셨습니다. 지금 이스라엘 병사들의 상황은 그저 온 것이 아닙니다. 이들은 전쟁의 승리와 기적을 경험한 병사들이었습니다. 그러나 하나님의 마음이 떠나니 이들의 마음에 두려움이 찾아온 것입니다.

성경을 가만히 읽어보면 참 신비합니다. 사무엘 선지자는 사울 왕을 책망하고 나서 다윗에게 기름을 붓습니다. 사울 왕에게 주셨던 힘과 은혜를 순종하지 않으니 빼앗아 다윗에게 준 것입니다. 하나님은 촛대를 옮기시는 하나님이십니다. 다윗은 형제 중에서 가장 대접을 못 받던 사람입니다. 아버지조차 다른 형제들을 다 내세우고도 다윗은 내세우지 않았습니다. 그가 기름 부음 받을 것을 전혀

예상하지 못했습니다. 그러나 하나님은 다윗을 선택하십니다.

성경은 어떤 위대한 사람의 영웅전 이야기가 아닙니다. 하나님은 사람이 영웅이 되는 것을 좋아하시지 않습니다. 하나님께 영광 돌리는 사람을 높이시기를 기뻐하시는 하나님이십니다. 다윗은 하나님의 영으로 충만한 사람이었습니다. 그래서 그가 하프를 연주하면 사울 왕에게 임한 악귀가 물러갔습니다.

오늘 다윗이 골리앗 앞에 담대히 나온 것은 우연히 된 일이 아닙니다. 하나님께서는 사울 왕을 버리시고 다윗을 세우시기 위해 한 편의 드라마를 준비하신 것입니다. 여기서 골리앗은 엑스트라입니다. 그리고 믿음의 청년 다윗은 모든 사람들이 두려워 떨 때 담대히 골리앗 앞에 나섰습니다.

그가 용기가 있어서 혹은 전투에 자신이 있어서 그런 것이 아닙니다. 여호와 하나님의 이름을 모욕하는 골리앗을 보며 참지 못한 것입니다. 하나님을 사랑하기 때문에 그 자리에 달려 나갔던 것입니다. 오늘 본문 말씀에 다윗은 "너는 칼과 창과 단창으로 내게 나아오거니와 나는 만군의 여호와의 이름 곧 네가 모욕하는 이스라엘 군대의 하나님의 이름으로 네게 나아가노라"(45절)고 외칩니다.

성도 여러분, 우리 하나님의 자녀들이 세상을 이기는 비결이 이것입니다. 세상 사람들은 자신의 지식을 자랑하고 힘을 자랑합니다. 교회를 함부로 여깁니다. 모욕합니다. 그러나 우리는 하나님의 이름으로 세상을 향하여 담대히 나아가야 하는 것입니다. 여러분, 세상을 두려워하지 마세요. 큰 창을 들고 큰소리친다고 해서 떨지 마세요. 하나님이 함께하시면 우리는 능히 이길 수 있는 것입니다.

다윗은 목동 출신입니다. 전투를 해본 적이 없습니다. 그가 가진 것은 물맷돌을 던져 짐승을 잡아본 것이 전부입니다. 그러나 다윗은 하나님이 나와 함께하시면 능히 이길 줄로 믿었습니다. 이것이 수많은 이스라엘 백성들 중에 다윗을 특별히 택하여 쓰신 이유입니다. 하나님은 우리가 하나님을 믿을 때 기뻐하십니다. 믿는 자를 귀하게 여기시고 키워 주십니다.

오늘 성경에 나오는 두 사람 중 골리앗도 자기 자신에 대한 믿음을 가지고 있었습니다. 내가 세상적인 조건을 보니 능히 이길 수 있다고 믿었습니다. 그래서 자신 있게 "너를 새들과 들짐승의 밥이 되게 하겠다"라고 외쳤습니다. 그런데 골리앗의 믿음과 다윗의 믿음과 다른 것이 무엇입니까? 다윗은 자신의 실력보다 하나님의 능력을 더욱 믿었습니다. 그리고 물맷돌을 들고 목숨을 걸고 골리앗 앞에 나선 것입니다. 객관적인 전력으로 보면 골리앗이 이기는 것이 너무나 당연합니다. 사람들은 골리앗의 힘과 큰 덩치를 바라보았지만, 다윗은 나와 함께하시는 여호와 하나님을 바라보았습니다.

사랑하는 성도 여러분, 세상을 바라보면 때로는 골리앗처럼 크게 보일 수 있습니다. 내 힘으로 감당할 수 없는 무게로 다가올 수 있습니다. 아무리 계산해도 답이 안 나올 수 있습니다. 이때 우리는 하나님을 바라보아야 합니다. 전능하신 하나님을 바라볼 때 하나님은 그 크신 능력을 우리를 위해 사용하기를 기뻐하십니다. "믿음이 없이는 하나님을 기쁘시게 못하나니"라고 하셨습니다.

하나님은 믿음으로 나아오는 자를 귀하게 여기시고 사용하십니다. 다윗이 골리앗을 향하여 나아가며 물맷돌을 던질 때 물맷돌이 골리앗의 정수리에 박혔습니다. 어떤 이는 다윗이 평소에 물맷돌을 열심히 연습했기 때문이라고 해석합니다. 정말 그럴까요? 다윗은 자기가 할 수 있는 것이 물맷돌밖에 없었습니다. 칼을 들고 싸울 수 없었습니다. 자기가 할 수 있는 것을 들고 나갈 때 하나님은 거기에 은혜를 더하여 주신 것입니다. 골리앗의 정수리에 물맷돌이 박힌 것은 하나님의 은혜입니다.

우리 인생은 자신의 실력으로만 살 수 있는 것이 아닙니다. 내 실력이 아무리 뛰어나도 IMF가 다가오면 안 되는 것입니다. 꿈을 가지고 여행사를 차렸는데 코로나가 닥쳐오면 견딜 수가 없는 것입니다. 나는 열심히 하는데 믿었던 거래처가 망해버리면 함께 힘들어지는 것입니다. 사업을 내가 하는 줄 압니까? 맞는 말일 수 있습니다. 내가 실력을 키워야 하고 내가 준비를 잘해야 합니다.

세상 사람들은 그렇게 생각합니다. 골리앗처럼 커지려고 합니다. 그러나 믿는 사람들은 내 인생이 주인이 하나님이심을 믿습니다. 그래서 사업을 하는 사람도 은혜를 구해야 합니다. 가정에서도 은혜를 구해야 합니다. 학생들도 은혜를 구해야 하고 목사도 은혜를 구해야 합니다. 우리 인생은 그 무엇보다 하나님께서 은혜를 주셔야 하는 것입니다.

하나님을 굳게 믿으시기 바랍니다. 그리고 그 믿음을 다윗처럼 표현하시기 바랍니다. 하나님은 믿는 자에게 반드시 은혜를 주십니다. 믿음의 사람을 쓰십니다. 세상의 많은 교회 가운데서도 믿음으로 사는 교회를 축복하시고 크게 쓰십니다.

나는 가진 것이 없다고, 나는 절망 가운데 있다고 부정적으로 생각하지 마십시오. 여러분은 물맷돌을 가지고 있습니다. 여러분에게 주신 것을 믿음으로 들고 나가면 하나님께서 도와주십니다. 믿음의 길을 의심 없이 걸어가십시오. 하나님께서 함께해 주십니다. 우리가 매주 부르는 찬양처럼 "나는 믿노라, 하나님이 함께하심을" 이렇게 외치며 살아가는 성도들이 되시기 바랍니다.

적 용

ⓐ 오늘 말씀의 주제 파악하기:

ⓑ 오늘 말씀 중 은혜받은 부분 나누기:

ⓒ 삶에 구체적으로 적용하기:

함께 드리는 기도제목

1. 우리의 영혼이 하나님의 영으로 충만케 하옵소서.
2. 세상과 타협하지 않고 하나님의 말씀으로 영적 순결함을 지키게 하소서.
3. 인생의 주인이 하나님이심을 믿고 담대하게 살아가게 하소서.

4

나와 함께 즐기자

- **본 문:** 누가복음 15장 1-7절(신 121쪽)
- **찬 송:** 297장(양 아흔아홉 마리는, 통 191장)
- **요 절:** "내가 너희에게 이르노니 이와 같이 죄인 한 사람이 회개하면 하늘에서는 회개할 것 없는 의인 아흔아홉으로 말미암아 기뻐하는 것보다 더하리라"(눅 15:7)

사람들은 가치의 기준이 각각 다릅니다. 물질이 가치의 기준이 되는 사람이 있고 명예가 가치의 기준이 되는 사람이 있습니다. 직장을 택할 때도 연봉이 기준이 되는 사람이 있고 연봉이 적어도 내가 하고 싶은 일이 기준이 되는 사람이 있습니다. 가치의 기준이 달라서 그렇습니다. 청년들이 결혼할 때도 미모가 기준이 되는 사람이 있고 상대방의 직업, 집안, 또는 마음이 기준이 되는 사람이 있습니다.

우리나라에서는 중산층에 대한 기준이 아파트 30평 이상, 월급은 500만 원 이상, 중형차 소유, 해외여행을 다닌다 등 기준이 물질 중심입니다. 프랑스에서는 중산층의 가치 기준이 직접 즐기는 스포츠가 있을 것, 악기를 다룰 줄 알 것, 자기 특기인 요리가 있을 것, 약자를 돕는 봉사활동을 할 것 등 정신적인 영역을 중요하게 생각합니다. 가치 기준이 다릅니다.

오늘 성경에 예수님께서 세리와 죄인들을 만나고 식사하시는 것을 보며 바리새인과 서기관들이 수군거리며 예수님을 비웃었는데 이들은 가치의 기준이 달랐기 때문입니다. 바리새인과 서기관들은 사람의 가치를 신분과 직업으로 판단했습니다. 그런데 예수님은 사람을 보실 때 영혼의 가치를 더 귀중하게 보셨습니다.

그래서 예수님은 영혼을 구원하시기 위하여 이 세상에 찾아오셨고, 고난을 당하시고 십자가를 지셨습니다. 그러나 바리새인들은 사람을 다른 가치로 보았습니다. 이들은 겉으로 보이는 것을 더 중요하게 생각했습니다. 예수님께서는 바리새인들의 누룩을 조심하라고 하셨습니다. 누룩은 아무리 작은 것이라도 밀가루 속에 들어가 전체를 변화시킵니다.

여기서 말씀하는 바리새인의 누룩은 나쁘게 변질시킨다는 뜻입니다. 이들은 외식하는 자들이었습니다. 외식이란 헬라어의 의미는 가면을 쓰고 연기하는 것을 말합니다. 이들은 마음으로 하나님을 사랑하지 않았지만 사랑하는 체했습니다. 그러면서 사람들에 대한 우월감을 가졌습니다. 우월감을 가지니 타인을 정죄했습니다.

내가 공부를 많이 했어도 못 배운 사람들에 대해 우월감을 가지면 안 됩니다. '이들을 위해 봉사하라고 나를 공부하게 했구나' 하고 생각해야 바른 사람입니다. 내가 물질이 많아도 가난한 사람들에게 우월감을 가지면 안 됩니다. 그러면 갑질을 하게 됩니다. '하나님께서 가난한 사람들을 섬기라고 나에게 많은 물질을 주셨구나' 하고 생각해야 하나님의 자녀입니다. 내가 명품 옷을 입었다고 사람이 명품인 줄로 착각하면 안 됩니다. 신앙적인 우월감도 안 됩니다. 내가 남보다 더 많은 봉사를 하고, 남보다 더 많은 헌금을 드리고, 남보다 더 열심히 예배에 참석해도 이것이 은혜인 줄 알아야 합니다. 그러면 무조건 감사가 나옵니다. 사도 바울이 그랬습니다. "나는 가말리엘 문하에서 공부를 했다. 나는 바리새인 중의 바리새인이다. 나는 베냐민 지파다. 내가 복음을 전하기 위해 남보다 더 많은 수고를 하였다. 매를 맞고 감옥에 갇히고 파선을 당하고 온갖 고난을 다 당하였다. 그러나 이것이 다 하나님의 은혜다. 나는 사도라 칭함을 받기에도 감당하지 못할 자다. 나는 지극히 작은 자다. 그러나 하나님께서 나에게 측량할 수 없는 은혜를 주셨다"라고 고백했습니다. 왜요? 나를 구원하여 주신 것뿐 아니라 나 같은 자에게 주님을 위해 일할 수 있는 사명까지 주셨기 때문입니다.

세리와 창녀들을 만나서 식사하시는 예수님을 비판하는 바리새인과 서기관들을 향하여 비유를 말씀하셨습니다. 어떤 사람이 양 백 마리가 있는데 그중에 하나를 잃었다고 했습니다. 양 백 마리가 있다는 것은 보통 사람을 말합니다. 아주 가난한 사람도 아니고 그렇다고 부자도 아닙니다. 백 마리 정도면 양을 다 알고 있을 정도입니다. 그런데 한 마리가 없어졌습니다. 목자는 그 잃어버린 한 마리 양이 자꾸 생각이 납니다. '이 양이 지금 어디 구덩이에 빠져 울고 있지는 않을까? 가시덤불에 걸린 것은 아닐까?' 마음이 초조해져서 잃어버린 양을 찾아 나섭니다.

나머지 양을 들판에 두었다고 했는데 목자의 행동은 상식적이고 논리적이지 못합니다. 경제 논리에도 맞지 않습니다. '어떻게 아흔아홉 마리를 들에 내버려 두고 한 마리를 찾으러 나갈 수 있는가? 바보 아니냐?' 하고 비난할 수 있습니다. 그런데 우리는 예수님의 비유를 통해서 목자의 마음, 아버지의 마음을 알아야 합니다.

예수님께서 말씀하신 목자의 마음을 설명하기 위해 언젠가 이야기를 하나 만들어 설명한 적이 있습니다. 여러분에게 열 명의 자녀가 있습니다. 이런 이야기를 하면 무슨 열 명씩 아이가 있느냐고 꼭 비판적으로 생각하는 사람들이 있습니다. 옛날에는 열 명씩 아이를 낳지 않았습니까? 그런데 막내딸을 잃어버렸습니다. 부모의 마음이 어떠하겠습니까? '이 어린 딸이 지금 어디서 길을 잃고 울고 다니지는 않을까? 나쁜 사람들에게 잡혀 가지는 않을까?' 마음이 초조해집니다.

저도 어렸을 적에, 제 기억으로는 한 다섯 살쯤 정도로 기억합니다. 서울 가자고 친구와 함께 동생을 데리고 열차를 탔습니다. 그 당시에 어린아이들은 어른 옆으로 지나가면 표를 받지 않았습니다. 그래서 온양온천 역에서 서울에 간다고 기차를 탔습니다. 기차가 빵 소리를 내고 출발하려고 하는데, 제 바로 아래 동생이 소리를 치면서 우는 것입니다. 집에 가자고. 그래서 할 수 없이 우는 동생을 데리고 친구와 함께 내렸습니다. 그 당시에 서울에 어린아이들이 잘못 오면 구두닦이 시키고 껌 팔이 시키고 그랬잖아요. 제가 서울에 갔었으면 큰일 날 뻔했습니다.

저도 아이를 잃어버려 본 경험이 있는데 아무리 찾아도 보이지를 않습니다. 상주 버스터미널에도 가보고 골목길까지 다 찾아다닙니다. 저녁이 되고 식사 시간이 지났는데도 아이가 보이지 않습니다. 아무리 찾아도 애가 보이지 않아 얼마나 애가 탑니까? 나중에 찾고 보니 근처에 권사님 집에서 밥도 먹고 잘 놀고 있더라구요. 그때 아이를 찾아다닌 생각이 지금도 납니다.

자식을 잃어버린 부모는 이리저리 찾아다닙니다. 내가 사는 곳 근처에서 찾지를 못하면 경찰서에도 신고하고 근처 도시까지 돌아다니며 찾습니다. 고아원에도 가봅니다. 집에 남아 있는 아이들도 밥은 먹고 있는지 걱정은 되지만 잃어버린 아이를 생각하면 견딜 수가 없습니다. 밥도 먹지 못하고 정신이 반쯤 나가서 아이를 찾습니다. 그래서 직장도 그만두고 전단지를 만들어 곳곳에 돌리고 벽에도 붙입니다. 길을 가다 보면 '사람을 찾습니다' 하고 플래카드나 포스터를 붙여놓은 것을 요즘도 볼 수 있습니다. 이것이 부모의 마음입니다.

집에 아홉이나 남아 있으니 하나쯤이야 하는 부모는 없습니다. 목자의 마음이 그렇습니다. 목자는 양을 사랑합니다. 우리 주님은 "나는 선한 목자라. 선한 목자는 양을 위하여 목숨을 버리느니라" 하고 말씀하셨습니다. 그래서 잃은 양을 찾아 온 산과 들을 헤매는 것입니다. 그리고 양을 찾았을 때 벗과 이웃을 불러 모으고 기뻐하며 잔치를 여는 것입니다. 잃은 양 한 마리의 가치보다 벗과 이웃을 불러 모으고 잔치를 여는 비용이 훨씬 더 듭니다. 우리는 예수님께서 비유를 주신 배경에 대하여 먼저 생각해야 합니다. 예수님께서 말씀하신 잃어버린 한 마리 양이 의미하는 것이 누구입니까? 세리와 창녀 같은 사람들입니다. 소외된 사람들입니다. 바리새인과 서기관들에게 무시당하고 종교적인 혜택을 누리지 못하던 사람들이었습니다.

이들은 하나님의 말씀을 듣고 싶어도 들을 수가 없었습니다. 세리와 창녀는 성전에도 들어갈 수가 없었습니다. 세리와 창녀에게는 헌금도 받지 않았습니다. 예수님은 외식하는 서기관과 바리새인들에게는 책망하셨지만, 소외된 세리와 창녀 같은 사람들을 사랑하셨습니다. 이들을 불쌍히 여기셨습니다. 예수님은 세리와 창녀 같은 사람들을 잃은 양에 비유하여 말씀하십니다. 양은 길을 잃고 개처럼 스스로 집을 찾아오는 짐승이 아닙니다. 눈도 나쁘고, 강한 이빨도 없고, 빠른 발도 없습니다. 혼자서 사나운 짐승을 만나면 죽은 목숨입니다. 그래서 산에서 목자를 잃어버리면 울면서 목자를 부릅니다. 길 잃은 양이 산중에서 두려움에 떨며 우는 그 울음소리는 얼마나 불쌍합니까?

'매애' - 하고 우는 그 울음소리도 하나님께서 만들어 주셨습니다. 길을 잃으면 울어야 합니다. 그래야 목자가 그 음성을 듣습니다. 길을 잃고 사자처럼 울면 안 됩니다. 바리새인과 서기관들도 길을 잃은 사람들이었습니다. 그들도 구원의 길에서 이탈한 사람들이었습니다. 그런데 이들은 양처럼 울지 않았습니다. 사자나 늑대처럼 울었습니다. 그래서 이들은 주님이 불쌍히 여기시며 찾아가시지 않았습니다.

그러나 세리나 창녀 같은 사람들은 양처럼 울었습니다. 우리에게도 하나님의 은총이 임하시기를 간절히 소망했습니다. 이런 사람들에게 예수님께서 찾아가시고 식사도 함께 하셨을 때에 이들은 감격하며 평생에 듣지 못하던 복음을 듣고 예수님을 믿었을 것입니다. 예수님께서는 건강한 자를 위해 온 것이 아니라 병든 자를 부르러 왔다고 하셨습니다. 그러므로 우리는 주님 앞에 나올 때, "주님, 나는 마음이 아픕니다. 세상살이에 지쳤습니다. 나는 양입니다. 주님이 도와주시지 않으면 살 수 없습니다. 나는 죄인입니다"라고 고백해야 합니다. 주님은 오늘도 이런 자들을 찾아오십니다.

오늘 예배의 자리에서 우리는 누구여야 합니까? 서기관과 바리새인들입니까? 우리는 세리와 창녀여야 합니다. 주님은 서기관과 바리새인의 마음을 가진 자들의 기도를 들으시지 않습니다. 예배도 받지 않으십니다. 오히려 책망하십니다. 그러나 세리와 창녀의 마음으로 주님 앞에 나오면 우리에게 긍휼을 베풀어 주십니다. 성도 여러분, 우리가 주님으로부터 받은 사랑과 구원의 은총을 깊이 감사하시기 바랍니다.

어느 목사님이 모임에서 이런 이야기를 했습니다. 목사는 강단에서 구원의 가치를 목이 터져라 외치는데 성도들의 삶을 보면 구원의 가치가 십 원보다도 못한 것 같습니다. 우리에게 교훈을 주는 이야기입니다. 우리가 받은 구원이 얼마나 가치 있는 것입니까? 세상의 모든 것을 다 주어도 바꿀 수 없는 귀한 보배입니다. 이 보배를 우리에게 주셨습니다. 그러므로 길 잃은 우리를 위해 찾아오셔서 목숨까지 주신 주님을 감사하며 살아가는 우리 인생이 되시기 바랍니다.

또한 우리 주님께서 찾으시는 또 하나의 잃은 양들이 있습니다. 세상에서 지치고 아파하는 우리의 이웃들이 있습니다. 이들이 하나님의 음성을 듣고 구원을 받아야 하는데 그들에게 복음을 전해주는 사람이 없습니다. 이것을 보시며 우리 주님은 안타까워하십니다. 우리는 잃은 양을 찾으시는 목자이신 주님의 마음을 깨달아야 합니다.

제가 새가족을 소개할 때에 "우리 하나님께서 가장 기뻐하시는 시간입니다"라고 말합니다. 우리 하나님은 하나님을 알지 못하고 세상에서 방황하던 영혼들이 주님 품안에 나아오는 것을 너무나 기뻐하시기 때문입니다. 주님은 "죄인 한 사람이 회개하면 하늘에서는 회개할 것 없는 의인 아흔아홉으로 말미암아 기뻐하는 것보다 더하리라"(7절)고 말씀하셨습니다.

길을 잃은 양은 스스로 길을 찾지 못합니다. 누군가 가서 도와주어야 합니다. 누가 도와주어야 합니까? 먼저 길을 잃은 양이었던 우리들입니다. 다음 주일부터 전도행사가 진행됩니다. 우리 모두가 잃은 양을 찾으시고 기뻐하시는 주님의 모습을 상상해 보시기 바랍니다. 그리고 이 귀한 일에 모두가 참여할 수 있기를 바랍니다. 잃은 양을 주님께로 인도하는 일은 너무나 귀한 일입니다. 한 영혼을 구원하는 일이요, 상급을 받는 일입니다. 잃은 양을 찾으시는 아버지의 마음으로 전도행사에 동참하는 성도들이 되시기 바랍니다.

적 용

ⓐ 오늘 말씀의 주제 파악하기:

ⓑ 오늘 말씀 중 은혜받은 부분 나누기:

ⓒ 삶에 구체적으로 적용하기:

함께 드리는 기도제목

1. 우리의 마음이 외식과 우월감에 벗어나 겸손과 감사로 채워지게 하소서.
2. 세상에서 방황하는 영혼을 위해 우리가 복음을 전할 수 있는 기회를 주소서.
3. 잃은 영혼을 찾아 나서는 우리 교회와 성도들에게 담대함과 사랑을 주소서.

5

하나님을 기쁘시게 하는 자

본 문: 히브리서 11장 5-6절(신 365쪽)

찬 송: 357장(주 믿는 사람 일어나, 통 397장)

요 절: "믿음이 없이는 하나님을 기쁘시게 하지 못하나니 하나님께 나아가는 자는 반드시 그가 계신 것과 또한 그가 자기를 찾는 자들에게 상 주시는 이심을 믿어야 할지니라"(히 11:6)

히브리서 11장은 믿음장이라고 부릅니다. 여러 믿음의 사람들의 이야기가 나옵니다. 그중에서 에녹은 세상에서 한 일이 기록되지 않았습니다. 단지 "하나님과 동행하였다. 죽음을 보지 않고 옮겨졌다. 하나님을 기쁘시게 하는 자라 하는 증거를 받았다"라고 기록되었습니다. 유다서에는 "예언을 했다"는 짧은 기록만이 남아 있습니다.

아브라함처럼 하나님의 말씀 한마디에 고향 친척 아버지 집을 떠나고 아들 이삭을 바치는 굉장한 이야기가 없습니다. 모세처럼 출생도 대단하고 이스라엘 백성을 출애굽 시킨 영웅도 아닙니다. 다윗처럼 장수 골리앗 앞으로 달려 나가는 용기도 기록되지 않았습니다. 믿음장에 기록된 다른 사람들과 비교하면 그의 이력은 초라합니다.

그럼에도 에녹은 그 어떤 믿음의 사람보다 위대한 사람입니다. 창세기 5장에 보면 "에녹이 하나님과 동행하더니 하나님이 그를 데려가시므로 세상에 있지 아니하였더라"고 기록되어 있습니다. 에녹은 하나님과 삼백 년을 동행했습니다. 하나님과 동행한다는 것이 얼마나 굉장한 일입니까?

저는 1부 예배에서 참회의 기도를 하고 2부 예배를 인도하러 올라와서 나의 죄를 고백할 때 예배와 예배 사이의 짧은 시간에도 하나님을 생각하지 못하고 다른 생각을 하고 근심하고 걱정하고 내 생각하고 그랬던 것을 고백할 수밖에 없습니다. 그래서 늘 성령님의 도우심을 간절히 구할 수밖에 없습니다. 그렇게 볼 때 에녹은 다른 어떤 믿음의 사람들이 흉내 낼 수 없는 깊은 영성을 소유한 사람이었다는 말입니다.

그의 마음과 생각이 하나님과 함께 있었습니다. 아침에 일어날 때부터 하나님을 찾았다는 말입니다. 일을 할 때도 하나님과 함께했고 잠을 잘 때도 하나님과 함께했습니다. 하나님과 동행한다는 것은 내 뜻대로 하는 것이 아니라 하나님의 뜻에 순종하여 인도하심을 따라갔다는 말입니다. 하나님의 영이 늘 에녹과 함께했다는 말입니다.

아브라함 같은 사람도 하나님의 영이 떠나고 시험에 빠진 적이 있었습니다. 그래서 애굽으로 갔다가 아내도 빼앗기고 큰 시험을 당했습니다. 모세도, 다윗도 하나님의 영이 떠나고 시험에 빠진 적이 있었습니다. 모세는 하나님의 영광을 가로채려 한 적이 있었고, 다윗도 밧세바라는 여인을 좋아하여 시험에 빠진 적이 있었습니다.

여러분, 사람은 누구나 시험에 빠집니다. 이것을 부정하면 안 됩니다. 믿음의 사람도 조심하지 않으면 이렇게 시험에 빠집니다. 기도하는 사람도 시험에 빠집니다.

찬양 가운데 산다고 해서 시험에 빠지지 않는 것이 아닙니다. 사단은 우는 사자와 같이 두루 다니며 삼킬 자를 찾습니다. 그래서 우리의 마음을 미혹합니다.

에녹은 특별히 성경에 드러난 것이 없는 평범한 사람이었지만, 하나님은 에녹을 너무나 귀하게 여기셨습니다. 믿음이 있다는 것은 겉으로 드러난 것이 전부가 아닙니다. 심판의 날에 우리가 예수님 앞에 섰을 때 있을 일을 주님은 말씀해 주셨습니다.

> "그날에 많은 사람이 나더러 이르되 주여 주여 우리가 주의 이름으로 선지자 노릇을 하며 주의 이름으로 귀신을 쫓아내며 주의 이름으로 많은 권능을 행치 아니하였나이까 하리니 그때에 내가 저희에게 밝히 말하되 내가 너희를 도무지 알지 못하니 불법을 행하는 자들아 내게서 떠나가라 하리라"(마 7:22-23).

선지자 노릇을 하였다면 오늘의 목사쯤 된다는 말입니다. 주의 이름으로 귀신을 쫓아내고 권능을 행하였으니 굉장한 일도 했습니다. 교회도 부흥했습니다. 겉으로 볼 때 주의 일을 많이 한 것입니다. 그런데 주님은 "그날에 나는 너희를 도무지 모른다고 하신다" 했습니다. 헬라어 성경을 보면 너희를 알지 못한다고 하신 말씀을 보면 '기노스코'라는 '안다'라는 단어를 과거형으로 썼습니다. 과거에도 몰랐다는 말입니다. 정확히 번역하면 도무지 알지 못했었다로 해야 합니다. 사실은 네 안에 예수가 없었다는 말입니다. 믿음으로 하지 않았다는 말입니다. 사도 바울은 예수를 믿는다는 것을 나는 죽고 내 안에 그리스도께서 사시는 것이라는 굉장한 신앙고백을 했습니다.

이 비밀을 깨달으니 이전에 내가 자랑하고 가졌던 모든 것이 분토만도 못하다고 했습니다. 나는 팔삭둥이만도 못하고, 나는 사도라 불릴 자격도 없고, 나는 죄인 중에 괴수라고 했습니다. 여러분, 그렇습니다. 내가 죽어야 예수님의 말씀에 순종할 수 있습니다. 이것은 나의 지식, 나의 능력, 나의 물질, 나의 소유한 모든 것을 주님 앞에 굴복시키는 것입니다.

에녹이 하나님과 늘 동행하였다는 말은 나는 죽고 내 안에 찾아오신 성령님이 인도하시는 대로 순종하는 삶을 살았다는 말입니다. 기도가 쉬지 않았다는 말입니다. 얼마나 하나님을 사랑하면 그럴 수가 있겠습니까? 에녹에 대하여 기록된 또 하나의 위대한 구절은 "그는 옮겨지기 전에 하나님을 기쁘시게 하는 자라 하는 증거를 받았느니라"고 했습니다.

에녹은 하나님을 기쁘시게 하는 자였습니다. 얼마나 하나님을 기쁘시게 했는지 에녹은 엘리야와 함께 죽음을 보지 않고 하나님께 데려간 사람이 된 것입니다. 하나님을 기쁘시게 하면 우리를 귀하게 사용해 주십니다. 다윗이 소년 시절 하나님의 이름을 모욕하는 골리앗을 향하여 목숨을 내어놓고 달려들었습니다. 무기를 든 병사들도 두려워 벌벌 떠는데 다윗은 물맷돌을 들고 달려들었습니다. 하나님을 위하여 목숨까지도 거는 다윗의 마음이 하나님을 기쁘시게 했습니다.

다윗도 연약한 부분이 많습니다. 성경에 나오는 위대한 인물들도 특별한 사람이 아닙니다. 그 출발은 우리와 똑같습니다. 목동 출신이라 아는 것도 별로 없었습니다.

사람을 다룰 줄도 모릅니다. 병법도 모릅니다. 그러나 오직 하나님을 사랑하는 그 마음을 기쁘게 여기시고 하나님은 다윗을 훈련시키십니다. 왕궁에도 보내셔서 왕이 될 훈련을 미리 시키십니다.

다윗이 하나님의 쓰임을 받은 비결은 하나님 앞에서는 어린아이 같았다는 것입니다. 나단 선지자가 죄를 지적할 때에 다윗은 어린아이같이 울면서 회개했습니다. 어린아이와 같지 아니하면 결단코 천국에 들어가지 못한다고 하신 주님의 말씀은 어린아이의 심성을 말하는 것이 아닙니다. 하나님 앞에 어린아이 같은 마음으로 나아오는 자가 천국의 주인이 된다는 말씀입니다.

성도 여러분, 우리도 하나님 앞에 어린아이 같은 모습으로 하나님을 기쁘시게 하는 자들이 모두 되시기를 바랍니다. 어른이 되면 자랑하기를 좋아합니다. 그래서 좋은 차를 타고 좋은 집에 살고 좋은 옷을 입고 나를 드러내고 싶어합니다. 명예를 좋아합니다. 권력도 좋아합니다. 내 물질 때문에 다른 사람들을 아프게 합니다. 다른 사람의 아픔이나 불의에 눈을 감는 것도 익숙해집니다. 나도 모르게 온통 죄가 둘러싼 삶을 살아갑니다. 그래서 우리가 하나님 앞에 나올 때는 어린아이 같은 마음으로 나와야 하는 것입니다. 우리가 부족할지라도 하나님 앞에 어린아이처럼 엎드리면 우리를 용서해 주십니다. 말씀을 통해 은혜를 주시고 새 마음을 주십니다. 선한 길로 인도해 주십니다.

한국 교회를 보면서 걱정이 많습니다. 우리 주님이 교회를 세워 주시면서 교회를 통하여 하나님을 예배하라고, 교회를 통하여 축복받으라고, 교회를 통하여 성도의 교제를 하여 천국을 이루라고, 교회를 통하여 세상에 나가 복음을 전하라고 세워 주셨습니다. 그런데 요즘 한국 교회는 온통 정치의 바람이 불고 있습니다. 엉뚱한 곳을 좇아가고 있습니다. 교회는 하나님을 기쁘시게 해야 하는데 과연 한국 교회가 그러고 있느냐 할 때에 걱정이 됩니다.

우리는 오늘 에녹의 이야기를 통해서 에녹은 그렇게 특별한 사람이 아니었지만 왜 특별한 하나님의 사랑을 받았고, 왜 하나님께서 늘 데리고 다니셨고 마지막에 인생이라면 누구나 거쳐야 하는 죽음의 관문까지도 넘어가게 하셨는지를 깨닫게 되기를 바랍니다.

에녹에 대한 다른 이야기가 오늘 말씀에도 기록되어 있지 않지만, 에녹에 대한 말씀을 하면서 "에녹은 하나님을 기쁘시게 하는 자였다. 그리고 믿음이 없이는 하나님을 기쁘시게 하지 못한다"라고 하셨습니다. 이 말은 에녹은 믿음으로 하나님을 기쁘시게 하는 자였다는 뜻입니다. 그래서 너희도 하나님을 기쁘시게 하는 자가 되라는 말씀입니다.

오늘 성경에 에녹에 대한 이야기를 하면서 하나님을 기쁘시게 하는 자에게 두 가지 말씀을 주십니다. 첫째는 "하나님께 나아가는 자는 반드시 그가 계신 것과"라고 했습니다. 믿음은 하나님이 계신 것을 분명히 믿는 믿음입니다. 믿음의 사람은 하나님께서 이 세상을 주관하시고 섭리하시는 것을 믿습니다.

이 믿음이 있을 때에 환난이 오고 역경이 와도 문제가 있을 때도 절망하지 않습니다. 나의 반석이 되시는 하나님을 믿기 때문입니다. 믿지 못하는 자들이 두려워하고 걱정합니다. 두려워하는 마음, 걱정하는 마음이 오면 빨리 물리쳐야 합니다. 그대로 두면 마귀가 역사합니다. 그래서 불평이 찾아오게 합니다. 불평은 원망을 낳고 불신을 가져옵니다. 하나님을 믿지 못하게 되는 것입니다.

우리는 이 원리를 잘 깨달아야 합니다. 이스라엘 백성들이 처음에 광야로 나갈 때는 기뻐하며 찬송을 불렀습니다. 구름 기둥과 불기둥이 인도하는 것을 보며 하나님을 두려워하기도 했습니다. 그런데 어려움이 닥쳐오기 시작합니다. 물이 없습니다. 먹을 것도 마땅치 않습니다. 하나님께서는 가까운 가나안 땅으로 인도하시지 않습니다. 지도자 모세는 자꾸만 먼 길로 돌아갑니다. 광야에서 점점 지쳐갑니다.

이때 이스라엘 백성들 사이에 두려움과 걱정이 생겼습니다. 이것을 빨리 내버리고 하나님을 믿어야 하는데 그러지를 못하니 이번에는 불평과 원망이 찾아온 것입니다. 내 입에 불평이 나오고 원망이 나오면 깨닫고 빨리 회개해야 하는데 그대로 두니 이번에는 반역이 나오고 하나님을 대적하고 우상을 숭배하는 일까지 나옵니다. 이것이 성경이 가르쳐 주는 불신앙의 원리입니다. 우리는 하나님을 믿어야 합니다. 어려워도 믿고 힘들어도 믿어야 합니다. 그러면 하나님이 기뻐하십니다.

로마서 14장 23절에 "믿음을 따라 하지 아니하는 것은 다 죄니라"고 말씀하셨습니다. 성도 여러분, 예배를 드려도 믿음으로 예배드리시기 바랍니다. 믿음으로 드리지 않는 예배는 하나님께서 받지 않으십니다. 찬양을 해도 믿음으로 찬양해야 합니다. 그래야 하나님께서 영광받으십니다. 기도를 드려도 믿음으로 해야 합니다. 믿음으로 드리는 기도만이 응답을 받습니다.

공부하는 학생은 믿음으로 공부해야 합니다. 공부의 목적이 하나님 영광을 위하여 할 때 하나님이 기뻐하십니다. 사업을 하는 사람도 믿음으로 해야 합니다. 헌금을 드려도 믿음으로 하고 봉사를 해도 믿음으로 해야 합니다. 전도하는 일도 믿음으로 해야 합니다. 주의 일을 할 때도 믿음으로 해야 합니다.

요즘 우리 여전도회원들이 건축헌금을 위하여 매 주일 반찬을 만들어 팝니다. 얼마나 힘든 일입니까? 그러나 이것도 믿음으로 해야 합니다. 믿음으로 하는 모든 일은 하나님께서 기뻐하실 뿐만이 아니라 우리에게 상급이 있습니다.

하나님을 기쁘시게 하는 자에게 오늘 주시는 두 번째 말씀이 "그가 자기를 찾는 자들에게 상 주시는 이심을 믿어야 할지니라"고 하셨습니다. 상 주시는 이심을 믿으라고 성경은 말씀하고 있습니다. 세상 사람들의 조롱과 무시에도 흔들림 없이 방주를 지었던 노아와 가족들은 상을 받았습니다.

하나님의 약속을 따라 고향을 떠났던 아브라함도 상을 받았고 이삭도, 다윗도, 요셉도, 다니엘도, 성경에 나오는 믿음의 사람들은 다 상을 받았습니다. 성경은 믿음으로 사는 자들에게 이 땅에서도 상을 받는다고 약속하셨습니다.

이 세상의 역사를 누가 만들어 나갑니까? 정치하는 사람들입니까? 경제인들입니까? 학자들입니까? 아닙니다. 하나님께서 세상을 인도해 나가십니다. 누구를 통해서 인도하십니까? 믿음으로 사는 사람들을 통해서 이 세상의 역사를 인도해 나가시고 땅끝까지 복음이 전파되게 하십니다. 믿음으로 사는 사람들이 주연입니다. 이 약속을 굳게 믿고 믿음으로 사시기 바랍니다. 더 중요한 것은 영원한 하나님 나라의 상입니다. 충성하는 우리에게 영원히 썩지 않는 생명의 면류관을 약속해 주셨습니다.

사랑하는 성도 여러분, 우리를 도림교회로 부르심에는 하나님의 분명한 섭리와 뜻이 계십니다. 우리를 통하여 수많은 영혼을 구원하고 하나님께 영광을 돌리는 이 세상의 주연들이 되기를 원하시고 계십니다. 이것을 믿음의 눈으로 바라보고 에녹과 같이 하나님과 동행하며 살아 영원한 상을 받는 성도들이 되시기를 바랍니다.

적 용

ⓐ 오늘 말씀의 주제 파악하기:

ⓑ 오늘 말씀 중 은혜받은 부분 나누기:

ⓒ 삶에 구체적으로 적용하기:

함께 드리는 기도제목

1. 에녹처럼 하나님과 동행하는 삶, 주님을 기쁘시게 하는 삶을 살게 하소서.
2. 어린아이와 같은 마음으로 겸손하고 순수한 믿음을 갖게 하소서.
3. 도림교회를 통해 하나님의 역사가 충만케 하소서.

6

합력하여 선을 이루느니라

본 문: 로마서 8장 26-28절(신 250쪽)
찬 송: 363장(내가 깊은 곳에서, 통 479장)
요 절: "우리가 알거니와 하나님을 사랑하는 자 곧 그의 뜻대로 부르심을 입은 자들에게는 모든 것이 합력하여 선을 이루느니라"(롬 8:28)

우리는 누구나 서로의 도움을 받으며 살아갑니다. 나는 도움이 필요 없다고 생각하는 사람은 어리석은 사람입니다. 한 끼의 식사를 하려 해도 농부의 도움을 받아야 하고, 가공하고 판매하는 사람들의 도움을 받아야 합니다. 밥은 그냥 짓습니까? 물이 있어야 하고 가스나 전기가 있어야 합니다.

전기가 집에 들어오는 경로만 해도 복잡합니다. 발전소가 있어야 합니다. 발전소에 들어가는 장치만 해도 수없이 많습니다. 가정에도 전깃줄이 있어야 하고, 콘센트가 있어야 하고, 밥솥이 있어야 하고, 숟가락이 있어야 하고, 한 끼 식사를 해결하기 위해서 도움을 주기 위해 일한 사람들이 수없이 많습니다. 우리가 타고 다니는 승용차에 부품이 약 2만 개가 들어간다고 합니다. 수많은 곳에서 수많은 사람들이 수고하며 만드는 것입니다.

오늘 우리가 예배드리는 데에도 은혜로운 예배를 위하여 수고하는 많은 사람들이 있습니다. 우리는 모두가 도움을 주며 도움을 받으며 살아야 합니다. 우리는 일상생활에 필요한 것에 대해 도움을 받는 것은 익숙하지만, 우리 인생에 하나님의 도우심이 있어야 한다는 사실을 망각하고 살 때가 많습니다.

오늘 성경은 우리 인생을 연약하다고 말씀하고 있습니다. 인간이 가장 강한 것 같지만 가장 약한 것이 인간입니다. 동물의 세계에서 보면 동물들은 사나운 짐승들 앞에서 끝까지 포기하지 않습니다. 힘없는 영양도 사자가 달려들면 끝까지 싸웁니다.

'나는 당신보다 약하니 포기하겠소' 하는 법이 없습니다. 악어에게 물린 얼룩말은 절대로 포기하지 않습니다. 다리 하나가 끊어져도 포기하지 않고 힘을 씁니다. 그런데 인간은 너무 쉽게 포기합니다. 싸워보지도 않고 포기합니다. 겁을 먹습니다. 인간은 연약하다는 것입니다.

우리는 도움을 받을 것이 너무나 많습니다. 마음이 아픈 사람들은 도움을 받아야 합니다. 질병에 걸린 사람들도 도움을 받아야 합니다. 빚을 진 사람들도 도움을 받아야 합니다. 도움을 받으면 마음의 상처를 치유받을 수 있습니다. 질병에서도 나음을 얻을 수 있습니다. 물질 문제도 해결받을 수 있습니다.

오늘 성경은 "성령은 우리의 연약함을 도우신다"라고 하셨습니다. 더구나 감사한 것은 "우리가 마땅히 기도할 바를 알지 못하여도 성령님께서 말할 수 없는 탄식으로 안타까워하시며 우리를 위해 대신 기도해 주신다"라고 하셨습니다.

'우리가 마땅히 기도할 바를 알지 못한다'라는 말씀이 무슨 뜻인지 명확히 보기 위하여 원어성경을 보니 '우리가 반드시 기도해야 하는 것을 알지 못하여도 우리를 대신하여 말할 수 없이 탄식하시며 중재해 주신다'고 했습니다. 우리가 평소에 기도하지만 지금 기도가 필요한 때인 것을 모를 때가 많습니다. 엉뚱한 기도를 할 때도 많습니다. 나도 모르게 내 생각으로 내 판단으로 움직일 때가 많습니다. 그때마다 성령님께서 대신 기도해 주신다는 말씀입니다. 이것이 성령님을 모시고 살아가는 사람의 특권입니다. 그러므로 우리가 할 일은 성령님을 모시고 살아가는 것입니다.

아침에 일어나면 "하나님! 오늘도 나와 함께 동행하여 주십시오. 하나님! 오늘도 나의 길을 인도해 주십시오. 악한 영이 내 생각을 파고들지 않도록 도와주시고, 죄의 길을 걷지 않도록 도와주십시오." 라고 기도하면 됩니다. 그러면 내가 기도할 때를 잘 몰라도 "아무개야, 지금 기도할 때인데 기도하지 않는구나. 악한 영이 시험하겠구나" 하시며 우리를 위해 대신 기도해 주신다는 말씀입니다.

우리는 지금 내 생각이 정확한지 잘 모릅니다. 기도 많이 한다는 어떤 사람들은 "하나님! 버스를 탈까요, 전철을 탈까요? 하나님! 이 사람을 몇 시에 만날까요?" 하고 묻고 응답을 받는다고 말합니다. 제가 아는 사람이 그런 이야기를 하길래 "어떻게 응답하시느냐?" 했더니 마음에 감동이 온대요.

언뜻 들으면 굉장한 믿음의 사람 같지만, 이것은 굉장히 위험한 기도입니다. 우리 인간은 연약하기 때문에 늘 악한 영이 틈탄다는 사실을 잊어서는 안 됩니다. 정통 신학에서 직통계시는 사도시대 이후에 끝이 났다고 말합니다. 물론 지금도 하나님께서 직접 우리에게 말씀하시는 것을 부정하면 안 됩니다.

저의 부친도 6·25전쟁 시기에 공산당에게 사형을 언도받고 환상을 보았습니다. "너 이렇게 하면 산다"라고 말씀하셨고 다음 날 총살 현장에서 말씀하신 그대로의 상황이 벌어지고 말씀대로 하여 살아났습니다. 그리고 서원대로 목사가 되었습니다.

직접계시를 아예 부정하는 것도 이단이지만, 직접계시는 이미 성경 말씀을 통해 우리에게 다 주셨습니다. 성경 말씀을 따라 살면 되는데, 내가 직접계시를 늘 받겠다고 할 때에 마귀가 틈타는 연약한 인생임을 잊어서는 안 되는 것입니다. 이단의 교주들은 모두 직통계시를 받았다고 하는 사람들이었습니다. 마귀가 틈탄 것입니다.

"나는 하나님을 믿습니다. 나의 마음과 생각을 정결하게 인도해 주십시오" 하고 하나님께 맡기는 사람이 진짜 믿음의 사람입니다. 기도를 많이 하는 사람도 백 점 짜리 기도는 없습니다. 성령님은 나보다 나를 더 잘 아십니다. 내 생각보다 훨씬 더 뛰어나십니다. 내 능력보다 더 힘이 있으십니다. 이것을 믿으시기 바랍니다.

저는 목회를 하면서 "하나님! 이 기도를 속히 들어주시옵소서. 제가 힘이 듭니다" 하는 기도를 드린 적이 꽤 있습니다. 그런데 하나님은 응답이 없으십니다. 나중에 보면 내 기도가 옳은 것이 아니라 하나님께서 이루어 주신 것이 항상 옳았습니다. 이것을 깨달으니 기도의 내용이 바뀝니다.

"하나님! 힘이 듭니다. 이 문제를 이루어 주십시오. 그러나 하나님께서 하시는 일이 항상 좋은 것임을 나는 믿습니다" 하고 기도합니다. 그래서 여러분을 축복하며 기도할 때에 "마지막에 승리하는 자가 되게 하여 주시옵소서" 하고 기도합니다. 성령님이 선한 길로 인도하실 것을 믿기 때문입니다. 성령님은 우리를 위하여 어떻게 간구하시는지 27절에 나옵니다. "마음을 살피시는 이가 성령의 생각을 아시나니 이는 성령이 하나님의 뜻대로 성도를 위하여 간구하심이니라." 이 말씀을 새번역 성경에 보니 "사람의 마음을 꿰뚫어 보시는 하나님께서는 성령의 생각이 어떠한지를 아십니다. 성령께서 하나님의 뜻을 따라 성도를 대신하여 간구하시기 때문입니다"라고 번역했습니다. 하나님께서는 사람의 마음을 꿰뚫어 보십니다. '지금 근심하고 있구나. 의심하고 있구나. 힘들어하고 있구나. 믿음이 약해져 죄를 지으려고 하고 있구나' 하고 하나님은 우리의 속마음을 다 아십니다. 내 속마음을 내가 결정할 수 있으면 얼마나 좋겠습니까? 그런데 인간은 내 마음의 길을 모릅니다. 내가 잘못된 길로 가면서도 잘 모릅니다.

우리가 해야 할 일은 말씀을 듣고 기도하는 것입니다. "주의 말씀은 내 발의 등이요 내 길의 빛이니이다"(시 119:105)라고 했습니다. 말씀은 우리 인생의 가야 할 길을 알려 주십니다. 잘 들으세요. 말씀을 듣고 내가 이해하여 그 길을 간다는 말이 아닙니다. 성경 말씀은 공부하여 아는 것이 아닙니다. 말씀을 내 안에 모셔야 합니다. 말씀을 내 안에 모시면 말씀이 나를 깨닫게 하십니다. 말씀이 나를 인도하십니다. 그리고 기도하는 것입니다.

이단의 교주들은 말씀을 내 안에 모시지 않고 기도하다가 악한 영이 틈탄 자들입니다. 말씀을 모시면 나로 하여금 하나님께 가까이 가게 하십니다. 하나님의 사랑을 알게 하시고, 하나님의 마음을 알게 하십니다. 하나님이 기뻐하시는 것을 택하게 하십니다. 헛된 것을 물리치게 하십니다. 죄 된 것이 저절로 싫어지게 하십니다.

늘 술집에 빠져 살던 어떤 분이 예수님을 만나고 나니 갑자기 술집의 냄새만 맡아도 구역질이 나고 옛날에는 그렇게 예쁘게 보였던 술집 여자의 빨간 립스틱 칠을 한 입술이 무섭게 느껴졌다는 간증을 했습니다. 내가 스스로 변하는 것이 아니라 하나님의 말씀을 모시면 성령님께서 변하게 하시는 것입니다. 그래서 주님을 위해 봉사하면서도 기뻐합니다. 헌신하면서도 행복합니다.

우리 여전도회원들이 건축헌금을 위해 매 주일 수고합니다. 어제도 월삭축복기도회에 남녀 선교회 회원들이 나와 식사를 준비했습니다. 어제 국은 정말 맛있었습니다. 서빙을 하면서도 모두가 얼굴에 기쁨이 가득했습니다. 어떻게 그럴 수 있습니까? 내 마음에 성령님을 모셨기 때문입니다.

그러나 성령님이 떠나면 악한 영이 들어와 내 마음을 차지합니다. 예배에 기쁨이 사라집니다. 주일이 기다려지지 않습니다. 불평의 말이 나오고 불만이 나옵니다. 이렇게 점점 하나님과 멀어지게 되는 것입니다. 우리는 하나님의 말씀을 듣고 내 마음에 모시고 말씀이 인도하는 대로 기도하시기 바랍니다.

마지막 28절입니다. "우리가 알거니와 하나님을 사랑하는 자 곧 그의 뜻대로 부르심을 입은 자들에게는 모든 것이 합력하여 선을 이루느니라." 아멘. 이 말씀은 하나님의 뜻대로 부르심을 입은 자들이 곧 하나님을 사랑하는 자들이란 말입니다.

우리가 하나님을 믿고 하나님을 사랑하는 것이 우리의 선택이 아니었습니다. 하나님께서 우리를 선택해 주셨습니다. 그래서 교회의 고전적인 정의는 "교회란 하나님의 부르심을 입은 사람들의 거룩한 무리"라고 합니다. 하나님께서 부르신 것이 먼저입니다. 그리고 우리는 부르심에 응답하여 거룩해져야 하는 것입니다.

오늘 말씀도 교회론의 핵심적인 내용을 담고 있습니다. 하나님의 뜻으로 부르심을 입은 거룩한 무리는 하나님을 사랑하는 자라는 것입니다. 우리는 하나님을 사랑하기에 이 자리에 나왔습니다. 하나님을 믿기에 나의 죄를 고백하고 하나님을 찬양하며 말씀을 듣습니다.

이 거룩한 무리들에게는 모든 것이 합력하여 선을 이룬다고 하나님은 말씀하십니다. 이루어 주시겠다는 약속입니다. '합력하여'라는 단어 '쉬네르게오'(συνεργέω)는 '함께한다, 협력한다'는 원어의 뜻을 가지고 있습니다. 이 말씀이 의미가 깊습니다. 하나님은 우리와 함께 일하십니다. 하나님은 일방적이시지 않습니다. 하나님은 우리를 사랑하시고 우리를 사용하시기를 원하시지만 내가 함께하지 아니하면, 협력하지 아니하면 하나님은 우리를 사용하시지 않습니다. 그러나 우리가 언제든지 준비가 되면 하나님은 우리를 귀하게 사용하십니다. 눈에 보이는 것이 전부가 아닙니다.

성경에 인물들의 이야기를 자세히 기록해 놓으신 것은 우리로 하여금 깨달으라는 뜻입니다. 다윗은 기름 부음을 받고 그저 잘된 것이 아닙니다. 이리저리 쫓겨 다녔습니다. 죽을 위기에 처하기도 했습니다. 때로는 죄도 지었습니다. 그런데 하나님을 의지하니 그의 인생은 마지막이 잘되었습니다.

요셉도 그렇습니다. 하나님께서 주신 꿈을 꾸고 저절로 잘된 것이 아닙니다. 어려움이 있었습니다. 노예로 팔리고 감옥에 가기도 했습니다. 기나긴 시간을 고통 가운데 살았습니다. 그러나 하나님을 끝까지 붙잡을 때에 그는 애굽의 총리로 위대한 일을 행할 수 있었습니다.

하나님께서는 우리에게 기회를 주십니다. 축복받을 기회, 은혜받을 기회, 충성할 기회, 잘되는 기회를 주십니다. '합력하여'라는 말은 이때에 우리도 악착같이 힘을 다하여 그 기회를 잡아야 하는 것입니다. 그래서 믿음의 사람들은 성실해야 합니다. 노력하는 사람들이어야 합니다. 하나님께서 주실 줄로 믿고 우리도 힘을 다하는 것입니다.

손흥민 선수의 아버지는 손웅정 씨는 국가대표까지 지냈지만 28세의 나이에 부상으로 은퇴하게 되었습니다. 그리고 아들을 가르쳤습니다. 아들에게 항상 실력보다 인성이 먼저라는 교육을 했습니다. 그는 독실한 크리스천입니다. "손흥민 선수도 기독교인인가?" 하는 질문들을 하는데, 그는 경기 시작과 마칠 때 늘 기도를 합니다.

손웅정 씨가 부상을 당하지 않았더라면 더 나은 축구선수 생활을 했겠지만, 지금의 세계적인 손흥민 선수는 없었을 것입니다. 아버지 대에 모든 것이 망한 것 같았지만, 그래서 남들처럼 잘나가지 못하고 아들만 가르쳤지만, 나중에 보니 아들이 대한민국을 빛내는 세계적인 선수가 되었습니다.

우리나라는 기독교가 박해를 많이 받은 나라 중의 하나입니다. 천주교도 박해를 많이 받았고 기독교도 일제 강점기에도 공산당에게도 박해를 받았습니다. 선교사들이 들어와 복음을 전했지만, 선교 50년 동안 남한에는 교회가 몇 십 개 되지 않았습니다. 그런데 6·25전쟁으로 인해 북한의 신자들이 피난을 오고 남한에는 오늘날 6만 개의 교회가 세워졌습니다.

박해받고 순교할 때는 몰랐지만, 전쟁 이후 교회는 수없이 세워졌습니다. 그래서 대한민국은 전 세계에 선교사를 미국 다음으로 많이 파송하는 나라가 되었습니다. 나중에 보니 그렇습니다. 지금 우리가 핍박받고 힘들어할 수 있습니다. 질병 때문에 힘들어할 수 있습니다. 물질로, 직장으로, 사업으로 힘들어할 수 있습니다.

그런데 나중에 보면 '왜 하나님께서 나에게 그런 일을 주셨을까? 왜 그렇게 나를 힘들게 하셨을까?' 생각할 때에 '아, 하나님께서 오늘의 나를 만드시려고 그러셨구나'라고 믿음의 사람은 깨닫게 될 것입니다. 이것이 좋은 일이든, 험한 일이든 합력하여 선을 이루는 것입니다. 하나님은 여러분을 택하시고 부르셨습니다. 그리고 말씀을 듣고 순종하는 우리를 위하여 기도해 주시고 계십니다. 그래서 우리는 넘어져도 다시 일어납니다. 마지막에 승리합니다. 성령님께서 친히 우리를 위하여 간구해 주시기 때문입니다. 하나님께서 우리를 도림교회로 부르심을 감사하며 말씀을 듣고 기도하며 성령님의 인도에 따라 승리하는 인생이 되시기 바랍니다.

적 용

ⓐ 오늘 말씀의 주제 파악하기:

ⓑ 오늘 말씀 중 은혜받은 부분 나누기:

ⓒ 삶에 구체적으로 적용하기:

함께 드리는 기도제목

1. 성령님을 우리 마음에 모시고 주님의 인도하심을 따라 살아가게 하소서.
2. 악한 영이 틈타지 못하도록 지켜주시고 주님 뜻대로 인도하여 주소서.
3. 성령님과 함께 힘써 선을 이루며 끝까지 승리하는 믿음 되게 하소서.

7

본향을 찾는 사람들

- **본 문:** 히브리서 11장 13-16절(신 365쪽)
- **찬 송:** 305장(나 같은 죄인 살리신, 통 405장)
- **요 절:** "그들이 이제는 더 나은 본향을 사모하니 곧 하늘에 있는 것이라 이러므로 하나님이 그들의 하나님이라 일컬음 받으심을 부끄러워하지 아니하시고 그들을 위하여 한 성을 예비하셨느니라"(히 11:16)

민족 고유의 명절인 설날 연휴를 지나고 있습니다. 지방이 고향인 성도들은 아마 고향을 다녀와 오늘 예배에 참석하고 있을 것입니다. 또 고향을 방문하고 고향 교회에서 예배에 참여하고 있는 성도들도 있을 줄 압니다. 언론 보도에 의하면 이번 명절에 고향을 찾는 사람들의 수가 3천만 명에 이를 것이라 보도하고 있습니다. 이렇게 많은 사람들이 고향을 찾는 것은 고향이 그립고 부모 형제들을 함께 만나기 위해서입니다.

명절에 시골에 있는 시부모 댁에 온 맏며느리에게 시어머니가 집에 가서 먹으라고 음식을 싸서 주었답니다. 며느리는 무엇이 심통이 났는지 서울로 올라가는 고속도로 휴게소에서 싸준 음식을 통째로 쓰레기통에 버렸습니다. 몇 시간 후 집에 도착하자마자 시어머니에게 전화가 왔습니다. “애미야, 아까 동서가 옆에 있어 말을 못 했는데 음식 봉지 안에 손주 대학 등록금하고 너 옷 사 입으라고 용돈 좀 두둑히 넣었다. 잘 쓰거라.”

깜짝 놀란 며느리가 부랴부랴 다시 고속도로를 타고 내려가 한밤중에 쓰레기통을 뒤졌지만 이미 쓰레기는 치워지고 없었습니다. 말도 못 하고 마음에 병이 나서 끙끙 앓았답니다. 요즘 명절 때 고속도로 휴게소에서 쓰레기통 뒤지는 며느리들이 가끔 있답니다.

명절이 다가오면 스트레스를 받는 사람들도 많습니다. 생활은 여유가 없는데 조카들 세뱃돈에 양가 부모님께 봉투도 드려야지요. 또 식구들이 모이면 음식 차려야지요. 스트레스가 많습니다. 시부모는 시부모대로 스트레스를 받고 결혼 적령기에 다다른 청년들, 직장을 준비하는 청년들은 친척들 만나는 것이 두렵습니다.

아파트에 사는 사람들은 명절에 위층에서 밤늦게까지 아이들이 쿵쾅거리고 뛰어다니니 그것도 스트레스입니다. 그럼에도 고향을 찾는 사람들은 가슴이 설렙니다. 어릴 적 함께 자란 친구들도 만나고 물장구치고 놀던 개울, 소 먹이고 놀던 뒷동산에 올라 옛 생각을 합니다.

고향을 가장 그리워하는 사람들은 실향민들입니다. 월남한 사람들은 명절이 되면 갈 수 없는 고향을 생각하며 눈물을 흘립니다. 고향은 그리운 곳이기 때문입니다. 사람은 누구나 고향이 있듯이 우리에게는 영원한 본향이 있습니다. 우리 믿음의 사람들은 장차 갈 영원한 고향을 사모하며 삽니다. 그곳은 우리 하나님 아버지가 기다리시는 곳입니다.

오늘 읽은 히브리서 11장은 믿음장으로 알려져 있습니다. 아벨로부터 시작하여 믿음으로 에녹은, 믿음으로 노아는, 믿음으로 아브라함은 이렇게 믿음의 사람들 이름을 열거하고 있습니다. 아벨은 가인과 함께 살았는데 가인을 믿음의 사람이라 말하지 않습니다. 아브라함과 함께 고향을 떠난 조카 롯도 있지만 롯을 베드로후서 2장에서는 의롭다고 했지만 믿음의 사람이라고 말하지 않습니다.

롯은 하나님께서 고향 땅을 떠나라 명하신 사람이 아니었습니다. 아브라함이 데리고 간 것입니다. 그래서 조카 롯으로 인하여 아브라함은 어려움을 겪습니다. 전쟁도 하게 되고, 종들끼리 싸워 갈라서기도 합니다. 이후 롯의 후손은 모압 족속과 암몬 족속이 됩니다. 그리고 이들은 대대로 계속해서 이스라엘을 괴롭힙니다. 이들은 함께 살았지만 믿음으로 산 사람들이 아니었습니다.

오늘 성경에 기록된 믿음의 사람들을 보면 "믿음을 따라 죽었다"라고 말씀합니다. 누구에게나 죽음은 다 찾아옵니다. 죽음은 예고 없이 옵니다. 그래서 성경은 곳곳에 준비하는 삶을 살라고 말씀합니다. 부자와 나사로의 비유, 많은 곡식을 추수한 어느 부자의 비유, 열 처녀의 비유, 맷돌을 갈던 두 여인의 비유 등 수많은 비유들이 준비하는 삶을 살라는 것입니다. 무엇으로 준비합니까? 믿음으로 준비하라는 것입니다. 오늘 주님이 부르시더라도 후회 없는 삶을 살라는 것입니다. 믿음의 사람들은 약속을 받지 못했다고 했습니다. 아브라함은 네 자손이 하늘의 별과 같이, 바다의 모래와 같이 많아질 것이라는 하나님의 약속을 받았습니다. 보이는 모든 땅을 네게 줄 것이라는 약속을 받았습니다.

그런데 아브라함은 겨우 100세가 되어서야 외아들 이삭을 얻었습니다. 하늘의 별과 바다의 모래와는 거리가 멀었습니다. 그러나 그는 눈에 보이는 아들 이삭만을 바라본 것이 아니라 하나님의 약속을 의심치 않고 믿음의 길을 걸어갔습니다. 아내 사라가 죽었을 때

겨우 밭 하나를 사서 묘지를 삼았습니다. 모든 땅을 가진 것이 아닙니다. 그럼에도 하나님의 약속을 믿었습니다. "그것들을 멀리서 보고 환영하며"라고 했는데 지금 내 손에 쥔 것이 아닙니다. 내 눈앞에 있는 것도 아닙니다. 멀리 있었습니다. 그럼에도 그것을 환영했다고 했습니다. '환영한다'는 헬라어의 의미는 확신한다는 뜻입니다. '확신한다'로 번역했으면 더 이해하기 쉬울 것입니다.

하나님께서 약속하신 것의 성취는 아주 멀리 있었고 보이지 않았지만 그것을 확신했다는 말입니다. 이 믿음을 히브리서 11장 1절에 "믿음은 바라는 것들의 실상이요 보이지 않는 것들의 증거니"라고 말씀합니다. 믿음의 사람들은 믿음으로 바라고 구하는 것이 실제로 이루어질 것을 믿습니다. 지금 보이지 않아도 내 믿음 안에 증거로 자리 잡고 있습니다. 우리가 기도할 때 20만의 비전과 일천 선교사를 위해 기도합니다. 그 믿음을 가진 성도들은 그 목표가 멀리 있지만 이루어질 줄로 믿고 바라보며 확신합니다. 입으로만 기도하는 것은 안 됩니다. 매년 하나님께서 우리를 통하여 구원 얻을 백성들을 더하여 주실 줄로 믿는 것입니다.

우리는 태국에 이어 필리핀에도 미션스쿨을 섬기고 있습니다. 그저 이루어지는 것이 아닙니다. 우리가 입으로 고백하고 믿을 때 하나님께서 맡겨주시는 선물인 것입니다.

신학자들은 한국 교회는 마이너스 성장을 하고 있다고, 이제는 부흥이 아니라 내실에 힘쓸 때라고 말합니다. 이 말속에는 무서운 함정이 있습니다. 마이너스 성장을 하고 있는 것 맞습니다. 그러니까 더욱 복음 전하는 데 힘써야 하는 것입니다. 안 된다고 하는 것은 마귀가 하는 말입니다. 하나님께서는 된다고 하셨습니다. 믿는 자에게는 능치 못함이 없느니라고 하셨습니다.

지금도 기독교 인구는 전 세계적으로 계속해서 늘어나고 있습니다. 아프리카에서, 남미에서 예수 믿는 사람들이 계속 늘어가고 있습니다. 우리 교회도 매년 부흥하고 있지 않습니까? 왜 안 됩니까? 사방에 길이 막혀도, 힘이 들어도, 핍박을 받아도, 순교를 하더라도 복음 전하는 일을 멈추어서는 안 되는 것입니다.

13절 이하에 보면 "또 땅에서는 외국인과 나그네임을 증언하였으니 그들이 이같이 말하는 것은 자기들이 본향 찾는 자임을 나타냄이라"고 말씀합니다. 아브라함은 하나님의 약속을 받았음에도 이방인들이 사는 곳에 가서 외국인으로 살았고 나그네로 살았습니다. 아브라함도 고향이 있었습니다. 갈대아 우르입니다. 그곳에 가면 친구와 친척들이 있습니다. 그러나 그곳은 죄가 많은 곳이라 하나님께서 떠나라 하신 곳입니다.

아브라함이 사모한 것은 영원한 본향 하나님 나라였습니다. 태어나고 자란 고향 갈대아 우르가 아니라 내 영원한 본향 하나님 아버지가 계신 그곳을 사모하며 살았습니다. 그래서 고향에 갈 기회가 있었지만 찾지 않았습니다. 지금 사는 곳조차 나그네로 외국인으로 여겼습니다. 그리고 이국 땅에서 죽음을 맞이합니다.

그러면 아브라함에게 주신 약속이 이루어지지 않은 것입니까? 하나님의 약속이 이루어지는 것을 보면 참 신비합니다. 아브라함 본인은 생각하지 못했지만 믿음의 조상이라 불리고 있습니다. 전 세계 절반이 넘는 사람들이 아브라함을 조상이라고 생각합니다. 그의 믿음의 후손들이 하늘의 별과 같이 바다의 모래와 같이 많습니다. 복음으로 차지한 땅이 얼마나 많습니까? 그리고 복음은 오늘도 계속해서 확장되어 가고 있습니다. 하나님의 약속이 다 이루어진 것입니다.

우리 인생의 눈으로 보면 하나님은 참 힘이 없으십니다. 악한 자들이 득세하고 힘없는 사람들은 고통을 겪습니다. 병을 고쳐주시면 좋겠는데 응답이 없습니다. 교회도 다 평안하면 좋겠는데 교회마다 분쟁이 있습니다. 마귀들이 역사합니다. 하나님이 살아 계신다면 즉시 역사하셔야 하는데 그러지를 않습니다.

죄 없는 아벨도 형 가인에게 맞아 죽었습니다. 그런데 하나님은 그냥 두셨습니다. 노아는 무려 120년 가까이 방주를 지었습니다. 그동안 얼마나 많은 사람들에게 하나님의 말씀을 전했겠습니까? 그런데 사람들은 악하여 듣지 않았습니다. 조롱합니다. 오히려 미치광이 취급을 받았습니다. 그래서 여덟 명만 구원을 받은 것입니다. 아브라함도 고향을 떠나 아내도 빼앗길 뻔하고 전쟁도 치르고 아내도 겨우 밭을 사서 묻고 고생의 연속이었습니다.

로마 시대에 수많은 크리스천들이 원형경기장에서 사자에 물려 죽고 끓는 물에 던져졌는데도 하나님은 그냥 보십니다. 우리나라에서도 처음 천주교가 전해졌을 때 예수 믿으면 복 받는다고 했는데, 당시 예수 믿는 사람 3만 명 중 2만 명이 순교를 당했습니다. 일제강점기 때도 기독교인들이 고통을 겪었습니다. 배교한 사람들이 오히려 잘되는 것 같았습니다. 눈앞에 보이는 것만 보면 예수 믿고 싶은 마음이 들지 않습니다. 그러나 먼 시간이 흐른 뒤에 보면 하나님은 반드시 이기십니다. 그래서 우리의 믿음으로 고백하게 하십니다.

아벨은 최초의 순교자가 되었습니다. 노아의 가족 여덟 명만이 구원을 받았습니다. 아브라함은 믿음의 조상이 되었습니다. 로마의 권력 앞에 기독교는 힘이 없는 것 같았지만 어느 날 보니 로마가 기독교 국가가 되어 있습니다. 유럽이 하나님을 믿습니다. 우리나라가 그토록 심한 핍박을 받았는데 시간이 흐른 뒤에 보니 이 땅에 교회가 가득 찼습니다. 우리는 내 지식을 보는 것이 아니라 하나님의 약속을 바라보아야 하는 것입니다.

하나님은 순결한 믿음의 사람들을 쓰시고 그들에게 영원한 본향을 예비하십니다. 오늘 읽은 마지막 말씀 "그들을 위하여 한 성을 예비하셨느니라"는 말씀은 믿음의 선진들을 위한 말씀뿐 아니라 우리를 위하여 주신 말씀입니다. 하나님께서는 우리의 믿음대로 성을 예비해 주십니다.

오늘의 한국 교회 위기는 코로나 때문도 아니고, 전도가 안 되어서도 아닙니다. 진짜 위기는 한국 교회의 많은 교인들이 천국을 사모하지 않는다는 것입니다. 아니 천국 갈 준비를 하지 않고 살아가고 있습니다. 예수님께서는 천국과 지옥에 대하여 여러 번 말씀해 주셨습니다. 지옥에 대하여도 14번이나 말씀하셨습니다.

그리고 각각 선악 간에 그 몸으로 행한 대로 갚으리라고 하셨습니다. 믿음으로 산 성도들에 대하여는 "기뻐하고 즐거워하라 하늘에서 너희의 상이 큼이라"(마 5:12)고 약속해 주셨습니다. 천국과 지옥뿐 아니라 우리에게는 각기 다른 상급이 분명히 기다리고 있다는 말입니다.

성도 여러분, 우리는 본향을 사모하며 사는 성도들이 되십시다. 이 세상이 바쁘고 정신없이 살다가 본향을 잊어버리고 엉뚱한 것 바라보고 살면 안 됩니다. 하나님 나라에서 받을 큰 상급을 사모하며 사십시다. 우리 신앙의 선조들은 어려운 수난의 시기에 이 찬양을 자주 불렀습니다. 오늘 주신 말씀과 너무 닮은 신앙의 고백입니다.

> "저 영광의 땅에 나 길이 살겠네
> 손잡고 승리를 외치는 성도들
> 그 기쁜 찬송 하늘 울려 퍼지네
> 나는 이 세상에 정들 수 없도다
> 오 주님 같은 친구 없도다
> 저 천국 없으면 난 어떻게 하나
> 저 천국 문을 열고 나를 부르네
> 나는 이 세상에 정들 수 없도다."

이 찬양처럼 영원한 본향을 늘 사모하며 믿음으로 주님이 예비하신 천국에 들어가는 성도들이 되시기를 바랍니다.

적 용

ⓐ 오늘 말씀의 주제 파악하기:

ⓑ 오늘 말씀 중 은혜받은 부분 나누기:

ⓒ 삶에 구체적으로 적용하기:

함께 드리는 기도제목

1. 영혼을, 본향을 사모하는 믿음의 눈을 주옵소서.
2. 믿음의 선진들처럼 준비된 삶을 살게 하옵소서.
3. 복음 전파에 게으르지 않도록 우리의 심령을 불태워 주소서.

8

물과 성령으로

- **본 문:** 요한복음 3장 1-5절(신 145쪽)
- **찬 송:** 179장(주 예수의 강림이, 통 167)
- **요 절:** "예수께서 대답하시되 진실로 진실로 네게 이르노니 사람이 물과 성령으로 나지 아니하면 하나님의 나라에 들어갈 수 없느니라" (요 3:5)

사순절 첫 번째 주일입니다. 사순절은 예수님의 말씀을 묵상하며 부활주일까지 주일을 제외한 40일 기간을 말합니다. 부활의 주님을 생각하며 우리도 부활에 참여하기 위하여 나 자신을 돌아보고 말씀과 기도와 선행으로 나아가는 기간입니다. 하나님께서 절기를 지킬 것을 명하신 것은 우리 인간의 연약함 때문입니다.

그래서 정해진 절기를 통해서 하나님의 은혜를 다시 한번 기억하고 죄에서 돌이켜 하나님께로 나아가는 것입니다. 사순절을 지키는 의미도 그렇습니다. 우리는 이 기간에 더욱더 말씀을 읽고 기도하는 일에 힘쓰고 부활하신 주님이 다시 오신다 하셨으니 그날을 기다리는 준비를 하는 것입니다. 우리 모두 이 사순절에 주님께 더 가까이 나아가는 성도들이 되시기를 바랍니다.

오늘 성경에 니고데모라 하는 바리새인이 예수님을 밤중에 찾아 왔습니다. 니고데모는 헬라식 이름입니다. 그 이름만 보아도 니고데모는 이스라엘 백성들 가운데 헬라 문화를 접한 귀족의 문화를 가진 사람이었음을 알 수 있습니다. 이후에 예수님의 장례를 위해 몰약과 침향 백 근을 가져온 것을 보면 재력도 굉장한 사람이었습니다.

유대인들이 존중하는 바리새인에다가 지도자였다고 했는데 이 말은 산헤드린 회원이었음을 말합니다. 산헤드린은 유대인의 70인의 통치 기구로 우리로 말하면 국회의원쯤 되는 사람입니다. 이런 사람이 밤중에 예수님을 찾아왔습니다. 밤중에 왔다는 것은 사람들을 의식했다는 말입니다. 유대인의 지도자인 니고데모가 예수님께 와서 "랍비여"라고 합니다.

예수님은 천대받던 갈릴리에 살았고 목수 출신입니다. 그런데 "랍비여"라고 합니다. 이 말은 다른 바리새인들과는 달리 니고데모는 예수님을 하나님께서 보내신 분이라 생각했기 때문입니다. 그는 예수님이 행하신 많은 기적과 표적을 보았습니다. 이것은 사람이 할 수 없는 것이었습니다. 그래서 예수님을 일부러 찾아온 것입니다. 이것만 보아도 니고데모는 훌륭한 사람입니다.

사람들은 이 세상에 일어나는 많은 표적을 보면서도 하나님을 알려 하지 않습니다. 그저 자기 일에 바쁘고 자기 생각이 전부라고 생각하고 살아갑니다. 세계 80억 인구의 3분의 1이 하나님을 믿는 것을 보면 '하나님이 누구이신가? 이들은 왜 그렇게 하나님을 믿는가?' 하고 궁금해하는 것이 당연합니다. 그런데 사람들은 관심을 갖지 않습니다. 복음을 전해도 귀를 막습니다.

니고데모는 바리새인이었고 유대인의 지도자였지만 예수님이 행하신 기적을 보고 이분은 하나님이 보내신 분이시라는 것을 깨달았습니다. 그리고 가만히 있을 수 없어 예수님을 찾아온 것입니다. 예수님은 이 사람의 마음을 이미 보셨습니다. 그래서 엉뚱한 말씀을 하십니다. 3절에 예수님께서는 "진실로 진실로 네게 이르노니 사람이 거듭나지 아니하면 하나님의 나라를 볼 수 없느니라"고 하십니다.

예수님의 말씀 속에 '아멘, 아멘'(Ἀμὴν ἀμὴν), 즉 '진실로, 진실로' 라고 두 번이나 강조하신 것은 이미 니고데모를 사랑하셨기 때문입니다. 사람이 거듭나지 아니하면 하나님 나라를 볼 수 없다는 말씀을 하십니다. 사람이 한번 태어나면 그뿐인데 다시 태어난다는 말씀의 의미를 니고데모는 도무지 알 수가 없었습니다. 율법을 연구하는 사람이었지만 율법에 그런 말은 없었습니다.

이 말씀이 니고데모의 마음을 강하게 울렸습니다. 그래서 니고데모는 "사람이 어떻게 두 번 날 수 있습니까? 어머니 뱃속에 다시 들어갔다 날 수 있습니까?"라고 질문한 것입니다. 우리는 예수님께서 니고데모에게 주신 사람이 거듭나지 아니하면 하나님 나라를 볼 수 없다는 말씀을 깊이 받아들여야 합니다.

거듭남에 대해 예수님은 5절에 "물과 성령으로 나지 아니하면"이라고 답을 주십니다. 물에 대한 해석이 여러 가지가 있습니다만 물은 세례를 의미한다고 보고 있습니다. 이것은 형식적인 세례를 말하는 것이 아닙니다. 그렇다면 세례를 받지 못하고 세상을 떠난 사람들은 어떻게 합니까?

북한에서는 예수를 믿는 사람들이 몰래 중국에 넘어와 세례를 받고 돌아가기도 했는데 지금은 그 길도 막혀 버렸습니다. 세례를 받겠다는 것이 얼마나 굉장한 결단입니까? 우리나라 선교 초기에 성경을 통해 스스로 예수 믿은 사람들이 몰래 중국에 들어가 선교사로부터 세례를 받았습니다.

우리 구역장들이 강화도에 가서 이곳에서 사진도 많이 찍었는데 이곳에서도 선교사가 들어올 수 없어 몰래 배를 타고 나가 바다 위에서 세례를 받은 것을 기념하기 위한 조형물입니다. 한국 최초의 감리교회인 내리교회에서 예수를 믿은 이승환이란 사람이 세례를 권유받자 어머니보다 먼저 세례를 받을 수 없다고 변장한 존스 선교사를 강화도로 초청했지만, 주민들에게 들키게 되고 마을 유지였던 김상임은 집을 불살라 버리겠다고 협박을 합니다. 그래서 어머니를 업고 갈대밭을 지나 배를 타고 강화도 앞바다에서 선상 세례를 받았습니다. 복음의 역사는 놀랍습니다. 기독교를 박해하던 마을 유지 김상임은 회심하여 전도사가 됩니다. 마을의 부자였던 종순일은 성경에 만 달란트 빚진 종의 말씀을 읽고 결단하여 자기에게 빚진 사람들을 불러 모으고 빚 문서를 그들 앞에서 불살랐습니다. 여러 교회에서 예수 믿고 그들의 이름을 함께 개명하기도 했습니다. 이러한 희생과 헌신으로 전해진 복음의 결과로 현재 강화도에 210개의 교회가 세워져 있습니다.

세례는 결단을 의미하는 것입니다. '이제 나를 포기합니다. 내 뜻대로 살지 않고 주님 말씀대로 살겠습니다' 하는 결단이 세례입니다. 예수님 당시에도 많은 사람들이 세례를 받았습니다. 예수님도 세례 요한에게 세례를 받았습니다. 유대인들이 세례를 받았고 군인들도 세례를 받았습니다. 초대교회 당시에는 세례를 받는다는 것은 예수님을 위해 핍박을 받고 순교까지도 받겠다는 결단이었습니다.

우리 성도들이 대부분 세례를 받았는데, 이 세례 받을 때의 내가 하나님께 한 서약과 결단과 감격을 잊지 마시기 바랍니다. 이스라엘 백성들이 광야에서 실패한 것은 잊어버렸기 때문입니다. 잊지 말라고 유월절 의식까지 행하게 하셨는데 이들은 광야에서 다 잊어버리고 불평하게 되었습니다.

예수님께서 왜 물과 성령이라고 하셨을까요? '내가 예수를 믿겠습니다' 하는 자기 결단이 세례입니다. 자기 부정이 세례입니다. 그러면 하나님께서는 성령을 보내 주십니다. "베드로가 이르되 너희가 회개하여 각각 예수 그리스도의 이름으로 세례를 받고 죄 사함을 받으라 그리하면 성령의 선물을 받으리니"(행 2:38)라고 기록되어 있습니다. 성령님이 찾아오시면 새로운 사람이 됩니다.

성령님을 내 안에 모시게 되면 성령님이 내 인생을 책임져 주십니다. 나의 갈 길을 인도해 주십니다. 악한 영이 내 마음을 훔치려 할 때 성령님이 도와주십니다. 이렇게 성령님과 함께 동행하다가 천국까지 인도해 주시는 것입니다. 천국은 어느 날 갑자기 가는 것이 아닙니다.

지금 내 마음속에 하나님을 향한 기쁨이 있고 구원의 감격으로 살아갈 때, 어느 날 갑자기 하나님께서 부르실 때 또 다른 천국으로 이사 가게 되는 것입니다. 성령님이 아니면 하나님 나라를 볼 수 없느니라고 하셨습니다. 또 물과 성령으로 거듭나지 아니하면 하나님 나라에 들어갈 수 없느니라고 하셨습니다. 여러분은 지금 천국을 보고 계십니까? 여러분은 지금 천국을 누리며 살고 계십니까?

성령님이 내 안에 계시면 성령님이 원하시는 것을 나도 원하게 됩니다. 성령님이 내 안에 계시면 성령님이 기뻐하시는 것을 나도 기뻐하게 됩니다. 한 영혼이라도 구원하겠다는 십자가를 지신 주님의 마음을 깨닫게 됩니다. 주님의 마음을 알게 되니 나가서 전도하는 것입니다. 주님을 위해 나의 것을 바쳐서 섬기는 것입니다.

어머니를 통해 어느 교인의 연락을 받았습니다. 이분은 우리 도림교회 교인은 아니지만 우리 교회 온라인 예배를 매주 드리시는 분입니다. 평생 먹을 것, 입을 것 아껴서 모은 돈인데 하나님을 위해 사용하고 싶다고 물이 없어 고통당하는 사람들이나 혹은 그 돈으로는 안 되겠지만 어려운 나라에 교회를 세웠으면 좋겠다는 뜻을 전해왔습니다. 이분에게는 이 돈이 오랫동안 기도하며 저축한 것입니다.

이 귀한 돈을 자기를 위해 사용하는 것이 아니라 주님을 위해 사용하고 싶다고 현금으로 찾아 집에 두었더니 매일 불안하다고 그래서 어제 관리집사님을 통해 그 현금을 가져왔습니다. 도림교회라면 이 돈을 분명히 가치 있게 사용할 줄로 믿는다고 하시며 보내오신 것입니다.

그러면서 나이가 많이 들어 천국 갈 날도 멀지 않았는데 지금 살고 있는 집을 정리하면 30억이 조금 넘는데 집이 팔리게 되면 십일조는 꼭 도림교회로 하겠다고 기도해 달라고 하는 부탁도 있었습니다.

사람들이 돈에 얼마나 관심이 많습니까? 그런데 그 많은 돈을 어떻게 그럴 수 있습니까? 이미 그 마음에 천국이 있기 때문입니다. 하나님을 보았기 때문입니다. 성령님께서 그 마음을 주장하시기 때문입니다. 그래서 천국으로 이사 갈 준비를 하고 계신 것입니다. 성도 여러분, 우리 도림교회는 하나님께서 우리에게 천국을 연습하라고 주신 것입니다. 그러므로 여러분은 이 교회에서 천국으로 사셔야 합니다.

매 주일 우리가 함께 "사랑합니다", "축복합니다", "행복하게 삽시다"라고 고백하는 것은 천국으로 살자는 것입니다. 올해 우리가 함께하는 세 가지 실천 목표도 천국을 누리며 살자는 것입니다. 두 번째가 뭐지요? 항상 웃으며 살겠습니다. 황수관 박사는 "월요일에는 월등하게 웃고, 화요일에는 화사하게 웃고, 수요일에는 수수하게 웃고, 목요일에는 목숨 걸고 웃고, 금요일에는 금방 웃고, 토요일에는 토실토실하게 웃고, 주일에는 주님이 기뻐하시도록 웃자!"라고 했는데 거듭나지 못한 사람에게서 이런 웃음이 있을 수 없습니다.

니고데모는 예수님을 만난 후 거듭났습니다. 그리고 예수님의 제자가 되었습니다. 요한복음 7장에 보면 유대인의 무리가 예수님을 잡으려 할 때 나서서 변호를 합니다. 그래서 무리들은 다 돌아갔습니다. 예수님께서 십자가에 달리셨을 때 그의 죽음을 보고 도망간 것이 아니라 담대히 예수님의 장례를 위하여 몰약과 침향을 준비해 왔습니다. 그의 삶이 이미 주님과 함께한 것입니다. 예수님께서는 열매로 그 사람을 안다고 하셨습니다. 삶의 열매를 말하는 것입니다.

"나 주님만을 섬기리 헛된 마음 버리고 성령이여 내 영혼 충만하게 하소서 주님 앞에 내 생명 드리리라." 성령으로 거듭난 우리들은 이 찬양처럼 살기를 원합니다. 성도 여러분, 우리는 사순절을 맞이하며 나의 삶을 돌이켜 보고 회개할 것 회개하시고 부활의 주님을 맞이하기 위하여 살아가는 성도들이 되시길 바랍니다.

적 용

ⓐ 오늘 말씀의 주제 파악하기:

ⓑ 오늘 말씀 중 은혜받은 부분 나누기:

ⓒ 삶에 구체적으로 적용하기:

함께 드리는 기도제목

1. 사순절 기간 동안 말씀과 기도로 부활의 기쁨을 준비하게 하소서.
2. 성령님과 동행하는 기쁨이 충만케 하옵소서.
3. 니고데모처럼 진리를 찾고 갈망하는 이들을 주님께로 이끌게 하옵소서.

9

예수님이 받으신 시험

- **본 문:** 누가복음 4장 1-13절(신 93쪽)
- **찬 송:** 342장(너 시험을 당해, 통 395장)
- **요 절:** "예수께서 대답하여 이르시되 기록된 바 주 너의 하나님께 경배하고 다만 그를 섬기라 하였느니라"(눅 4:8)

사순절 두 번째 주일입니다. 사순절에는 예수님의 행적과 말씀을 중심으로 하나님께서 주시는 음성을 듣고자 합니다. 오늘 말씀은 예수님께서 받으신 시험입니다. 예수님께서는 성령의 충만함을 입어 요단강에서 세례를 받고 돌아오셨는데 광야가 기다리고 있었고 시험이 기다리고 있었습니다.

왜 성경은 이런 사실을 기록했을까요? 우리는 성령이 충만하면 늘 기쁘고 형통할 줄로 압니다. 그런데 예수님에게는 정반대의 상황이 기다리고 있었습니다. 광야와 시험입니다. 이것은 우리에게 이 땅에서의 신앙생활을 하는 교훈을 주시기 위함입니다. 사람은 시험과 훈련을 통해 더 성숙하고 더 넓어지고 더 강해지기 때문입니다.

예수님은 마귀의 시험을 다 이기셨습니다. 그리고 우리에게도 시험을 이기는 비결을 보여 주셨습니다. 손자병법에 '지피지기면 백전

불태'라 하는 말이 있습니다. 상대를 알고 나를 알면 백 번을 싸워도 위태롭지 않다는 말입니다. 우리가 사는 이 세상은 끊임없이 마귀와 싸우고 있는 영적 전쟁터임을 잊지 않아야 합니다. 그래서 우리는 마귀에 대해 잘 알아야 합니다. 마귀는 왜 창조되었을까? 우리는 의구심을 가질 수 있습니다. 더 나아가 아담과 하와가 마귀의 유혹을 받아 죄지을 것을 알고 계셨을 텐데, '왜 에덴동산에 선악과와 생명나무를 두셨을까?' 하는 질문도 할 수 있습니다. 이것은 굉장히 어려운 조직신학적 질문입니다. 저는 대학원에서 조직신학을 전공했음에도 사실 정확한 답변을 하기 어렵습니다.

다만 우리는 성령님께서 내게 임하시고 하나님이 살아 계신 것을 분명히 체험하고 믿습니다. 그리고 하나님의 창조에 대해서도 성경의 다양한 말씀을 통하여 하나님의 뜻을 다 알지는 못하지만, 하나님의 섭리가 있음을 믿습니다.

분명한 것은 하나님께서 아담과 하와를 창조하실 때에 하나님의 모양과 형상을 따라 지으셨습니다. 소나 돼지 같은 짐승처럼 지으시지 않았습니다. 하나님의 모양과 형상을 따라 지으셨다고 했는데, 그것은 겉모습뿐 아니라 우리의 속사람까지도 하나님의 성품을 주셨다는 말입니다. 우리를 자녀로 지으셨습니다. 영혼을 주셨습니다. 그러므로 우리는 하나님을 닮은 존귀한 존재입니다. 그리고 우리에게 자유의지를 주셨습니다. 로봇이 아니라는 말입니다.

'호크마'라는 유명한 신학자는 이것을 '창조된 인격체'라고 표현했습니다. 우리는 하나님을 대적하기도 하고 하나님을 찬양하기도 합니다. 우리는 연약하여 범죄도 하지만 하나님은 예수 그리스도를 보내심으로 우리를 완전한 회복으로 이끄시기를 기대하시고 기다리시고 계십니다.

그러면 사단은 왜 지으셨습니까? 성경은 타락한 천사들이 사탄이라 말씀합니다. 그러면 하나님은 왜 천사가 타락할 것을 아실 텐데 왜 그렇게 지으셨습니까? 그리고 사탄을 다 없애시면 될 텐데 그대로 두셔서 우리를 시험하게 하고 힘들게 합니까? 이 주제만 해도 한 시간에 다 할 수 없습니다. 결론적으로 말한다면 하나님은 이 모든 것을 알고 계신다는 것입니다.

우리는 사탄의 시험을 통해 연단되고 예수 그리스도의 십자가를 믿음으로 구원에 이르도록 하는 것이 태초부터 계획된 하나님의 섭리였다는 것입니다. 오늘도 우리에게는 하나님을 찬양하고 감사하고 하나님의 영광을 위하여 살아갈 선택도 주시고 그 반대의 길로 갈 선택도 주셨습니다. 그 선택은 자유입니다. 그러나 그 선택의 결과는 정반대입니다. 여러분은 하나님을 선택하고 믿음을 선택하는 성도들이 되시기 바랍니다.

사탄은 어떤 존재입니까? 예수님은 사탄을 "처음부터 살인한 자요, 거짓의 아비이며, 온 천하를 꾀는 자"라고 말씀합니다. 또 사탄을 "뿌려진 말씀을 빼앗는 자"(막 4:15)라고 했습니다. 여러분은 매 주일 강단을 통하여 뿌려지는 하나님의 말씀을 사탄에게 빼앗기지 않는 성도들이 되시기를 바랍니다.

요한계시록에도 사탄을 '천하를 꾀는 자'라 했습니다. 요한계시록 12장 9절에 "큰 용이 내쫓기니 옛 뱀 곧 마귀라고도 하고 사탄이라고도 하며 온 천하를 꾀는 자라"고 했습니다. 사탄은 광명한 천사로 가장한다고 했습니다. 하나님을 위한 척하면서 꾀는 것입니다. 고린도후서 11장 14절에 "이것은 이상한 일이 아니니라 사탄도 자기를 광명의 천사로 가장하나니"라고 했습니다. 15절에는 "사탄의 일꾼들도 자기를 의의 일꾼으로 가장하는 것이 또한 대단한 일이 아니니라 그들의 마지막은 그 행위대로 되리라"고 했습니다.

사탄은 능력이 있습니다. 데살로니가후서 2장 9-10절에 정확하게 기록하고 있습니다. "악한 자의 나타남은 사탄의 활동을 따라 모든 능력과 표적과 거짓 기적과 불의의 모든 속임으로 멸망하는 자들에게 있으리니 이는 그들이 진리의 사랑을 받지 아니하여 구원함을 받지 못함이라"고 했습니다.

사도 바울도 사탄을 '속이는 자'(고후 2:11)로 말씀하기도 하고 하나님께서 죄를 범하는 자들을 '사탄에게 내준 것'(딤전 1:20)이라 말씀합니다. 누가는 마귀는 사람을 누른다고 했습니다. 사람을 눌러 약하게 하고 병들게 하는 것입니다. 이밖에도 성경은 "마귀는 간계를 한다, 올무를 놓는다, 대적이다"라고 말씀합니다. 이렇듯 사탄은 성도들을 미혹하려 악한 일을 합니다. 사탄은 사람에게 들어갑니다. 그래서 사탄을 통하여 죄를 범하게 만들고 구원받지 못하도록 만드는 것입니다.

성경은 가룟 유다에게 사탄이 들어갔다고 기록하고 있습니다. 가룟 유다는 생각이 악한 자였습니다. 그런데 그 이전에는 왔다 갔다 했지만 사탄이 들어가지는 못했습니다. 천군 천사로 지켜주셨던 것입니다. 그렇지만 계속해서 악하자 하나님께서 그대로 내버려 두신 것입니다. 그래서 사탄이 그에게 들어가서 예수님께서 주시는 떡을 받고 예수님을 팔기 위해 나간 것을 볼 수 있습니다.

오늘 이 사탄이 광야에서 금식 기도하고 계시는 예수님을 시험하려고 찾아왔습니다. 마귀는 금식하시는 예수님께 세 번의 시험을 했습니다. 이 세 가지 시험은 요한1서 2장 16절에 말씀한 것입니다. "이는 세상에 있는 모든 것이 육신의 정욕과 안목의 정욕과 이생의 자랑이니 다 아버지께로부터 온 것이 아니요 세상으로부터 온 것이라." 이것이 우리가 이 세상을 살면서 받는 대표적인 시험입니다.

마귀가 준 첫 번째 시험은 육신의 정욕에 관한 것입니다. 우리가 하나님을 믿는데 육신의 욕심이 우리를 시험합니다. 먹는 것을 가지고, 입는 것을 가지고, 사는 것을 가지고 우리를 시험합니다. 예수님은 지금 40일의 금식을 하느라 너무 배가 고프십니다. 여러분! 금식 기도하는 것이 얼마나 어렵습니까?

제 친구 목사 중에 40일을 금식한 분이 있습니다. 교회에 한 백 명쯤 모일 때에 위기가 와서 40일을 금식했습니다. 40일을 금식하면서 설교를 했답니다. 마지막 40일이 거의 채워지던 주일에 설교하러 단상에 올라가는데 한 걸음, 한 걸음이 너무 힘들어 강단까지 30분은 걸어간 것 같다고 했습니다. 그때에 교인들이 다 울며 회개했고 교회가 부흥하기 시작했습니다. 교회가 축복을 받았습니다. 그리고 이번에 총회장이 되었습니다. 우리 교회 더 크게 부흥하라고 여러분이 저에게 40일 금식 기도하게 만드시지는 않으셨으면 좋겠어요. 배고픔은 참기 어려운 시험입니다.

예수님이 인간의 몸을 입어 우리에게 찾아오신 것은 깊은 의미가 있습니다. 예수님께서 그 많은 능력을 사용하시고 능력으로 시험을 이기면 사람들은 '예수님이니까 이겼지' 하고 생각할 것입니다. 나는 힘들어서 이길 수 없다고 우리는 절망하고 포기할 것입니다. 그런데 예수님은 우리와 똑같이 배고프셨습니다. 주변에 돌이 빵으로 보였을 것입니다. 바로 이때 "마귀가 이르되 네가 만일 하나님의 아들이어든 이 돌들에게 명하여 떡이 되게 하라"(3절)고 시험합니다. 마귀가 "너 계속 굶으면 죽는다" 이렇게 시험한 것이 아닙니다. "네가 만일 하나님의 아들이어든"이라고 했습니다. 예수님은 하나님의 아들이 맞습니다. 그러니까 '맞다' 하고 증명하면 될 것 아닙니까? 그런데 여기에 함정이 있습니다.

예수님은 지금 금식 기도 중입니다. 이 금식 기도를 깨트리려고 이렇게 광명을 가장한 천사처럼 질문한 것입니다. 교회에 찾아온 모든 사람 중에 "나는 교회를 망가뜨리겠다"라고 하는 사람은 거의 없습니다. 거의 모두가 "교회를 위한다. 바로 세우겠다" 하면서 교회를 흔들어 사람들을 시험에 빠트리고 은혜받지 못하게 만들고 결국은 구원에 이르지 못하게 하는 고도의 전술을 사용하는 것입니다.

예수님은 어떻게 이기십니까? 말씀으로 시험을 이기십니다. "예수께서 대답하시되 기록된 바 사람이 떡으로만 살 것이 아니라 하였느니라"(4절)고 했습니다. 예수님께서는 떡을 부정한 것이 아닙니다. 떡도 필요합니다. 그런데 사람들은 떡이 전부인 줄 압니다. 떡은 물질을 말합니다. 사람들은 돈이면 행복한 줄 압니다. 그래서 돈, 돈 합니다. 예수님은 분명히 사람이 떡으로만 사는 것이 아니라고 하셨습니다. 사람은 하나님의 말씀을 먹으며 살아야 영원한 생명을 차지할 수 있는 것입니다.

우리에게 다가오는 시험을 무엇으로 이깁니까? 사실 우리는 그것이 시험인지도 모르고 당할 때가 많습니다. 그래서 우리는 모든 일을 만날 때 하나님의 말씀으로 해석해야 합니다. '하나님께서는 뭐라고 하셨지? 성경에는 뭐라고 말씀하셨지?' 하고 이 세상에 다가오는 모든 문제들을 영적인 습관을 가지고 바라보아야 합니다. 그리고 말씀을 매 주일 먹고 그 말씀을 따르면 우리는 시험에서 이기게 되는 줄로 믿으시기 바랍니다.

두 번째 시험은 안목의 정욕입니다. 소유욕입니다. 마귀는 내게 절하기만 하면 이 모든 것을 가지라는 것입니다. 5-7절에 “마귀가 또 예수를 이끌고 올라가서 순식간에 천하만국을 보이며 이르되 이 모든 권위와 그 영광을 내가 네게 주리라 이것은 내게 넘겨준 것이므로 내가 원하는 자에게 주노라 그러므로 네가 만일 내게 절하면 다 네 것이 되리라”고 했습니다.

이것은 거짓말입니다. 천하의 모든 것은 다 하나님의 것입니다. 권위와 영광이라는 말은 원래 신적인 영역입니다. 로마 황제에게 주어진 권세입니다. 이것을 주겠다니 얼마나 매혹적입니까? 사람들은 많은 것을 가져도 더 많은 것을 소유하려고 하고, 영광을 누려도 더 많은 영광을 누리려고 합니다.

그 정도로 만족하면 좋을 텐데 사람의 욕망은 끝이 없습니다. 여러분! 예수님의 말씀의 의미가 무엇입니까? 믿음의 사람은 높은 자리에 올라도 내가 차지하는 것이 아니라 하나님께 영광과 찬송을 드리기 위해 높은 자리에 올라야 합니다. 그래서 예수님은 이 두 번째 시험을 “기록된 바 주 너의 하나님께 경배하고 다만 그를 섬기라 하였느니라”는 말씀으로 이기십니다.

교회의 주인은 하나님이십니다. 중세 가톨릭은 내가 영광받고 내가 찬송받으려 하다가 무너졌습니다. 하나님은 그 누구도 하나님의 자리에 올라서는 것을 용납하지 않으십니다. 우리 교회와 성도들이 이 세상에서도 귀하게 쓰임받기를 원합니다. 높은 자리에 오르고 많은 것을 차지하기 바랍니다. 그러나 반드시 이 모든 것을 하나님의 영광을 위하여 하기 바랍니다.

세 번째 시험은 이생의 자랑입니다. 명예욕입니다. 권세욕입니다.

9-11절에 "또 이끌고 예루살렘으로 가서 성전 꼭대기에 세우고 이르되 네가 만일 하나님의 아들이어든 여기서 뛰어내리라 기록되었으되 하나님이 너를 위하여 그 사자들을 명하사 너를 지키게 하시리라 하였고 또한 그들이 손으로 너를 받들어 네 발이 돌에 부딪치지 않게 하시리라 하였느니라"고 합니다.

얼마나 믿음이 좋은 것 같습니까? 하나님의 능력을 인정하는 것 같고 예수님을 인정하는 것 같습니다. 그러나 여기에 사탄의 교묘한 속임수가 들어 있습니다. 사탄은 거짓말하는 자요, 속이는 자입니다. 예수님을 다른 말로 넘어뜨릴 수 없으니 이렇게 광명한 천사를 가장한 것입니다. 예수님을 넘어뜨리려 한 것입니다.

그래서 예수님은 "주 너의 하나님을 시험하지 말라"(12절)는 말씀으로 마귀를 물리치십니다. 예수님은 사탄이 지금 시험하는 것을 아셨습니다. 예수님은 무엇으로 마귀의 시험을 이기셨습니까? 하나님의 말씀입니다. 세 번의 대답을 보면 "기록하기를", "말씀하기를"이라고 하십니다.

마귀는 오늘도 이 세 가지를 중심으로 우리를 시험합니다. 이 세 가지는 우리 인간이 모두 빠지기 쉬운 유혹입니다. 예수님께서 친히 시험을 당하시고 그 시험을 말씀으로 이기심으로 우리에게 친히 마귀의 시험 출제경향을 알려주신 것입니다.

사랑하는 성도 여러분, 잘 들으십시오. 여러분도 지금 시험을 당하고 있습니다. 사탄은 절대로 우리를 그냥 내버려 두지 않습니다. 다양하고 교묘한 방법으로 여러분을 시험합니다. 그래서 시험에 빠지게 합니다. 코로나 팬데믹 이후에 시험에 빠진 성도들이 많습니다. 수요예배에 나오고 새벽기도회에 잘 나오던 성도들이 지금 그러지 않는다면 이 사순절에 오늘의 말씀을 다시 들어야 합니다.

직장에서 믿음으로 살았는데 지금은 불의에 눈감고 적당히 세상 사람들처럼 살고 있다면 내가 어떤 시험을 받았는지 돌이켜 보아야 합니다. 내가 과거에 하나님의 말씀을 듣고 은혜의 생활을 했는데 그 열정, 그 감동이 사라졌다면 이 사순절에 우리는 말씀을 다시 묵상해야 합니다.

13절에 "마귀가 모든 시험을 다 한 후에 얼마 동안 떠나니라"고 했습니다. 얼마 동안 떠난 것을 성경은 분명히 기록하고 있습니다. 그렇습니다. 마귀는 끝까지 포기하지 않습니다. 여러분이 천국 문에 들어서는 그 순간까지 우리의 구원을 방해하기 위해 시험하는 것을 잊어서는 안 됩니다.

아무리 세상에서 성공해도 시험에 빠지면 모든 것이 실패한 것입니다. 여러분은 예수님께서 말씀으로 마귀의 시험을 이기신 것을 기억하며 말씀을 더 사모하고 매 주일 말씀에 은혜를 받아 말씀으로 마귀의 모든 시험을 이기는 성도들이 되시길 바랍니다.

적 용

ⓐ 오늘 말씀의 주제 파악하기:

ⓑ 오늘 말씀 중 은혜받은 부분 나누기:

ⓒ 삶에 구체적으로 적용하기:

함께 드리는 기도제목

1. 매일 마주하는 이생의 자랑과 시험 앞에 넘어지지 않게 하옵소서.
2. 예수님처럼 하나님의 말씀으로 승리할 수 있는 믿음을 주옵소서.
3. 말씀을 대할 때마다 성령님의 감동이 충만케 하옵소서.

10

하나님이 하시는 일

- **본 문:** 요한복음 9장 1-12절(신 160쪽)
- **찬 송:** 471장(주여 나의 병든 몸을, 통 528장)
- **요 절:** "예수께서 대답하시되 이 사람이나 그 부모의 죄로 인한 것이 아니라 그에게서 하나님이 하시는 일을 나타내고자 하심이라"(요 9:3)

사순절 세 번째 주일입니다. 오늘 말씀은 예수님께서 나면서 맹인 된 사람을 고쳐주신 사건입니다. 예수님께서 길을 가실 때 나면서 맹인 된 사람을 보셨습니다. 이때 제자들은 "랍비여 이 사람이 맹인으로 난 것이 누구의 죄로 인함이니이까 자기니이까 그의 부모니이까" 하고 물었습니다.

제자들의 질문 속에서 한 사람의 불행의 원인을 죄로 보았음을 알 수 있습니다. 이 사람이 죄로 맹인이 된 것은 분명한데 "자기의 죄입니까? 부모의 죄입니까?" 하고 물었습니다. 인생의 불행을 죄로 보면 해석하기 쉽습니다. 불교에서는 전생에 행한 대로 다음 생에 태어난다고 말합니다. 내가 잘못 살면 다음 생에 개로 태어나고 돼지로 태어납니다.

힌두교에서는 지금의 불행이 내가 전생에 지은 죄로 인한 것이라는 생각 때문에 환경을 고쳐보려는 생각을 하지 않습니다. 이것을 '카르마'라고 하는데 이것을 거역하면 내게 더 큰 손해가 온다고 생각해서 문제 상황을 극복하려 하지 않습니다. 질병이나 무슨 문제가 있을 때 전생 때문이라 하면 종교적으로도 매력적인 해석이 됩니다.

인생의 질병이나 고난이 죄 때문인 것은 맞습니다. 아담과 하와의 범죄 이후로 이 땅에 불행이 찾아왔습니다. 또 특별한 경우에 하나님께서 죄에 대한 대가로 질병이나 벌을 주실 수도 있습니다. 그래서 우리에게 무슨 문제가 찾아올 때 혹시 나의 죄 때문은 아닌지 먼저 질문해야 합니다. 이 문제의 해결은 회개밖에는 없기 때문입니다.

그러나 인생에 찾아오는 모든 문제를 죄 때문이라고 해서는 안 됩니다. 요셉은 극심한 환난을 당했지만, 그것이 죄 때문이 아니었습니다. 욥도 죄 때문에 고난을 당한 것이 아니었습니다.

오늘 예수님은 제자들의 질문에 대하여 "그에게서 하나님이 하시는 일을 나타내고자 하심이라"고 대답하셨습니다. 크리스천도 인생에 불행을 만날 수 있습니다. 그러나 그 불행을 통해 하나님이 하시는 일을 깨달아야 하는 것입니다. 하나님은 믿음의 사람들에게 불행을 불행으로 끝나게 하시지 않습니다.

찬양 가사 중에 '신실하신 나의 주 하나님은 우리의 모든 괴로움 바꿀 수 있네'라는 가사가 있습니다. 그렇습니다. 여러분에게 문제가 있습니까? 믿음으로 기도하여 그 일이 여러분에게 간증이 되시기를 바랍니다. 하나님께서 하시는 일은 우리가 알 수 없습니다. 질병 때문에 고통을 겪었는데 그 질병 때문에 오히려 하나님을 만난 사람들은 질병이 복이 된 것입니다. 사업이 부도가 나서 고통을 겪었는데 부도 때문에 기도하는 사람이 되었다면 고난이 복이 된 것입니다. 가정에 안타까운 일들이 일어날 수 있습니다. 사랑하는 사람을 먼저 데려가시기도 합니다. 이해할 수 없을지라도 이때에 우리는 기도해야 합니다. 믿음으로 기도하면 문제가 오히려 복이 되는 것입니다.

사도 바울 같은 사람도 질병으로 평생을 고생한 사람입니다. 쉽게 생각하면 '아니, 하나님을 위해 그렇게 헌신하는 사람인데 왜 병을 주시나?' 하고 생각할 수 있지만 바울은 병 때문에 고통스러워 기도하면서 하나님의 뜻을 깨달았다고 했습니다.

김선태 목사님은 평생을 시각장애인을 위하여 살아오신 분입니다. 그는 6.25전쟁 통에 부모님을 잃고 포탄이 터지며 두 눈을 잃었습니다. 친척들로부터도 버림받고 길거리 생활을 하기도 했습니다. 그를 견디게 해준 것은 어릴 때 믿은 믿음이었습니다. 그는 하나님께서 살려 주시기만 한다면 평생을 하나님의 영광을 위하여 살고 어려운 이웃들을 위해 살겠다고 기도했습니다.

두 눈이 없이 자기 목숨 하나 부지할 수도 없는 사람이 무슨 하나님의 영광이고 이웃을 위한 삶을 살 수 있겠습니까? 여러분, 기도하는 사람은 포기하지 않습니다. 기도하는 사람은 늘 소망이 있습니다. 기도하는 사람을 하나님은 버리지 않으십니다. 그는 대학을 마치고 박사까지 되었습니다. 시각장애인들과 안질환으로 고통받는 사람들을 위하여 그의 평생을 바쳤습니다.

시각장애인을 위하여 실로암안과병원도 세우고 연구소도 세우고 여러 개의 복지 시설들을 세웠습니다. 외국에까지 안과병원을 세웠습니다. 시각장애인을 위한 장학재단도 세웠는데 우리 교회 카페에서도 장학금을 보내고 있습니다. 이분은 아시아의 최고상인 막사이

사이상을 받았습니다. 노벨상 후보로도 올라갔습니다. 우리 교회도 사랑의 천사 운동을 시작할 때 첫 번째 천사 운동을 상징적으로 이곳에 보냈었습니다. 그는 한 사람의 맹인이 되었기 때문에 오히려 일만 명에 가까운 사람들의 눈을 뜨게 했습니다.

고난을 만날 때 두 가지 종류의 사람이 있습니다. 한 종류의 사람은 불평하고 원망합니다. 신세를 한탄하며 포기합니다. 그러나 또 한 종류의 사람은 하나님의 뜻을 믿으며 기도하는 것입니다. 그러면 하나님께서 길을 반드시 열어 주십니다.

며칠 전에 한 권사님을 만나 대화하는데 "왜 하나님께서 우리 집에 물질을 안 주시는지 모르겠어요" 합니다. 물질만 주시면 건축헌금도 많이 드리고 교회를 위하여 봉사하며 살 텐데 왜 그렇게 안 주시는지 모르겠다고 말합니다. 그래서 기도하자고 했습니다.

우리는 하나님의 뜻을 알지 못하지만 반드시 하나님을 사랑하는 자를 사랑해 주시고 길을 열어주시는 하나님이시기 때문입니다.

예수님은 맹인을 불러 땅에 침을 뱉어 진흙을 이겨 그의 눈에 바르시고 "실로암 못에 가서 씻으라" 하셨습니다. 평소에 예수님께서 하시지 않던 행위입니다. 예수님은 그저 말씀만으로 병자를 고쳐 주셨습니다. 맹인 거지 바디매오를 고쳐주실 때에도 그저 말씀만으로 하셨습니다.

오늘 이렇게 하신 것은 성경에 단 한 번 기록된 특이한 행위입니다. 율법적으로 볼 때 침은 더러운 것입니다. 모욕의 의미와 저주의 의미입니다. 사람들이 예수님을 재판정에서 모욕할 때 침을 얼굴에 뱉었습니다. 그런데 예수님은 율법에 부정한 것으로 이 맹인 거지를 치료하십니다. 도대체 이해할 수 없는 일입니다. 더구나 이날은 안식일입니다. 예수님은 지금 노동을 하신 것입니다. 율법에 정면으로 도전한 것입니다.

본문 9장 39-41절에 보면 예수님께서 이렇게 하신 뜻을 알 수가 있습니다. "예수께서 이르시되 내가 심판하러 이 세상에 왔으니 보지 못하는 자들은 보게 하고 보는 자들은 맹인이 되게 하려 함이라 하시니 바리새인 중에 예수와 함께 있던 자들이 이 말씀을 듣고 이르되 우리도 맹인인가 예수께서 이르시되 너희가 맹인이 되었더라면 죄가 없으려니와 본다고 하니 너희 죄가 그대로 있느니라"고 하셨습니다.

예수님은 지금 육체적인 맹인을 말씀하시는 것이 아니라 영적인 맹인을 말씀하고 있는 것입니다. 유대인들을 향하여 "너희들이 율법을 믿느냐? 그 율법이 너희들을 소경을 만드는구나. 나는 지금 율법을 거스려 오히려 소경을 고친다. 나는 세상을 심판하러 왔다. 보지 못하는 자들을 보게 하고 보는 자들은 맹인이 되게 하려 함이라"고 하셨습니다.

예수님의 말씀은 유대인들이 들을 때에 이해할 수가 없었습니다. 예수님의 말씀은 "나는 믿고 따르는 자들에게는 하나님을 보게 하고 너희들이 교만하여 내가 본다고 하는 자들은 맹인이 되게 할 것이다" 하는 말씀입니다.

이 말씀 그대로입니다. 예수님께 "나는 어리석습니다. 나는 부족합니다" 하고 나아오는 자에게 은혜를 베풀어 주십니다. 그러나 내가 한다고 하는 교만한 자에게는 그 눈을 가리셔서 하늘의 비밀을 보지 못하게 하시는 것입니다.

믿음이란 무엇입니까? 내 눈에 보이지 않아도, 과학적으로 증명되는 것이 없어도 '내가 믿습니다' 하는 것이 믿음입니다. 이 믿음은 성령님께서 주시는 것입니다. 하나님께서는 모든 사람들에게 성령님을 받을 기회를 주십니다. 성령님을 모시든 모시지 않든 그 사람이 선택할 일입니다. 예수 잘 믿었던 사람도 성령님을 근심하게 하면 성령님이 떠나가십니다.

그래서 예수님의 비유처럼 상태가 더 나빠집니다. 예수님을 핍박하는 사람이 되기도 합니다. 오늘 여러분에게는 성령님을 맞이할 기회를 주셨습니다. 이 땅을 사는 동안 늘 성령님과 함께하며 성령님을 기쁘시게 하는 사람이 되시기 바랍니다.

오늘 성경에 나오는 맹인 거지는 예수님께서 침으로 진흙을 이겨 눈에 바르시고 실로암에 가서 씻으라 하시니 그대로 순종했습니다. 이 광경을 한번 상상해 보십시다.

예수님께서 맹인 거지를 부르시니 이 사람은 돈을 주려고 하나보다 하고 예수님께 나아왔을 것입니다. 이 사람의 최고 관심은 누가 돈을 주는 것입니다. 그래야 먹고살 수 있습니다. 그런데 예수님은 땅에 침을 '퉤, 퉤' 하고 뱉어 진흙을 만드십니다. 마른 땅에 침을 뱉어 진흙을 만들 정도면 한참 뱉었을 것입니다. 그 더러운 것을 눈에 바르는데 이 맹인 거지는 가만히 있습니다.

생각해 보면 지금까지 별의별 모욕을 다 당해 보았을 것입니다. 무슨 일을 당하든 그저 숙명이려니 하고 살아왔을 것입니다. 모욕을 당해도 돈만 주면 되는 것입니다. 그런데 예수님께서 실로암 못에 가서 씻으라 하시니 그대로 순종했습니다. 아마 주변에서 "이분이 예수님이시다, 모든 질병을 고치시는 분이시다" 하고 이야기했을 것입니다.

이분이 하나님께서 보내신 분이라는 소문도 그동안 들었을 것입니다. 그래서 순종합니다. 즉시 실로암 못에 가서 씻고 밝은 눈으로 돌아왔습니다. 그는 이제 더 이상 구걸하는 인생을 살지 않아도 되었습니다.

오늘 성경에 고침을 받은 맹인 거지는 예수님을 다시 만납니다. 내 눈을 뜨게 하신 분이 하나님으로부터 오시지 않았다면 이런 일을 할 수 없을 것이라고 예수님께 말합니다. "내가 바로 그다" 하니 이 맹인이었던 거지는 "주여 내가 믿나이다" 하고 엎드려 절하였습니다. 믿음이 들어간 것입니다. 성도 여러분, 내가 맹인 거지였다고 생각해 보십시다. 내 생각에 합당하지도 않은 방법으로 순종하라고 하면 여러분은 순종하시겠습니까? 아니잖아요. 내 방법, 내 지식을 하나님 앞에서도 앞세우잖아요. 우리는 내 앞이 맹인처럼 캄캄하게 보이지 않을지라도, 지금 고통 가운데 있을지라도 "주님 말씀을 믿습니다. 순종합니다. 주님께서 하라고 하시니 하겠습니다" 하는 순종이 있기를 원합니다. 우리는 예수님의 이 치유 기적을 통하여 주님께서 주시는 은혜를 얻고자 합니다. 예수님은 소경을 고쳐주시며 영적 소경에 대한 말씀을 주셨습니다.

예수님 당시에는 율법이 오히려 사람들을 영적 맹인에 이르게 했지만, 우리가 지금 사는 세상은 우리로 하여금 영적으로 눈을 멀게 하는 것들이 너무 많습니다. 세상의 과학이 발달하고 문화가 발달하면서 예수님으로부터 멀어지게 합니다. 텔레비전과 휴대폰이 나오면서 그것들이 우리의 영적인 눈을 멀게 만들지는 않습니까? 주님을 만나는 시간을 빼앗기지는 않습니까?

무한경쟁 사회에 살면서 그저 이기려고 싸우다 보니 내 심령의 밭이 딱딱해지지는 않았습니까? 여러분은 내 안에 오신 성령님을 근심시키지 않기를 바랍니다. 성령님과 친하면 내 심령의 눈을 환하게 해주십니다. 죄악이 많고 캄캄한 세상에서도 심령의 눈이 환하면 피해 갈 수가 있습니다.

사탄이 시험할 때에 그것을 볼 수가 있습니다. 교회는 여러분의 영적인 눈을 깨끗하게 치료하는 실로암 못입니다. 날마다 이 실로암 못에 나아와 말씀으로 여러분을 씻는 성도들이 되시기 바랍니다. 또한 내 주변에 불행을 만난 사람들을 실로암으로 인도하는 성도들이 되시기 바랍니다. 우리를 하나님의 자녀로 불러주셔서 성령님과 함께 동행하게 하시는 것은 우리를 구원으로 인도하는 것과 함께 어둠의 세력에 사로잡힌 이들을 인도하여 광명을 보게 하는 사명을 주신 것입니다. 하나님께서는 우리 교회를 이처럼 아름답게 지어 주셨습니다.

많은 목사님들이 도림교회가 아마 근래에 가장 크게 지어진 교회가 되었다고 말합니다. 앞으로 한국 교회에 이런 일은 쉽지 않을 것이라고 말합니다. 한국 교회가 점점 약해지면서 이제는 새성전을 지을 힘도 비전도 없어지고 있습니다. 그런데 우리에게 이 귀한 축복을 주셨으니 이 실로암 못에 많은 성도들을 인도하고 주의 전을 가득 채워 하나님을 기쁘시게 하는 성도들이 되시기를 바랍니다.

적 용

ⓐ 오늘 말씀의 주제 파악하기:

ⓑ 오늘 말씀 중 은혜받은 부분 나누기:

ⓒ 삶에 구체적으로 적용하기:

함께 드리는 기도제목

1. 영적인 눈을 밝혀 주시사 영적 소경에서 벗어나게 하옵소서.
2. 우리의 삶 속 고난도 주님의 영광을 드러내는 도구가 되게 하옵소서.
3. 도림교회를 실로암 못으로 삼아주셔서 치유와 회복의 은혜가 넘치게 하옵소서.

11

열두 제자 파송사

본 문: 누가복음 9장 1-6절(신 106쪽)
찬 송: 449장(예수 따라가며, 통 377장)
요 절: "예수께서 열두 제자를 불러 모으사 모든 귀신을 제어하며 병을 고치는 능력과 권위를 주시고 하나님의 나라를 전파하며 앓는 자를 고치게 하려고 내보내시며"(눅 9:1-2)

사순절 네 번째 주일입니다. 오늘도 말씀 앞에 나아온 여러분을 축복합니다. 청년 시절 사영리 공부를 하고 길거리로 전도를 하기 위해 나가게 되었습니다. 평소에 친구들에게 "너, 교회 가자" 하고 전도를 한 적은 있어도 길에 나가 모르는 사람들에게 전도한 적이 없었습니다. 전도지를 들고 나가는데 '이제 나도 예수의 용사로 복음을 전하기 위하여 나간다' 하고 가슴이 뛰고 감격이 되고 그러면 좋겠지만 그렇지 않았습니다. 굉장한 부담감이 밀려왔습니다. '사람들이 어떻게 생각할까? 무안을 당하면 어떻게 하나?' 하는 생각이 마음을 무겁게 했습니다.

사영리 전도는 그저 전도지만 주는 것이 아닙니다. 사람을 붙잡아 놓고 복음에 대하여 이야기를 해야만 합니다. 그런데 나가서 사람들을 만나고 전도를 하다보니 무안을 주고 무시하는 사람들이 많았지만 진지하게 들어주는 사람들이 있었습니다. 교회에 한 번 나가보겠다고 하는 사람들이 있었습니다. 한 번 해보니 '아, 할 수 있구나' 하는 자신감을 가지게 되었습니다.

우리 도림교회는 전도하는 교회로 한국 교회에 소문이 나 있습니다. 그리고 우리 전도 대원들이 매일같이 길에 나가 전도하여 많은 사람들을 구원의 길로 인도합니다. 전도 신문을 주면 고맙다고 쉽게 받는 것이 아닙니다. 그 자리에서 던져 버리는 사람들도 있습니다. 못 본 체 지나가는 사람들도 많습니다. 우리 전도 대원들이 길에서 쳐다보지도 않는 사람을 따라가며 전도 신문을 한번 읽어보라고 권하는 것을 보면 가슴이 먹먹해지고 눈물이 나는 거예요. 전도가 어렵습니다. 지금은 사회환경도 많이 바뀌었습니다.

요즘 신천지 같은 이단들이 길거리에서 전도를 하다 보니 전도를 받는 사람들도 거부감을 가지는 경우가 많습니다. 그래서 우리 교회는 여러 가지 전도의 방법을 사용합니다.

초청 잔치를 하기도 하고 체육대회나 음악회 등을 통해 이웃을 초청하기도 합니다. 우리 도림교회 카페를 자랑하며 차 한잔 마시자고 카페로 인도하기도 합니다. 그리고 행복을 파는 가게로 가서 물건을 싸게 구입하여 선물을 하기도 합니다. 탁구, 당구, 스크린 골프 등 스포츠 시설로 인도하여 함께 운동을 하며 복음을 전하기도 합니다. 젊은이들을 위한 어노인팅 집회를 지원합니다. 대한민국의 수많은 젊은이들이 우리 교회를 방문합니다. 그래서 우리 교회를 보고 '이런 교회 다니면 행복하겠다' 하여 서울로 직장을 옮기며 우리 교회에 등록한 청년들도 많습니다.

심지어 어떤 청년은 대구에 제가 섬기던 교회에 있었는데 어노인팅 집회를 왔다가 주보를 보고 '아니, 여기 왜 정명철 목사님이 계시나. 어, 양 목사님도 있네' 하면서 찾아와 등록한 청년도 있습니다. 우리 교회가 하는 모든 일들은 복음을 전하는데 조금이라도 쉽게 전도할 수 있도록 많은 시설들을 준비해 놓은 것입니다. 하나님께서는 여러분에게 분명히 물으실 것 같아요. "너 왜 네 이웃을 카페에 한 번도 안 데리고 왔냐? 너 왜 그 좋은 시설들을 전도하는 일에 한 번도 이용하지 않았냐?" 질문하실 것 같아요. 앞으로 좀 이용하시기 바랍니다.

그런데 길거리에 나가서 전도하는 것은 정말 어려운 일입니다. 그것은 한 영혼이라도 더 구원하겠다는 우리 주님의 마음을 깨달을 때 성령의 감동으로 나가서 하는 것입니다. 전도하는 일에 힘쓰는 우리 성도들이 참으로 자랑스럽습니다. 여러분을 축복합니다.

오늘 말씀은 예수님께서 열두 제자를 파송하는 파송사입니다. 다음 장인 10장에는 또 70인의 제자들을 파송하며 같은 말씀을 주십니다. 예수님께서 제자들을 전도하러 내보내시며 세 가지를 주셨습니다.

첫째는 "귀신을 제어하며"라고 했습니다. 불신자들이 흔히 하는 말이 하나님이 어디 있냐고 합니다. 그것은 인간의 나약함이 만든 것이라고 말합니다. 그런데 그런 사람들이 귀신은 믿습니다. 캄캄한 밤중에 산길을 가는데 저 멀리서 휘익하고 이상한 소리가 들리고 뭔가 앞으로 휙 지나가고 그러면 '아이고 귀신이다' 하고 더 두려워하는 것이 불신자들입니다. 귀신이 있는 것을 알면 하나님이 계신 것도 믿어야지요. 그런데 안 믿습니다. 그것은 영적으로 막혀 있어서 그런 것입니다.

창세기로부터 마귀는 하나님의 백성들을 시험합니다. 신학적으로 말하면 귀신은 마귀가 부리는 하수인을 말합니다. 이 귀신들은 사람의 생각을 미혹합니다. 베드로전서 5장 8절에 "근신하라 깨어라 너희 대적 마귀가 우는 사자 같이 두루 다니며 삼킬 자를 찾나니"라고 하셨습니다.

마귀는 우는 사자같이 두루 다닙니다. 삼킬 자를 찾습니다. 그래서 하나님을 멀리하게 합니다. 말씀을 바라보지 못하게 합니다. 감사를 사라지게 합니다. 불평하게 합니다. 부정적인 생각을 집어넣습니다. 마귀의 첫 번째 단계는 사람에게 들어붙는 것입니다. 그것을 떨쳐 버려야 합니다. 마귀의 두 번째 단계는 사람을 억압하고 누릅니다. 마귀에게 제압당한 인생을 살아가는 것입니다. 마귀가 하자는 대로 따라가는 것입니다. 이 마귀를 이길 수 있는 힘은 성령님의 능력이 내게 임하는 것밖에는 없습니다.

우리가 기도할 때에 내 속에 악한 마귀가 역사하는 것은 없는지 늘 말씀 속에서 살펴보아야 합니다. 그리고 성경이 말씀하는 마귀의 역사가 내 안에 일어날 때에 "나사렛 예수의 이름으로 명한다. 사탄아 물러가라" 하고 내게 능력 주신 줄로 믿고 선포해야 하는 것입니다. 나사렛 예수라는 것은 예수님도 인간의 몸을 입어 이 땅에 오셨고 마귀를 물리치셨기에 연약한 우리 인생도 예수님의 이름으로 마귀를 물리칠 수 있기 때문입니다. 이 마귀를 제어할 힘을 제자들에게 주셨고 오늘 우리에게도 주셨습니다. 성도 여러분, 마귀가 여러분의 마음에 속삭이는 것을 깨닫는 맑은 영이 있기를 바랍니다. 그리고 성령님의 음성을 듣고 예수 이름으로 귀신을 물리치는 여러분이 되시기를 바랍니다.

둘째, "병을 고치는 능력"을 주셨습니다. 병은 죄로부터 시작된 것입니다. 오늘날도 우리에게 찾아오는 대부분의 질병은 우리의 육체적인 잘못된 습관, 마음의 잘못된 습관으로부터 온 것입니다. 하나님은 하나님의 자녀들이 질병으로 고통당하는 것을 기뻐하시지 않습니다. 우리 가정에서도 내 자녀가 질병으로 고통당하는 것을 원하는 부모는 아무도 없을 것입니다. 그래서 자녀들이 못된 질병으로 힘들어할 때 부모님들은 차라리 내가 대신 아파줄 수 있다면 그렇게 하고 싶다고 말하곤 합니다.

우리 주님은 이 세상의 질고를 대신 짊어지시기 위해 오셨습니다. 그리고 질병을 치유할 권세도 우리에게 주셨습니다. 우리 교회에서도 못된 질병으로 고통당하다가 기도 받으러 오시는 분들이 있습니다. 그리고 놀라운 기적을 체험한 분들이 많습니다. 정말 놀라운 기적을 체험한 분들이 우리 교회에 많습니다. 순복음 같은 곳에서는 이것을 예배 시간에 간증하기도 하지만 우리 장로교회는 잘 그러지 않습니다. 저는 늘 잊어버리지만 기도로 나은 분들의 이야기를 기록해 놓는 것도 좋겠다 하는 생각을 가진 적도 있습니다.

그런데 여러분, 주의 종에게만 병을 고치는 능력을 주신 것이 아니라 여러분에게도 주셨습니다. 이것을 믿으시기 바랍니다. 우리 주님이 복음 전하는 제자들을 그냥 보내신 것이 아니라 병을 고치는 능력도 주시며 파송하셨듯 오늘도 복음을 위하여 일하는 우리에게도 이 능력을 주셨음을 믿고 담대히 선포하시기 바랍니다.

셋째 "권위"를 주셨습니다. 능력은 '듀나미스'(δυναμις)라는 단어로 여기서 '다이나마이트'란 단어가 나왔습니다. 아주 강력한 힘을 가진 것을 능력이라 하는데 권위는 헬라어로 '엑수시아'(εξουσια)입니다. 대통령은 대통령의 권위, 즉 대통령의 힘을 가집니다. 교통경찰

이 지나가는 차를 향해 '서라' 하면 서야 합니다. 지나가는 차를 세울 '엑수시아'를 가지고 있기 때문입니다.

제자들에게 이 권위를 주셨다 함은 세상을 맡겨 주셨다는 것입니다. 마태복음 16장에서 예수님께서 베드로의 신앙고백을 듣고 교회에 이 땅과 하늘에서 매고 푸는 권세를 주신 것과 같은 것입니다. 예수님께서 제자들에게 이 권위를 주셨다 하실 때 사실 어부들이 무슨 권위가 있었겠습니까? 이들은 어부 출신들이요 세리 출신입니다.

세상의 권위는 당시 힘 있는 자들이 가지고 있었습니다. 그런데 예수님께서는 "너희들에게 권위를 준다" 하셨습니다. 그러니 너희는 세상을 이길 것이니 담대히 나아가라는 것입니다. 하나님의 자녀들에게도 이 권위를 주셨습니다. 우리는 하나님의 자녀이기 때문에 마귀가 함부로 못하는 것입니다. 이것을 깨닫고 사용할 줄 알아야 합니다. 이 권위를 가지고 우리는 세상을 이기는 것입니다.

이렇게 귀신을 제어하고 병을 고치는 능력을 주시고 권위를 주신 이유는 다른 것이 아닙니다. 2절에 나온 대로 "하나님의 나라를 전파하며 앓는 자를 고치게 하려고" 주신 것입니다. 예수님께서 열두 제자들을 택하신 것은 바로 이것 때문입니다. 그리고 오늘 우리를 하나님의 자녀로 삼으신 것도 이것 때문입니다.

우리는 나가서 하나님의 나라를 전파해야 합니다. 복음 전파는 예수님이 평생에 하신 일이요 제자들에게 맡기신 지상 최후의 명령입니다. 이것을 '대명령'이라 합니다. 성도 여러분, 복음을 전하여 죽어 가는 사람들을 구원하는 일은 우리에게 주신 가장 큰 명령입니다. 이를 위하여 교회도 주셨습니다. 우리는 교회에서 말씀을 듣습니다. 그리고 천국을 체험합니다.

이 교회를 통하여 새 힘을 얻고 나가서 복음을 전하고 앓는 자들을 고칩니다. 세상에는 마음에 병든 자, 육신에 병든 자, 가정에 병든 자 등 온갖 병든 자들이 많습니다.

이들을 치료할 책임을 교회에 주신 것입니다. 주님은 이 교회를 다시 오실 때까지 지켜 주십니다. 유럽 교회가 쇠퇴한 것은 다른 이유가 아닙니다. 복음에 대한 사명을 망각하고 교만해졌기에 하나님의 능력이 떠나간 것입니다. 교회는 하나님의 능력이 임해야만이 존재 이유를 감당할 수 있습니다.

우리 교회는 지금도 제자들에게 주신 능력과 권세를 가지고 수많은 영혼을 구원하는 교회가 되기를 원합니다. 여러분이 그렇게 쓰임받는 제자들이 되기를 바랍니다.

4절 이후의 말씀은 제자들이 복음을 전할 때 가져야 할 자세나 행동을 말씀하신 것입니다. 복음을 전하며 다닐 때 지팡이도 가지지 말라, 배낭이나 양식이나 돈이나 두 벌 옷을 가지지 말라 하십니다. 어떤 때는 마가복음에 보면 지팡이만 가지라 했는데 여기서는 지팡이도 가지지 말라고 했습니다. 마가복음에서는 장거리 여행을 위한 지팡이로 해석을 하고 여기서는 뱀이나 산짐승 같은 것으로부터 보호하는 호신용 지팡이를 말합니다. 어쨌든 철저하게 하나님만 의지하고 복음을 전하라는 뜻입니다. 네 생각으로 염려하며 옷도 준비하고 배낭도 준비하고 그러지 말라는 말입니다. 하나님께서 복음 전하는 자를 위하여 다 예비하시겠다는 말입니다. 그래서 너를 영접하는 집에 가서 머물라고 합니다. 그러나 너희를 영접하지 않으면 너희 발에서 먼지를 떨어버려 증거를 삼으라 하셨습니다.

발에 먼지를 떠는 것은 너희와 상관이 없다는 것을 의미하는 유대인의 관습입니다. 나는 복음을 전하였으나 너희가 받지 않았다는 것을 증거로 남기라는 뜻입니다. 복음을 전해도 듣지 않으면 그것은 너희 책임이 아니라는 뜻입니다. 이렇게 철저하게 가질 것을 제한하는 것은 오직 복음만 전하는 일에 집중하고 하나님께 맡기라는 것입니다.

오늘의 말씀을 들을 때 한국 교회 목사님들이 대부분 어렵지만 그렇지 않은 경우도 있습니다. 저부터도 먹고사는 일에 지금은 걱정하지 않습니다. 목회 초기에 늘 돈을 빌리기 위해 고생했는데 도림교회에 부임하고 나서는 그러지 않습니다. 물론 처음에 부임할 때 약속한 대로 돈을 모으지는 않았지만, 좋은 집에 삽니다. 좋은 차를 탑니다. 차 문제도 참 어렵습니다.

목회 초기에 저는 큰 교회를 담임하더라도 프라이드 같은 차를 타겠다 생각했는데, 그게 쉬운 게 아니더라구요. 옛날 영락교회 임영수 목사님이 그랬습니다. 아반떼인가를 탔습니다. 그랬더니 주변에서 더 좋은 차를 타시는 목사님들이 당신만 청빈하고 우리를 다 삯군 목자 만드느냐고 해서 어려운 적이 있었습니다. 제가 작은 차를 타면 다른 목사님들을 나쁜 목사님 만들지 않겠습니까?

제가 오랫동안 차를 바꾸지 않으니 우리 장로님 중에 "제가 가장 좋은 차를 샀는데 마음이 무겁습니다. 이 차를 목사님 새 차 사실 때까지 타십시오" 하는 분도 있었습니다. 그래도 안 타니 어떤 장로님이 아예 차 사라고 목적 헌금을 드리셨습니다. 그래서 좋게 생각하기로 했습니다. 이렇게 저를 사랑하는 장로님들이 계신데, 좋은 차 타고 더 안전하고 편하게 목숨 바쳐 일하라고, 우리 도림교회가 최고의 교회로 세워지도록 헌신해 달라는 의미로 해석을 하기로 했습니다.

오늘 예수님의 파송사는 오늘 우리 제자들에게도 주시는 말씀입니다. 우리에게도 같은 능력과 권세를 주셨습니다. 그리고 복음을 전하라 하십니다. 우리 도림의 성도들은 예수님께서 우리를 파송하신 것을 기억하며 기회가 되는 대로 복음을 전하여 주님께 헌신하는 성도들이 되시기를 바랍니다.

적 용

ⓐ 오늘 말씀의 주제 파악하기:

ⓑ 오늘 말씀 중 은혜받은 부분 나누기:

ⓒ 삶에 구체적으로 적용하기:

함께 드리는 기도제목

1. 한 영혼을 지극히 사랑하는 예수님의 마음을 주옵소서.
2. 복음을 부끄러워하지 않고 담대하게 전하게 하소서.
3. 우리에게 주신 예수님의 권세를 기억하게 하사 성령의 능력으로 살아가게 하소서.

12

가장 확실한 약속

본 문: 마태복음 19장 27-30절(신 32쪽)
찬 송: 91장(슬픈 마음 있는 사람, 통 91장)
요 절: "또 내 이름을 위하여 집이나 형제나 자매나 부모나 자식이나 전토를 버린 자마다 여러 배를 받고 또 영생을 상속하리라"(마 19:29)

사순절 다섯 번째 주일입니다. 우리는 사순절 기간 동안 예수님의 행적과 말씀을 따라가고 있습니다. 오늘 말씀을 통해 사순절에 주시는 주님의 은혜를 입기를 바랍니다. 오늘 읽은 말씀을 잘 이해하려면 바로 앞에 일어난 사건을 주목할 필요가 있습니다. 한 부자 청년이 예수님을 찾아왔습니다.

이 청년은 "내가 무슨 선한 일을 하여야 영생을 얻으리이까?"라고 질문합니다. 이 청년은 영생에 대해 관심이 있었습니다. 이 사실만 보아도 훌륭한 청년입니다. 그런데 이 청년은 잘못 알고 있었습니다. 선한 일을 해야 영생을 얻는 것으로 생각하고 "무슨 선한 일을 할까요?" 하고 질문한 것입니다. 영생은 예수를 믿는 믿음으로 얻는 것이지 행위로써 얻는 것이 아닙니다.

그런데 예수님은 영생에 관심을 가지는 이 청년을 좋게 보셨습니다. 예수님은 선한 이는 하나님 한 분뿐이시라고 합니다. 이 말씀은 사람이 행위로써 구원을 얻을 수 없다는 뜻입니다. 예수님은 갑자기 계명을 지키라고 하십니다. 어떤 계명이냐 물을 때에 "살인하지 말라, 간음하지 말라, 도둑질하지 말라, 거짓 증언하지 말라, 네 부모를 공경하라, 이웃을 네 자신과 같이 사랑하라" 하는 인간 세상에서 지켜야 할 대표적인 계명을 말씀하십니다. 그러자 이 청년은 내가 다 지켰다고 말합니다.

예수님께서 선하신 이는 하나님 한 분뿐이라 하시며 계명을 지키라 하신 것은 깊은 의미가 있습니다. "네가 선한 행위로 구원을 얻으려고 하느냐? 그러면 한 번 계명을 지켜 보아라" 하신 것입니다.

예수님의 말씀 속에는 사람은 계명을 다 지킬 수 없다는 뜻이 들어 있습니다. 그러면 하나님은 우리가 지킬 수 없음을 다 알고 계시면서 왜 계명을 지키라 주셨습니까? 계명은 하나님의 뜻을 알고 지켜나갈 기준입니다. 그것을 지키기 위해 힘을 다하라는 말입니다. 예수님은 그것은 정말 하나님을 사랑하고 이웃을 사랑하면 된다, 이것이 율법이요, 선지자요, 강령이라고 하셨습니다.

성도 여러분, 하나님을 정말 사랑하기를 힘쓰시기를 바랍니다. 주님의 몸 된 교회를 사랑하기를 힘쓰시기를 바랍니다. 이웃을 사랑하기를 힘쓰시기를 바랍니다. 우리가 "비록 나의 것을 다 드려 사랑하지 못하지만 늘 사랑하게 해주십시오" 하고 기도해야 하는 것입니다.

제가 집회나 부흥회나 오후예배 강사로 가게 되면 도림교회 담임목사라고 사례비를 많이 줍니다. 그런데 우리 교회 건축의 빚을 다 갚기까지 그것에 손을 대지 않고 하나님께 다 드리기로 하나님과 약속을 했습니다. 그런데 얼마 전 어느 곳에서 강사로 와 달라고 하는데 제 마음속에 드는 생각이 교회 일도 바쁜데 거기 가서 집회하고 오면 나에게 남는 것도 하나도 없고 오히려 오고 가고 힘도 들고, 비용만 들고 재미가 없다 하는 생각이 드는 것입니다. 그 생각이 드는 순간 깜짝 놀라 무릎 꿇고 회개를 했습니다. '하나님의 일을 사랑하지 않는구나. 기뻐하지 않고 드리면 그것이 바로 바리새인의 헌금이 아니고 무엇이냐?' 하는 울림이 왔습니다. 그래서 회개를 했습니다.

예수님께서 말씀하시는 죄의 기준이 다릅니다. 세상에서는 걸리지만 않으면 죄가 아닙니다. 예수님께서는 마음에 음욕을 품는 자마다 다 이미 간음하였다 하셨습니다.

이웃의 가진 것을 보고 탐욕이 들어가면 도둑질을 하지 않았지만, 마음에 이미 죄가 들어간 것입니다. 여기에 율법의 아이러니가 있습니다.

바리새인들은 율법을 지키기 위해 겉으로 노력하였으나 실제는 지키지 못했습니다. 안식일에 일하지 말라는 율법을 지키기 위해 자세한 규정을 만들고 그것을 피하기 위한 편법을 썼습니다. 자기들이 법을 만들어 안식일에는 900m 이상 걸으면 노동이라 했습니다. 그래서 900m 지점에 종을 미리 보내어 음식을 준비해 놓습니다.

음식을 먹은 후 걸으면 거리 계산을 다시 시작하게 된다는 조항을 만들었습니다. 이런 법 조항이 얼마나 많은지 모릅니다. 짐을 지고 가면 안 된다는 조항을 만들고 그 짐의 무게를 무화과 두 개의 무게라고 정했습니다. 그리고 그것을 피하기 위해 종들을 시켜 음식을 운반하게 만들었습니다. 종들은 사람이 아닙니까? 그들은 율법을 어기게 만들고, 자신들의 부와 지위를 이용해 이러한 편법을 사용한 것입니다.

하나님께서 안식일을 주신 것은 다른 세상일들 신경 쓰지 말고 하나님을 경배하고 찬양하라고 주신 것입니다. 그런데 바리새인들은 하나님의 뜻을 이렇게 기만했습니다. 그리고 나는 율법을 다 지켰다 한 것입니다. 예수님은 이들의 가식적인 모습을 미워하시고 비판하셨던 것입니다.

이것은 오늘 우리들에게도 깊은 시사점을 주십니다. 나는 주일을 지켰으니 이 정도면 다 되었다고 바리새적인 모습을 우리는 가지고 있습니다. 헌금도 드리고 다 합니다. 그러나 하나님 보시기에 우리가 안식일을 지키는 모습이 어떠한가요? 영과 진리로 오늘의 예배를 드리고 있습니까? 오늘 하루를 하나님 기뻐하시도록 내어 드리고 있습니까?

진실한 성도는 힘쓰고 애를 써도 그러지 못하는 것을 알기에 늘 "나는 죄인입니다" 하고 주님 앞에 나오는 것입니다. 주님 앞에 나 같은 죄인을 불러주신 것만 생각해도 그저 감사한 것입니다. 이것이 은혜입니다. 성도 여러분, 늘 은혜를 구하며 살고 내가 받은 은혜를 감사하며 사는 성도들이 되시길 바랍니다.

예수님은 애초부터 사람이 율법을 다 지킬 수 없다 하셨는데 이 청년은 나는 다 지켰다고 합니다. 그때 예수님은 이 청년의 아픈 구석을 찌릅니다. "가서 네 소유를 팔아 가난한 자들에게 주라 그리하면 하늘에서 보화가 네게 있으리라 그리고 와서 나를 따르라"(21절)고 하셨습니다. 그 후에 제자로 삼아 주시겠다는 말씀입니다.

이 부자 청년이 이웃을 내 몸과 같이 사랑했다고 하면 이것은 거짓말입니다. 이 청년은 물질이 많고 주변에는 굶는 사람들이 많은데 이웃을 내 몸과 같이 사랑하지 않은 것입니다. 예수님의 말씀은 너는 계명을 진심으로 다 지키지 않았다는 지적입니다. "그 청년이 재물이 많으므로 이 말씀을 듣고 근심하며 가니라"(22절)고 했습니다. 이 청년에게는 재물이 천국보다 더 중요하고 컸기 때문입니다.

이 대화 이후 예수님은 제자들에게 "내가 진실로 너희에게 이르노니 부자는 천국에 들어가기가 어려우니라 다시 너희에게 말하노니 낙타가 바늘귀로 들어가는 것이 부자가 하나님의 나라에 들어가는 것보다 쉬우니라"(23-24절)고 말씀하셨습니다. 이 말씀을 듣고 제자들이 놀라 "그러면 누가 구원을 얻을 수 있습니까?" 할 때에 오늘 읽은 말씀을 주신 것입니다.

성경이 말씀하는 것은, 성경이 약속하는 것은 하나님을 잘 섬길 때에 우리에게 항상 축복을 약속해 주셨습니다. 건강의 복, 물질의 복, 가정의 모든 복을 성경에 약속해 주셨습니다. 성경은 가난이 축복이라 말씀하시지 않습니다. 욥이 재물을 다 빼앗기고 자녀가 죽고 고난을 받을 때에 사람들은 하나님의 저주를 받았다고 말했습니다.

그런데 오늘 예수님은 전혀 다른 말씀을 하십니다. 부자가 천국에 들어가는 것이 낙타가 바늘귀로 들어가는 것보다 더 어렵다고 하시니 이것은 부자가 되지 말라는 말씀 아닙니까? 예수님의 말씀은 왜 부자가 천국에 들어가기 어렵다고 하십니까? 내가 가진 그 부를 하나님보다 더 사랑하면 천국에서 멀어지기 때문입니다.

대개 보면 내가 좀 배웠다 하는 사람들은 그 지식 때문에 교만해지기 쉽습니다. 그 이야기는 잘못하면 하나님 사랑보다 내 지식이 더 높기 때문입니다. 권력 있는 사람들은 잘못하면 그 권력 때문에 하나님 앞에서 교만해지기 쉽습니다. 권력이 하나님보다 더 귀하기 때문입니다. 그래서 예수님은 어린아이를 앞에 세우시고 이 어린아이와 같지 아니하면 결단코 천국에 들어가지 못한다고 하신 것입니다.

성도 여러분, 천국은 어려운 것이 아닙니다. 단순합니다. 하나님을 사랑하면 됩니다. 그런데 부자는 잘못하면 그 물질이 하나님을 사랑하는 것을 막습니다. 성도 여러분, 우리는 부자가 되어도 하나님 안에서 되어야 그것이 진짜 축복입니다. 높은 자리에 올라도 하나님 안에서 되어야 그것이 진짜 축복입니다. 그래야 하나님께서 우리에게 주신 것을 지켜 주시는 것입니다.

베드로는 "보소서 우리가 모든 것을 버리고 주를 따랐사온대 그런즉 우리가 무엇을 얻으리이까"라고 합니다. 베드로의 이야기처럼 제자들은 집과 가족을 다 버려두고 예수님을 좇았습니다. 고난의 길을 스스로 선택했습니다. "그러니 무엇을 주실 것입니까?" 하고 질문한 것입니다. 조금 전 부자 청년의 사건을 보면서 그러면 우리는 과연 천국을 얻을 수 있을 것인가에 대한 의문이 있었습니다.

"우리는 가진 것을 다 버렸는데 그러면 천국을 얻을 수 있습니까?" 하는 초조한 질문입니다. 그리고 제자들의 마음속에 내재하고 있는 또 하나의 질문이 있습니다. 이들은 늘 이 땅에서의 자리에 관심이 있었습니다. 예수님이 예루살렘에 올라가 기적으로 로마 군대를 물리치고 왕위에 오르게 되면 그때에 무엇을 주시겠느냐 하는 것입니다.

예수님은 두 가지 약속을 주시는데 베드로의 질문에 응하시는 수준으로 말씀하십니다. 예수님의 말씀에는 상징이 들어 있습니다. 첫째는 "내가 진실로 너희에게 이르노니 세상이 새롭게 되어 인자가 자기 영광의 보좌에 앉을 때에 나를 따르는 너희도 열두 보좌에 앉아 이스라엘 열두 지파를 심판하리라"(28절) 하셨습니다.

세상이 새롭게 된다는 말씀은 제자들이 듣기에는 로마가 무너지고 새로운 왕국을 세운다는 의미로 들릴 수 있습니다. 그러나 예수님은 단 한 번도 세상의 왕국을 건설하겠다고 말씀하신 적이 없습니다. 언제나 "나는 십자가를 지러 간다. 나는 죽으러 간다. 나는 양을 위하여 목숨을 바친다"라고 하셨고 섬기는 자가 주인이 될 것임을 말씀하셨습니다.

오늘 이 말씀도 하나님의 나라가 임할 때를 말씀하신 것입니다. 마지막 심판의 날에 나를 따른 너희들도 열두 보좌에 앉아 열두 지파를 심판하리라 하셨습니다. 이 본문은 신학자들의 해석이 많습니다. '열두 보좌면 배신자 가룟 유다는 어떻게 되느냐?' 학자들은 이런 쓸데없는 질문들을 많이 합니다. '열두 지파는 이스라엘 백성들을 심판한다는 말인가?' 하는 질문들이 있습니다.

열두 보좌는 성경이 늘 상징으로 말씀하는 것처럼 아주 귀한 대접을 받는다는 뜻입니다. 그리고 열두 지파는 만백성을 말합니다. 여기서 심판이라는 단어가 문제가 되는데 예수님께서 심판하시지, 제자들은 심판할 권리가 없습니다.

본문에 나오는 심판이라는 헬라어 단어 '크리노'(κρίνω)는 '통치한다', '판단한다'라는 다른 의미를 가지고 있습니다. 그러므로 그날에 너희들은 영광의 자리에 오르게 될 것이고, 모든 것을 다스리게 될 것이라는 뜻으로 보면 됩니다. 이 약속은 열두 제자에게만 주신 약속이 아닙니다. 마태복음 16장 27절에 "인자가 아버지의 영광으로 그 천사들과 함께 오리니 그때에 각 사람이 행한 대로 갚으리라" 하셨습니다. 그날에 우리도 우리의 행한 대로 부끄러움을 당할 자는 영원한 형벌로 들어가고 우리는 영광스러운 보좌 앞에서 하나님을 찬양하게 될 것입니다.

예수님의 두 번째 약속은 "또 내 이름을 위하여 집이나 형제나 자매나 부모나 자식이나 전토를 버린 자마다 여러 배를 받고 또 영생을 상속하리라"(29절)는 말씀입니다.

누가복음에 이 상황이 똑같이 기록되어 있는데 거기에는 "현세에 여러 배를 받고"라고 기록하고 있고 마가복음에도 현세에 받을 것을 말씀하면서 박해가 있을 것도 말씀합니다.

기독교는 박해 속에서 살아왔습니다. 그러나 하나님의 나라는 계속해서 확장되어 가고 있습니다. 지금 기독교 인구는 23억인데 2030년이 되기 전에 기독교 인구는 25억이 넘어갈 것이라고 보고 있습니다. 예수님은 "하나님의 나라의 확장을 위하여 희생하는 것을, 박해받는 것을 두려워하지 말라. 상급이 있다. 영생을 상속하리라"고 하셨습니다. 이는 주님의 약속입니다. 이 땅이 끝이 아닙니다. 우리에게는 천국이 있습니다.

천국에 가면 두 번 놀란다고 하는 말이 있습니다. 꼭 있을 줄 알았던 사람이 없어서 놀라고, 이 사람은 없을 줄 알았는데 천국에 있어서 놀라게 될 것이라 했습니다. 이 사순절에 우리는 주님의 약속을 기억하십시다. 우리에게 때로는 박해도 있습니다. 코로나 기간 동안도 많이 힘들었습니다. 그러나 믿음으로 견딘 자들에게는 현세에 축복과 영생을 약속해 주셨습니다. 이 두 가지 축복을 다 차지하는 성도들이 되시기를 바랍니다.

적 용

ⓐ 오늘 말씀의 주제 파악하기:

ⓑ 오늘 말씀 중 은혜받은 부분 나누기:

ⓒ 삶에 구체적으로 적용하기:

함께 드리는 기도제목

1. 자신의 욕심과 세상의 유혹을 이겨내어 주님께 온전히 순종하게 하소서.
2. 하나님 뜻대로 살기로 결단하는 믿음과 용기를 주소서.
3. 천국이 우리를 기다리고 있음을 기억하며 소망 가운데 살아가게 하소서.

13

예수입니까? 바라바입니까?

- **본 문:** 누가복음 23장 18-25절(신 137쪽)
- **찬 송:** 144장(예수 나를 위하여, 통 144장)
- **요 절:** "빌라도가 세 번째 말하되 이 사람이 무슨 악한 일을 하였느냐 나는 그에게서 죽일 죄를 찾지 못하였나니 때려서 놓으리라 하니" (눅 23:22)

오늘은 종려주일입니다. 예수님께서 십자가를 지시기 위해 나귀를 타고 예루살렘 성에 입성하신 것을 기념하는 주일입니다. 예수님이 입성하실 때 거리에 가득 찬 군중들은 종려나무 가지를 흔들고 호산나를 외치며 예수님을 메시아로 환영했습니다.

당시 왕이 전쟁에 나가 승리하고 돌아올 때에 종려나무 가지를 흔들었습니다. 그러니까 예수님이 오셔서 이스라엘 백성들을 해방시킬 줄 알고 왕으로 오시는 예수님을 환영했다는 말입니다. 그런데 며칠이 지나지 않아 군중들은 예수님을 죽이려고 법정에 세웠습니다. 이상하지 않습니까? 조금 전만 해도 예수님을 메시아로 찬양하던 무리들이 예수님을 십자가에 못 박으려 하니 이해할 수가 없는 일입니다.

우리가 사는 인간 세상에는 이처럼 이해할 수 없는 일들이 수없이 많습니다. 어제의 영웅이 오늘의 대역 죄인이 되기도 합니다. 나라를 구할 인물로 묘사되던 사람이 어느 날 나라를 팔아먹은 사람이 되기도 합니다. 2천 년 전에도 인간 세상에 이런 어처구니없는 재판이 벌어졌습니다.

예수님을 미워한 바리새인들은 로마의 힘을 빌려 겟세마네 동산에서 기도하시던 예수님을 체포합니다. 그리고 유대인들은 예수님을 산헤드린의 법정에 세웁니다. 산헤드린의 법은 낮에만 재판할 수 있습니다. 그런데 이들은 불법적으로 밤에 재판을 열어 대제사장 가야바에 의해 사형을 언도받습니다. 사형 집행권이 없던 유대인들은 예수님을 총독 빌라도에게 보냅니다.

빌라도는 재판을 하지 않고 갈릴리 지역을 통치하는 헤롯에게 보냅니다. 헤롯 역시 예수님이 사형을 당할만한 죄를 짓지 않았음을 알고 희롱한 후 빌라도에게 돌려보냅니다. 예수님은 죄가 없음에도 가야바에게, 안나스에게 그리고 헤롯에게, 빌라도에게 두 번씩이나 계속해서 재판을 받았습니다.

예수님이 무슨 죄가 있습니까? 예수님이 하신 일은 백성들을 사랑하고, 질병으로 고통받는 사람들을 고쳐주시고 천국 복음을 전하신 것밖에는 없습니다. 그런데 이들은 모두가 하나가 되어 예수님을 죽이려 합니다. 바리새인과 사두개인은 원래 원수이지만 예수님을 죽이는 일에는 하나가 되었습니다. 헤롯과 빌라도도 사이가 좋지 않았지만, 예수님을 죽이는 일에는 함께 친구가 되었습니다.

예수님은 십자가를 지시기 위해 이 땅에 오셨습니다. "그러면 이 모든 것들이 다 하나님의 계획된 각본이 아닙니까?" 하고 물을 수 있습니다. "가룟 유다도 예수님의 십자가를 위해 어쩔 수 없이 동원

된 조연 배우 중의 한 사람이 아닙니까?" 하고 질문할 수 있습니다. 여기에 성경이 답하는 것이 하나님의 섭리와 은혜와 구원의 교리입니다. 하나님께서 모든 사람에게 햇빛을 내려 주십니다. 그 햇빛을 쪼이는 사람도 있고 집안에 틀어박혀 앉아 있는 사람도 있습니다.

그 선택권을 우리에게 주셨습니다. 가롯 유다가 마귀의 유혹을 거부하고 주님을 따랐더라면 그는 복음을 전하다가 순교자가 되었을 것입니다. 오늘도 하나님은 우리에게 수많은 기회를 주셨는데 은혜의 기회, 축복의 기회를 붙잡는 사람이 있고 거부하는 사람이 있습니다.

주님을 위해 헌신할 기회를 주셨는데 헌신하는 사람도 있고 그렇지 못한 사람도 있습니다. 오히려 교회를 핍박하는 사람도 있습니다. 그래서 그 행한 대로 갚으시겠다는 것입니다. '행한 대로'라는 말은 우리에게 선택권을 주셨다는 말입니다. 하나님께서는 오늘 여러분에게도 선택권을 주셨습니다. 그 선택권을 잘 사용하시기 바랍니다.

주님을 위해 충성할 수도 있고 주님의 마음을 아프시게 할 수도 있습니다. 복음을 전할 수 있는 기회를 주셨는데 그 기회를 잘 사용할 수도 있고 그 기회를 땅에 달란트를 묻어버린 게으른 종처럼 무익한 종이 될 수도 있습니다. 축복받을 기회, 은혜받을 기회를 주실 때에 그 기회를 놓치지 말고 잘 사용하여 하나님의 나라에서 칭찬받는 성도들이 되시기 바랍니다.

오늘 말씀에도 예수님의 십자가 사역에 참여하는 여러 종류의 인물들이 나옵니다.

첫째, 바리새인들은 자신들의 위선과 거짓을 지적하는 예수님이 미웠습니다. 그 미워하는 마음을 말씀을 읽으며 빨리 버려야 하는

데 이들은 미움을 계속해서 가졌습니다. 그러면 그다음 단계는 마귀가 그 사람에게 역사하는 것입니다. 그래서 단순히 미워하는 것이 아니라 죽이려고까지 합니다. 인간의 악함의 최고 높은 단계는 죽이고 싶어 하는 마음입니다. 살인죄입니다.

바리새인들은 예수님을 죽이기 위해 더욱 악하여져서 유대 백성들을 선동합니다. 거짓말을 한 것입니다. 마귀는 거짓말을 하는 자라고 했습니다. 이 거짓말은 수많은 사람들을 진리에서 떠나게 합니다. 제사장과 사두개인들, 바리새인들이 바로 그랬습니다.

둘째가 유대 백성들입니다. 이들은 일부 바리새인들의 거짓말에 속아 예수님을 법정에 세웠고 어제는 예수님을 찬양했다가 오늘은 예수님을 십자가에 못 박으라고 합니다. 사람이란 대단한 존재가 아닙니다. 이렇게 왔다 갔다 하는 존재입니다.

세 번째는 대제사장인 안나스와 헤롯 왕입니다. 이들은 정치적인 높은 자리에 있으면서 얼마든지 예수님의 무죄를 선언할 수 있었습니다. 그런데 그들은 그렇게 하지 않았습니다. 오히려 유대인들은 사형 집행권이 없으므로 총독 빌라도에게 보내며 예수가 로마에 대항하려 했다는 정치범으로 만들었습니다.

오늘 성경에는 가련한 한 사람이 나옵니다. 네 번째 인물인 빌라도입니다. 빌라도는 로마에 의해 유대 지방에 총독으로 임명된 사람입니다. 역사적 기록이 없어 기독교가 만들어 낸 가공의 인물이라고 했지만, 1961년 가이사랴 총독 관저에서 빌라도의 이름이 새겨진 석판이 발견되면서 성경에 기록된 사실이 입증되었습니다.

빌라도는 잔인한 인물이었지만 예수님의 처형에는 가담하고 싶지 않았습니다. 그래서 헤롯 왕에게 보냈지만, 헤롯은 예수님께서 로마에 혁명을 일으키려 한다는 어느 단서도 찾지 못하고 다시 빌라도에게 보낸 것입니다. 빌라도는 예수님을 심문하고 그에게 죄가 없음을 알았습니다. 전날 그의 아내 클라우디아가 그 예수라는 사람과 상관하지 말라고, 내가 꿈에 큰 고통을 겪었다고 전해 왔습니다. 빌라도는 아내의 말을 듣고 고민합니다. 빌라도의 아내 클라우디아는 왕족 출신입니다. 이 아내 때문에 총독까지 되었습니다. 이 아내의 말을 무시할 수 없습니다.

그래서 한 가지 꾀를 냅니다. 바라바라 하는 살인자요 강도를 무리 앞에 내세우고 예수냐 바라바냐 한 사람을 택하라고 합니다. 한 사람은 풀려나고 한 사람은 사형을 받게 되는 것입니다. 우리나라의 광복절 특사처럼 당시 유월절 특사를 받게 되는 것입니다. 빌라도의 생각은 사람들이 바라바를 십자가에 못 박으라고 할 것으로 착각했습니다. 예수님은 특별한 죄가 없었기 때문입니다.

그런데 오늘 성경에 나온 바와 같이 사람들은 바라바를 놓아 달라고 일제히 외칩니다. 다시 말하자 백성들은 또 소리를 질러 바라바를 놓아 달라고 합니다. 빌라도에게 큰 고민이 생겼습니다. 그래서 세 번째 다시 이야기하며 예수에게서 죽일 죄를 찾지 못하였다고 때려서 놓아 주겠다고 합니다.

그러자 무리들은 더 큰 소리로 예수를 십자가에 못 박으라고 외칩니다. 십자가에 못박으라는 헬라어 동사가 '스타우로'(σταυρόω)인데 온 무리가 '스타우로', '스타우로', '스타우로'라고 외치는 함성이 울려 퍼지고 그 소리가 이겼다고 했습니다. 결국 빌라도는 민란이 일어나고 로마 정부에 이 보고가 들어가면 자신이 위태로워질 것이라 생각하여 예수님께 십자가형을 내리고 무리들에게 넘겨줍니다.

빌라도를 보면 참으로 애처롭기도 합니다. 여기에도 서지 못하고, 저기에도 서지 못합니다. 갈팡질팡하는 나약한 인간의 모습이었습니다. 그의 마음은 예수님을 놓아주고 싶었습니다. 그러나 그 마음보다 더 큰 것이 자신의 자리였습니다. 그래서 그는 자신의 자리를 선택합니다. 빌라도는 예수님과 진리에 대하여 대화까지 했습니다. 그에게는 예수님을 선택할 기회가 있었습니다.

그 기회를 세상 권력 때문에 놓쳐버리고 역사에 예수를 못 박은 책임자로 기록되고 말았습니다. 빌라도가 죽어 예수님 앞에 섰을 때 예수님은 이렇게 물으셨을 것입니다. "너에게 선택의 기회를 여러 번 주었는데, 그때 왜 너는 나를 택하지 않았느냐?" 성도 여러분, 만약 우리가 그 자리에 있었다면 우리는 누구를 선택할 것입니까? 그 무리들 틈에서 예수님을 놓아 달라고 했을까요?

지금도 우리는 유대인들처럼 역사의 현장을 살아가고 있습니다. 매일 같이 우리는 예수를 선택할 것인가, 바라바를 선택할 것인가에 대한 요구를 받고 있습니다. 우리는 예수님을 선택하는 성도들이 되시기를 바랍니다. 우리는 주님께서 나에게 주신 기회를 놓치지 않기를 바랍니다.

우리도 어느 날 법정에 설 날이 반드시 옵니다. 그날에는 우리가 법정에 섭니다. 하나님 나라의 법정입니다. 세상 법정은 실수하고 거짓을 진리로 판단하기도 하지만 천국의 법정은 절대로 그런 일이 없습니다. 우리가 선택한 대로 정확하게 상과 벌을 주시는 하나님이십니다. 우리 도림교회 성도들은 모두가 믿음의 선택을 하여 착하고 충성된 종이라고 수고했다고 칭찬받는 성도들이 되시기 바랍니다.

적 용

ⓐ 오늘 말씀의 주제 파악하기:

ⓑ 오늘 말씀 중 은혜받은 부분 나누기:

ⓒ 삶에 구체적으로 적용하기:

함께 드리는 기도제목

1. 항상 예수님과 진리를 선택할 수 있는 믿음의 지혜와 용기를 주소서.
2. 우리에게 주신 은혜와 축복과 헌신의 기회를 충성스럽게 사용하게 하소서.
3. 도림교회 모든 성도가 착하고 충성된 종이라 칭찬받게 하소서.

14

믿지 않는 세상

- **본 문:** 마가복음 16장 9-14절(신 85쪽)
- **찬 송:** 160장(무덤에 머물러, 통 150장)
- **요 절:** "그 후에 열한 제자가 음식 먹을 때에 예수께서 그들에게 나타나사 그들의 믿음 없는 것과 마음이 완악한 것을 꾸짖으시니 이는 자기가 살아난 것을 본 자들의 말을 믿지 아니함일러라"(막 16:14)

사람들은 죽음을 두려워합니다. 죽음은 지금 내가 가지고 있는 모든 것을 빼앗아 갑니다. 소중했던 관계, 내가 이룬 업적, 모은 재산 등 모든 것이 내 것인 줄 알았는데 남의 것이 되어 버리게 하는 것이 죽음입니다.

진시황제는 영원히 살 수 있는 방법을 찾기 위해 불로초를 구해 먹기도 하였지만 죽음을 막을 수는 없었습니다. 죽음 이후에도 그가 가진 권력을 계속 갖기 위하여 무덤에 병마총을 만들고 시녀들과 온갖 보화까지 함께 묻었습니다. 그러나 흙으로 만든 것들이 그의 미래를 보장할 수 있는 것은 아니었습니다.

인간에게 가장 큰 스트레스를 주는 것이 사랑하는 사람의 죽음이라는 연구 보고가 있습니다. 배우자의 죽음, 부모의 죽음, 자녀의 죽음은 말할 수 없는 고통을 우리에게 가져다줍니다. 다시는 사랑하는 사람을 이 세상에서 볼 수 없기 때문입니다. 또한 나의 죽음을 두려워하는 것은 죽음 이후를 알 수 없기 때문입니다.

미국을 다녀오고 아프리카를 다녀왔어도 죽음 이후의 세계를 다녀온 사람들은 없습니다. 간혹 언론에 사후세계를 보고 왔다는 사람들의 이야기가 실리곤 하는데 성경이 말씀하는 죽음의 세계는 이생과 오갈 수 있는 곳이 아닙니다. 천국을 보고 왔다는 이야기도 있는데, 그 천국이라는 것이 특별한 것을 말하고 있지 않습니다. 완전한 죽음이 아니라는 것입니다.

이 세상의 거의 모든 종교가 사후세계를 이야기합니다. 이생에서 죄를 지으면 내세에 벌을 받는다는 교리들을 가지고 있습니다. 인간은 죽음 이후를 알지 못하기 때문에 이러한 교리에 두려움을 가질 수밖에 없습니다. 세상에서도 국가는 법을 만들어 통치합니다. 인간이 주는 법 중, 가장 두려움을 주는 것이 사형제도입니다. 사형은 강제로 생명을 빼앗고 이 세상을 떠나게 하는 것이기 때문에 인간은 두려움을 갖습니다.

예수님의 제자들도 죽음에 대한 본능적 두려움 때문에 예수님을 배신하고 도망쳤습니다. 사형을 당한다는 것은 견딜 수 없는 두려움이었기 때문입니다. 그런데 예수님은 그 죽음 한가운데로 걸어가셨습니다. 예수님은 우리 인간의 몸을 입어 이 땅에 찾아오셨고 제자들과 함께 걸으며 피곤해하셨고, 배고파하셨으며, 기쁠 때 웃으셨고 슬플 때 눈물을 보이셨습니다.

신이 이 땅에 오셔서 이런 모습을 보여주신 것은 죽음도 이길 수 있다는 것을 보여주시기 위함이었습니다. 예수님의 죽음은 죽음이 두렵지 않다는 것을 보여주신 것이 아닙니다. 예수님은 우리가 죽음을 이길 수 있다는 것을 친히 보여주셨습니다. 그것이 부활입니다. 우리 인생은 이생이 끝이 아니라 영원한 생명이 있음을 예수님께서 친히 보여주셨습니다.

기독교에 부활이 없다면 알맹이가 없는 껍질에 불과한 것입니다. 세상의 종교들은 죽음의 두려움을 극복하라고 가르칩니다. 이 세상의 어느 종교도 죽었다가 부활한 교주는 없습니다. 이슬람의 마호메트도, 불교의 석가모니도, 유교의 공자도 다 죽은 무덤을 자랑합니다. 그러나 예수님께는 죽은 무덤이 없습니다. 다시 살아나신 빈 무덤뿐입니다.

사도 바울은 우리에게 부활이 없다면 세상에서 우리가 가장 불쌍한 자일 것이라 했습니다. 그러나 부활이 있기에 고난도 견디고 복음을 위하여 삶을 바친 것입니다. 오늘 말씀에 예수님은 부활하신 후 안식 후 첫날 막달라 마리아에게 먼저 나타나셨습니다. 안식 후 첫날이라는 것은 주일을 말합니다.

어느 이단에서는 안식일을 지키라 성경에 분명히 말했는데 왜 안식일을 지키지 않느냐고 합니다. 제칠일 안식교도 있습니다. 우리 주님은 구약의 율법을 폐하시고 새 계명을 우리에게 주셨습니다. 율법으로는 온전케 될 자가 없다고 하셨습니다.

하나님을 진정으로 사랑하고 이웃을 사랑하면 모든 계명을 다 이루었다고 하셨습니다. 예수님께서 구약의 율법을 폐하시고 죽음에서 승리하신 그날을 초대교회 성도들은 기념하여 예배를 드렸습니다. 주님이 죽음을 이기시고 부활한 그날이 승리의 날이요, 주의 날이요, 주일입니다. 우리는 바리새인들처럼 율법에 머물러 있는 것이 아닙니다. 이단들은 이렇게 작은 구절 하나 가지고 트집을 잡고 성도들을 공격합니다.

노회의 어떤 목사님이 저에게 찾아와 상담을 했습니다. 노회가 자기를 핍박한다는 것입니다. 그래서 제가 이런 이야기를 했습니다. “목사님은 말도 잘하고 법도 많이 알고 다 훌륭한데 노회 때 자꾸 법을 이야기하니까 사람들이 싫어하는 겁니다. 다음부터는 법 이야기하지 마시고 다른 분 칭찬하는 이야기 하십시오. 그러면 다른 사람들이 목사님을 사랑하고 칭찬하게 될 것입니다. 법을 좀 틀리면 어떻습니까? 예수 믿는 것은 법이 아니라 사랑입니다.” 그런데 실제로 이분이 그다음부터 법에 대해 발언을 하지 않았습니다. 그리고 얼마 후 세상을 떠났습니다. 그분만이 아닙니다. 몇몇 분들이 일어나면 사람들은 ‘에이’ 하고 얼굴을 찡그립니다. 법 이야기, 원칙 이야기를 하기 때문입니다.

법이 필요 없다는 말이 아닙니다. 법 위에 사람이 있고 그 위에 사랑이 있어야 합니다. 법은 사람을 옭아매는 것이 아니라 살리기 위한 것입니다. 법조차 지킬 수 없는 약한 자를 보호하기 위한 것이 진짜 법입니다. 구약성경에 안식일을 지키라 하신 말씀을 문자적으로 해석하여 왜 너희는 성경을 안 지키느냐 하는 것은 율법에 얽매여 오늘도 사람을 얽어매는 것입니다. 이단들이 안식일 이야기 하면 ‘저 사람들이 속아서 그런 말 하는구나’ 이렇게 생각하시기 바랍니다.

예수님은 왜 그 많은 사람들 가운데 막달라 마리아에게 맨 처음으로 찾아가셨습니까? 예수님은 가장 낮은 자리에서 자신의 힘을 다하여 예수님을 사랑한 여인을 상징적으로 제일 먼저 찾아가신 것입니다. 이것이 예수님의 기준입니다. 이 땅에 오실 때에도 마구간에 낮고 천한 모습으로 오신 것과 마찬가지입니다.

막달라 마리아는 일곱 귀신에 들려 가족으로부터도 버림받았던 사람이었습니다. 막달라 마리아는 자신을 사로잡고 있던 귀신을 예수님께서 쫓아내 주셨기에 감사함으로 예수님께 향유를 부은 여인이기도 했습니다. 바리새인들의 말에 의하면 죄가 많은 여인이기도 했습니다. 그런데 겉으로 나타난 것과 다른 것이 있습니다.

예수님께서 십자가에 달리실 때 다른 제자들은 다 도망갔어도 막달라 마리아는 십자가 밑에 울고 있었습니다. 예수님께서 무덤에 계실 때 무덤을 지킨 여인이었습니다. 막달라 마리아는 가장 낮은 자리에 있었고 예수님을 만나 새로운 삶을 살아간 여인입니다.

정교회 전승에 의하면 부활절 계란을 제일 처음으로 시작한 여인입니다. 예수님 부활 후에도 수도생활을 하였고 선교로 평생을 바쳤습니다. 성자의 반열에 오른 여인입니다. 조반니 벨리니의 그림 왼쪽에 나온 여인인데 머리에 둥근 테가 있는 것은 성자라는 뜻입니다. 막달라 마리아는 가장 낮은 자였고 인정받지 못한 삶을 살았으나 예수님을 만나고 인생이 바뀌었습니다.

여러분, 우리도 예수님을 만나고 인생이 바뀐 사람들입니다. 과거를 떠난 사람들입니다. 더 이상 과거에 연연하지 마시고 막달라 마리아처럼 새로운 삶을 살아가시기 바랍니다. 이런 사람을 예수님은 가장 귀하게 여기십니다.

이런 막달라 마리아에게 가족보다, 제자보다 더 먼저 찾아오신 것입니다. 막달라 마리아는 예수님께서 다시 살아나신 것을 보고 슬퍼하며 울고 있던 제자들에게 가서 알립니다. 그런데 제자들은 예수님께서 살아나신 것도, 마리아에게 나타나셨다는 것도 믿지 않았다고 했습니다.

14절에 보면 그 후에 그들 중 두 사람이 걸어서 시골로 갈 때에 예수님이 나타나셨고 이것을 다른 제자들에게 알렸으나 역시 믿지 않았다고 했습니다. 이 사건은 우리가 잘 아는 누가복음 24장에 나오는 엠마오 마을로 가던 두 제자의 사건입니다.

제자들에게 알렸을 때에도 처음에는 믿지 않았으나 예수님께서 이들 가운데 직접 나타나셨습니다. 그리고 "어찌하여 두려워하며 어찌하여 마음에 의심이 일어나느냐 내 손과 발을 보고 나인 줄 알라 또 나를 만져 보라 영은 살과 뼈가 없으되 너희 보는 바와 같이 나는 있느니라"(38-39절)고 책망하셨습니다. 예수님은 말씀하신 대로 육체로 부활하셨다는 것입니다.

눈에 보이는 예수님을 보고 제자들도 믿지 못하였으니 보이지 않는 예수님을 믿는다는 것은 더 어렵습니다. 그래서 예수님은 같은 내용이 기록된 요한복음 20장 29절에 도마에게 "예수께서 이르시되 너는 나를 본 고로 믿느냐 보지 못하고 믿는 자들은 복되도다 하시니라"고 말씀하셨습니다. 우리는 육신의 눈에 보이지 않아도 우리의 영으로 예수님을 보고 믿으니 우리가 복된 자인 것입니다.

세상 사람들은 예수님이 눈으로 보이지 않으니 믿지 못합니다. 불신자들은 예수님을 보여 주면 믿겠다고 합니다. 그런 자들에게 하나님은 뭐라고 하시겠습니까? "믿어라. 그러면 보일 것이다"라고 하실 것입니다. 믿으면 보이는 것입니다. 그래서 믿음은 보이지 않는 것들의 실상이라 하셨습니다.

믿음은 인간의 눈과 지식과 과학으로 보이지 않아도 하나님을 보게 합니다. 하나님의 능력과 역사를 보게 합니다. 천국을 바라보게 하는 것입니다. 보이면 믿을 것 같지만 사실은 그렇지 않습니다. 2천 년 전에도 말씀이 육신이 되어 이 땅에 오신 예수님을 사람들은 알아보지 못하였고 핍박하고 십자가에 매달았습니다.

저의 부친이 목회 초기에 시골 목회를 하면서 침을 배워 침을 놓으셨습니다. 그래서 시골에서 명의라 소문이 났습니다. 그런데 어느 날부터 특별한 경우 아니면 침을 놓지 않으셨습니다. 사람들이 병이 나으면 침을 맞아서 나았다고 하지 하나님이 고쳐주셨다고 하지 않는다는 것입니다. 그리고 죽을병이 나았어도 은혜를 모르고 교회에 나오지 않는다는 것입니다. 그래서 "내가 침 기술이 있어 사람을 고치는 것이 아니라 하나님께서 고쳐 주시는 것인데 그러면 기도로 고치겠다" 하신 것입니다.

그러면 기도로 고침받고 하나님을 믿습니까? 지게에 실려 온 사람이 나아서 그 자리에서 일어나 걸어가기도 했습니다. 그런데 눈으로 죽을병이 나은 것을 체험하고도 믿지 않습니다. 그것이 인간입니다. 인간은 물 위를 걸어가는 기적을 보여주어도, 오병이어로 오천 명이 넘는 수많은 사람을 먹이는 기적을 보여주어도 그 당시만 환호할 뿐이지 믿지 않습니다.

십자가에 달리신 예수님께 무리들은 "십자가에서 내려오라. 그러면 믿겠노라"고 조롱했습니다. 예수님께서 십자가에서 내려오셨으면 그러면 그다음부터 그들이 믿었겠습니까? 본다고 믿지 않습니다. 아는 것과 믿는 것은 하늘과 땅 차이입니다. 오늘날도 예수님을 아는 사람은 많지만 그렇다고 예수님을 믿는 것은 아닙니다.

믿음이란 무엇입니까? 믿음의 사람은 "내가 죄인입니다. 나는 하나님 없이는 안 됩니다. 은혜 주셔야 살 수 있습니다"라고 고백합니다. 여러분은 믿음으로 살고 있습니까? 믿음이란 내가 얼마나 큰 죄인이고 하나님만이 이 죄를 해결해 주실 수 있음을 깨달을 때, 그리고 이것을 나의 일로 고백할 때 생기는 것입니다.

영생도 믿음으로 얻는 것입니다. 그래서 우리가 부르는 찬양 중에 "돈으로도 못 가요 하나님 나라 힘으로도 못 가요 벼슬로도 못 가요 지식으로 못 가요 맘 착해도 못 가요 하나님 나라" 하는 찬양이 있습니다. 어린이들이 즐겨 부르지만 사실은 이것이 믿음의 핵심입니다. 우리가 영생의 나라에 들어가는 것도 오직 예수님께서 우리 위해 오셨고 내 죄를 위해 십자가를 지셨다는 것을 믿음으로 이루어지는 것입니다.

유대인들은 왜 예수님을 믿지 못했습니까? 그들의 어두운 마음이 믿지 않으려고 했기 때문입니다. 그래서 이들은 이 땅에 오신 하나님을 돌을 들어 치려고 했고 결국은 십자가에 못 박은 것입니다. 가룟 유다도 예수님을 삼 년 동안이나 가까이 따라다녔지만 예수님을 그리스도로 믿지 못했습니다. 그래서 예수님의 제자로 남아있지 못하고 예수님을 팔아먹은 불명예의 이름이 되고 말았습니다.

성도 여러분, 믿음으로 살아가십시다. 믿음의 눈으로 보면 하나님의 역사가 보입니다. 하나님께서 행하실 일이 보입니다. 믿음은 오직 들음에서 난다고 했습니다. 하나님의 말씀을 듣고 말씀을 받아들이십시오. 말씀 앞에 여러분을 굴복시키십시오. 그러면 여러분에게 세상을 이길 믿음, 부활과 영생의 믿음을 주실 것입니다.

성도 여러분, 우리는 모두 부활의 증인으로 담대히 세상에 나가 믿지 않는 세상 사람들에게 "주 예수를 믿으라, 그리하면 너와 네 집이 구원을 받으리라"(행 16:31)고 전하는 성도들이 되시기를 바랍니다.

적 용

ⓐ 오늘 말씀의 주제 파악하기:

ⓑ 오늘 말씀 중 은혜받은 부분 나누기:

ⓒ 삶에 구체적으로 적용하기:

함께 드리는 기도제목

1. 예수님의 부활을 믿는 자로서 영원한 생명의 소망 가운데 살아가게 하소서.
2. 보지 않고 믿을 수 있는 참된 믿음을 갖게 하소서.
3. 부활의 증인으로 담대히 복음을 전하게 하소서.

15

좋은 소식을 전하는 자들의 발

- **본 문:** 로마서 10장 11-15절(신 254쪽)
- **찬 송:** 521장(구원으로 인도하는, 통 253장)
- **요 절:** "그런즉 그들이 믿지 아니하는 이를 어찌 부르리요 듣지도 못한 이를 어찌 믿으리요 전파하는 자가 없이 어찌 들으리요 보내심을 받지 아니하였으면 어찌 전파하리요 기록된 바 아름답도다 좋은 소식을 전하는 자들의 발이여 함과 같으니라"(롬 10:14-15)

오늘은 우리 도림교회 창립주일이요 전도행사 선포식이 있는 주일입니다. 주일은 원래 기쁘고도 즐거운 날인데 오늘은 더욱 기쁜 일들이 함께 있는 주일입니다. 창립기념주일은 교회의 생일이라는 말입니다. 생일이 되면 식구들과 맛있는 음식도 먹고 생일을 맞은 사람은 선물도 받습니다.

저도 나이가 들고 자녀들이 자라 돈을 벌어 생일 선물을 사오니 그렇게 기쁠 수가 없더라구요. 얼마나 힘들게 벌었을까? 한편으로 마음이 짠하기도 하고 마음이 기쁩니다. 우리나라가 어렵고 힘든 시절을 지날 때 생일날이 되면 미역국도 먹었습니다. 지금은 우리나라가 잘살게 되어 미역국 정도는 흔하게 먹지만 제가 어렸을 당시에는 생일날에나 먹을 수 있는 귀한 음식이었습니다.

또 언제 먹지요? 아기 낳았을 때. 산모에게 힘내라고 미역국을 끓여 주었습니다. 아기 낳았을 때 산모나 먹을 수 있는 미역국, 생일에 어쩌다가 한번 먹을 수 있는 미역국을 먹는 날은 기쁜 날이었습니다. 그래서 사람들은 생일날을 기다렸습니다.

오늘은 우리 도림교회의 생일입니다. 여러분, 기다리셨지요? 교회의 생일은 우리의 생일이 아니라 우리 주님의 생일입니다. 그래서 우리 주님을 기쁘시게 하는 주일이어야 합니다. 우리는 이 귀하고 복된 주일에 우리 주님을 기쁘시게 해드리기 위하여 뜨겁게 찬양하고 감사의 기도를 드리며 영과 진리로 예배드리는 성도들이 되시기를 바랍니다.

우리 교회는 특별히 주님의 교회의 생신에 주님을 더욱 기쁘시게 해드리기 위하여 한 영혼을 구원하는 전도행사를 준비했습니다. 이것이 우리 주님께 드리는 가장 귀한 생신 선물입니다.

우리 주님은 하나님을 알지 못하던 영혼이 주님께 나아오는 일을 너무나 기뻐하십니다. 이 일을 위하여 우리 주님은 십자가까지 지셨기 때문입니다. 이 일을 위하여 온갖 천대와 모욕까지 다 참아 주셨기 때문입니다. 누구를 위하여 하신 일입니까?

"성경에 이르되 누구든지 그를 믿는 자는 부끄러움을 당하지 아니하리라"(11절)고 했습니다. 누구든지 예수님을 믿는 자들을 위하여 하신 일입니다. '누구든지'라고 하신 말씀이 중요합니다. 세상에서는 누구든지가 없습니다. 다 끼리끼리 모입니다. 서로가 자기들의 이익을 위하여 싸웁니다. 차별이 있습니다.

백화점에서 누구든지 오라고 하지만 차별이 있습니다. 돈을 들고 오라는 것입니다. 미국 같은 나라에도 비자가 있어야 들어갈 수 있습니다. 어느 나라 누구든지 갈 수 있는 것이 아닙니다. 공산주의는 차별이 없는 세상을 만들겠다고 했지만, 사실은 더 많은 차별이 있습니다. 세상은 늘 차별이 있어 왔고 앞으로도 있을 것입니다.

그런데 주님께서는 누구든지 다 오라고 하십니다. 차별하지 않겠다는 것입니다. "돈 없는 자도 오라 너희는 와서 사 먹되 돈 없이 값없이 와서 포도주와 젖을 사라"고 이사야 55장에 말씀하셨습니다. 빈부나 귀천에 분별이 없이 다 오라고 하셨습니다. 고린도전서 12장에서는 "유대인이나 헬라인이나 종이나 자유인이나" 다 한 성령을 받았다고 했습니다. 성령님은 차별이 없으시다는 말입니다.

유대인 사회에서도 차별이 있었습니다. 백성들을 차별했습니다. 사마리아 사람들, 이방인들을 차별했습니다. 유대인들은 자기들만이 선택받았다고 생각했습니다. 그런데 사도 바울은 오늘 말씀에 유대인이나 헬라인이나 차별이 없다고 했습니다. 이 말씀은 당시 사회에서 혁명적인 말씀입니다. 그래서 사도 바울은 자기들만이 하나님의 선택을 받은 민족이라 생각했던 유대인들에게 극심한 핍박을 받았습니다. 사도 바울은 "누구든지 주의 이름을 부르는 자는 구원을 받으리라"(13절)고 했습니다. 얼마나 쉽습니까?

아브라함의 아들 이스마엘의 후손이라 말하는 이슬람에서는 하루 다섯 번씩 기도해야 합니다. 금요일 예배를 드려야 합니다. 자기 수입의 2.5%를 세금으로 내야 합니다. 이외에도 구제를 해야 합니다. 유대교의 속죄일 같은 라마단이라는 금식 기간도 있습니다. 이슬람은 성지 메카를 순례해야 합니다. 율법과 흡사한 것이 많습니다. 아주 어렵습니다.

우리는 점점 쉽게 예수를 믿어 고난주간에 한 끼 정도 금식합니다. 과거에는 3일은 기본으로 했었습니다. 헌금도 강요된 것이 아닙니다. 그런데 주의 이름을 부르기만 하면 누구든지 구원을 받는다니 너무 쉽지 않습니까? 그런데 여기에 중요한 사실이 있습니다. 주의 이름을 부른다는 것은 입으로만 부르는 것을 말하는 것이 아닙니다. 예수님께서도 "주여, 주여 하는 자마다 천국에 들어가는 것이 아니라"고 하셨습니다. 주의 이름을 부른다는 것은 마음으로 믿어 부르는 것입니다.

"주님은 나의 죄의 문제를 해결해 주시는 분이심을 믿습니다. 주님만이 보혈로 나의 죄를 씻어 주실 줄 믿습니다. 주님만이 나를 이 세상에서 인도하시고 하나님 계신 나라로 인도해 주실 줄로 믿습니다" 하고 주님을 불러야 합니다.

그런데 믿지 않으면 부를 수가 없습니다. 그래서 성경은 믿음은 들음에서 난다고 하셨습니다. 하나님의 말씀을 듣고 내 마음에 말씀이 임하시면 믿음의 역사가 일어나는 것입니다. 이것이 신기한 것입니다.

그래서 믿음이 생기면 예배 시간이 기다려지고 하나님의 말씀을 듣는 시간이 행복해지는 것입니다. 구원은 정해진 길을 내가 찾아가는 것이 아닙니다. 하나님께서 인도하시는 길을 우리가 믿음으로 따라가는 것입니다. 그런데 우리가 어떻게 그 길을 알고 따라갈 수가 있습니까?

"우리는 다 양 같아서 그릇 행하여 각기 제 길로 갔거늘"(사 53:6)이라고 성경은 말씀합니다. 사람은 스스로 잘 할 수 있는 사람은 한 사람도 없습니다. 스스로 한다고 하면 죄의 길로 가는 것뿐입니다. 마귀가 시험하기 때문입니다. 그래서 주님께서는 우리에게 교회를 주셨습니다. 교회에 천국열쇠까지 주셨습니다. 권세도 주셨습니다.

마태복음 16장 19절에 "내가 천국 열쇠를 네게 주리니 네가 땅에서 무엇이든지 매면 하늘에서도 매일 것이요 네가 땅에서 무엇이든지 풀면 하늘에서도 풀리리라"고 약속하셨습니다.

교회는 주님께서 친히 머리가 되시는 곳입니다. 교회는 하나님의 약속이 있는 곳입니다. 교회는 하나님의 말씀이 임하는 곳입니다. 교회는 하늘의 평안이 있는 곳입니다. 교회는 축복의 창고입니다. 교회는 하나님의 보호가 있습니다. 응답이 있습니다. 우리가 세상에서 아무리 힘들고 병들고 상처 입고 비천하고 무시당하고 못 배우고 가난해도 교회를 붙들면 문제가 해결되는 것입니다.

교회의 주인은 주님이시기 때문에 주님을 전적으로 믿고 따르는 자들을 통하여 교회를 이끌어 나가십니다. 교회의 부흥은 사람이 이루는 것이 아닙니다. 경제학을 공부하고 경영학을 공부하여도 안 됩니다. 세상의 권력자가 힘을 쓴다고 해서 교회의 부흥이 일어나지 않습니다. 하나님이 기뻐하셔야 이루어지는 것이 부흥입니다.

부흥은 다른 말로 하면 복음 전파요, 그다음에 복음을 받은 자들이 성령이 충만하여 교회를 섬길 때에 일어나는 일입니다. 성령님이 인도하시는 대로 교회가 순종하면 세상의 빛이 되고 소금이 됩니다. 성도들은 축복을 받고 하는 일마다 형통합니다. 인생이 행복합니다. 그러므로 교회는 하나님께서 우리에게 주신 최고의 귀한 것입니다.

성도 여러분은 이 교회를 사랑하시기 바랍니다. 이 세상 사람들은 이 교회를 모릅니다. 교회를 통하여 인생이 행복해지고 축복받는 것을 모릅니다. 교회를 붙들면 우리가 이 땅에서뿐 아니라 저 영원히 살아갈 하나님의 나라까지 유업으로 주시는 것을 모릅니다. 그래서 우리는 힘을 다하여 복음을 전해야 하는 것입니다.

오늘 성경은 "그런즉 그들이 믿지 아니하는 이를 어찌 부르리요 듣지도 못한 이를 어찌 믿으리요 전파하는 자가 없이 어찌 들으리요 보내심을 받지 아니하였으면 어찌 전파하리요"(14-15절)라고 말씀하십니다. 이 말씀은 거꾸로 시작해야 합니다.

보내심을 받은 자, 즉 전파하는 자가 없으면 복음은 전해지지 않습니다. 아무리 좋은 복음이라도 전파하지 않으면 들을 수가 없습니다.

그리고 듣지 못하면 믿을 수가 없습니다. 믿지 못하면 부를 수가 없습니다. 그렇습니다. 그래서 주님은 교회를 세우시고 우리를 복음의 전파자로 불러주신 것입니다. 나만 불러주신 것은 없습니다.

나를 불러 주실 때에는 나만 예수 믿고 구원받는 것이 아니라 내 가족, 내 친지, 내 이웃, 내가 만나는 모든 사람들에게 복음을 전파하는 의무를 함께 주신 것을 우리는 깨달아야 합니다. 오늘 성경에는 "기록된 바 아름답도다 좋은 소식을 전하는 자들의 발이여"라고 했습니다. 이 말씀은 이사야 52장에 나오는 말씀입니다.

이사야 52장에는 하나님의 통치를 전하는 자의 산을 넘는 발이 아름답다고 했습니다. 산을 넘는 자의 발이 어떻게 아름다울 수 있습니까? 냄새나는 발입니다. 흙먼지가 잔뜩 묻은 발입니다. 거칠어진 발입니다. 농부의 손처럼 거친 발입니다. 매일 로션을 발라주고 피부 관리를 하고 매니큐어를 칠한 발이 아름답지, 어떻게 그런 발이 아름다울 수 있습니까?

그런데 우리 주님은 그런 발이 아름답다고 분명히 말씀하셨습니다. 여러분, 이 발이 아름답습니까? 발가락이 온통 부풀고 비틀어진 흉한 발입니다. 이 발이 누구의 발인지 아십니까? 세계적인 발레리나 강수진 씨의 발입니다. 사람들은 이 발을 보고 세상에서 가장 아름다운 발이라고 했습니다.

발레를 위하여 헌신한 발이기 때문입니다. 그런데 우리 하나님은 장차 피부 관리를 잘한 미스코리아의 발보다, 발레리나의 굽어진 발보다 우리의 발을 더 아름답다고 하실 것입니다. 우리의 발은 영혼을 구원하고 살리는 발이기 때문입니다. 예수님께서 십자가까지 지신 그 일을 함께 감당하기 위해 힘쓴 발이기 때문입니다.

사랑하는 도림교회 성도 여러분, 주님은 우리를 위해 십자가를 대신 져주셨고 부활 승천하시면서 남은 일을 우리에게 맡겨 주셨습니다. 그것은 복음을 전하여 죽어 가는 영혼을 살리는 일입니다. 이 거룩하고 귀한 일에 우리 모두가 좋은 소식을 전하는 아름다운 발들이 되시기 바랍니다.

오늘부터 내가 가장 사랑하는 한 영혼을 이번 기회에 기도하며 인도하기 위한 전도행사를 시작합니다. 이 일은 세상에서 가장 귀한 일입니다. 이 일은 기도 없이는 되지 않습니다. 전도하는 일은 마귀가 가장 싫어하는 일입니다.

이번 기회에 지금까지 전도하지 못했던 성도들도 꼭 함께 참여해 주시기 바랍니다. 내가 사랑하는 한 영혼을 위하여 매일 기도하며 5월 전도 행사에 꼭 초청하시기 바랍니다. 나는 전파하면 됩니다. 한 번만 와 달라고 하면 됩니다. 역사는 성령님께서 하십니다. 우리가 함께 기도할 때 하나님께서 분명히 역사하실 것입니다. 한 사람도 빠짐없이 나의 사랑하는 사람을 주님께 인도하는 전도의 기회가 될 수 있기를 바랍니다.

적 용

ⓐ 오늘 말씀의 주제 파악하기:

ⓑ 오늘 말씀 중 은혜받은 부분 나누기:

ⓒ 삶에 구체적으로 적용하기:

함께 드리는 기도제목

1. 창립주일을 감사드리며 계속해서 복음으로 쓰임받는 교회되게 하소서.
2. 모든 성도가 사랑하는 한 영혼을 품고 끝까지 기도하며 인도하게 하소서.
3. 주님의 마음으로 이웃을 품고 좋은 소식을 전하는 자의 발로 살게 하소서.

16

과실을 맺는 가지

본 문: 요한복음 15장 1-5절(신 173쪽)
찬 송: 93장(예수는 나의 힘이요, 통 93장)
요 절: "나는 포도나무요 너희는 가지라 그가 내 안에, 내가 그 안에 거하면 사람이 열매를 많이 맺나니 나를 떠나서는 너희가 아무것도 할 수 없음이라"(요 15:5)

요한복음 15장은 예수님께서 최후의 만찬을 하시며 제자들에게 주신 말씀입니다. 13장부터 17장까지 굉장히 긴 말씀을 하시는데 제자들에게 주시는 마지막 가르침입니다. 이 마지막 가르침을 마치시고 예수님은 잡혀 가셔서 십자가의 길로 가십니다. 그러므로 이 마지막 가르침은 예수님의 간절한 마음을 담고 있습니다.

사도 요한은 예수님의 말씀을 빠짐없이 기록하여 우리에게 들려주고 있습니다. 우리는 짧은 몇 마디만 들어도 돌아서면 잊어버리는데, 이처럼 긴 말씀을 듣고 빠짐없이 기록한 것은 성령님의 도우심이 없이는 할 수 없는 일입니다. 성령님의 도우심으로 기록된 이 말씀을 오늘도 여러분이 들을 때에 성령님이 도우셔서 여러분의 마음에 임하기를 원합니다.

예수님은 "나는 참 포도나무요 내 아버지는 농부라"고 말씀하셨습니다. 농부는 하나님을 의미합니다. 참 포도나무는 예수님이십니다. 하나님께서는 이스라엘을 포도나무에 비유하셨습니다. 내가 참 포도나무를 심었더니 들포도가 열렸다고 이스라엘을 비유하셨습니다.

포도나무는 백향목처럼 잘생긴 나무가 아닙니다. 사실 나무로서는 볼품도 없고 쓸모도 없습니다. 스스로 하늘로 자라지도 못합니다. 땅바닥을 기어 나가는 식물입니다. 받침대를 만들어 주어야 타고 올라가게 됩니다. 포도나무는 땔감으로도 쓰기 어렵고 재목으로 사용할 수도 없습니다. 포도나무는 오직 포도 열매로서만이 그 가치를 얻게 됩니다.

하나님께서는 왜 우리를 포도나무에 비유하셨을까요? 우리가 바로 그런 존재라는 것입니다. 누가 도와주지 않으면 스스로 위로 자라지도 못하는 존재, 열매가 없으면 밖에 버려져 불태워 버려지는 그런 존재입니다.

이와 비슷한 비유로 예수님은 "나는 선한 목자라"고 말씀하셨습니다. 우리는 모두 양이라는 말입니다. 이왕이면 우리를 독수리나 사자나 표범 같은 강하고 멋진 짐승에 비유하면 좋았을 텐데 왜 하필이면 양입니까?

양은 자기 스스로 자기의 목숨을 지키지 못합니다. 주인이 양 떼를 돌봐주어야 합니다. 야생 양은 눈이 밝지만, 집에서 키우는 양은 바로 앞에 있는 것도 잘 보지 못합니다. 그래서 가시덤불 속에 들어가 갇히기도 합니다. 구덩이에 빠지기도 합니다. 방향감각도 없어 앞에 움직이는 것이 있으면 그저 따라갑니다. 목자 없이는 혼자 살 수 없는 동물입니다. 양이 잘하는 것이 있다면 귀가 밝은 것입니다. 그래서 예수님은 우리를 양에 비유하면서 목자의 음성을 듣고 따라온다고 하셨습니다. 목자의 음성을 듣지 않고 자기 힘으로 살려고 하면 이미 죽은 목숨입니다. 목자 없이는 안 되는 동물이 양입니다.

포도나무도 그렇습니다. 포도나무는 열매로 가치를 인정받는데 좋은 열매를 맺기 위해서는 참 포도나무를 접붙여야 합니다. 포도나무 씨를 심으면 저절로 포도가 자라는 것이 아닙니다. 열매는 작고, 시고, 떫은 들포도나무가 자랍니다. 잎이 푸르고 무성할지라도 아무 쓸모가 없는 것입니다. 좋은 열매를 맺으려면 아낌없이 잘라버리고 참 포도나무를 접붙여야 합니다. 그리고 농부가 잘 가꾸어 주어야 합니다.

예수님은 우리를 참 포도나무에 붙어 있는 가지라 말씀하셨습니다. 예수님은 참 포도나무이시기 때문에 우리는 걱정할 것이 없습니다. 잘 붙어 있기만 하면 저절로 좋은 열매를 맺게 되어 있습니다. 그런데 다 같은 가지가 아닙니다.

첫째, "무릇 내게 붙어 있어 열매를 맺지 아니하는 가지"가 있습니다. 주님께 붙어는 있지만 열매가 없다는 말입니다. 교회 안에도 가짜가 있습니다. 교회 다닌다고 다 진짜는 아닙니다. 사람은 그 열매로 안다고 예수님은 말씀하셨습니다. 성령의 사람은 성령의 열매를 맺습니다. 사랑과 희락과 화평, 인내, 자비, 양선, 충성, 온유, 절제의 열매를 맺습니다. 악한 영의 사람은 악한 열매를 맺습니다. 로마서 1장에 마음에 하나님 두기를 싫어하는 자들을 그대로 내버려 두신다고 했습니다. 하나님께서 내버려 두시면 악한 영이 그 사람 속에서 마음대로 하는 것입니다. 그래서 악한 자들의 열매는 "곧 모든 불의, 추악, 탐욕, 악의가 가득한 자요 시기, 살인, 분쟁, 사기, 악독이 가득한 자요 수군수군하는 자요 비방하는 자요 하나님께서 미워하시는 자요 능욕하는 자요 교만한 자요 자랑하는 자요 악을 도모하는 자요 부모를 거역하는 자요 우매한 자요 배약하는 자요 무정한 자요 무자비한 자라"(롬 1:29-31)고 말씀하셨습니다.

우리가 다 문제가 있고 부족하지만, 마귀가 마음대로 못하는 것은 하나님께서 우리를 내버려 두지 않으시기 때문입니다. 그래서 우리는 주님께 붙어 있어야 합니다. 무슨 일이 있어도 주님을 붙잡아야 합니다. 하나님 앞에 나올 때 겸손해야 합니다. "하나님, 나를 긍휼히 여겨 주십시오. 나를 지켜 주십시오" 하고 간구해야 합니다.

그러면 하나님은 우리의 죄의 짐을 벗겨 주십니다. 어두운 마음을 버리게 해주십니다. 새로운 심령이 되게 해주십니다. 예배는 하늘의 신령한 만나를 먹는 날입니다. 이 예배를 통하여 하늘 양식을 먹고 우리는 새로워져야 하는 것입니다. 그리고 그 힘을 가지고 세상에 나가 악한 세상과 싸워 이기는 것입니다. 그것이 우리의 열매입니다.

포도나무의 열매가 없으면 그 가지를 제거해 버리신다고 하셨습니다. 열매는 맺지 못하면서 양분만 빨아들이기 때문입니다. 그래서 다른 가지도 좋은 열매를 맺지 못하게 방해합니다. 우리는 포도나무가 아닙니다. 가지입니다. 내가 나무인 줄 알고 살아가는 사람들이 있습니다. 내가 내 인생을 살아가는 줄 압니다. 내 인생의 주인이 나인 줄 압니다.

성경이 말씀하는 우리 인생은 나그네 인생입니다. 내가 소유한 집, 승용차, 내 물질 들은 모두 내가 임시로 빌려 쓰고 가는 것입니다. 그런데 내 것인 줄 알고 내가 잠시 가진 것으로 인해 헛된 꿈을 꾸고 교만해져서 어리석은 길로 가는 사람들이 있습니다. 교회 일도 내가 하는 줄 압니다. 하나님께서 나를 종으로 불러 주신 것이지 내가 하는 것이 아닙니다. 이 사실을 깨닫지 못하면 내가 나무인 줄 알고 살아가는 사람이 되는 것입니다. 오늘 주님은 너희는 나무가 아니라 가지다. 나를 떠나면 스스로 열매를 맺을 수 없는 것처럼 너희도 아무것도 할 수 없다고 말씀하십니다.

둘째, "열매를 맺는 가지는 더 열매를 맺게 하려 하여 그것을 깨끗하게 하시느니라"고 하셨습니다. 열매 맺는 가지입니다. 주님은 열매를 맺는 가지는 더 열매를 맺도록 깨끗하게 하신다고 했습니다. 열매를 맺지 않는 가지는 잘라 버린다고 하셨습니다. 열매 맺는 가지는 깨끗하게 하십니다. 요즘으로 말하면 전지를 하는 것입니다. 이것은 무엇을 말씀합니까? 우리 안에 열매를 맺지 못하도록 하는 가지들을 제거해 버려야 합니다. 내 안에 있는 것을 잘라내는 것은 어렵습니다. 내 몸을 잘라내는 것이기에 아픕니다. 그러나 우리는 주님께 가까이 가지 못하도록 하는 것들을 잘라버려야 하는 것입니다. 인터넷 중독 때문에 주님께 가까이 가지 못한다면 그것을 잘라버려야 합니다. 다른 무엇을 너무 좋아하여 주일을 잘 지키지 못한다면 그것을 잘라버려야 합니다.

내 성품 때문에, 내 정욕 때문에 주님께 가까이 가지 못한다면 그것을 빨리 잘라버려야 합니다. 그래야 깨끗한 가지가 되고 열매를 맺게 되는 것입니다.

이 비밀을 예수님은 "내 안에 거하라 나도 너희 안에 거하리라"고 약속해 주셨습니다. 이 말씀은 내 품을 떠나지 않으면 된다는 것입니다.

너희는 일러준 말로 이미 깨끗해졌다고 했습니다. 즉 말씀을 듣고 받아들인 자는 영적으로 새사람이 된 것입니다. 깨끗해졌습니다.

그러니 이제는 더러운 곳으로 가지 말라는 말입니다.

성도 여러분, 우리가 하나님의 자녀가 된 것이 얼마나 놀라운 축복인지 깨달은 사람은 이것을 소중히 여깁니다. 하나님의 자녀가 되면 성령님이 거하십니다. 그래서 우리를 지켜주십니다. 기도하면 성령님을 통하여 하나님과 교통하게 하십니다. 예배 시간마다 새로운 은혜를 주십니다. 세상을 이길 힘도 주십니다. 세상을 주관하도록 비전을 주시고 능력도 주십니다. 이 세상은 악한 영이 주관하는 세상이 아닙니다. 하나님의 뜻대로 이루어져 나가는 세상입니다.

하나님은 택한 자들을 통하여 교회도 세우시고 세상도 이끌어 나가십니다. 어떤 사람입니까? 예수 안에 거하는 사람들입니다. 우리가 예수 안에 거하면 예수님도 성령님을 통하여 우리 안에 거하시는 것입니다. 우리를 지키시는 분은 오직 예수이십니다. 우리를 영원한 형벌에서 사하시고 우리에게 영생을 주실 이도 오직 예수이십니다. 그래서 우리 교회 본당 현관에는 '오직 예수'라고 쓰여져 있습니다.

오직 예수만을 붙들고 살아가는 교회가 되자는 것입니다. 오직 예수님이 기뻐하시는 일을 하며 살아가라는 것입니다. 우리가 오직 예수 안에 거하면 축복이 있습니다. "사람이 열매를 많이 맺나니 나를 떠나서는 너희가 아무 것도 할 수 없음이라"고 하셨습니다. 예수 안에 거하면 열매를 많이 맺는다고 하셨습니다.

오늘 본문 바로 뒤에 열매를 많이 맺으면 하나님께서 영광을 받으실 것이요 너희는 내 제자가 되리라 하셨습니다. 그리고 너희가 내 안에 거하면 "무엇이든지 원하는 대로 구하라 그리하면 이루리라"는 기도 응답의 약속까지 주셨습니다. 이것이 열매 맺는 자녀가 받는 약속과 축복입니다. 주님께서는 그저 열매를 많이 맺으라는 것이 아닙니다. 열매를 많이 맺으면 하나님께서 그것을 통하여 영광을 받을 것이요, 너희는 내 제자가 될 것이고 그리고 기도하면 기도 응답의 약속까지 우리에게 주셨습니다. 우리 힘으로 열매 맺는 것도 아닙니다. 예수님 안에 거하면 주님께서 저절로 많은 열매를 맺게 해주십니다. 내가 내 힘으로 맺으려고 하면 그 열매는 냄새나고 썩은 열매일 뿐입니다.

내가 할 일은 내가 주님 안에 거하지 못하도록 하는 더러운 것들을 빨리 잘라버려야 하는 것입니다. 잘라버리는 것도 사실은 내가 하는 것이 아닙니다. 말씀을 듣고 순종하는 것이 잘라버리는 것입니다. "말씀을 듣고 보니 내 안에 이렇게 악한 것들이 있었군요. 내가 또 이렇게 주님을 떠나서 살았군요" 하는 것을 고백하게 됩니다. 그러므로 내가 죄인임을 아는 사람은 늘 주님 앞에 나올 때 감사할 수밖에 없고 겸손할 수밖에 없습니다. 내가 죄인인 것도 내가 깨닫는 것이 아닙니다. 다른 세상의 종교는 내가 깨닫는다고 가르칩니다. 내가 깨닫는다고 하니 매력이 있습니다. 그래서 내가 깨닫기 위해 고행을 하고, 내가 연구를 하고, 내가 무엇을 하려고 합니다. 세상의 모든 것들을 내가 한다고 하니 거기에 매력이 있고 그래서 많은 사람들이 빠져듭니다. 교회에서도 내가 한다고 착각해서는 안 됩니다.

성경공부하는 단체에서 조심해야 하는 것도 이것입니다. 성경공부 몇몇 단체들에 대해서 신학자들은 교회론에 대해서 문제가 있다고 지적합니다. 또 신학적인 기반에 대해서도 지적합니다. 늘 성경을 큐티하고 성경을 가까이하는 것은 좋지만 무엇을 깨달았습니까 하고 내가 발견하려고 합니다. 그래서 마치 내가 스스로 의인이 된 듯

한 착각에 빠지기도 합니다. 이때 마귀가 틈타고 다른 사람을 정죄하기도 합니다.

성경은 내가 읽는 것이 아니라 성경이 나를 읽도록 해야 합니다. 말씀 앞에 나를 내려놓는 것이 바른 성경공부입니다. 성경은 살아계신 하나님의 말씀입니다. 말씀이 육신이 되어 이 땅에 오셨습니다. 이 말씀 앞에 나를 굴복시키는 것이 성경공부입니다.

성경이 말씀하는 인간은 죄인이라는 것입니다. 오늘 말씀도 성경이 말씀하는 인간론에 대한 아주 중요한 말씀입니다. "나를 떠나서는 너희가 아무것도 할 수 없음이라"고 하셨습니다. 인간의 문제를 해결할 유일한 방법은 예수 안에 거해야 한다는 것입니다. 그러면 우리로 하여금 성령의 열매를 맺게 해주십니다. 이 열매로 하나님께 영광을 돌리고 우리는 주님의 제자가 되는 것입니다. 그리고 기도의 응답을 주시는 특권까지 누리는 인생이 되는 것입니다. 주님께서 제자들에게 기도의 특권을 주셨는데 이것을 우리는 누리며 살아야 하는 것입니다.

기도는 원수 마귀를 이기는 능력이 있습니다. 예수님의 제자는 예수 이름으로 기도하면 마귀가 꼼짝 못하는 것입니다. 두 팔을 묶는 힘이 있습니다. 가정에 마귀가 역사하여 문제가 일어날 때 기도하면 마귀가 물러가는 것입니다. 일터에서 기도하면 하나님께서 길을 보여 주십니다. 가는 길을 인도해 주십니다. 기도하면 마음에 더러운 것들이 물러가게 하시고 평안을 주십니다. 걱정이 사라지게 해주십니다.

기도는 치료의 능력도 있습니다. 마음에 병든 자, 육체에 병든 자가 기도하면 하나님이 붙들어 주시고 도와주십니다. 기도는 하나님의 일을 할 때에 우리를 힘 있게 하십니다. 우리는 지금 전도 행사를 진행하고 있습니다. 마귀는 영혼이 구원되는 것을 싫어합니다. 기도하지 않으면 마귀가 역사합니다. 전도의 문도 기도로 여는 것입니다. 저도 기도하고 중보기도대도 기도하고 여러분도 함께 기도하며 영혼 구원의 문을 여는 것입니다.

성도 여러분, 우리를 참 포도나무이신 예수님의 가지로 불러 주셨습니다. 주님을 꼭 붙드시기 바랍니다. 주님은 가지인 우리에게 은혜와 복을 흘려보내 주십니다. 그래서 우리로 마르지 않게 하고 푸른 잎과 많은 열매를 맺게 해주십니다. 주님 안에 거하여 많은 열매를 맺고 하나님께 영광 돌리고 기도 응답을 받는 성도들이 되시기를 바랍니다.

적 용

ⓐ 오늘 말씀의 주제 파악하기:

ⓑ 오늘 말씀 중 은혜받은 부분 나누기:

ⓒ 삶에 구체적으로 적용하기:

함께 드리는 기도제목

1. 우리의 생각과 삶이 주님을 떠나지 않게 하소서.
2. 말씀을 듣고 순종함으로 좋은 열매가 맺어지게 하소서.
3. 기도로 원수 마귀를 이기게 하시고 가정과 일터에 인도하심을 받게 하소서.

17

사람은 말씀으로 산다

- **본 문:** 신명기 8장 1-4절(구 274쪽)
- **찬 송:** 200장(달고 오묘한 그 말씀, 통 235장)
- **요 절:** "너를 낮추시며 너를 주리게 하시며 또 너도 알지 못하며 네 조상들도 알지 못하던 만나를 네게 먹이신 것은 사람이 떡으로만 사는 것이 아니요 여호와의 입에서 나오는 모든 말씀으로 사는 줄을 네가 알게 하려 하심이니라"(신 8:3)

이스라엘 백성들은 하나님께서 택하신 백성들입니다. 하나님께서는 이스라엘을 택하신 이유를 신명기 7장 7절에서 "여호와께서 너희를 기뻐하시고 너희를 택하심은 너희가 다른 민족보다 수효가 많기 때문이 아니니라 너희는 오히려 모든 민족 중에 가장 적으니라"고 하셨습니다. 좀 이상하지 않습니까? 우리는 무엇을 선택할 때 가장 좋은 것, 최상의 것을 선택하려 합니다.

여러분에게 15평 아파트와 50평 아파트 중에 하나를 공짜로 주겠다, 어느 것을 선택하겠는가 할 때 주저 없이 50평 아파트를 선택할 것입니다. 회사에서 직원을 고를 때에도 일을 못하는 직원보다 일을 잘하는 직원을 선택할 것입니다. 옷이나 차를 골라도 좋은 것을 고르지, 일부러 좋지 않은 물건을 선택하는 사람은 없습니다. 상점에서 과일 몇 개를 사더라도 유심히 살피며 좋은 것을 고릅니다.

그런데 하나님께서는 수효가 많고 강한 민족을 택하신 것이 아니라 수가 적고 약한 민족을 골라 하나님의 백성이라 하셨습니다. 이스라엘은 늘 주변 강대국의 침입에 시달리며 살았고 주변 이집트의 기름진 평야나 메소포타미아 지역과는 달리 척박한 땅에 살았습니다. 그런데 왜 하나님은 이스라엘을 택하셨을까요? 사람의 힘을 의지하는 것이 아니라 하나님을 의지하라는 것입니다.

오늘도 그렇습니다. 우리가 다른 사람들보다 배운 것이 적고, 능력이 부족하고, 집안 내력도 부족합니다. 그러나 이집트의 비옥한 땅이나 티그리스강 유역 같은 좋은 땅에서 출발하지 못했을지라도 하나님을 의지하면 된다는 것을 우리에게 가르쳐 주시기 위해서 이스라엘을 택하신 것입니다. 이 말을 오해하면 안 됩니다. 하나님께서 다른 나라들은 미워하시고 이스라엘 민족만을 사랑하셔서 택하신 것이 아닙니다. 약하고 배신도 잘하는 이스라엘 백성들을 택하셔서 오늘 모든 인류에게 하나님께서 인류 구원의 역사를 깨닫게 하신 것입니다. 오늘도 하나님께서 택하시고 사용하시는 사람은 '하나님 앞에서 내가 작은 자입니다. 내가 죄인입니다. 하나님의 은혜 없이는 살 수 없습니다' 하는 사람입니다. 이러한 사람에게 다가오시고 택하셔서 하나님의 일꾼으로 삼아 주십니다.

예수님께서도 제자들을 택하실 때도 굉장한 사람들을 택하신 것이 아니라 어부나 세리 같이 당시에 사람 취급을 받지 못하던 이들을 택하여 훈련을 시키시고 이들로 하여금 전 세계에 복음을 전하는 일꾼으로 삼으셨습니다. 하나님께서는 어떤 교회를 사랑하시고 사용하실까요? 우리 교회가 크고 굉장한 사람들이 모였으니 무엇이든지 할 수 있다고 생각하는 교만한 교회를 사용하시지 않습니다.

"오늘 하루도 하나님의 은혜 없이는 단 한 번의 예배도 실패할 수밖에 없고 우리 힘으로는 아무것도 할 수 없습니다. 하나님, 도와주세요'라고 겸손하게 고백하는 교회를 사용하십니다. 그러면 이스라엘이 왜 애굽의 노예가 되었습니까? 처음부터 잘살고 능력 있게 살면 얼마나 좋습니까? 성경을 보면 하나님께서는 이스라엘 백성들이 하나님의 말씀을 떠날 때마다 내버려 두지 않으시고 항상 사인을 주셨습니다. 전쟁이나 기근이나 전염병으로 치셨습니다. 깨닫고 돌아오라는 것입니다. 훈련하시는 것입니다. 사랑의 매를 때리신 것입니다. 사람은 저절로 잘되지 않습니다.

공부를 1등 하려면 남보다 더 열심히 노력해야 합니다. 운동선수로 성공하려면 남보다 더 많은 훈련이 있어야 합니다. 재능의 차이는 있지만 아무리 재능이 있어도 노력하지 않으면 소용이 없습니다. 하나님께서는 이스라엘 백성들을 그렇게 훈련시키셨습니다. 늘 말씀대로 살도록 훈련하셨습니다.

오늘 말씀에도 1절에 "내가 오늘 명하는 모든 명령을 너희는 지켜 행하라 그리하면 너희가 살고 번성하고 여호와께서 너희의 조상들에게 맹세하신 땅에 들어가서 그것을 차지하리라"고 하십니다. "너희들 노예 생활하느라 고생한 것을 잘 알고 있지? 광야 길을 걷는 것이 얼마나 고생인지 이제 잘 알았지? 그러니까 이제부터 하나님께서 주시는 말씀을 지켜 행하라. 그러면 너희가 살고 번성하고 땅도 차지하게 될 것이다" 하는 약속의 말씀입니다. 하나님께서 처음부터 한 민족을 택하신 것은 아닙니다. 아브라함을 택하셨습니다.

그리고 먼저 아브라함을 우상의 도시 갈대아 우르에서 떠나게 하셨습니다. 죄 가운데 있으면 하나님께서 주시는 복을 받을 수 없기 때문입니다. 그리고 아브라함에게 네 자손을 하늘의 별같이, 바다의 모래같이 많게 하겠다는 축복의 약속을 주셨습니다.

그런데 아브라함은 정작 아들도 없었고 이삭 하나 외아들을 얻었습니다. 하늘의 별, 바다의 모래와는 거리가 멀었습니다. 그런데 손자 야곱의 때만 하더라도 가족의 수가 70여 명밖에 되지 않았으나 요셉을 거치며 수가 불어나고 애굽에서 나올 때는 약속대로 200만의 인구가 되었습니다. 하나님의 약속이 이루어진 것입니다.

그리고 오늘날 전 세계의 크리스천들은 아브라함을 믿음의 조상이라 부릅니다. 하나님께서 아브라함에게 주신 약속대로 이루어진 것입니다. 세상의 약속은 늘 변하여도 하나님의 약속은 반드시 이루어집니다. 성경을 구약과 신약이라고 부르는 것은 하나님의 옛 약속과 새 약속이라는 뜻입니다. 그러므로 기록된 하나님의 약속을 믿고 살아가는 성도들은 약속하신 축복의 사람들이 될 것입니다.

2절 말씀에 "네 하나님 여호와께서 이 사십 년 동안에 네게 광야 길을 걷게 하신 것을 기억하라"고 말씀하셨습니다. 이스라엘 백성들로 하여금 광야 길을 걷게 하신 것은 하나님이십니다. 왜요? "이는 너를 낮추시며 너를 시험하사 네 마음이 어떠한지 그 명령을 지키는지 지키지 않는지 알려 하심이라"고 말씀하셨습니다.

광야의 길은 힘든 길입니다. 광야를 '3무(三無)의 곳'이라 이야기합니다. 물이 없고 먹을 것이 없고 즐거움이 없는 곳입니다. 내가 힘이 있고, 재물이 있고, 지혜와 지식이 있어도 살아갈 수 없는 곳입니다. 여기서는 박사도 소용이 없고 회장도 소용이 없습니다. 그런데 이 광야에서 하나님께서 도와주셨습니다. 구름 기둥과 불기둥을 통하여 추위와 더위를 이기게 하셨습니다.

물이 없을 때는 물을 주셨고, 먹을 것이 없을 때에는 만나와 메추라기를 주셨습니다. 광야에서 공격하는 이방 민족을 만나게 되는데 전쟁을 한 번도 치러 보지 못한 이스라엘이 전쟁에 이기게 해주셨습니다. 아무리 많은 것을 주셔도 사실 광야는 광야입니다. 목욕이나 제대로 할 수 있었겠습니까? 물이 늘 있던 것도 아닙니다.

그래서 이스라엘 백성들은 목이 마를 때에 하나님을 원망했습니다. 고기 생각이 난다고 하나님을 원망하기도 했습니다. 차라리 지도자 모세를 죽이고 애굽으로 돌아가자고 했습니다. 3절에 "너를 낮추시며 너를 주리게 하시며"라고 기록된 것을 보면 이들이 광야에서 한없이 낮아졌습니다. 내 힘으로 할 수 있는 것이 없음을 깨달았습니다.

하나님께서 이들을 낮추신 것은 영원히 낮추시기 위한 것이 아니라 사실은 높이시기 위한 것이었습니다. 하나님께서 이들을 주리게 하신 것은 영원히 굶주림 속에 사는 것이 아니라 이들이 풍요 속에 살아갈 수 있도록 굶주림을 허락하신 것입니다. 하나님의 은혜가 없이는 하루도 살 수 없는 존재임을 이들은 광야 생활을 통해 깨달았습니다. 그러므로 광야는 손해가 아니었습니다. 축복의 학교였습니다. 훈련소였습니다. 하나님께서는 이들을 복 주시기 위하여 이 광야 길을 주신 것입니다.

여러분, 우리도 이스라엘 백성처럼 인생을 살다 보면 광야를 만날 때가 있습니다. 고난의 인생길을 만납니다. 광야 같이 힘든 일들이 계속됩니다. 가정의 문제, 자녀의 문제, 물질의 문제, 사람과의 문제가 일어납니다. 하나님께서 몰라서 그러신 것이 아닙니다. 하나님께서 힘이 없으셔서 우리를 내버려 두시는 것이 아닙니다.

이들은 처음에는 사사건건 불평이 나왔습니다. 지도자 모세에게 별것 아닌 일에도 불평하고 거역했습니다. 구름 기둥과 불기둥으로 도움을 받으면서도 하나님을 찬양하지 않았습니다. 이들에게는 아직도 노예근성이 뿌리 깊이 박혀 있었습니다. 하나님께서는 이들의 불신앙적인 노예근성을 뿌리 뽑기를 원하셨습니다. 결국 광야 40년이 지나고 불평하던 이스라엘 백성들은 광야에서 다 죽고 광야에서 태어난 2세대만이 가나안땅에 들어갈 수가 있었습니다.

하나님께서는 광야 길로 나선 지 40년 만에 드디어 요단강을 건너라고 하셨습니다. 이때 제사장들을 중심으로 겁 없이 출렁이는 강물로 들어섰습니다. 그때 강물이 갈라지는 기적이 일어났습니다. 난공불락의 철옹성인 여리고 성을 매일 한 바퀴씩 돌고 마지막 날에는 일곱 바퀴를 돌며 소리를 치라고 하셨을 때 이들은 말도 안 되는 명령에 순종하였습니다.

광야 40년 만에 놀랍게 변한 것입니다. 이스라엘 백성들은 광야에서 먹을 것이 없다고 아우성을 쳤습니다. 실제로 먹을 것이 없었습니다. 배가 고팠습니다. 이들에게 믿음이 있었더라면 "하나님께서 우리를 광야에서 굶겨 죽이시려고 출애굽 시키셨겠는가? 하나님께 기도하자"라고 했을 것입니다.

마실 물이 없어 갈증에 시달릴 때도 '하나님께서 설마 우리를 목말라 죽게 하시겠는가?' 하는 하나님에 대한 믿음이 있어야 했습니다. 우리는 광야의 길을 만날 때에 이스라엘 백성들을 기억하기를 바랍니다. 내가 광야에 있을지라도 하나님께서 나를 보고 계시고 여기에도 하나님의 섭리가 있다고 믿고 믿음의 길을 걸어갈 때 오늘의 자리가 축복의 자리로 변화되는 것입니다. 그럴 때 기적도 주시는 것입니다.

이스라엘 백성들은 하나님의 계획하신 대로 빨리 낮아지면 되는데 그러지 않았습니다. 하나님의 능력이나 계획을 믿지 못하게 하는 것이 바로 교만입니다. 이 교만이 불신앙입니다. 하나님은 불신앙의 사람들을 절대로 사용하시지 않습니다. 아무리 힘이 있고 능력이 있어도 하나님의 일에 사용하지 않으십니다.

그러나 우리가 부족하여도 하나님을 믿을 때 하나님은 기뻐하십니다. 성도 여러분, 하나님께서 여러분과 우리 도림교회를 크게 들어 쓰심을 굳게 믿으시기 바랍니다. 이 고백을 하며 찬송하며 살아가기를 원합니다. 이스라엘 백성들처럼 의심하고 불평하고 원망하지 마세요. 그러면 광야 40년이 길어질 뿐입니다. 우리가 고통 가운데 있을 때 빨리 낮아져야 합니다.

하나님께서 인생을 겸손하게 만드시는 방법 중의 하나가 우리를 강제로 낮아지게 만드시는 것입니다. 우리가 고통 가운데 있으면 낮아질 수밖에 없습니다. 세상의 모든 방법을 동원해도 안 될 때 하나님을 아는 사람은 하나님을 부르짖을 수밖에 없습니다. 하나님은 이스라엘 백성들을 광야로 보내셔서 이들로 겸손하게 하시고 믿음을 갖게 하시고 드디어 2세에게 약속하신 가나안 땅을 주신 것입니다.

하나님은 이스라엘 백성들의 광야 생활을 통해서 3절에 기록된 대로 "사람이 떡으로만 사는 것이 아니요 여호와의 입에서 나오는 모든 말씀으로 사는 줄을 네가 알게 하려 하심이니라", 즉 사람은 떡으로만 사는 것이 아니라 말씀으로 사는 것임을 깨닫게 하신 것입니다. 여기서 떡이란 먹는 음식만을 이야기하는 것이 아닙니다. 세상에 속한 모든 것입니다. 세상의 방법, 세상의 지식, 세상이 좋아하는 모든 것들입니다.

'너희들, 그런 것으로 살기 위해 몸부림치며 살아왔지? 사람은 그런 것으로만 사는 것이 아니야. 하나님의 말씀으로 사는 거야' 하는 것을 깨닫게 하신 것입니다. 떡으로 사는 것도 필요하다는 말입니다. 방법도, 지식도, 능력도 다 필요하지만 그것보다 더 중요하는 것은 하나님의 말씀으로 살아야 한다는 것입니다. 하나님께서 사랑하시는 사람은 세상의 방법으로 사는 사람이 아닙니다. 그래서 특별히 쓰임받은 믿음의 인물들을 보면 하나님께서 혹독한 연단의 용광로에 집어넣으신 것을 볼 수 있습니다.

성경에 나오는 다윗이나 아브라함, 야곱이나 요셉 등 믿음의 인물들이 그랬고 오늘날도 그렇습니다. 혹독한 광야를 통해 '내 힘으로 할 수 있는 것이 아니구나!' 깨닫게 하시고 하나님의 일꾼으로 사용하십니다. 주의 종들도 보면 대부분이 혹독한 광야를 지나온 사람들입니다. 그저 쉽게 된 것이 아닙니다.

어떠한 시련이 있든지 믿음의 길을 걸어갈 때 하나님은 그런 사람을 크게 사용하신 것입니다. 4절을 보세요. "이 사십 년 동안에 네 의복이 해어지지 아니하였고 네 발이 부르트지 아니하였느니라." 광야 40년을 지나고 이제는 가나안 땅에 들어갈 준비가 되었습니다. 불평하던 이스라엘 사람들은 믿음의 사람들이 되었고 순종하는 사람들, 긍정의 사람들이 되었습니다.

이들은 모두가 광야를 지나온 사람들이었습니다. 그런데 지나놓고 보니 의복도 해어지지 않았고 발도 부르트지 않았습니다. 옷을 만들 재료도 별로 없었고 신발을 만들 재료도 없었는데 지나놓고 보니 이렇게 무사히 살아온 것입니다. 하나님께서 지켜주셔서 이 자리까지 올 수 있었다는 것입니다. 이것이 광야를 지나온 성도들이 깨닫게 되는 축복입니다.

사랑하는 성도 여러분, 여러분에게 이 은혜가 넘치기를 원합니다. 인생에 문제없는 인생은 없습니다. 늘 바람이 불어옵니다. 그러나 믿음의 길을 걸어가서 이 세상을 떠날 때에 '아. 하나님의 은혜였구나!' 하는 것을 깨닫게 되고 감사하는 인생이 되기를 바랍니다. 그때 여러분은 무엇을 남기시겠습니까? 내가 불순종하고 의심하고 불평한 불신앙의 모습을 남기면 안 됩니다. 그런 사람은 가나안 땅에 들어가지 못합니다. 우리 인생은 감사를 남겨야 그것이 잘 산 인생입니다. 성도 여러분, 우리는 지금 광야 인생을 살고 있습니다. 하나님의 능력을 믿으며 사세요. 감사하세요. 찬양하세요. 그렇게 광야 인생을 지나 영적 가나안 땅을 차지하는 성도들이 되시길 바랍니다.

적 용

ⓐ 오늘 말씀의 주제 파악하기:

ⓑ 오늘 말씀 중 은혜받은 부분 나누기:

ⓒ 삶에 구체적으로 적용하기:

함께 드리는 기도제목

1. 광야 같은 인생길에서 오직 주님만을 의지하며 살아가게 하소서.
2. 떡이 아니라 하나님 말씀으로 살아가는 믿음을 주소서.
3. 교만하지 않고 날마다 낮아져 주님 손에 붙들리게 하소서.

18

마땅히 행할 길

- **본 문:** 잠언 22장 6절(구 935쪽)
- **찬 송:** 569장(선한 목자 되신 우리 주, 통 442장)
- **요 절:** "마땅히 행할 길을 아이에게 가르치라 그리하면 늙어도 그것을 떠나지 아니하리라"(잠 22:6)

어린이주일이라는 말은 꼭 어린이만 의미하는 것이 아니라 가정의 자녀들을 의미하는 말입니다. 교회의 미래는 다음 세대에 있습니다. 다음 세대를 꿈꾸지 않는 교회는 미래가 없습니다. 가정에서도 그 가정의 미래는 자녀들에게 있습니다. 부모가 힘들게 살았어도 자녀들이 잘 자라서 부모님께 효도하고 사회의 기둥이 된다면 그보다 더 큰 기쁨이 없습니다. 오늘 이 자리에 나온 여러분의 가정마다 자녀가 행복하게 자라고 잘되는 축복이 있기를 바랍니다.

오늘 성경은 마땅히 행할 길을 아이에게 가르치라고 말씀합니다. 마땅히 행할 길이라는 것은 첫째, 교육을 말씀합니다. 오늘 대한민국이 OECD 자살률 1위입니다. 너무 쉽게 포기하려고 합니다. 나는 흙수저니까 안 된다고 생각합니다. 이것은 교육의 문제입니다. 우리 민족은 소나무 껍질을 벗겨 먹으면서도 힘들다고 포기하지 않았습니다.

대한민국을 세워온 60대 이상의 어른들은 정말 힘들게 살았습니다. 시골에서는 한겨울에 양말도 없이 고무신 신고 살았습니다. 비가 아무리 많이 와도 강물을 건너 학교에 갔었습니다. 과일이 어디 있었습니까? 동네에서 돼지 잡으면 돼지 오줌보를 얻어 공을 차며 놀았습니다.

우리나라는 아시아에서 두 번째로 못사는 나라였습니다. 남자들은 군대에 가면 왜 그렇게 많이 때렸는지 몰라요. 그런데 맞으면서도 포기하지 않았습니다. 돈이 없어 학교에 못 가도 포기하지 않았습니다. 꿈이 있었기 때문입니다. 열심히 공장에 나가 일을 했고 결혼을 하여 아이를 낳고, 나는 못 입고 못 먹어도 내 자녀만큼은 잘 살게 해보겠다고 빚을 내어서라도 학교에 보냈습니다. 그래서 대한민국이 만들어진 것입니다.

성경은 꿈이 없는 백성은 망한다고 말씀했습니다. 오늘날 대한민국은 먹을 것이 넘쳐나고 입을 옷이 넘쳐납니다. 남한에서 먹고 남아 버리는 음식만 해도 북한은 먹고 살고도 남는다고 합니다. 우리는 유행에 조금만 지나도 옷을 버립니다. 그런데도 아이들은 불평이 많습니다. 힘들어 못 살겠다고 합니다. 왜 이렇게 되었습니까? 성경이 말씀하는 교육은 엄격하게 가르치라고 합니다. 요즘 부모들은 자녀들을 야단치면 기가 죽는다고 싫어합니다. 진짜 기는 보호받으면서 만들어지는 것이 아니라 어려운 상황에서도 자기 힘으로 부딪치며 극복해 나가는 것이 진짜 기예요. 성경이 말씀하는 것은 그저 엄격한 것이 아니라 사랑하기 때문에 엄격하게 키우는 것입니다. 유대인은 말할 것도 없고 정통적인 유럽 사람, 청교도적인 미국 사람들도 자녀 교육에 대해서는 엄격합니다. 방종하도록 내버려 두지 않습니다.

오늘 성경은 "마땅히 행할 길을 아이에게 가르치면 늙어도 그것을 떠나지 아니하리라"고 말씀합니다. 어릴 적의 교육이 중요하다는 말씀입니다. 세 살 적 버릇이 여든 간다는 말도 있지 않습니까? 상담학에서 중요하게 다루는 내용 중의 하나가 어릴 때 삶으로 받은 교육이 평생에 자녀에게 영향을 미친다는 것입니다. 부모가 늘 싸우는 가정에서 자란 자녀는 '나는 커서 절대로 싸우지 않아야지' 하는 마음을 가졌는데 어느새 부부 싸움하는 자신의 모습을 보면서 놀란다는 것입니다.

어릴 적에 학대를 당한 자녀는 그 학대가 평생에 장애가 됩니다. 어릴 때에 사랑을 받지 못하고 자란 아이는 성년이 되어서도 사랑을 받을 줄 모릅니다. 그래서 상대방을 대할 때 과도한 집착이나 혹은 자기만을 위하는 편협적인 성격을 갖게 됩니다. 공격적인 가정에서 자란 아이는 성년이 되어 타인에게 공격적이 되어 다른 사람들을 힘들게 합니다.

우리에게 이런 내적인 모습이 남아 있다면 성령의 불로 다 태워버려야 합니다. 예수 안에서 새사람이 되어 새롭게 출발해야 하는 것입니다. 그래야 잘못된 과거를 버리고 행복한 인생을 살아갈 수가 있는 것입니다.

심리학자 미실다인의 저서에 《몸에 밴 어린시절》이란 책이 있습니다. 이 책에서 지금 나의 성격은 어릴 적에 나에게 영향을 준 사건 하나하나가 모아져서 만들어진 작품이라고 말했습니다. 이것이 젊을 때에는 잘 드러나지 않습니다. 그런데 나이가 들면서 하나하나 고착화된 나의 모습이 드러나기 시작합니다. 그토록 사랑해서 결혼한 젊은이들이 요즘 이혼을 많이 합니다. 2022년 한 해에만 혼인 건

수가 약 19만 건인데 이혼한 건이 9만 건입니다. 얼마나 많이 이혼하는지 모릅니다. 결혼한 사람의 절반이 이혼합니다. 이혼의 사유 압도적 1위가 성격 차이라고 합니다. 서로가 성격의 차이를 받아들이지 못한 것입니다. 이 사실을 보면 자녀들이 이혼하는 것이 어떻게 보면 부모의 책임이기도 합니다.

우리는 자녀를 양육할 때에 부드러운 사람으로, 사랑을 주고받을 줄 아는 사람으로, 행복하게 살아가는 법을 아는 사람으로 키워야 합니다. 가정에서 자녀는 긍정적인 환경 속에서 자라야 합니다. 아기 적에 젖병을 혼자 물고 있는 아기를 보면 대견해하며 어쩌면 이렇게 잘하냐고 칭찬을 해줍니다. 야생의 동물들은 스스로 젖을 찾아 무는데 입에 물려준 젖병을 붙잡고 있는 것이 뭐 그리 대단합니까? 일어서서 한 발자국을 내딛게 될 때 부모는 박수를 치며 함께 격려를 해줍니다. "할 수 있어." 그리고 한 발자국을 더 디뎠을 때 잘한다고 칭찬과 격려를 해줍니다. 야생 동물들은 태어나자마자 비척거리며 혼자서 일어나 곧 뛰어다니는데 1년이 걸려 한 걸음 걸은 것이 뭐 그리 대단합니까? 그런데 아기는 이 박수와 칭찬을 기억하며 미래를 향하여 긍정의 발걸음을 내딛습니다.

그런데 학교에 들어가면서 "너는 왜 수학을 그것밖에 못 하냐? 옆집 영이는 100점을 받아오는데 너는 학원을 보내도 왜 그 모양이냐?" 하고 부정적인 언어를 듣기 시작합니다. 그러는 자기는 학교 다닐 때에 늘 100점 받아왔습니까? 어릴 적에 늘 칭찬과 격려 가운데 자라왔던 아이들이 이런 이야기를 들으면 마음의 공황이 일어나고 다른 길을 가고 비행 청소년이 되기도 합니다. 부모의 책임입니다.

청소년 종합 상담소에서 발표한 자료에 '자녀를 슬프게 하는 말'

8가지가 있습니다. "나가버려. 너희 형은 안 그러는데 너는 왜 그래? 다시 한 번 그러면 그냥 안 둔다. 엄마는 화내고 싶어서 화내는 줄 아니? 답답해 죽겠다. 너는 정말 어쩔 수 없다. 너는 왜 그렇게 머리가 나쁘냐? 너는 몰라도 돼."

여러분, 좋은 말, 행복한 말, 잘되게 하는 말들이 많은데 왜 자녀들에게 상처가 되는 말을 그렇게 쉽게 합니까? 자녀들은 백지와 같습니다. 그 백지가 누가 그리느냐에 따라 명화가 되기도 하고 휴지조각이 되기도 합니다. 우리가 심은 대로 거두는 것입니다. 우리 성도들은 자녀들에게 마땅히 행할 길을 잘 가르치는 가정들이 되시기를 바랍니다.

둘째, 마땅히 행할 길은 하나님의 말씀입니다. 우리 자녀들에게 하나님의 말씀을 가르치면 자녀들은 그 말씀의 길로 걸어갑니다. 그 길이 축복의 길이 되고, 안전한 길이 되고, 성공하는 길이 되는 것입니다. 자녀들에게 하나님의 말씀을 가르치면 믿음이 들어갑니다. 불신자들의 가정 가운데 자녀가 교회 나가는 것을 극도로 경계하는 가정들이 있습니다. 왜 그렇지요? 이것은 영적인 문제입니다. 악한 영이 시키는 것입니다. 악한 영은 우리가 하나님의 자녀가 되고 구원받는 것을 싫어하기 때문입니다.

어린이들이 하나님의 말씀을 듣고 믿음이 들어가면 삶의 변화가 일어납니다. '나는 하나님의 자녀야. 그러므로 하나님의 영광을 위하여 살아야지' 하는 마음을 갖게 됩니다. 그러면 어떻게 합니까? 공부를 열심히 합니다. 꿈과 목표를 가집니다. '나는 판사가 되어 어려운 사람들을 도와야 되겠다. 나는 기업가가 되어 가난한 사람들을 구제해야 되겠다. 나는 군인이 되어 나라를 지켜야 되겠다' 하는 각각의 주 안에서의 꿈을 갖게 되는 것입니다.

믿음이 들어간 자녀들은 악한 생각을 품지 않습니다. 마약 같은 거 하지 않습니다. 못된 아이들과 어울리지 않습니다. 신앙생활하며 사랑하는 법을 배우고 행복하게 정직하게 살아가는 것을 배웁니다. 성경의 가르침을 보세요.

어느 하나 잘못된 것이 있습니까? 그러므로 믿음으로 자란 자녀들은 잘못될 수가 없는 것입니다. 무엇보다 하나님께서 이런 믿음의 자녀들을 지켜주시고 위대하게 사용하십니다. 그러니까 잘될 수밖에 없는 것입니다.

뉴멕시코주에 열두 살 난 한 흑인 소년이 죽어 가는 홀어머니의 손을 잡고 울고 있었습니다. 이 소년은 장애인이어서 몸도 제대로 가누지 못했고 집은 가난했습니다. 그런데 그의 어머니는 숨을 가쁘게 몰아쉬면서도 아들의 손을 꼭 잡고 이렇게 말합니다. "아들아, 나는 네게 남겨줄 것이 아무것도 없단다. 그러나 딱 한 가지 내가 너에게 남겨줄 게 있다. 인생을 살아가는 데는 세 가지 보석이 필요하단다. 이 보석만 가지고 있으면 넌 이다음에 훌륭한 인물이 될 수 있어. 이것만은 놓치지 말고 누구에게도 주지 마라. 이 세 가지 보석은 믿음과 소망과 사랑이다." 고린도전서 13장의 말씀을 아들에게 유언으로 준 것입니다. 할머니 손에서 자라게 된 이 열두 살 된 소년은 가난과 신체적인 장애로 어려움이 있었지만 포기하지 않았습니다.

이 어린 소년이 바로 1950년, 흑인으로서는 최초로 노벨 평화상을 받은 랠프 번치(Ralph Johnson Bunche)입니다.

흑인 중에 위대한 인물을 이야기할 때 흑인 인권을 위해 힘쓴 마틴 루터 킹 목사님과 함께 꼭 이야기되는 인물입니다. 우리 자녀들에게 무엇을 물려주어야 합니까? 지식을 물려준다고 되는 것이 아닙니다. 재산을 물려준다고 되는 것이 아닙니다. 하나님의 말씀을 물려주면 하나님의 그 말씀이 자녀들을 지켜줄 것입니다.

성경 말씀이 들어가면 악한 마귀 사단이 유혹하지 못하는 것입니다. 여러분, 내 자녀지만 내 뜻대로 되지 않습니다. 내 계획대로 살아주지 않습니다. 우리가 말씀을 가르치는 것은 하나님께 내 자녀를 맡기겠다는 것입니다. 전능하신 하나님께서 맡으시면 얼마나 잘 인도하시겠습니까? 하나님께서 요셉처럼 꿈을 주시고, 다윗처럼 갈 길을 예비하여 주시고, 다니엘처럼 주변에 좋은 친구들도 다 하나님께서 주시는 것입니다. 좋은 직장도, 좋은 거래처도, 좋은 만남도 다 하나님께서 주시는 것입니다.

오늘 대한민국 가정은 자녀들이 우상이 되었습니다. 믿는 가정의 자녀들도 하나님의 품을 떠난 자녀들이 많습니다. 부모의 말을 듣지 않습니다. 우리는 내가 자녀들을 하나님의 말씀으로 가르치지 않은 것을 먼저 회개해야 합니다. 자녀들이 진짜 믿음을 가졌다면 모두가 부모에게 순종하고 공경하는 자녀들이 되었을 것입니다. 사랑하는 성도 여러분, 여러분 가정의 자녀들을 하나님의 말씀으로, 기도로 키우는 여러분이 되시기 바랍니다. 혹시 지금 자녀들이 하나님을 떠났어도 포기하지 마세요. 매일 기도하세요. 그러면 하나님은 눈물의 기도에 반드시 응답해 주십니다.

미국의 레이건 대통령의 딸 '패티 데이비스'는 최악의 망나니로 유명했습니다. 열다섯 살 때부터 마약을 했고, 자살하려고 칼로 동맥을 그었고, 〈플레이보이〉 지 누드모델로 돈을 벌려고 했습니다. 레이건 집안의 기도 제목이었습니다. 그런데 지금은 새사람이 되어 간증을 하고 다닙니다.

"마약을 이겨낼 수 있는 유일한 힘은 성경을 읽고 하나님께 기도

하는 것입니다. 이제는 하나님을 실망시켜 드릴 수가 없어요, 나에게 예수 그리스도를 만나게 해주신 부모님께 감사드립니다" 하고 간증을 하고 다닙니다.

성도 여러분, 여러분의 자녀들을 위해 말씀을 심으시기 바랍니다. 그러면 우리 하나님께서 그 말씀으로 보호해 주십니다. 세상으로부터 지켜 주십니다. 여러분은 자녀들에게 성경 말씀을 가르쳐 가정마다 자녀의 축복이 임하는 성도들이 되시기를 바랍니다.

적 용

ⓐ 오늘 말씀의 주제 파악하기:

ⓑ 오늘 말씀 중 은혜받은 부분 나누기:

ⓒ 삶에 구체적으로 적용하기:

함께 드리는 기도제목

1. 우리 자녀들에게 마땅히 행할 길을 가르치는 지혜로운 부모가 되게 하소서.
2. 우리 자녀들의 마음에 하나님의 말씀이 깊이 뿌리내리게 하소서.
3. 자녀들을 우상으로 만들지 않고 하나님께 온전히 맡기는 믿음을 주옵소서.

19

약속이 있는 첫 계명

- **본 문:** 에베소서 6장 1-3절(신 175쪽)
- **찬 송:** 579장(어머니의 넓은 사랑, 통 304장)
- **요 절:** "자녀들아 주 안에서 너희 부모에게 순종하라 이것이 옳으니라 네 아버지와 어머니를 공경하라 이것은 약속이 있는 첫 계명이니 이로써 네가 잘되고 땅에서 장수하리라"(엡 6:1-3)

하나님께서는 십계명에 부모를 공경할 것을 명령하셨고 오늘 말씀에도 "부모에게 순종하라, 공경하라"고 명령하셨습니다. 하나님을 믿지 않는 사람들이 '기독교는 제사를 지내지 않는다' 하여 불효한다고 말하는데 절대로 그렇지 않습니다. 부모님이 살아 계실 때 힘을 다하여 순종하고 효도하라고 하셨습니다. 부모님을 즐겁게 해드리고, 기쁘시게 해드리라고 하셨습니다. 효도하는 자에게는 복을 주지만, 불효하는 자에게는 저주를 하신다고 하셨습니다. 우리나라에서 옛날에는 제사를 중요하게 생각했는데 지금은 저절로 제사가 없어지고 있습니다. 문화가 그렇습니다. 요즘 젊은 며느리들은 제사 지내지 않습니다. 제사 지내라고 하면 이혼한다고 합니다. 우리나라는 앞으로 저절로 제사가 없어질 것입니다.

하나님께서는 죽은 자는 이 세상에서 무엇을 준다 해서 먹을 수 있는 것이 아니라 했습니다. 한 번 죽으면 다시는 살아날 수 없는 것처럼 이 세상과 저 세상은 건너갈 수가 없습니다. 1년에 한두 번 하는 제사음식을 먹고 살 수 있습니까? 또 그렇다면 서양에는 제사가 없는데, 서양에서 죽은 사람들은 다 굶어 죽습니까? 다 잘못된 가르침입니다. 우리는 성경의 가르침대로 부모님이 살아 계실 때 효도를 다 하시기 바랍니다. 부모님께 물질적으로도 잘해드리고 마음으로도 부모님을 늘 기쁘시게 해드리기 바랍니다.

어버이날이 되면 부모님 가슴에 카네이션을 달아 드리는데 이것도 교회에서 시작된 것입니다. 미국 버지니아주의 웨이브 스터라는 동네에서 안나 자비스라는 여인이 교회에서 돌아가신 어머니를 생각하며 교인들에게 꽃을 달아주면서 이것이 알려져 전 세계에서 이를 따르게 되었습니다. 오늘도 우리는 어버이주일을 맞이하며 어버이들께 꽃을 달아드렸습니다. 어버이주일이 되면 부모님께 꽃을 달아드리고 부모님의 은혜를 생각하지만, 꽃을 달아드릴 어버이가 이 세상에 계시지 않는 사람들에게는 이날이 슬픈 날입니다. 하나님께서는 십계명을 기억하여 지키라 하셨지만, 어버이가 계시지 않아 부모님께 효도하고 싶어도 효도할 수 없기 때문입니다.

우리는 어버이주일을 맞이하며 하나님께서 주신 명령을 다시 한번 가슴에 새기고 하나님의 말씀대로 부모님께 순종하고 공경하는 성도들이 되시기를 바랍니다.

첫째, "자녀들아 주 안에서 너희 부모에게 순종하라 이것이 옳으니라"고 말씀하셨습니다. 하나님께서는 주 안에서 부모에게 순종하라 하셨습니다. 주 안에서라는 말은 성경 안에서, 하나님의 말씀 안에서 순종하라 하셨습니다. 하나님의 말씀은 인간이 지켜야 할 수

많은 가르침을 주고 있습니다. 그 가르침을 따라 부모에게 순종하라는 말씀입니다. 왜 순종하라 하십니까? 가정은 하나님께서 만들어 주신 공동체이기 때문입니다.

하나님께서 만들어 주신 공동체는 가정과 교회밖에는 없습니다. 국가도 하나님께서는 원치 않으셨습니다. 지배하는 자도, 억눌리는 자도 없이 모두가 함께 평등하게 살라고 하셨습니다. 하나님께서는 왕이 세워지고 국가가 만들어지면 그들이 자신의 지위와 힘을 사용하여 약한 사람들을 억누르게 될 것임을 말씀하셨습니다.

가정도 누르는 자와 억눌리는 자가 있어서는 안 됩니다. 힘이 있으면 약한 가족을 돕고 함께 그 짐을 짊어지고 살아야 합니다. 남편이 실직을 해도, 아내가 병들어도 이 세상을 떠나는 순간까지 가족은 함께하는 것입니다. 아기가 태어나도 그렇습니다. 인간은 태어나면서 부모님의 도움 없이는 살 수가 없습니다.

젖도 내 힘으로 먹지 못합니다. 부모님이 먹여주셔야 합니다. 어머니는 젖을 먹이고 트림을 하도록 등을 두드려 주셨습니다. 대소변도 가리지 못합니다. 냄새나는 기저귀를 치우면서 한 번도 냄새난다고 하시지 않았습니다. 아기가 아파할 때는 더 아파하며 밤새도록 아기를 간호해 주었습니다. 학교에 가서 상을 받으면 내가 상을 받은 것보다 더 기뻐하셨습니다.

그런데 자녀들이 자라면 이 부모님의 은혜를 잊어버립니다. 부모님 몸에서 냄새가 난다고 합니다. 우리는 부모님이 내 대소변을 다 받아주시고 씻어주신 것을 잊지 않아야 합니다. 부모님은 우유를 떼고 밥을 먹게 되면 미음을 끓여, 먹기 좋게 주셨습니다.

먹지 않으려고 고개를 흔들면 부모님이 한 숟가락이라도 더 먹이려고 얼마나 애를 쓰셨습니까? 아빠가 옆에 앉아 '아-' 하면서 아빠가 먹는다'고 쇼를 합니다. 그래서 한 숟가락씩 겨우 먹여 우리를 이렇게 키운 것입니다. 그런데도 나는 부모님께 물려받은 것이 없다고 하는 사람은 악한 사람입니다.

아기의 입에서 밥풀이 떨어지면 어머니는 그 밥풀을 주워 먹었습니다. 그렇게 키웠는데 자식은 자라서 연로하신 부모님이 밥을 흘린다고 싫어합니다. 부모님이 나를 그렇게 키워 주셨으면 나도 부모님이 대소변을 가리지 못해도 안타까워하며 씻겨드려야 합니다. 밥을 드실 힘이 없으면 부모님이 내게 하셨듯이 나도 부모님께 한 숟가락씩 떠드려야 합니다.

우리가 아무리 열심히 해도, 부모님께 맛있는 음식을 사 드리고, 좋은 옷을 사 드려도 부모님의 은혜에 비길 수가 없습니다. 부모님은 우리를 키우시기 위해 먹을 것을 못 먹고, 입을 것을 못 입으시고 자식을 위해 희생하셨기 때문입니다. 그래서 부모님은 다 아프십니다. 골다공증이 걸리고 다리도 허리도 아프십니다. 자식을 키우느라 무리하셨기 때문입니다.

며칠 전 뉴스에 한 아버지가 유서를 쓰고 목숨을 끊었습니다. 두 아이를 홀로 키운 아버지는 덤프트럭을 운전하며 아이들을 성년이 되도록 키웠습니다. 자녀들은 성인이 되어 떠나가고 아버지는 쉬지 못하고 과로한 탓에 간경화에 걸려 고통을 당하다가 스스로 목숨을 끊었습니다. 2주일 후에야 발견된 주검과 그의 유서 내용에는 '내가 죽으면 1일장만 하고, 임대료 남아 있는 것으로 하라고, 그리고 아빠가 도움을 못 줘 미안하다, 사랑한다'라고 써 있었습니다. 학교 교육도 받지 못한 아빠가 삐뚤삐뚤 쓴 가슴 아픈 유언장이었습니다. 자살한 것이 안타깝지만 마지막까지 자식을 위해 살았고 잘해 주지 못한 것을 미안해하는 마음이 아버지의 마음이었습니다.

내 생각하며 산 것이 아닙니다. 나이 드신 분들을 보면 모두가 아픕니다. 아버지는 쉬어야 할 때에 쉬지를 못합니다. 그래서 병이 깊어만 갑니다. 나이 드신 여러분, 대부분이 그렇지 않습니까? 자식 때문에 쉬지 못합니다. 자녀들은 왜 부모님이 그렇게 아프신지 잊지 않아야 합니다.

쉴 줄 몰라서 안 쉰 것이 아닙니다. 자식 잘되라고, 행복하게 살라고 자신의 몸을 희생하신 것입니다. 사람은 부모님의 은혜를 죽을 때까지 잘 모릅니다. 사랑하는 성도 여러분, 우리는 하나님의 명령에 순종하여 부모님의 은혜를 잊지 않고 부모님께 순종하는 성도들이 되시기 바랍니다.

둘째, "네 아버지와 어머니를 공경하라"(2절)고 말씀하셨습니다. 공경이라는 헬라어 '티마오'(τιμάω)는 '존경한다', '가치를 인정해 준다'라는 뜻도 가지고 있습니다. 부모님은 내 자녀가 잘 될 줄로 믿고 늘 인정해 주셨습니다. 걷지 못한다고 구박하지 않으시고 걸음마를 가르쳐 주셨습니다.

병원에 입원해 계신 아버지를 면회 온 아들이 대화를 합니다. 마침 참새가 옆에 날아와 있었습니다. 치매에 걸린 아버지는 아들에게 묻습니다. "저 새 이름이 뭐니?" "참새예요." 조금 후에 또 아버지는 묻습니다. "저 새 이름이 뭐니?" "참새라 그랬잖아요." 조금 후 아버지는 또 묻습니다. "저 새 이름이 뭐라고 그랬지?", "참새라 그랬잖아요, 참새, 참새." 그런데 조금 후 아버지는 또 아들에게 묻습니다.

"저 새 이름이 뭐니?" 아들은 앞에 있는 돌멩이를 걷어차며 "참새라 그랬잖아요. 몇 번을 이야기하게 만들어요." 그러면서 집으로 가버렸습니다.

얼마 후 아버지가 돌아가시고 아들은 집을 정리하다가 아버지의 일기장을 보게 되었습니다. 아버지가 젊을 때에 어린 아들과 대화한 내용이 적혀 있었습니다. 어린 아들은 참새를 보며 신기해서 아버지께 묻습니다. "아빠, 저 새 이름이 뭐야?" "참새란다." 그런데 어린 아들은 잠시 후에 또 묻고 또 묻습니다. 아빠는 어린 아들의 질문에 귀여워하며 아들의 볼을 잡고 "참새란다. 참새" 하고 "한 번 해봐" 그럽니다. 아들이 "참새" 그러니까 "이궁. 우리 아들이 참새라고 그래쪄" 하고 안아 주며 기뻐합니다.

아들이 계속해서 참새 이름을 기억하지 못하고 물어보며 대화한 아버지는 아들과 참새 구경을 한 그날이 너무 행복했다고 일기를 썼습니다. 그 일기를 본 아들이 아버지는 나에게 그렇게 안 하셨는데 아버지가 인생에 가장 힘든 시기를 보내고 계실 때 자신이 한 행동이 너무나 가슴 아파서 견딜 수 없었다는 이야기를 책에서 읽었습니다.

잠언 23장 25절에 "네 부모를 즐겁게 하며 너를 낳은 어미를 기쁘게 하라"고 하셨습니다. 여러분, 우리는 부모님이 잔소리한다고 부모님 마음에 상처를 주고 함부로 대답하지는 않았습니까? 하나님께서는 우리가 행한 대로 갚으신다고 하셨습니다. 하나님의 약속은 변함이 없으십니다. 여러분의 부모님을 즐겁게 하고 기쁘시게 해 드리시기 바랍니다.

내가 자녀들에게 심은 대로 거둔다고 지난 주일에 말씀을 전했습니다. 부모님께도 마찬가지입니다. 시부모님께도 마찬가지입니다. 부모님을 즐겁고 기쁘게 해드리는 것은 그리 어려운 일이 아닙니다. 부모님이 해외여행을 보내 달라고 하시지 않습니다. 해외여행을 보내 드린다고 하면 오히려 반대하십니다. 무슨 돈이 있어 해외여행을 가냐며 자녀가 돈을 쓰는 것을 너무 가슴 아파 하십니다.

맛있는 음식을 사 드리려 하면 "나는 그런 거 맛없다" 하십니다. 왜 맛이 없습니까? 입맛은 다 똑같습니다. 내 자녀가 땀 흘려 번 돈을 쓰는 것이 마음이 아파서 그런 것입니다. 비싼 옷을 사 드리려고 나가자고 하면 한사코 거절하십니다. 옷이 많다고 하십니다. 그런데 옷을 사 드리면 그 옷 입고 나가서 친구들에게 얼마나 자랑을 하는지 모릅니다. 이것이 부모님의 마음입니다.

저도 어머니께 생활비를 조금 보내 드리면 그것을 쓰지 않고 모으십니다. 그리고 모아서 건축헌금을 하라고 주십니다. 결혼할 손자 손녀들을 미리 불러서 언제 죽을지 모르니 미리 결혼축의금을 준다 하시고 나눠 주십니다. 그 얼마 안 되는 돈을 보내 드렸는데 한 푼도 안 쓰시고 모아서 그러십니다. 이것이 부모님의 마음입니다. 성도 여러분, 우리 성도들은 부모님의 마음을 깨닫고 부모님께 공경하는 성도들이 되시기 바랍니다.

셋째, 2-3절에 "이것은 약속이 있는 첫 계명이니 이로써 네가 잘되고 땅에서 장수하리라"고 약속하셨습니다. 주자십회(朱子十悔)의 제일 첫 번째에 보면 "불효부모 사후회(不孝父母, 死後悔)라", 부모에게 효도하지 않으면 돌아가신 후에 후회한다고 했습니다. 부모에게 효도하는 것도 기회가 있습니다.

기회는 늘 기다리고 있는 것이 아닙니다. 때가 지나가면 영영 다시 올 수 없는 기회가 부모 공경에 대한 기회입니다.

오늘 성경은 우리가 축복받을 기회를 모두에게 주셨습니다. 부모에게 주 안에서 순종하고 공경하면 우리는 다 잘되는 복을 받습니다. 장수하는 복도 주셨습니다. 약속이 있는 첫 계명이라는 말은 십계명 중에 네 계명은 하나님께 대한 계명이요 여섯 계명은 인간과의 관계에서 지켜야 할 계명인데 이 인간 세상에서 지켜야 할 모든 계명 중에 으뜸이라는 말입니다. 그만큼 하나님께서는 부모에 대한 순종과 공경을 가장 중요하게 지키라고 명령하셨습니다.

십계명은 명령입니다. 반드시 지켜야 하는 계명입니다. 그런데 이것은 우리를 복 주시기 위한 계명입니다. 약속까지 하시며 주신 계명입니다. 우리는 하나님 말씀대로 살면 반드시 복을 받습니다. 여러분의 가정은 하나님의 말씀에 순종하여 대대로 부모님께 순종하고 공경하는 가정들이 되시기를 축복합니다.

오늘 어버이주일을 맞이하여 세 가지만 숙제를 내겠습니다. 첫째, 부모님이 멀리 떨어져 계시면 매일 전화로 안부 인사를 하시기 바랍니다. 부모님은 자녀와 대화하는 것을 가장 기뻐하십니다. 둘째, 힘들어도 부모님 쓰실 용돈은 꼭 드리시기 바랍니다. 효도 비용을 정해놓고 드리시기 바랍니다. 셋째, 부모님이 아직 하나님을 영접하지 않으셨다면 꼭 예수님을 전하시기 바랍니다. 이것은 반드시 해야 할 효도입니다. 숙제입니다. 마지막으로 어버이주일에 늘 부르는 어버이 은혜를 함께 부르고 말씀을 마치겠습니다. "나실제 괴로움 다 잊으시고 기르실제 밤낮으로 애쓰는 마음 진 자리 마른 자리 갈아 뉘시며 손발이 다 닳도록 고생하시네 하늘 아래 그 무엇이 넓다 하리오 어버이의 희생은 가이없어라."

적 용

ⓐ 오늘 말씀의 주제 파악하기:

ⓑ 오늘 말씀 중 은혜받은 부분 나누기:

ⓒ 삶에 구체적으로 적용하기:

함께 드리는 기도제목

1. 부모님의 희생을 깨닫게 하시고 주 안에서 순종하며 공경하는 자녀가 되게 하소서.
2. 우리 가정이 말씀 위에 세워지게 하시고 믿음의 대를 이어가는 가정이 되게 하소서.
3. 우리 가정이 하나님의 은혜 안에서 대대로 복받는 가정이 되게 하소서.

20

행복한 가정이 되십시오

본 문: 에베소서 5장 22-25절(신 315쪽)
찬 송: 559장(사철에 봄바람 불어 잇고, 통 305장)
요 절: "아내들이여 자기 남편에게 복종하기를 주께 하듯 하라 남편들아 아내 사랑하기를 그리스도께서 교회를 사랑하시고 그 교회를 위하여 자신을 주심 같이 하라"(엡 5:22, 25)

5월은 가정의 달입니다. 지난 두 주일 동안 어린이주일로, 어버이주일로 가정에 주시는 하나님의 말씀을 전했습니다. 오늘은 부부에 대한 말씀을 전하려 합니다. 과거에는 3대, 4대가 한 집에 살기도 했는데 요즘은 그런 집을 찾을 수가 없습니다. 부부 둘만이 살아도 상처가 있는 가정들이 너무 많습니다.

우리는 불평이 많은 시대를 살아가고 있습니다. 서양 속담에 '행복은 언제나 감사의 문으로 들어와서 불평의 문으로 나간다'는 말이 있습니다. 현대인들이 불평이 많다는 말은 행복하지 않다는 말입니다. 성경에 범사에 감사하라고 하셨고 불평을 그토록 엄하게 금하신 것은 불평이 주는 해악이 너무 크기 때문입니다. 불평은 미래를 꿈꾸지 못하게 막습니다. 불평은 전염됩니다. 불평은 죄를 낳습니다.

수많은 의료기관과 심리학연구소 등에서 밝힌 자료를 보면 불평하는 사람은 노화가 빨리 진행된답니다. 질병에도 훨씬 많이 노출된답니다. 직장에서도 불평하는 사람은 진급하지 못하고 해고 1순위가 됩니다. 가정에서도 감사하는 가정은 행복하지만, 불평하는 가정은 불행하게 됩니다. 부부끼리 감사하고, 자녀는 부모에게 감사하고, 부모는 자녀에게 감사하는 가정은 잘될 수밖에 없는 것입니다.

성경은 교회와 가정을 이 땅에 주신 두 개의 천국이라고 했습니다. 이 말씀은 교회와 가정이 천국이 되도록 복을 주셨다는 의미임과 동시에 우리는 이 두 개의 천국을 만들어 나가야 할 책임이 있다는 것을 말합니다. 오늘 성경은 가정이 천국이 되기 위한 하나님의 말씀입니다.

첫째, 아내들에게 주시는 말씀입니다. 22절에 "아내들이여 자기 남편에게 복종하기를 주께 하듯 하라"고 합니다. 교회에 처음 오시는 분들은 이 말씀을 들으면 "아니, 지금이 어느 시대라고 이런 이야기를 하나?"라고 반문할 수 있습니다. 그런데 끝까지 들어보세요. 남편에 대한 말씀과 아내에 대한 말씀이 하나가 되어 가정은 천국이 되는 것입니다.

복종한다는 말은 가정에 질서가 있어야 한다는 말입니다. 남편의 권위를 따르라는 말입니다.

남편이 나보다 더 뛰어나서, 직급이 높아서 복종하라는 뜻이 아닙니다. 모든 조직에는 대표가 있습니다. 직장에서 사장이 실력이 더 뛰어난 것은 아닙니다. 그러나 직원은 사장의 지시를 따르는 것이 직장의 질서입니다. 운동선수들은 주장이 있습니다. 주장이 실력이 더 뛰어난 것은 아닙니다. 그러나 주장으로 임명되었을 때 그 주장의 권위를 인정해야 팀이 하나로 결속될 수 있습니다. 내가 실력이 있다고, 내가 돈을 많이 벌어온다고 내가 주장을 하겠다고 하면 그 것은 가정이 아닙니다.

남편에게 복종하라는 말씀은 군대나 회사처럼 복종하라는 뜻이 아니라 가정에서 남편의 권위를 세워주어야 한다는 말입니다. 그래서 성경 다른 곳에 보면 아내와 남편은 피차 복종하라고 하셨습니다. 서로의 권위를 존중하라는 말씀입니다. 아내는 남편의 팬이 되어야 한다는 말이 있습니다. 그러면 그 아내는 남편의 지극한 사랑을 받습니다.

탈무드에는 시집가는 딸에게 주는 말이 있는데 "딸아, 네가 남편을 왕처럼 높이면 너는 왕비의 대접을 받게 될 것이다. 그러나 네가 남편을 우습게 여기면 너도 하녀처럼 대접받게 될 것이다" 하는 말이 있습니다. 나보다 똑똑해서 그러는 것이 아닙니다.

여러분 가정에서 아내와 남편이 말싸움을 하면 누가 이깁니까? 거의 다 아내가 이깁니다. 영국의 한 방송사에서 조사한 보고서에 따르면 여성이 사용하는 단어의 수가 남성보다 최고 4배나 많다고 했습니다. 그래서 말을 잘할 수밖에 없습니다. 저도 설교를 잘한다고 하는데 집에서 집사람과 말로 대결하면 저는 상대가 안 됩니다.

여성들은 말다툼하다가 불리해지면 남자는 벌써 잊어버리고 사는 30년 전 이야기까지 다 끄집어내잖아요. 도대체 이길 수가 없어요. 그런데 하나님께서는 가정이란 조직을 주시고 "가정의 주장은 남편이다"라고 하셨습니다. 좋은 남편의 기준이 무엇입니까? 잘생기면 됩니까? 돈 많이 벌어오면 좋은 남편입니까? 그러면 돈 많이 벌지 못하는 남편이 있는 가정은 불행할 수밖에 없습니다. 남편이 실직을 해도, 병이 들어 누워 있어도 남편은 존경받아야 하는 존재입니다. 아내가 "당신은 우리 집안의 주장입니다. 여보, 존경합니다. 사랑합니다"라고 할 때 그 가정은 천국이 될 수 있습니다.

우리 교회에 장애인 시설이 있습니다. 자녀들이 중증장애를 가지고 태어나면 부모는 다른 집보다 몇 배는 힘들지만 자녀를 위해서 눈물로 희생합니다. 가정은 약하다고 무시하는 곳이 아니라 섬겨주는 곳입니다. 가정은 천국의 모형이기 때문입니다.

24절에 아내에 대한 말씀이 또 나오는데 "그러므로 교회가 그리스도에게 하듯 아내들도 범사에 자기 남편에게 복종할지니라"고 합니다. 교회는 주님을 섬길 때에 늘 감사하며 섬깁니다. 교회에서 봉사를 하고 헌금을 드리고 헌신하면서도 늘 감사합니다. 은혜받았다고 합니다. 그런 성도들은 행복한 것입니다. 교회와 가정의 원리가 똑같습니다.

요즘 남편들이 얼마나 힘이 듭니까? 직장 생활이 만만하지 않습니다. 세상은 빨리 변하는데, 젊은 사람들은 아는 것도 많은데 꼰대 소리를 듣지 않으려면 열심히 뛰어야 합니다. 직장에서 늘 상사의 잔소리를 들으며 싫은 내색 하지 않고 비위를 맞추어야 합니다. 아내와 자식들 때문에 참는 것입니다.

어느 책에서 본 이야기인데 아버지가 집에서 늘 말이 없고 권위적이고 재미가 없었답니다. 돈도 많이 못 벌어온다고 늘 기가 죽어 살았습니다. 그런데 한번은 아들이 직장 사람들과 함께 주점에 갔는데 그곳에서 멀리 아버지를 보았답니다. 아버지는 직장 회식에 왔는데 일어나서 치아에 김을 붙이고 어리광 춤을 추면서 '부장님 나이스'를 외치며 아부를 하더랍니다. 그 모습을 본 순간, 아들은 눈물이 쏟아졌답니다. 집에서는 상냥하지도 않고 재미도 없던 아빠가 그렇게 힘들게 사시는 줄을 몰랐답니다. 그리고 아빠가 너무 불쌍하게 느껴지고 감사해서 그날부터 아빠에게 잘하기로 마음을 먹었다는 글입니다.

요즘 드라마에 나오는 아내들은 대부분 무섭습니다. 사납습니다. 이혼하고 불륜하는 이야기입니다. 물론 여성들이 오랜 세월 짓눌려 살아왔기에 그런 드라마가 있겠지만 옛날 〈전원일기〉 같은 풋풋한 드라마는 왜 안 나오는지 모르겠어요.

아내들이여, 가정은 남편에게 복수하는 곳이 아닙니다. 남편이 잘못해도 감싸주는 곳입니다. 남편이 힘이 있는 것 같지만 실제로 가정을 이끌어가는 사람은 아내입니다. 아내는 '안의 해'라는 말에서 나왔다고 하잖아요. 아내가 해 같으면 그 가정은 따스하고 행복한 것입니다. 도림교회 아내들은 남편이 마음에 안 들어도 성경의 말씀에 따라 남편의 권위를 존중하고 살아가시기를 바랍니다. 그러면 하나님께서 그 가정을 행복하게 해주십니다.

둘째로, 남편들에게 주시는 말씀입니다. 23-25절에 "이는 남편이 아내의 머리 됨이 그리스도께서 교회의 머리 됨과 같음이니 그가 바로 몸의 구주시니라 그러므로 교회가 그리스도에게 하듯 아내들도 범사에 자기 남편에게 복종할지니라 남편들아 아내 사랑하기를 그리스도께서 교회를 사랑하시고 그 교회를 위하여 자신을 주심 같이 하라"고 합니다.

아내에게는 단순히 남편에게 복종하라고 간단히 말씀하셨는데, 남편들에게는 여러 가지를 말씀하고 있습니다. 오늘 읽은 말씀 뒤에도 29절까지 남편들에게 주시는 말씀이 나옵니다. 그것은 가정에서 주장의 의무와 책임이 더 크다는 말입니다.

가정에서 남편은 아내에게 그리스도께서 교회의 머리 됨과 같다고 하셨습니다. 주님은 교회를 어떻게 사랑하셨습니까? 우리의 죄와 허물에도 불구하고 끝까지 참아주셨습니다. 우리를 너무나 사랑하셔서 우리를 위해 십자가에 몸을 주시기까지 하셨습니다. 가정이 천국이 되기 위해서는 남편이 이와 같아야 한다는 것입니다.

아내는 남편의 권위에 복종하라고 하셨지만, 남편에게 주장의 권위를 주시면서 책임은 더 크게 주셨습니다.

남편은 성경의 말씀처럼 가정을 위하여 죽을 준비를 하고 살면 그 가정은 행복할 수밖에 없습니다. 아내에게 죄가 있을지라도 대신 뒤집어쓰고 죽겠다고 하는데 어떻게 행복하지 않겠습니까?

남편들은 아내를 잘 모릅니다. 결혼하기 전에는 아내를 사랑하여 이벤트도 준비하고 그러잖아요. 어느 친구는 대학 다닐 때에 한 여학생을 짝사랑했는데 여학생의 수업 시간표까지 다 외우더라구요. 그리고 학교 올 때 타는 버스 노선 시간표까지 다 외워 그 근처를 왔다 갔다 하다가 우연한 만남을 가장하고 결국은 결혼에 성공을 했습니다. 그런데 결혼한 이후에는 남편들이 그런 노력을 하지 않아요.

아내가 "여보, 나 아파요" 그러면 남편은 "병원 가지" 그럽니다. 아내는 병원 갈 줄 몰라서 그 말을 하는 것이 아닙니다. 남편의 위로를 받고 싶어 하는 것입니다. 아내가 파마를 하고 눈앞에서 왔다 갔다 하면 지금 파마머리 예쁘다고, 잘 빠졌다고 관심을 가져 달라는 뜻입니다. 그런데 "텔레비전 보는데 왜 자꾸 왔다 갔다 해?" 하고 신경질을 부립니다. 남편이 미장원에 갔다 온 아내가 숏 커트 한 것을 보고 벌컥 화를 냈답니다. "아니, 나에게 왜 상의도 안 하고 머리를 잘라." 그러자 아내가 "아니, 당신은 나에게 상의하고 대머리 됐어요?" 하더랍니다. 자기는 마음대로 하고 다니면서 아내가 상의 안 하고 무슨 일을 하면 화를 내는 것이 남편입니다. 남편은 아내가 얼마나 고독해하고, 아파하고, 힘들어하는지 잘 모릅니다.

여성들은 아이 키우고 없는 살림 쪼개어 적금 붓고 직장 생활도 하고 그렇게 정신없이 살다가 아이들이 자라 대학을 졸업하고 나면 대개 우울증이 찾아옵니다. 그동안 너무 정신없이 사느라 자신의 삶이 없었습니다. 우울증이 걸릴 여유조차 없었습니다.

남편들이여, 아내를 위해 행복한 가정에 대한 책도 좀 읽고 내 아내를 연구해 보시기 바랍니다. 성경은 아내를 귀히 여기지 아니하면 기도가 막힌다, 즉 가정의 천국을 이루지 못하면 기도도 듣지 않겠다 하셨습니다.

하나님께서는 아내와 남편이 함께 성경 말씀을 따라 행복한 천국을 이룰 것을 말씀하십니다. 집에서 늘 아내를 칭찬하는 습관도 가지시기 바랍니다. 숙제입니다. 오늘 집에 가서 꼭 하시기 바랍니다. 남편들은 따라 합시다. "당신은 누가 봐도 반할 여자요." 이번에는 아내들이 그 말을 듣고 어떻게 해야 합니까? 따라 합니다. "나는 세상에서 제일 행복한 여자예요." 천국의 반대말이 무엇입니까? 지옥입니다. 마귀는 가정이 지옥이 되는 것을 기뻐합니다. 그래서 믿음의 가정에 천국을 이루어 가는 것을 방해합니다. 마귀에게 속지 않아야 합니다. 지금 가정이 깨어진 성도들이 있습니까? 가정은 가전

제품처럼 바꿀 수 있는 것이 아닙니다. 사람이 바뀌어야 합니다.

교회는 사람이 바뀌는 곳입니다. 하나님의 말씀이 들어가면 책임감 없던 남편이 성실한 남편으로, 독설을 내뱉던 아내도 천사가 되는 곳입니다.

가정이 천국이 되기 위해서는 하나님의 은혜가 흘러야 합니다. 하나님의 말씀을 붙들고 함께 살면 하나님께서 그 가정을 인도해 주십니다.

현대인들은 직장에 매여 정신없이 살지만, 돈이 가정을 지켜주는 것이 아닙니다. 세상에 풍파가 올 때에 가정에 천국이 무너지면 그 풍파를 이겨낼 수가 없습니다. 우리 도림교회 성도들은 가정을 하나님께 맡기고 성경이 말씀하는 남편과 아내의 도리를 다 하시기 바랍니다. 그러면 자녀들도 함께 천국을 누리게 될 것입니다.

천국에서 자란 자녀들은 절대로 나쁜 길로 가지 않습니다. 비전을 품고 삽니다. 절망하지 않습니다. 인생의 풍파를 이기는 자녀들이 됩니다. 우리 도림교회 성도들의 가정이 하나님 말씀대로 살아 천국을 이루는 가정들이 되시길 바랍니다.

적 용

ⓐ 오늘 말씀의 주제 파악하기:

ⓑ 오늘 말씀 중 은혜받은 부분 나누기:

ⓒ 삶에 구체적으로 적용하기:

함께 드리는 기도제목

1. 우리 가정이 주님께서 주신 작은 천국이 되게 하소서.
2. 아내는 존경으로 남편을, 남편은 사랑으로 아내를 섬기게 하소서.
3. 부모와 자녀가 서로 범사에 감사하는 행복한 가정이 되게 하소서.

21

생명으로 인도하는 문

- **본 문:** 마태복음 7장 13-14절(신 10쪽)
- **찬 송:** 521장(구원으로 인도하는, 통 253장)
- **요 절:** "좁은 문으로 들어가라 멸망으로 인도하는 문은 크고 그 길이 넓어 그리로 들어가는 자가 많고 생명으로 인도하는 문은 좁고 길이 협착하여 찾는 자 가 적음이라"(마 7:13-14)

우리가 사는 세상에는 많은 길이 있습니다. 바다의 배도 길이 있고 하늘의 비행기도 길이 있습니다. 서울에서 부산으로 가려면 길을 잘 찾아야 합니다. 요즘은 내비게이션이 있어서 빠른 길을 알려줍니다. 이것을 무시하고 눈앞에 넓은 길이라고 마구 가다가는 엉뚱하게 강릉으로 가든지 광주로 가게 됩니다.

우리 인생에도 길이 있습니다. 이 길을 잘 걸어야 합니다. 부모의 길이 있고 자녀의 길이 있습니다. 부부간의 길이 있습니다. 이 길을 벗어나면 가정이 불행하게 되고 파탄이 납니다. 신앙에도 길이 있습니다. 목사는 목사의 길을, 성도는 성도의 길을 잘 걸어야 합니다. 그래야 교회가 평안하고 화목하고 부흥합니다.

이 신앙과 인생의 길을 안내하는 내비게이션이 성경 말씀입니다.

간혹 자동차에서 사용하는 내비게이션은 실수하는 일이 있어도 성경 말씀이 인도하는 길은 언제나 정확합니다. 내 생각에 좋아 보이는 길을 선택하는 것이 아니라 성경의 말씀대로 걸어가면 그 길이 영원한 생명의 길이요 축복의 길이 되는 것입니다.

하나님께서는 이스라엘 백성들에게 "보라 내가 너희 앞에 생명의 길과 사망의 길을 두었노라 너는 이 백성에게 전하라"(렘 21:8)고 예레미야 선지자를 통하여 말씀하셨습니다. 우리 인생은 모두가 길을 걸어가는 자들입니다. 길을 걸어가면 반드시 마지막 종착지에 도달하게 됩니다. 그 종착지는 생명 아니면 사망입니다. 이 두 길 외에는 다른 길이 없습니다.

현대 기독교의 위기는 이 두 길 외에 다른 길이 있는 것처럼 가르치는 것입니다. 그래서 적당히 가다 보면 된다고 가르칩니다. 절대로 그렇지 않습니다. 인생의 길은 생명의 길 아니면 사망의 길뿐입니다. 레일 위를 달리는 기차의 가는 방향을 바꾸는 장치를 분기기라고 합니다. 이 분기기에 의해 한 번 방향이 바뀌면 기차는 다른 방향으로 달려가게 됩니다. 인생의 길은 종착역에 도착한 후 '아, 잘못 왔구나!' 하고 다시 돌아올 수가 없습니다. 우리는 모두가 사망의 길로 달려가던 인생이었습니다. 그런데 예수님을 만나고 분기기에 의해 기차의 가는 방향이 바뀐 것처럼 우리는 생명의 길로 달려가게 되었습니다. 여러분은 이 길로 계속 달려가면 생명의 문에 이르게 될 것입니다.

예수님께서는 좁은 문으로 들어가라고 하십니다. 멸망으로 인도하는 문은 크고 그 길이 넓다고 했습니다. 유교에서는 '군자는 대로행이라' 하여 큰길을 가라고 합니다. 실제로 세상에서는 많은 사람이 선택하는 넓은 길로 가면 실패할 확률이 적습니다.

음식점을 찾을 때 주차가 많이 되어 있고 손님이 대기를 하고 있고, 그 옆집은 주차장이 비어 있고 손님이 없습니다. 어디로 가야 합니까? 손님이 많은 곳에 가서 빨리 줄을 서야 합니다. 그러면 실패하지 않습니다. 사람들이 줄을 선 것은 다 이유가 있습니다. 많은 사람들은 넓고 편한 길을 선호합니다. 일부러 험하고 좁은 길을 선택하는 사람은 없습니다.

어느 목사님이 교인들에게 "집에서 부인이 무섭지 않은 사람은 오른편에 서세요" 했더니 모두가 다 왼편으로 가더랍니다. 그런데 단 한 사람, 김 장로님만이 오른편에 서 있더랍니다. 그래서 목사님이 장로님에게 다가가서 "아니, 장로님 대단하십니다. 어떻게 아내가 무섭지 않으십니까? 그 비결을 우리에게도 알려 주십시오"라고 했더니 장로님이 하시는 말씀이 "우리 아내가 밖에 나가면 사람들 많은 데 절대 가지 말라고 해서요" 하더랍니다. 웃으라고 하는 이야기입니다.

세상의 많은 사람들은 넓은 길로 갑니다. 사람들은 서로 자신의 욕망을 채우기 위해 삽니다. 내가 더 많은 것을 가지기 위해 다른 사람들의 아픔에 눈을 감기도 합니다. 외면합니다. 남들이 주식을 해서 돈을 많이 벌었다고 하면 나도 주식을 하고 싶은 마음이 들기도 합니다. 하루하루 땀 흘려 돈을 벌고 하루 먹을 양식에 만족하게 사는 것보다 더 많이 쌓아놓고 더 많이 누리며 살고 싶어 합니다. 이것은 누구나 가질 수 있는 본능입니다.

그런데 예수님께서 좁은 길로 가라고 하시는 말씀의 의미는 우리가 인생을 살아갈 때 하나님의 말씀을 떠나려고 하는 그 욕망을 누르고 말씀의 길로 가라는 뜻입니다. 예수님의 선한 사마리아인의 비유에서 보면 강도 만난 사람을 보고 지나친 제사장과 레위인은 편한 방법을 택했습니다. 안전한 길을 택했고 자기 시간도 물질도 손해 보지 않았습니다. 넓은 길로 간 것입니다.

그런데 선한 사마리아 사람은 위험을 무릅쓰고 강도 만난 사람을 구해주었고 주막으로 데려가 치료해 주고 필요한 비용까지 지불했습니다. 사마리아 사람은 좁은 길을 선택한 것입니다. 세상의 눈으로 보면 사마리아 사람은 손해 보는 길을 택했습니다. 예수님께서 선한 사마리아인의 비유를 말씀해 주신 것은 너희도 선한 사마리아 사람처럼 살라는 뜻입니다.

예수님은 좁은 문으로 가는 길은 협착하여 찾는 이가 적다고 하셨습니다. 협착이라는 말은 말 그대로 좁다는 뜻입니다. 넓은 길에 비하여 걷기에 힘이 든다는 말입니다. 좁은 문으로 가는 길은 예수님의 말씀처럼 나의 욕망을 누르고 걸어야 하는 길이기에 힘이 듭니다. 죄를 지으면 편한데 일부러 죄를 피하려 하니 힘이 들 수 있습니다.

예를 들면 우리 교회에서 나가 좌회전을 하면 첫 번째 사거리가 나옵니다.

이 길이 얼마 전에는 큰길에만 신호등이 있었습니다. 그런데 근래에 편도 1차선의 좁은 길에도 신호등이 생겼는데 신호를 기다리는 것이 귀찮을 때가 많습니다. 차도 잘 다니지 않고 몇 발자국만 건너면 길을 건널 수 있는데 신호등 때문에 건널 수가 없습니다. 적합한 비유는 아니지만 옆에 있는 사람들은 신호를 무시하고 길을 건너는데 나 혼자서 신호를 지키기 위해 시간이 바빠도 기다리니 힘이 듭니다. 저도 시험에 들어서 차도 없고, 사람도 없으니 그냥 건널까 하다가 누가 보고 목사가 신호 위반한다고 그럴까 하는 생각이 들어 건너지 못했습니다.

교통신호를 예로 들었지만 우리가 인생을 살다 보면 이런 일들이 많습니다. 적당히 법을 어기고 다른 사람들을 속이면 편할 수 있는데 우리는 크리스천이기 때문에 그렇게 하지를 못합니다. 세금도 적당히 줄이고 세상 사람들처럼 적당히 살면 편한데 우리는 그러지 못합니다. 그래서 좁은 길입니다. 더 어렵고 좁은 길도 있습니다.

예수 믿기 때문에 어떤 나라에서는 순교도 해야 하고 또 사명을 받았으니 그 사명을 감당하기 위해 힘쓰다 보니 아주 힘이 들기도 합니다. 목사도 적당히 하면 되는데 목사답게 살기 위해서는 힘이 듭니다. 얼마 전에 한 교회에 목사 위임식에 가서 이런 설교를 했습니다. "내가 목사가 되었을 때 내가 좋아했던 것, 내가 하고 싶은 것을 다 내려놓으려고 하니 그것이 힘이 들었다. 시간이 흐르면서 목회를 하다 보니 그것이 힘든 것이 아니었고, 교회에 가시들이 있어 늘 교회를 흔들고 가시가 찌르는데 그것이 힘들었다. 그런데 지금 나의 길을 돌이켜 보면서 가만히 보니 그런 것들이 힘든 것이 아니었고, 정말 나를 힘들게 하는 것들은 어느 날 문득문득 내 입에서 나오는 말들이, 내 머릿속에 든 생각이 목사답지 않는 말이 나오고, 목사답지 않는 생각들이 내 속에 있을 때 이것이 제일 힘들었다. 앞으로 위임받고 목사님의 길을 잘 가시라"고 그런 설교를 한 적 있습니다.

장로님도 그렇고 집사님, 권사님도 그렇습니다. 그래서 예수님은 좁은 문과 좁은 길은 많은 사람들이 가기를 꺼려하는 길이고 찾는 이가 적다고 하셨습니다. 천국에 가는 사람이 많겠습니까? 지옥에 가는 사람이 많겠습니까? 당연히 지옥에 가는 사람이 많습니다. 예수님께서는 이 길이 좁은 길이기 때문에 때로는 가족도 내 원수가 될 수 있다고 하신 것입니다.

마태복음 5장 29-30절에 예수님은 "만일 네 오른 눈이 너로 실족하게 하거든 빼어 내버리라 네 백체 중 하나가 없어지고 온몸이 지옥에 던져지지 않는 것이 유익하며 또한 만일 네 오른손이 너로 실족하게 하거든 찍어 내버리라 네 백체 중 하나가 없어지고 온몸이 지옥에 던져지지 않는 것이 유익하니라"고 하셨습니다.

이 길은 생명의 길이기 때문에 이 길을 걸어가는데, 천국을 차지하는 데 방해가 되는 것은 내 몸이라도 쳐버리라는 강한 명령입니다. 실제로 빼어버리고 찍어 내버리라는 말씀이 아닙니다. 그 정도로 죄에 대하여 경계심을 가지고 피하라는 말씀입니다.

요즘 기독교인의 범죄에 대하여 세상이 시끄럽습니다. 성직자도 죄를 짓고 교인들도 죄를 짓습니다. 가만히 보면 모두가 넓은 길로 쉽게 가고 있습니다. 그 길의 종착지를 분명히 알면서도 멸망으로 인도하는 길로 많은 사람들이 걸어가고 있습니다. 여러분, 정신 차리고 살아야 합니다. 우리는 말씀 따라 사는 사람들입니다. 여러분이 걸어가는 길이 세상의 길과 다를지라도 우리가 세상을 따라가는 것이 아니라 세상이 우리를 따라오도록 우리는 세상의 빛과 소금이 되시기를 바랍니다.

그러면 "좁은 문, 좁은 길은 가는 사람도 적고 힘이 들고 고난만 당하는 길입니까? 예수 믿으면 그렇게 살아야 합니까?" 하고 질문할 수 있습니다. 그것이 아닙니다. 하나님 아버지는 하나님의 자녀들이 이 땅에서 행복하게 살고, 즐겁게 살고, 축복의 삶을 살기 원하십니다. 자기 자신을 학대하고 고통 가운데 일부러 힘든 길을 걸어가는 인생을 원하시지 않습니다. 하나님께서 말씀하신 것은 너희는 세상 사람들이 가는 죄악의 넓은 길로 함께 가지 말라는 말씀입니다.

아브라함을 보십시오. 하나님께서 아브라함을 택하실 때 제일 먼저 하신 일이 죄악과 우상의 도시 '갈대아 우르'를 떠나게 하신 일입니다. 그곳은 아버지와 친척들이 사는 곳입니다. 이미 지위가 보장되고 편안한 삶이 보장된 곳입니다. 그곳은 넓은 길이었습니다. 그러나 하나님은 아브라함에게 죄악을 떠나라 하십니다. 아브라함이 걸어간 길은 좁은 길이요, 광야의 길이요, 미래를 알 수 없는 길이었습니다. 그 길은 좁은 길이었습니다. 그러나 좁은 길로 걸어갈 때에 아브라함에게 복을 주셨고 그는 이스라엘의 조상이 되었고 모든 하나님을 믿는 이들의 조상이 되었습니다.

성경에는 수많은 축복의 약속들이 들어 있습니다. 우리의 건강과 가정과 물질과 과일까지도 떡 반죽 그릇에 이르기까지도 복을 주신다 하셨습니다. 이것이 좁은 길이지만 하나님의 약속의 말씀을 따라 걷는 하나님의 자녀들에게 주신 약속입니다.

마태복음 5장부터 7장까지를 예수님의 산상수훈, 산상보훈이라 하는데 기독교윤리의 근간을 설교하신 것입니다. 오늘 7장도 산상수훈의 한 부분인데, 좁은 문으로 들어가라는 말씀도 기독교인들이 살아야 할 길을 말씀하신 것입니다. 왜 예수님께서는 편하게 살라, 잘살라 말씀하시지 않고 좁은 문으로 들어가라 하셨을까요? 좁은 문으로 가는 삶이 결국 축복이라는 말씀입니다.

마태복음 5장에는 유명한 8복이 나옵니다. 심령이 가난한 자는 복이 있다, 애통하는 자가 복이 있다, 온유한 자가 복이 있다, 의에 주리고 목마른 자가 복이 있다, 긍휼히 여기는 자가 복이 있다, 마음이 청결한 자가 복이 있다, 화평케 하는 자가 복이 있다, 의를 위하여 박해를 받은 자는 복이 있다고 말씀하셨습니다. 이 여덟 가지는 가만히 보면 세상의 사람들이 택하는 길과는 다른 좁은 길입니다. 악한 세상에서 심령이 가난한 자로 사는 것이 정말 어렵습니다. 이웃을 위하여 애통하며 기도하는 것도 어렵고, 온유하게 사는 것도 어렵습니다. 상대방이 나에게 악하게 대하는데 나는 온유하게 사는 것이 실제로 어렵습니다. 그런데 예수님은 복이 있다고 하십니다. 그리고 받는 복을 실제로 약속해 주셨습니다.

너희가 이 길을 걸어가면 이 땅에서도 이러한 복을 받고 영원한 나라에서도 이런 복을 받는다 약속해 주셨습니다. 그러므로 좁은 길로 걷는 자가 복 있는 자가 되는 것입니다. 우리가 사는 세상에서 좁은 길로 걸어가는 것은 쉬운 일이 아닙니다. 이 길을 걷기 위해서는 고민이 있고 갈등이 있습니다.

제가 초등학교 1, 2학년 때쯤 될 때에 학교에서 근처에 사찰로 소풍을 갔습니다. 당시에는 소풍을 가면 절의 대웅전 마당에 한 학년씩 서서 선생님이 "차렷, 부처님께 대하여 경례" 하면 고개를 숙여 절을 하곤 했습니다. 선생님이 대웅전 마당에 어린이들을 세울 때 저는 초등학생의 순수한 마음에서 갈등이 시작되었습니다. 다들 경례를 하는데 이것은 교회에서 선생님이 우상숭배라고 했는데 절을 안 해야 되는데, 다들 하는데 어떻게 하나 하는 갈등이 일어났습니다.

"차렷, 부처님께 대하여 경례" 하는데 제가 했겠어요? 안 했겠어요? 교회 다니던 아이들도 엉겁결에 절을 하는데 저는 하지 않고 혼자 꼿꼿이 서 있었습니다. 별일이 아니지만 당시에 학교 분위기에서 이것은 쉬운 결심이 아니었습니다. 하나님께서는 그때 저를 보시고 '네가 좁은 길을 선택하는구나. 너를 키워주겠다' 하시고 아마 저를 눈여겨보신 것으로 저는 믿습니다. 여러분은 안 믿을지 몰라도 저는 그렇게 믿습니다.

골리앗은 여호와 하나님의 이름을 모욕하며 이스라엘 병사들을 겁주었습니다. 이때 다윗은 모든 건장한 병사들도 두려워 떨 때 골리앗 앞으로 물맷돌을 들고 달려들었습니다. 이때 하나님께서 '다윗아, 네가 나를 정말 사랑하는구나. 네가 좁은 길을 택했구나' 하고 다윗을 귀하게 여겨주시고 왕의 자리에까지 오르게 하신 것입니다.

성도 여러분, 좁은 길을 걷는 것은 어려운 일들이 실제로 많습니다. 좁은 길을 걸으면 죄와 타협할 수 없습니다. 내가 힘이 들어도 하나님의 말씀대로 살려고 애를 씁니다. 적당히 신앙 생활하지 않습니다. 이 길은 예수님과 함께 가는 길입니다.

우리 주님은 "내가 곧 길이다"(Ἐγώ εἰμι ἡ ὁδὸς)라고 말씀하셨습니다. 예수님의 길로 걸어가면 그 길이 주님을 만나는 길이 됩니다. 우리 교회는 예수님 따라 사는 사람들입니다. 예수님의 길을 따라 산다는 말입니다. 우리는 이미 좁은 길로 들어선 사람들입니다. 그래서 나를 위해 살기도 바쁘지만, 이웃을 위해 나의 시간을, 나의 물질을 드리며 살지 않습니까?

우리 주님의 명령을 따르고 주님을 기쁘시게 하기 위해 때로는 모욕을 당하며 전도를 하기도 합니다. 주님을 위해 힘들지만 시간과 몸과 물질을 드려 섬깁니다. 이것은 쉬운 길이 아닙니다. 그러나 그 길을 계속 걸어가십시오. 갈등이 일어나도 기도하면서 그 길을 선택하십시오. 그러면 언젠가 좁은 문에 들어가게 될 것입니다. 그 문을 열고 들어가면 우리 주님이 "수고했다" 하시며 우리를 반겨 맞아주시고 영생을 주실 것입니다. 우리 모두 좁은 길, 좁은 문을 지나 영생의 문으로 들어가 주님을 만나는 성도들이 되시길 바랍니다.

적 용

ⓐ 오늘 말씀의 주제 파악하기:

ⓑ 오늘 말씀 중 은혜받은 부분 나누기:

ⓒ 삶에 구체적으로 적용하기:

함께 드리는 기도제목

1. 예수님께서 보여주신 좁은 길을 선택할 수 있는 분별력과 지혜를 주소서.
2. 때로는 손해를 보는 것 같아도 의로운 길을 선택할 수 있는 용기를 주소서.
3. 순종으로 걸어가는 좁은 길 위에 위로와 은혜가 항상 넘치게 하소서.

22

은혜를 입은 자

- **본 문:** 창세기 6장 5-10절(구 8쪽)
- **찬 송:** 302장(내 주 하나님 넓고 큰 은혜는, 통 408장)
- **요 절:** "그러나 노아는 여호와께 은혜를 입었더라"(창 6:8)

성도들이 가장 좋아하는 단어 중 하나가 은혜입니다. 사랑, 믿음, 은혜 같은 단어를 좋아하는데, 은혜가 어쩌면 가장 좋아하는 단어일지도 모릅니다. 오늘 읽은 말씀에 나오는 은혜라는 히브리어 단어는 '헨'(חֵן)인데 불쌍히 여긴다는 뜻입니다. 하나님께서는 노아에게 은혜를 베푸셨다는 것은 하나님께서 많은 사람 가운데 노아를 불쌍히 여겨 주셨다는 말씀입니다.

노아가 살던 시대는 죄악이 가득했던 세상이었습니다. 사람의 마음속에는 늘 죄악이 있습니다. 그런데 특별히 노아의 시대에는 많은 사람들이 죄를 더 많이 지어서 세상이 악해졌습니다. 죄악이 세상에 특별히 가득했던 시대가 노아의 시대였습니다. 그래서 하나님은 땅 위에 사람을 지으셨음을 한탄하시고 사람과 가축과 기는 것과 공중의 새까지 다 쓸어버리기로 작정하셨습니다. 그 다음에 일어난 사건은 다 아시죠? 노아의 홍수입니다.

이 홍수로 지구상의 생명 있는 모든 것들이 다 죽었습니다. 그러나 노아와 그의 가족은 하나님의 은혜를 입었습니다. '그러나'가 중요합니다. 요즘 경제가 어렵습니다. 장사가 안 된다고 합니다. 그러나 은혜 입은 자는 장사할 수 있는 길이 열리고 이 어려움을 이겨 나갈 수 있습니다. 사람은 암에 걸리면 많은 사람이 죽습니다. 그러나 다 죽는 것이 아닙니다. 은혜받은 사람은 살 수가 있습니다. 요즘 많은 사람들이 죄를 짓습니다. 그러나 은혜 입은 자는 죄와 함께하지 않습니다.

사도 바울이 이와 같은 고백을 했습니다. 고린도전서 15장에 "나는 사도 중에 가장 작은 자라. 나는 하나님의 교회를 박해하였다"라고 말합니다. 그리고 나온 다음 말이 '그러나'입니다. "그러나 내가 나 된 것은 하나님의 은혜로 된 것이니 내게 주신 그의 은혜가 헛되지 아니하여 내가 모든 사도보다 더 많이 수고하였으나 내가 한 것이 아니요 오직 나와 함께하신 하나님의 은혜로라"라고 했습니다.

사도 바울은 "나는 사도 중에 가장 작은 자요, 하나님의 교회를 박해한 자다. 그러나 나는 하나님의 은혜를 입었다"라고 은혜를 세 번씩이나 말을 합니다. 나는 하나님의 쓰임을 받을 만한 자격이 없지만 하나님께서 나를 불쌍히 여기셔서 은혜를 베푸셨다는 것입니다. 이 고백이 우리 모두의 고백이 되기를 원합니다.

내가 자격이 있어서 예수 믿은 사람은 아무도 없습니다. 그러나 하나님께서 내게 은혜를 베푸셨습니다. 은혜는 대가를 지불하지 않고 거저 받는 것이 은혜입니다. 하나님께서는 우리에게 대가를 요구하신 것이 아니라 거저 은혜를 주셨습니다. 사람들은 공짜로 받는 것에 대한 감사를 잘 모릅니다. 쉽게 받고 흔하기 때문입니다. 사실은 우리 주변에 흔한 것들이 가장 소중한 것들입니다. 물이라든지,

산에 있는 나무나 풀, 흙이나 돌 이런 것들이 너무나 소중한 것들입니다. 소중하기 때문에 하나님께서 우리에게 많이 주신 것입니다. 이런 것이 없으면 우리는 살아갈 수 없습니다. 우리는 하나님께서 주신 이 귀한 것들에 대해 평소에 감사하지를 못 합니다.

올해 찜통더위가 될 것이라 언론들은 보도하고 있습니다. 외국에서는 벌써 많은 사람들이 더위에 죽었습니다. 오늘날 지구의 기후위기를 가져온 것이 누구입니까? 바로 우리 인간들이 그렇게 만든 것입니다. 하나님께서 주신 너무나 귀한 것들을 귀하게 여기지 않고 살았습니다. 사람들은 루비나 사파이어 같은 것들을 귀하게 여깁니다. 그런데 사실 그런 것들은 없어도 살아가는 데 아무 관계가 없는 것들입니다.

우리가 매일 마시는 공기가 얼마나 중요한 것입니까? 산소가 부족하면 숨을 쉬기도 어렵습니다. 또 공기 중에 산소가 충분히 있어도 내가 약하면 문제가 됩니다. 우리는 매일 숨을 쉬면서도 공기에 대해 감사한 줄 모릅니다. 대한민국은 전 세계에서 교회가 가장 많은 나라입니다. 시골 어디에 가든지 성경책만 들고 가면 예배를 드릴 수 있습니다. 그런데 너무 쉽게 예배를 드릴 수 있으니, 언제든 예배드릴 수 있으니, 이번 주에 안 되면 다음 주에 갈 수 있다고 생각하니 예배에 대한 감사를 모릅니다.

예배는 은혜의 장소입니다. 예배를 통하여 우리가 받은 은혜가 너무나 많습니다. 우리 모두가 다 은혜를 받았습니다. 그런데 은혜는 깨달아야 은혜입니다. 깨닫지 못하면 그 사람에게는 은혜가 아닙니다. 은혜는 하나님께서 우리에게 주신 보물입니다. 그 보물을 깨닫지 못하니 사용하지 못하고 사는 불행한 인생이 되고 마는 것입니다.

옛날 어느 큰 회사의 사장님이 등산을 하다가 길을 잃었답니다. 눈은 수북이 쌓이고, 날씨는 춥고, 허기가 지고 한밤중에 죽을 지경에 이르렀는데 산 속에 외딴집에서 흘러나오는 불빛을 발견했답니다. 기진맥진하여 겨우 그 집까지 기어간 사장님은 방문을 두드리며 쓰러졌답니다. 할머니는 길을 잃은 사장님을 정성껏 간호하고 따뜻한 음식을 주었습니다. 사장님은 이 할머니의 은혜에 보답하고 싶어 당시에 사용하던 백지수표에 큰 금액을 적어 할머니에게 주었답니다. 이것을 가지고 여기서 힘들게 살지 말고 먹고 싶은 것 드시고 행복하게 사시라고….

시간이 흐른 후, 그 할머니가 생각나 다시 등산길에 오른 사장님은 옛날 그 오두막집이 그대로 있는 것을 보고 반가운 마음에 달려 들어가 보니 방 안에 냄새가 진동하고 있었습니다. 할머니가 홀로 사시다가 죽음을 맞이한 것이었습니다. 가만히 살펴보니 이 사장님이 준 백지수표는 창호지가 떨어진 곳에 바람을 막으려고 문풍지로 붙여놓았던 것입니다. 아무리 많은 것을 주었으면 무엇합니까? 수표를 사용할 줄 모르는데….

이 불쌍한 할머니 이야기가 나의 이야기는 아닙니까? 하나님께서 나에게 너무나 많은 은혜를 주셨는데 그 은혜를 사용하지 못하고, 은혜를 문풍지로 취급하며 불평하고 비참하게 살고 있는 나의 모습은 아닙니까? 은혜를 깨달은 사람은 점점 더 크고, 더 많은 은혜 가운데 살아가게 됩니다. 이것이 은혜의 비밀입니다. 그래서 은혜를 더 사모하셔야 합니다. 한 번 은혜 받고 멈추어 서는 것이 아니라 계속해서 은혜를 사모하고 은혜를 받아 누려야 합니다. 사는 날 동안 은혜를 받고 주님 앞에 설 때에도 은혜를 받아야 합니다.

사울 왕은 남들보다 더 많은 은혜를 받은 사람이었습니다. 키가 다른 사람들보다 어깨 하나만큼 더 컸고 잘생기고 거기다가 겸손한 사람이었습니다. 그래서 사람들이 그를 왕으로 삼았습니다. 그런데 그는 받은 은혜를 계속 누리지 못하고 교만해졌습니다.

교만의 반대가 은혜입니다. 교만이 찾아오면 은혜는 반드시 떠나갑니다. 그래서 은혜 받지 못하고 악령이 찾아오고 나쁜 마음이 들어와 다윗을 죽이려 하였고 마침내 불행한 인생이 되고 말았습니다. 은혜 관리를 잘못한 것입니다. 여러분은 받은 은혜를 잘 관리하시기 바랍니다.

마귀는 여러분이 은혜를 받자마자 어떻게 하면 은혜를 떨어뜨릴까 시험하러 다가옵니다. 그러므로 은혜받았으면 '아, 마귀가 오늘도 역사하겠구나' 하고 영적으로 준비를 해야 합니다. '나는 내가 받은 은혜를 절대로 마귀에게 빼앗기지 않겠다'라고 다짐하며 기도해야 합니다. 그래야 마귀의 시험을 이길 수 있습니다. 우리가 아무리 머리가 좋고 꾀가 많아도 마귀보다 뛰어날 수는 없습니다. 그래서 은혜를 빼앗기지 않고 살아야 합니다.

주일날 예배드리고 돌아갈 때에는 다른 이야기하지 마시고 찬송 부르며 기도하며 돌아가 보십시오. 그러면 날마다 은혜가 더해질 것입니다. 받은 은혜를 마귀에게 빼앗기지 않을 것입니다. 하나님의 자녀는 하나님께서 주시는 은혜로 살아야 그것이 잘 사는 것입니다. 그래서 성경에는 수많은 믿음의 인물들이 "은혜를 주시옵소서" 하고 수없이 간구하고 있는 것입니다. 그리고 성경 제일 마지막 요한계시록 22장에도 "아멘 주 예수여 오시옵소서 주 예수의 은혜가 모든 자들에게 있을지어다 아멘" 하고 은혜로 성경을 끝맺습니다. 예수님의 은혜가 모든 사람들에게 있기를 원하는 것이 성경의 마지막 말씀입니다.

하나님의 은혜는 다함이 없습니다. 아무리 많은 은혜를 받아도 은혜는 계속해서 밀려옵니다. 그래서 큰 은혜의 사람이 되는 것입니다. 은혜는 어디에서 받습니까? 세상은 좋은 것을 준다고 하지만 거기에는 은혜가 없습니다. 은혜는 오직 하나님께로부터 오는 것입니다.

민수기 6장 25절에 "여호와는 그의 얼굴을 네게 비추사 은혜 베푸시기를 원하며"라고 말씀했습니다. 은혜는 매 주일 말씀의 강단에서 흘러나옵니다. 여러분은 모두 예배의 승리자가 되어야 은혜의 사람이 될 수 있습니다. 다른 곳에서는 은혜를 구할 수가 없습니다. 그래서 히브리서 4장 16절에 "은혜를 얻기 위하여 은혜의 보좌 앞에 담대히 나아갈 것이니라"고 말씀했습니다. 여러분은 주님 앞에 나와 예배를 드릴 때마다 더 큰 은혜를 사모하여 은혜의 시온의 대로가 여러분에게 열리기를 바랍니다.

하나님께서 주시는 은혜를 깨달은 사람은 모든 것을 바라보는 눈이 바뀝니다. 사도 바울을 보세요. 은혜 받기 전에 자신의 눈으로 보니 자신이 세상에서 제일 의인이었습니다. 많은 물질과 학식을 가졌고 누구도 부럽지 않은 지위를 가졌습니다. 그 눈으로 한 일은 주님을 핍박한 것밖에는 없었습니다. 그러나 은혜를 깨닫고 나니 똑같은 눈인데 자신이 죄인 중의 괴수로 보였습니다.

'나는 사도라 부름을 받기에도 부족한 자'로 보였습니다. 아무리 많은 일을 주님을 위해 해도 "내가 한 것이 아니라 은혜로 한 것이었습니다"라고 고백한 것입니다. 그러니 모든 것이 감사하고 모든 것이 행복했습니다. 이전에 이웃을 볼 때에는 모두가 율법을 제대로 지키지 않는 하찮은 자들이라 무시했었는데 은혜를 깨닫고 나니 이들이 영혼이 지옥 불에 죽어 가는 것이 그렇게 불쌍하게 보였습니다. 그래서 안타까워 이들을 위해 복음을 전하는 데 자신의 모든 것을 다 바친 것입니다.

그렇습니다. 은혜를 깨닫고 나면 하나님의 뜻이 깨달아지고 사명이 생깁니다. 바울은 왜 하나님께서 나 같은 사람에게 은혜를 베푸셨는가를 깨달으니 할 일이 생겼습니다. 주님이 가장 원하시는 일인 복음을 전하는 것입니다.

일본 중의원의 아버지라 불리는 '가타오카'라는 사람이 있습니다. 그가 미국에 유학을 하고 있을 때에 안개 낀 길을 걷다가 달려오는 기차에 치어 공중에 수십 미터 날아가 떨어지게 됩니다. 그때 그는 불신자였는데 '내가 기차에 부딪쳐 수십 미터를 날아갔는데 살아난 것은 기적이다. 분명히 신의 뜻이 있다'라고 그 자리에 엎드려 자기도 모르게 하나님을 찾았고 교회에 나가 신앙생활을 하기 시작했습니다.

일본에 돌아온 가타오카는 네 번이나 의장을 지냈는데, 우리나라로 말하면 국회의장을 네 번 했다는 말입니다. 그는 최고의 높은 지위에 있으면서 교회에 가면 항상 신발 정리하는 일을 도맡아 했습니다. 그는 내가 이 일을 할 수 있는 것이 하나님께서 내게 주신 은혜라고 했습니다. 은혜를 받으니 냄새나는 신발장이 오히려 감사하는 장소가 된 것입니다. 신발장은 그에게 은혜가 내리는 장소였습니다.

오늘 성경에 나오는 노아는 하나님의 은혜를 받은 사람이었습니다. 노아에 대해 오늘 말씀은 "노아는 의인이요 당대에 완전한 자라 그는 하나님과 동행하였으며 세 아들을 낳았으니 셈과 함과 야벳이라"고 기록하고 있습니다. 의인이라는 말은 믿음의 사람이라는 말입니다.

믿음 외에는 하나님 앞에서 사람을 의롭게 할 수 없기 때문입니다. 그 믿음이 얼마나 굉장했던지 노아는 당대에 완전한 자라고 했습니다. 그 다음 말씀이 아주 놀랍습니다. "그는 하나님과 동행하였으며." 성경에 하나님과 동행한 사람은 단 두 사람입니다. 에녹과 노아뿐입니다. 아침에 일어나면 기도로 시작하고, 일을 할 때에도 기도하며 일을 하고, 잠자리에 들 때에도 "하나님, 이제 잘게요" 하면서 하나님과 함께 잠자리에 들었다는 말입니다.

이 정도로 깊은 은혜로 살았으니, 에녹은 죽음을 보지 않고 하나님 품으로 간 사람이 되었고, 노아는 모든 생명체가 죽임을 당할 때에 '그러나'의 특별한 은혜를 입어 가족까지 구원을 받게 된 것입니다. 성도 여러분, 우리는 모두가 은혜받은 자들입니다. 오늘도 은혜받기 위해 주님 앞에 나왔습니다. 그리고 성경의 약속대로 하나님은 예배를 통하여 여러분에게 은혜를 내려주셨습니다. 이 받은 은혜를 마귀에게 빼앗기지 말고 잘 간직하며 계속해서 은혜의 길로 걸어가는 성도들이 되시기를 바랍니다.

적 용

ⓐ 오늘 말씀의 주제 파악하기:

ⓑ 오늘 말씀 중 은혜받은 부분 나누기:

ⓒ 삶에 구체적으로 적용하기:

함께 드리는 기도제목

1. 한 번 받은 은혜에 머물지 않고 더 깊고 큰 은혜로 나아가게 하소서.
2. 주신 은혜를 빼앗기지 않게 하시고 받은 은혜를 잘 간직하게 하소서.
3. 은혜의 눈을 열어주셔서 이웃을 사랑으로 섬기게 하소서.

23

인자가 온 것은

본 문: 마태복음 20장 24-28절(신 34쪽)
찬 송: 212장(겸손히 주를 섬길 때, 통 347장)
요 절: "너희 중에는 그렇지 않아야 하나니 너희 중에 누구든지 크고자 하는 자는 너희를 섬기는 자가 되고 너희 중에 누구든지 으뜸이 되고자 하는 자는 너희의 종이 되어야 하리라 인자가 온 것은 섬김을 받으려 함이 아니라 도리어 섬기려 하고 자기 목숨을 많은 사람의 대속물로 주려 함이니라"(마 20:26-28)

예수님께서 제자들을 부르신 장면을 보면 바다에서 그물을 던지는 베드로와 안드레를 보시고 나를 따라오라 하셨습니다. 마태가 세관에 앉아 있는 것을 보시고 나를 따라오라 하셨습니다. 이들이 왜 가족과 집을 버려두고 예수님을 따랐을까 하는 점이 궁금합니다. 예를 들면 베드로는 바다에서 물고기를 잡다가 예수님께서 깊은 곳에 그물을 내리라 하시니 그물을 내렸더니 두 배에 가득 찰 만큼 많은 물고기가 잡혔습니다. 이때 베드로는 "주여, 나를 떠나소서. 나는 죄인이로소이다"라고 엎드려 고백합니다. 예수님이 "내가 너를 사람을 낚는 어부가 되게 하겠다. 나를 따르라" 하시니 베드로는 예수님을 따랐습니다.

맥락을 보면 베드로는 이 신비한 사건을 통해 예수님께서 하늘로 오신 분임을 깨달았기 때문에 따른 것입니다. 세리였던 마태는 예수님의 여러 가지 소문을 들었습니다. 예수님은 랍비나 바리새인들과는 다른 혁명적인 모습을 보면서 '이분이 우리에게 희망을 주실 분이다'라고 생각하여 따랐을지도 모릅니다. 예수님을 따른 제자들은 굉장히 많았습니다. 성경에 기록된 것만 오백여 제자입니다. 그런데 예수님께서는 이들 중에 열둘을 따로 세우시고 이들을 특별히 훈련시키셨습니다. 왜냐하면 이들은 예수님께서 세상을 떠나신 후 복음을 전할 사명을 받았기 때문입니다. 예수님은 이들을 데리고 다니시며 많은 말씀과 기적을 보여주셨습니다. '내가 이런 기적을 행하는 인물이다' 하는 것을 보여주신 것이 아닙니다.

귀신 들린 자를 보면 불쌍히 여기시고 귀신을 내쫓으셨습니다. 병든 자가 나아오면 불쌍히 여기시고 이들의 병을 고쳐 주셨습니다. 배고픈 자들을 위하여 빵을 주시기도 하셨습니다. 이런 기적을 행하는 예수님을 보며 많은 사람들이 따랐고 이들은 예수님이 로마를 물리치고 이스라엘의 해방을 가져올 메시아라고 생각했습니다.

그런데 문제는 특별한 사명을 받았던 제자들도 변했다는 것입니다. 잘못 변했습니다. 이들도 예수님의 지상 왕국을 생각했고 거기서 누릴 부귀와 영화를 생각했습니다. 오늘 읽은 말씀도 야고보와 요한의 어머니 살로메가 예수님께 와서 장차 주의 나라가 왔을 때 내 아들을 하나는 우편에 하나는 좌편에 앉게 해 달라고 청탁을 합니다.

좌의정, 우의정쯤 달라는 청탁입니다. 치맛바람의 원조가 야고보와 요한의 어머니입니다. 오늘 말씀을 묵상하면서 오늘 말씀 바로 앞에 예수님께서 하신 말씀이 마음을 아프게 했습니다. 지금의 상황은 대제사장들과 서기관들이 예수님을 죽이기로 결의하고 이방인들에게 넘겨주어, 즉 로마인들에 의해 조롱하며 채찍질하고 십자가에 못 박을 것을 예수님은 말씀하셨습니다. 이 안타까운 말씀을 하시자마자 야고보와 요한의 어머니 살로메는 세상에서 누릴 지위를 탐냈던 것입니다. 어떻게 예수님의 마음을 이렇게까지 아프시게 할 수 있습니까? 지금 생각이 다른 곳에 있으니 조금 전 예수님의 말씀이 제대로 들릴 수가 없었습니다. 영적으로 보면 하나님의 말씀은 듣는 것이 아니라 먹는 것입니다. 지금도 여러분이 이 말씀을 듣고 있지만 육신의 귀로 들으면 안 됩니다. 영적으로 듣고 말씀을 먹어야 합니다.

하나님의 말씀은 송이 꿀보다 더 달다고 했습니다. 성경은 갓난아기들같이 순전하고 신령한 젖을 사모하라고 하셨습니다. 이 젖이 너희로 구원에 이르도록 자라게 한다고 했습니다. 갓난아기가 젖을 얼마나 사모합니까? 젖을 먹는 광경을 보면 그렇게 맛있게 먹을 수가 없습니다. 젖을 먹는 순간의 아기의 얼굴은 천사와 같습니다. 그렇습니다.

하나님의 말씀을 사모하는 성도들의 얼굴도 천사와 같은 것입니다. 어떤 성도님은 예배 시간 말씀이 너무나 달아서 1부부터 4부까지 계속해서 예배를 드렸다는 것입니다. 이분이 세상에서 어떤 지위에 있든 하나님 앞에서는 최고의 자리에 앉은 것입니다. 하나님은 다른 사람을 크다고 하지 않으십니다. 하나님을 경배하는 예배드리는 자를 크게 여겨주십니다.

그리고 그 예배를 통하여 은혜와 복을 계속해서 부어주십니다. 그러므로 성도는 늘 말씀을 사모하고 예배의 자리를 기뻐해야 합니다. 말씀을 사모하는 사람들은 늘 은혜를 받습니다. 하나님과 가까워지고, 은혜와 가까워지고, 축복과 가까워지는 것입니다.

여러분은 하나님의 말씀이 들려질 때 한 말씀도 놓치지 말고 말씀을 받아먹는 성도들이 되시기를 바랍니다. 예수님께서 야고보와 요한과 그 어머니에게 말씀하실 때에 다른 제자들이 들었습니다. 그리고 분히 여겼습니다. 이 말은 다른 제자들도 야고보와 요한의 어머니와 비슷한 생각을 하고 있었다는 말입니다.

이때 주신 예수님의 말씀이 오늘 읽은 본문입니다. 예수님은 하나님의 나라와 세상의 나라가 다른 것을 말씀하셨습니다. "세상에서는 높은 자리에 오르면 마음대로 주관하고 권세를 부린다. 그러나 너희는 그렇지 않아야 한다" 하셨습니다.

> "너희 중에는 그렇지 않아야 하나니 너희 중에 누구든지 크고자 하는 자는 너희를 섬기는 자가 되고 너희 중에 누구든지 으뜸이 되고자 하는 자는 너희의 종이 되어야 하리라"(26-27절).

여러분, 교회에 왜 나오는 것입니까? 이 질문을 오늘 주님께서 하고 계신 것입니다. "너희들도 세상 사람들과 똑같이 높아지고 대접받기 위해서 나오느냐? 너희들은 그렇지 않아야 한다"라고 말씀하십니다. 하나님을 믿는 사람들은 이 세상에 전부를 두는 것이 아닙니다. 우리의 전부는 오히려 저 영원한 나라에 있습니다. 그 나라가 더 크고 영원한 것을 믿기에 이 세상에서 잠깐의 어려움이나 고통을 참는 것입니다.

예수 믿는 사람들이 세상 사람들과 똑같은 목표를 가지고 똑같은 방식으로 산다면 예수는 왜 믿는 것입니까? 하나님께서는 왜 우리에게 말씀을 가까이하라, 좌로나 우로나 치우치지 말라고 그렇게 수없이 말씀하십니까? 우리 인간은 자신의 생각대로 살면 절대로 바른길로 갈 수 없기 때문입니다. 오직 성령으로 거듭나고 그 다음에 하나님의 말씀대로 살기 위해 애쓸 때 그 말씀이 우리로 하여금 바른길로 가도록 인도해 주십니다. 사람은 잠시라도 하나님의 말씀으로 은혜받지 못하면 영적으로 더러워집니다. 자꾸 악한 생각을 하게 됩니다. 그래서 입술과 행동도 죄를 짓게 되는 것입니다.

어떤 성도님이 제게 이런 말을 하더라구요. 어떤 분을 이야기하면서 이분이 예전에는 회사 이야기를 해도 다 하나님의 은혜였다고 이야기했는데 지금은 그런 말을 안 한다고, 은혜가 사라졌다고 이야기를 했습니다. 이것은 다른 사람의 이야기가 아닙니다. 내 이야기로 들어야 합니다. 내가 지금 이 자리에 있는 것이 하나님의 은혜임을 잊어버리고 있다면 이것이 큰 문제입니다. 우리는 날마다 은혜를 사모하고 은혜의 자리에 있어야 하는 것입니다. 예수님은 오늘 제자들에게 "너희가 크고자 하면 섬기는 자가 될 것이다. 으뜸이 되고자 하는 자는 종이 되어야 할 것이다"라고 하십니다.

반대로 하면 섬기는 자는 큰 자가 되고 종이 된 자는 으뜸이 될 것이라는 말씀입니다. 이 말씀은 제자들에게 주신 말씀이요, 교회에 주시는 말씀입니다. 교회는 섬기는 자들이 큰 자입니다. 몸으로 섬기고, 물질로 섬기고, 찬양으로, 전도로, 기도로 섬기는 자들이 큰 자입니다. 직분이 큰 것이 아닙니다.

정 목사가 큰 자입니까? 저도 이 땅에서가 아니라, 주님 앞에 섰을 때 주님께 큰 자라고 칭찬을 받고 싶습니다. 그러려면 누구보다 더 많이 섬겨야 합니다. 목사의 사명인 말씀으로 섬겨야 합니다. 그래서 늘 말씀을 여러분에게 먹이기 위해 잠을 못 잡니다. 물질도 성도들에게 본이 되기 위해 있는 힘껏 섬기려고 합니다.

요즘 우리 교회가 부흥하고 한국 교회의 주목받는 교회가 되다 보니 저에게 총회의 일을 섬기라고 하시는 분들이 많습니다. 그때마다 저는 대답하기를 "저는 도림교회의 소명을 받았습니다. 그런데 총회의 소명을 받지 못했습니다"라고 대답을 합니다. 하나님께서 부족한 저를 충성되이 여겨 도림교회의 수많은 영혼들을 천국으로 인도하라고 맡겨주셨는데 사실 이 일도 다 감당하지 못하는 것입니다.

그래서 총회와 관련된 일은 모두 피한 것입니다. 교회 건축이나 교회에 대한 미래를 준비하는 것도 하나님께서 '너에게 도림교회의 영혼들을 맡긴다' 하는 소명을 받았기에 오직 도림교회를 위하여 충성하는 것입니다. 우리 교회는 섬기는 분들이 많습니다. 어제도 권사의 직분을 맡았으니 그 사명을 감당하기 위해 권사기도회에 나와 기도하는 권사님들은 여러분을 기도로 섬긴 것입니다.

교회에 나와 건축헌금에 보탠다고 일을 하시는 분들을 보았습니다. 내가 낮아져서 종처럼 교회를 위하여 섬기는 것입니다. 노인학교로, 한글학교로, 디아코니아센터에서 주님을 위해 섬기는 이들을 하나님께서는 분명히 크다 하실 것입니다. 사도 바울은 늘 자신을 주님의 종이라고 지칭했습니다. 그런데 하나님은 바울을 많은 사람 가운데 종처럼 여기시지 않을 것입니다. 많은 사람 가운데 가장 으뜸이 되는 사람으로 세워주실 것입니다. 교회는 똑똑하고 유능한 사람을 통해 세워지는 것이 아닙니다. 섬기는 사람들을 통하여 부흥합니다. 하나님께서는 섬기는 사람들을 통하여 교회를 세우시고 이어 가십니다. 여러분, 섬기는 사람이 복된 사람입니다.

또한 섬길 수 있는 사람이 복된 사람입니다. 내가 생명 다하는 날까지 기도로 섬기고, 전도로 섬기고, 물질로 섬기며 그렇게 섬기다가 세상을 떠난다면 정말로 복된 인생입니다. 그리고 천국에서는 해 같이 빛나게 될 것이기 때문입니다. 서서평이라는 여성 선교사가 있습니다. 이분은 독일에서 사생아로 태어나 어머니도 그녀를 버리고 떠났습니다. 그녀는 미국으로 건너가 하나님의 은혜로 미션스쿨을 졸업하고 간호사가 됩니다. 뉴욕시립병원 실습 중 조선이란 나라에서 많은 사람들이 미개하여 전염병으로 죽어 간다는 소식을 듣고 선교사를 자원합니다.

일제 강점기에 조선에 온 그녀는 한국식 이름으로 서서평이라 짓고 조랑말을 타고 전국을 순회하며 한센병 환자들을 돌보았고 광주 제중병원을 중심으로 환자들을 돌보았습니다. 14명의 아이를 입양해 키우며 38명의 과부들과 함께 생활했습니다. 미국에서 보내온 자신의 생활비를 어려운 이웃들을 섬기는 일에 다 사용하였습니다.

그녀는 "내일 나 먹기 위해 오늘 굶는 사람을 그대로 못 본 척 할 수 없으며, 옷장에 옷을 넣어놓고서 당장 추위에 떠는 사람을 모른 척할 수 없습니다"라고 말했습니다. 그녀가 22년의 조선 생활을 마치고 54세의 나이로 세상을 떠났을 때 사인은 영양실조였습니다. 자기 몸을 돌보지 않고 불쌍한 사람들을 예수의 이름으로 섬긴 것입니다. 그의 침대에 쓰여 있던 좌우명은 "성공이 아니라 섬김이다"라는 문구였습니다.

그녀의 장례식에는 천 명이 넘는 많은 사람들이 울면서 어머니를 부르며 따라갔습니다. 그녀는 '푸른 눈의 예수' 또는 '조선의 마더 테레사'로 불리어졌고 그녀의 일대기가 영화로도 나왔습니다. 그녀는 부모에게는 버림받았어도 주님을 만났기에 주님을 위해 모든 것을 다 바쳤습니다. 서서평 선교사는 예수님을 닮아 산 것입니다.

예수님은 높은 자리에 앉기를 원하는 제자들에게 "인자가 온 것은 섬김을 받으려 함이 아니라 도리어 섬기려 하고 자기 목숨을 많은 사람의 대속물로 주려 함이니라"고 말씀하십니다. 이 말씀 그대로 예수님은 끝까지 세상을 섬겨 주셨습니다. 그리고 목숨까지 대속물로 주셨습니다. 그리고 예수님의 말씀을 따라 제자들이 가는 곳마다 섬김의 역사가 일어났습니다. 이 섬김을 통해 전 세계 교회가 세워진 것입니다.

예수님의 빛이 비추이는 곳마다 어둠이 물러가고 밝은 빛이 찾아왔습니다. 예수님의 빛이 비치자 슬픔이 사라지고 기쁨이 찾아왔습니다. 불행한 나라는 행복한 나라가 되었습니다. 예수님을 영접한 사람들은 새 삶을 살게 되었습니다. 이 예수님이 여러분에게도 임한 것입니다.

사랑하는 성도 여러분, 이 예수님을 놓치지 말고 사시기 바랍니다. 우리 교회에는 예수님을 닮은 사람들이 가득하여 이웃을 섬기고 교회 안에서도 서로를 낮추고 섬기며 서로를 축복하며 살아가는 행복한 공동체가 되기를 원합니다. 늘 교회를 가까이하고 말씀을 사모하며 빛 가운데로 걸어가는 행복한 성도들이 되시길 바랍니다.

적 용

ⓐ 오늘 말씀의 주제 파악하기:

ⓑ 오늘 말씀 중 은혜받은 부분 나누기:

ⓒ 삶에 구체적으로 적용하기:

함께 드리는 기도제목

1. 예수님처럼 높아지려 하지 않고 낮아져서 섬기는 겸손한 마음을 주소서.
2. 갓난아이가 젖을 사모하듯 주님의 말씀을 간절히 사모하는 마음을 주소서.
3. 우리 교회가 예수님의 빛이 되어 희망을 전하는 섬김의 공동체가 되게 하소서.

24

깨끗하게 하옵소서

- **본 문:** 요한복음 13장 1-11절(신 170쪽)
- **찬 송:** 274장(나 행한 것 죄뿐이니, 통 332장)
- **요 절:** "유월절 전에 예수께서 자기가 세상을 떠나 아버지께로 돌아가실 때가 이른 줄 아시고 세상에 있는 자기 사람들을 사랑하시되 끝까지 사랑하시니라"(요 13:1)

예수님께서 잡히시기 전날 밤 제자들과 최후의 만찬을 하셨습니다. 예수님은 지금까지 3년 동안을 제자들과 함께 다니시며 많은 것을 보여주시고 가르쳐 주셨습니다. 이제 내일이면 제자들과 헤어져야 합니다. 믿음이 약한 제자들은 죽음이 두려워 뿔뿔이 흩어질 것입니다. 예수님께서 잡히실 것을 말씀하시자 베드로는 앞장서서 모든 사람이 다 주님을 부인할지라도 나는 그러하지 않겠다고 장담했습니다. 다른 제자들도 모두 같은 말을 했습니다. 예수님께서는 제자들의 자신만만함이 얼마나 약하고 변질되기 쉬운 인간의 교만이었는지를 다 알고 계셨습니다.

오늘 말씀에 예수님은 자기 사람들을 사랑하시되 끝까지 사랑하셨다고 했습니다. "너희들 조금 후에 다 나를 버리고 도망칠 것을 나는 다 안다. 그래도 너희를 사랑한다"라고 하시는 말씀입니다. 그래서 오늘도 마지막 교훈을 주시기 위해서 제자들과 마지막 만찬을 하시고 세족식도 행하십니다.

이 말씀은 오늘도 우리에게 주시는 말씀입니다. 우리도 제자들처럼 주님을 배신하고 주님의 마음을 아프시게 한 적이 너무 많습니다. 그런데도 오늘 주님은 우리를 사랑하셔서 주님 앞으로 불러주셨습니다. 그리고 말씀으로 우리를 씻어 주십니다. 주님의 성찬에 우리를 참여하게 해주십니다. 그러므로 오늘 우리는 말씀으로 우리를 불러주신 것과 주의 성찬에 참여하게 해주신 것을 진심으로 감사하며 이 예식에 임하시기 바랍니다.

주님은 최후의 만찬을 하시던 도중 갑자기 일어나 겉옷을 벗고 수건을 허리에 두르시고 대야에 물을 떠다가 제자들의 발을 씻기시기 시작했습니다. 정황을 보면 제자들은 발을 씻지 않고 식사 자리에 임했던 것으로 보입니다.

일반적으로 먼 길을 걸으면 샌들을 신은 발에 먼지가 잔뜩 묻어있고 이것을 종들이 씻겨 줍니다. 그런데 당시 발을 씻을 여건이 되지 않았던 것으로 보입니다. 안타까운 것은 예수님께서도 발을 씻지 않고 식사 자리에 임한 것입니다.

주석을 보면 제자들이 조금 전에 서로 높은 자리에 앉겠다고 다투었는데, "나보다 낮은 네가 예수님의 발을 씻어라" 하며 서로가 예수님의 발을 씻겨드리는 것을 회피한 것입니다. 내가 예수님의 발을 씻겨드리면 나는 이 제자 중에 가장 서열이 낮은 제자가 되기 때문입니다. 아는 목사님이 은퇴한 후 경로당에 한 번 가보았답니다. 나이가 얼마냐고 묻기에 칠십 몇 세라고 했더니 여기서 제일 막내니까 심부름 좀 하라고 심부름을 시키더라는 것입니다. 주로 가장 낮은 사람이 심부름을 합니다. 인간의 이러한 모습은 2천 년 전 제자들이나 오늘의 세상이나 변함이 없습니다. 인간의 본성은 변하지 않기 때문입니다. 제자들은 낮아지지 않았습니다.

예수님은 이러한 상황에서 갑자기 식사를 중단하시고 제자들의 발을 씻기신 것입니다. 수제자 베드로는 "주여, 주께서 내 발을 씻으시나이까" 하고 당황하여 어쩔 줄 모릅니다. 제자가 스승의 발을 씻는 것은 있어도 스승이 제자의 발을 씻기는 법은 없습니다. 그러니 당황할 수밖에 없습니다.

예수님은 "내가 하는 것을 네가 지금은 알지 못하나 이후에는 알리라"고 대답하셨습니다. 그렇습니다. 예수님의 말씀 그대로 베드로는 이후에는 알았습니다. 그래서 마지막 순교할 때에 나는 감히 예수님처럼 십자가에 못 박힐 자격도 없으니 나를 십자가에 거꾸로 매달아 달라고 부탁합니다. 죽음을 두려워하였던 베드로가 성령 체험을 한 후에 사명을 깨달은 것입니다.

그런데 지금 베드로는 "내 발을 절대로 씻지 못하시리이다"라고 말합니다. 아마 예수님의 손을 붙잡고 완강하게 말했을 것입니다. 왜 베드로는 지금 하는 일을 알지 못하나 이후에는 알게 됩니까? 지금 베드로는 예수님을 따른다고는 하지만 성령을 받지 못했습니다. 자기의 의지와 판단으로 따른 것이었습니다. 예수님을 따르는 것은 인간적인 결단으로 할 수 있는 일이 아닙니다. 주님의 일을 하는 것, 교회를 섬기는 일도 인간적인 결단으로 하면 한계가 곧 드러납니다. 성령님께서 주시는 능력으로 일해야 끝까지 그 일을 감당할 수 있습니다.

오늘 본문에 나오는 인간적인 결단으로 예수님을 따르다가 끝을 맺은 대표적인 인물이 가룟 유다입니다. 가룟 유다도 집과 가족을 버리고 예수님을 따른 제자입니다. 3년 동안 고생도 많이 했습니다. 그런데 예수님께서 혁명을 일으키고 왕으로 오르실 것이라는 생각이 변하지 않았기 때문에 그는 실패한 자가 되고 말았습니다. 이러한 마음에 마귀가 틈탔던 것입니다. 그래서 2절에 마귀가 벌써 가룟 유다의 마음에 예수님을 팔 생각을 넣었다고 했습니다. 왜 하필 가룟 유다입니까? 그는 마음에 시험 당할 준비가 미리 되어 있었다는 이야기입니다.

오늘 예수님은 가룟 유다의 발도 씻어 주셨습니다. 가룟 유다의 발을 씻기시는 우리 주님의 마음을 생각해 보십시오. '가룟 유다야, 네 마음을 좀 돌이킬 수는 없니? 내가 너를 사랑한다. 너의 일은 사람들 위에 있는 것이 아니라 이렇게 섬기는 것이다. 그럴 때 하늘의 상이 있다. 제발 돌아오라' 하는 마음으로 가룟 유다의 발아래 엎드려 씻겨 주셨을 것입니다. 그런데도 마귀에게 이미 마음을 빼앗긴 가룟 유다는 돌아오지 않습니다.

우리는 어떠한 일이 있어도 마귀에게 틈을 주면 안 됩니다. 인생을 살면서 사업에 실패하고, 입시에 실패하고, 결혼에 실패하고 다른 것은 실패해도 괜찮습니다. 그러나 마귀와의 싸움에서 실패하면 이것은 큰일 나는 것입니다. 예수님께서 베드로에게 "내가 너를 씻어 주지 아니하면 네가 나와 상관이 없느니라"고 말씀하시자 베드로는 "주여, 내 발뿐 아니라 손과 머리도 씻어주옵소서"라고 합니다. 베드로는 그 어느 제자보다 예수님께 더 가까이 가고자 하는 열망이 있었습니다. 이 열정이 베드로로 하여금 수석 제자가 되게 했던 것입니다.

천주교에서는 제1대 교황으로 베드로를 이야기합니다. 그 열정을 주님은 좋게 보시고 베드로에게 많은 일을 맡기셨던 것입니다. 예수님은 "이미 목욕한 자는 발밖에 씻을 필요가 없느니라 온몸이 깨끗하니라 너희가 깨끗하나 다는 아니니라"고 말씀하셨습니다. 예수님의 말씀은 원죄와 자범죄를 의미하신 것입니다.

자범죄란 우리가 매일 짓는 죄를 말합니다. 죄를 짓지 않는 인생은 없습니다. 그래서 우리는 예배의 자리로 나아와 우리의 죄를 고백하고 예배를 통하여 주시는 사죄의 은총을 믿음으로 입는 것입니다. 너희는 하나님을 믿음으로 이미 원죄는 사하여졌다. 그러므로 온몸을 다 씻을 필요는 없다고 상징적으로 죄와 씻음을 말씀하신 것입니다.

그러나 다는 아니라고 하신 것은 가룟 유다는 처음에는 다른 제자들처럼 주님의 부르심을 받았으나 마귀에게 영혼을 팔아먹은 자였기 때문입니다. 그래서 온몸이 깨끗하지 않다고 하신 것입니다. 즉 원죄의 문제를 해결받지 못했다는 말입니다.

성경에는 하나님을 믿었다가 다른 길로 간 많은 사람들의 이야기가 나옵니다. 가인이 그랬고, 사울 왕이 그랬고, 아간이 그랬고, 고라와 다단과 아비람이 그랬고, 아나니아와 삽비라가 그랬고, 가룟 유다가 그랬습니다. 이들은 돌아오지 않는 길로 갔습니다. 그런데 하나님은 집 나간 탕자가 돌아오기를 기다리시는 것처럼 죄에 빠진 자들이 돌아오기를 기다리고 계십니다.

그래서 돌아온 사람들의 이야기는 성경에 더 많습니다. 아브람, 다윗, 삼손, 사도 바울 등 많은 성경의 인물들이 죄를 지었으나 다시 돌아왔습니다. 그래서 하나님이 사용하시는 일꾼들이 되었습니다.

오늘 제자들을 끝까지 사랑하신 예수님께서 우리도 끝까지 사랑하셔서 이 자리에 불러 주셨습니다. 그리고 우리로 하여금 주님의 살과 피를 재현하는 성찬의 예식에 참여하도록 허락해 주셨습니다. 고린도전서 11장 26-29절에 "너희가 이 떡을 먹으며 이 잔을 마실 때마다 주의 죽으심을 그가 오실 때까지 전하는 것이니라 그러므로 누구든지 주의 떡이나 잔을 합당하지 않게 먹고 마시는 자는 주의 몸과 피에 대하여 죄를 짓는 것이니라 사람이 자기를 살피고 그 후에야 이 떡을 먹고 이 잔을 마실지니 주의 몸을 분별하지 못하고 먹고 마시는 자는 자기의 죄를 먹고 마시는 것이니라"고 하셨습니다.

주의 몸을 분별하는 것이 무엇입니까? 자기를 살피는 것이 무엇입니까? 하나님 말씀 앞에 진정한 회개와 감사가 있어야 한다는 말입니다. 내가 은혜를 감사하며 주님 앞에 나왔는지를 살펴보라는 것입니다. 주님은 우리를 자녀로 불러 주셨습니다.

그리고 주님이 머리이신 교회를 섬기라 하셨습니다. 교회의 사명은 복음을 전하는 것입니다. 성찬에 앞서 우리가 주님을 어떻게 모시고 살았는지 우리 자신을 돌아보기를 바랍니다. 그리고 나의 죄를 씻겨 주심에 진심으로 감사하는 오늘의 성찬 예식이 되시기를 바랍니다.

적 용

ⓐ 오늘 말씀의 주제 파악하기:

ⓑ 오늘 말씀 중 은혜받은 부분 나누기:

ⓒ 삶에 구체적으로 적용하기:

함께 드리는 기도제목

1. 높아지려는 교만한 마음을 버리고 낮아져서 서로 섬기는 자들이 되게 하소서.
2. 말씀과 성령으로 늘 깨끗하게 하시고 주의 은혜에 합당한 삶을 살게 하소서.
3. 주님의 몸과 피로 저희 죄를 씻어 주시고 새로운 마음으로 주님을 섬기게 하소서.

25

너는 하나님께 소망을 두라

본 문: 시편 43장 1-5절(구 833쪽)
찬 송: 488장(이 몸의 소망 무언가, 통 539장)
요 절: "내 영혼아 네가 어찌하여 낙심하며 어찌하여 내 속에서 불안해하는가 너는 하나님께 소망을 두라 그가 나타나 도우심으로 말미암아 내 하나님을 여전히 찬송하리로다"(시 43:5)

하나님은 살아 역사하신다고 하는데 우리가 사는 세상에는 불합리하고 억울한 일들이 많습니다. 뉴스에 보니 딸이 몹쓸 짓을 당하고 죽었는데, 가해자는 고작 몇 년 징역형을 받았습니다. 아버지는 재판이 끝난 다음에 밖으로 나와 실성한 사람처럼 나무에, 벽에 머리를 마구 부딪치고 땅바닥을 뒹굴며 "봐라, 나는 이 세상을 저주할 거다"라고 절규합니다. 이 광경을 보고 마음이 많이 아팠습니다.

이런 일들이 너무 많습니다. 여러분, 세상에 억울한 사람들이 없는 그날이 올 것이라고 생각합니까? 우리가 사는 세상은 조금씩 바뀌어 나갈 수는 있습니다. 성경의 말씀처럼 우리는 약한 자들을 돕고 가난한 자들을 섬겨야 합니다. 사회정의를 위해 크리스천들은 싸워야 합니다. 우리는 그것을 위해 힘써야 합니다. 그러나 완전한 세상은 없습니다.

시편이 기록된 수천 년 전이나 과학과 문명이 발달한 지금이나 힘없는 사람들은 언제나 어려움을 당하면서도 내 힘으로 그 문제를 풀지 못합니다. 시편에는 '왜 악인들이 저주를 받지 않고 형통하는가?' 하는 질문들이 많이 나옵니다. 그저 학문적으로 이야기하는 것이 아니라 삶 속에서 고통 가운데 절규하는 내용들입니다. 그래서 많은 시편의 기도는 우리에게 저절로 공감이 되는 내용들입니다.

오늘 시편도 경건하지 않은 나라들에게 하나님의 백성들이 고난을 당하는 배경이 나옵니다. 또 불의한 자들이 의로운 자들을 괴롭게 합니다. 성서학자들은 이 배경을 히스기야 왕 시대에 앗시리아의 침략을 받고 고통을 겪을 때라고 해석을 합니다.

유다 왕 중에 그렇게 하나님을 잘 섬긴 왕이 전에도 후에도 없었다고 했고 하는 일마다 형통하였다고 했는데 히스기야 왕 때에도 어려움이 찾아왔다는 말입니다. 그래서 히스기야 왕은 벽 앞에 앉아 금식하며 기도하였습니다. 하나님을 믿는 자들은 이러한 일을 겪으며 흔들림 없이 신앙생활하는 것이 아니라 마음에 갈등도 일어나고 힘들어합니다. 성도 여러분, 이러한 일이 실제는 영적 전쟁입니다. 우리가 세상에서 불의한 자들과 결탁하지 않으려 하고 하나님 말씀을 지키며 살기 위해 때로는 어려움도 불사하는 것이 세상과의 싸움뿐 아니라 영적 전쟁이라는 것을 잊어서는 안 됩니다.

'오늘 몸이 불편해요. 주일예배를 한 번 쉬었으면 좋겠어요.' 이것이 육체와의 싸움만이 아닙니다. 영적 전쟁임을 잊어서는 안 되는 것입니다. 그런데 악한 자들은 늘 남을 속이고 빼앗는 것만 연구하니 그들과의 싸움에서 이기기가 힘이 듭니다. 사도 바울도 로마서에서 악한 자들에 대해 이렇게 말씀합니다.

“그들의 목구멍은 열린 무덤이요 그 혀로는 속임을 일삼으며 그 입술에는 독사의 독이 있고 그 입에는 저주와 악독이 가득하고 그 발은 피 흘리는 데 빠른지라. 파멸과 고생이 그 길에 있어 평강의 길을 알지 못하였고 그들의 눈앞에 하나님을 두려워함이 없느니라 함과 같으니라”(롬 3:13-18).

이렇게 굉장한 자들과 어떻게 싸우겠습니까? 그래서 성도는 전능하신 하나님께 기도해야 하는 것입니다. 오늘도 말씀에서 경건하지 아니한 나라들에 대하여 내 송사를 변호하시며 간사하고 불의한 자들에게서 나를 건져 달라고 기도하고 있습니다. 그런데 기도하면 즉시 문제를 해결해 주시면 좋겠는데 상황이 변하지 않습니다.

그래서 2절에 “주는 나의 힘이 되신 하나님이시거늘 어찌하여 나를 버리셨나이까 내가 어찌하여 원수의 억압으로 말미암아 슬프게 다니나이까”라고 절규합니다. “어찌하여 나를 버리셨나이까”라는 말은 예수님의 십자가상의 칠언을 생각나게 합니다.

예수님의 기도는 하나님께서 나를 버리셨다는 말이 아닙니다. 하나님께서 버리시면 하나님이 조롱거리가 되니 절대로 버리시지 않을 것이라는 강한 긍정의 표현입니다. 오늘 시편에서도 같은 의미입니다. 내가 하나님의 자녀인 것을 세상이 다 아는데 원수의 억압으로 슬프게 다니는 것을 하나님께서는 절대로 보지 않으실 것이라는 것을 믿기 때문에 드리는 확신의 기도입니다. 우리에게 이 믿음의 기도가 있기를 원합니다.

하나님은 절대로 우리를 버리시지 않으십니다. 하나님은 우리를 눈동자 같이 여기신다고 하셨습니다. 세상에서는 배우자를 버리기도 하고, 직장에서 버림을 받기도 합니다. 세상에서는 못나고 실력

없으면 '아차' 하는 순간 버림을 받습니다. 그러나 하나님은 절대로 우리를 버리시지 않으십니다.

우리의 시련도 우리를 강하게 하시려는, 때로는 우리에게 기도하라는, 하나님께 더 가까이 나아오라는 뜻으로 알아야 합니다. 그러면 이길 힘도 주십니다. 은혜를 차지하려는 사람에게는 눈물이 필요합니다. 축복을 차지하려는 사람에게는 연단이 필요합니다. 십자가 없이는 면류관이 없습니다. 어떤 사람들은 수고도 없이 대가만 차지하려고 합니다. 씨를 뿌리지 않고 열매를 거두려고 합니다. 그렇게 얻은 것은 가치가 없습니다. 쉽게 빼앗겨 버리고 맙니다. 어떠한 수고와 어려움이 있어도 하나님께서 피할 길을 주신다 하셨으니 이길 수 있다는 확신으로 나아가시기 바랍니다.

우리는 인생의 모든 것을 하나님께서 주관하신다는 믿음으로 살아야 합니다. 직장 생활도 그렇습니다. 직장에 갈등이 있으면 즐거울 수가 없습니다. 즐겁지 않으니 잘될 수가 없습니다. '하나님께서 나를 이 직장에 보내신 것은 하나님의 뜻이 있다.' 이렇게 하나님을 믿는 적극적인 믿음이 있어야 하는 것입니다.

신앙생활도 그렇습니다. 신앙생활(信仰生活)이라는 한자어 그대로 하나님을 믿고 의지하는 생활입니다. 하나님을 믿고 의지할 때 봉사하는 것도 하나님의 은혜요, 예배드리는 것도 은혜요, 교회에서 하는 모든 일이 은혜가 되는 것입니다. 교회 생활도 하나님께서 나에게 복을 주시려고 도림교회로 인도하셨다는 사실을 믿는 믿음이 필요합니다. 내가 선택한 것이 아니라 하나님께서 선택해 주신 것을 믿어야 합니다. 그러면 갈등이 있어도 축복으로 만들어 나가는 신앙이 되는 것입니다.

오늘 말씀에 고난의 상황에서도 성전에 이르기를 간구하는 시편

기자의 모습을 볼 수 있습니다. 주의 거룩한 산이나 주께서 계시는 곳은 예루살렘 성전을 의미하는 말입니다. 그렇습니다. 어떠한 일이 있어도 성전을 사랑하고 교회를 사모하는 성도는 절대로 잘못될 수가 없는 것입니다.

유튜브에서 우연히 어떤 유명한 목사님의 설교 제목을 보고 들어가 보았는데 그분이 다른 목사님의 설교를 인용하면서 "젊은 목사가 교회를 성전이라 말하는 것을 보면서 굉장한 충격을 받았다. 교인들을 잘못되게 그루밍하고 있다"라고 까지 표현을 쓰는 것을 보면서 오히려 제가 굉장한 충격을 받았습니다.

신학적으로 그분의 주장이 틀린 말이 아닙니다. 교회와 예배당은 다릅니다. 그런데 우리는 일반적으로 예배당을 교회라고 부릅니다. 또 성전이라고도 말합니다. 그곳은 하나님께 예배드리는 곳이요, 내가 은혜받는 곳이요, 축복받는 거룩한 곳입니다. 가장 소중한 곳입니다. 구약의 성전과 신약의 교회당을 그리고 성도의 공동체인 교회를 구분하지 못해서 그런 것이 아닙니다. 그런데 설교 내내 그것을 비판하면서 교인들을 잘못된 길로 인도한다고 해서 이분이 이단도 아니고 훌륭하게 목회하신 분인데 은퇴하신 목사님께서 왜 이렇게 설교하시나 안타까운 마음이 들었습니다. 그분의 설교를 여러 편 보았더니 한결같이 한국 교회가 무엇이 잘못되었다는 설교가 대부분이었습니다. 그래서 인기가 있습니다. 조회수가 굉장히 많습니다.

제가 이 말씀을 전하는 것은 유튜브로 유명하다는 목사님 설교 듣는 것 좋아하고, 강의 듣는 것 좋아하는 교인들이 있을까 염려되어 하는 말입니다. 밖에 이곳저곳 기웃거리며 자꾸 돌아다니면 바람나는 것입니다. 사상이 오염된다는 말입니다. 모든 것을 삐딱하게 보게 되어 있습니다. 이런 것들은 굉장한 중독성이 있습니다. 전에 그분이 노회에서 이단 시비가 있었고, 목사 면직까지 되었던 것을 기억하며 '아, 그래서 이분이 그렇게 되었구나' 하고 생각을 하게 되었습니다. 그런 설교를 들으며 신앙적인 우월감을 가지고 살아가는 바리새교인이 될까 두려워 이 말씀을 전하는 것입니다.

가정에서도 주님을 만날 수 있습니다. 길을 가면서도 주님을 만날 수 있습니다. 교인들이 모여 함께 기도하면 그곳이 교회가 될 수 있습니다. 그러나 여러분은 정신 똑바로 차려야 합니다. 하나님께서 우리를 공동체로 불러주신 교회에 모이기를 힘쓰십시오. 교회를 사랑하고 사모하십시오. 하며 '참새는 주의 성전을 마음대로 드나드는데 나는 주의 성전을 갈 수 없구나' 하며 안타까워했던 다윗의 심정처럼 주의 성전을 사모하는 자는 승리할 수 있는 것입니다.

삐딱한 사람들은 '교회당에 모이기를 힘쓰라고 해야지 왜 교회라고 하나'라고 생각합니다. 그런 사람은 어떤 설교를 들어도 자기 입맛에 맞지 않으면 은혜를 못 받습니다. 성전이라고 하면 어떻습니까? 제가 늘 말씀드렸듯이 그런 것은 중요한 것이 아니라고 했습니다. 그런 것 가지고, 단어 하나 가지고, 피아노 놓느냐 못 놓느냐 하는 문제 가지고 서로 싸우고 미워하고 갈라진 것이 한국 교회 역사였습니다.

무엇보다 더 긴급하고 중요한 것은 오늘 한국 교회가 빛과 소금이 되지 못하고, 성도들도 세상 사람들과 구별되지 않는 모습으로 살아가고, 지도자들의 탈선과 타락으로 세상의 손가락질을 받고 있는 것을 우리는 회개하며 나아가야 하는 것입니다. 한국 교회가 지금 신음하고 있습니다. 특히 우리 통합 교단이 어려움 가운데 고통스럽습니다. 교회 밖으로 싸워야 하고 내적으로 순결성을 잃어가는 교회에 대해 몸부림을 치고 교인들은 길을 잃고 있습니다.

악한 영들이 이러한 기회를 놓치지 않고 교회를 흔들고 무너뜨리려 합니다. 성도 여러분, 우리는 다른 것 가지고 싸우는 것이 아니라 하나님의 말씀대로 순종하며 사느냐의 문제를 가지고 싸워야 하는 것입니다. 지금 우리는 코로나의 힘든 시기를 겨우 지났습니다. 모두 힘겨워하고 있습니다. 이럴 때 오늘 말씀에 기록된 것처럼 우리는 하나님을 더욱 사모하며 하나님께로 나와야 하는 것입니다.

아우슈비츠 수용소에서 수많은 유대인들이 학살을 당했습니다. 폴란드의 기념관에 가보니 건물마다 독가스로 사형당한 유대인들이 착용했던 안경, 신발, 의족, 가방 등이 산더미처럼 쌓여 있었습니다. 그곳을 방문하는 내내 모두가 말이 없었습니다. 말이 나오지를 않았습니다. 그들은 아우슈비츠에서 "하나님은 어디 계십니까" 하고 부르짖었습니다. 그렇게 죽어 갔습니다.

그런데 한 벽에 '하나님은 여기에 계신다'(God is here)라는 글이 새겨져 있었습니다. 그렇습니다. 죽음 앞에서도 하나님이 우리와 함께 계신다는 믿음이 승리하는 것입니다. 이 믿음이 없었다면 이스라엘은 그저 사라지고 말았을 것입니다. 수천 년을 나라 없이 떠돌면서도 이들이 다시 일어설 수 있었던 것은 오직 하나, 하나님이 우리와 함께 계신다는 믿음이었습니다. 그것 외에는 설명할 길이 없습니다.

하나님이 우리와 함께 계신다는 것을 믿는 믿음의 사람들은 불평하거나 절망하지 않습니다. 오늘 5절에도 "내 영혼아 네가 어찌하여 낙심하며 어찌하여 내 속에서 불안해하는가 너는 하나님께 소망을 두라 그가 나타나 도우심으로 말미암아 내 하나님을 여전히 찬송하리로다"라고 고백합니다. 저는 이 5절 말씀을 여러 번 반복하며 묵상을 했는데, 이 말씀은 고난 가운데 드리는 기도가 아니라 승리의 외침으로 들렸습니다. 그렇습니다. 우리도 낙심하며 불안해할 수 있습니다. 이것은 인간의 본성이요 나약함 때문입니다. 그러나 우리는 말씀을 굳게 믿고 오직 하나님께 소망을 두시기 바랍니다. 하나님은 진짜 소망이십니다. 하나님께 소망을 두면 우리에게 다가오시고 우리를 굳세게 해주십니다.

그리고 세상을 이길 힘을 주십니다. 우리를 도와주십니다. 그래서 어떻게 됩니까? "내 하나님을 여전히 찬송하리로다." 성도 여러분, 어떠한 형편과 처지에 있든지 하나님의 성전을 사모하십시오. 즉 예배의 자리를 사모하십시오. 성도들의 모임에 하나님은 함께해 주십니다. 그리고 우리로 인하여 찬송을 받으실 것입니다. 우리는 매 주일 파송의 찬양을 부릅니다. 이렇게 찬양하며 세상으로 나아가라는 의미입니다. 오늘도 파송의 찬양의 가사가 우리의 신앙 고백이 되고 기도가 되기를 원합니다.

"깊은 슬픔 가운데 홀로 방황할 때에 주님은 나를 위로하셨네 힘든 세상 일 속에 지쳐 쓰러질 때도 주님은 나를 인도하셨네 나는 믿노라 하나님이 함께하심을 나는 믿노라 하나님이 나와 함께하심을 나는 믿노라" 고백하며 나아가는 성도들이 되시기를 바랍니다.

적 용

ⓐ 오늘 말씀의 주제 파악하기:

ⓑ 오늘 말씀 중 은혜받은 부분 나누기:

ⓒ 삶에 구체적으로 적용하기:

함께 드리는 기도제목

1. 이해되지 않는 고난에서 엎드려 기도함으로 하늘 위로와 새 힘을 얻게 하소서.
2. 낙심과 유혹 속에서도 하나님만을 바라보며 믿음으로 이기게 하소서.
3. 성전을 사모했던 다윗처럼 어떤 상황에서도 예배의 자리를 사모하게 하소서.

26

잘되는 가정이 되십시오

- **본 문:** 시편 127장 1-5절(구 899쪽)
- **찬 송:** 556장(날마다 주님을 의지하는)
- **요 절:** "여호와께서 집을 세우지 아니하시면 세우는 자의 수고가 헛되며 여호와께서 성을 지키지 아니하시면 파수꾼의 깨어 있음이 헛되도다" (시 127:1)

맥추절은 이스라엘 백성들이 이집트의 노예로 살다가 하나님의 은혜로 해방되어 가나안 땅에 들어가 첫 추수를 하고 하나님께 감사한 절기입니다. 지금까지 농사를 지었어도 내 것이 아니었지만 이제 내 땅에서 내 추수를 거두게 되었습니다. 하나님께서는 이것을 잊지 말고 대대로 절기를 기억하여 지키라 하셨습니다.

감사는 하나님의 명령입니다. 하나님께 감사하는 사람은 불평하지 않습니다. 하나님께 감사하는 사람은 신앙생활이 행복합니다. 그러나 불평하는 사람은 신앙생활이 행복할 수가 없습니다. 하나님께서는 우리가 행복하게 살라고 감사를 명하신 것입니다. 감사는 감사할 것이 있을 때만 감사하는 것이 아닙니다. 그것은 보통 사람들도 그렇게 합니다. 세 종류의 사람이 있습니다. 첫째는 감사할 것이 있을 때에 감사하는 사람입니다. 둘째는 감사할 것이 있는데도 불평하는 사람입니다. 셋째는 감사할 것이 없어도 감사하는 사람입니다.

하나님께서는 범사에 감사하라고 하셨습니다. 이 말씀은 형통할 때에도 감사하지만, 불통할 때에도 감사하라는 말씀입니다. 건강할 때에도 감사하지만, 아플 때에도 감사하라는 말씀입니다. 좋은 일이 있을 때 추억이라 생각하면 감사가 나옵니다. 나쁜 일이 있어도 경험이라 생각하면 감사할 수 있습니다.

옛말에 가장 지혜로운 사람은 항상 배우는 사람이고, 가장 강한 사람은 자기 자신을 이기는 사람이고, 가장 행복한 사람은 항상 감사하며 사는 사람이라는 말이 있습니다. 행복하기 때문에 감사하는 것이 아니라 감사하기 때문에 행복한 것입니다.

감사에 대한 수많은 책과 논문과 의학, 심리학, 신학, 사회학 등에서 많은 연구 보고가 있습니다. 감사에 대한 많은 자서전과 간증들이 있습니다. 감사는 기적을 가져온다는 것입니다. 감사가 이렇게 놀라운 능력이 있는데 사람들은 감사를 잘 모릅니다.

감사는 하나님의 명령입니다. 하나님은 우리를 지으셨기 때문에 감사가 얼마나 중요한 것인지를 잘 아십니다. 우리 인생에 감사를 통하여 받는 기적을 선물로 주셨습니다. 그래서 범사에 감사하라고 하신 것입니다. 감사는 문제를 해결하는 능력이 있습니다. 감사는 상처를 치유하는 능력이 있습니다. 성도 여러분, 모든 것을 감사하는 성도들이 되시기를 바랍니다.

불평은 마귀가 주는 것입니다. 마귀에게 속지 마십시오. 그리고 하나님께서 주신 행복을 감사로 차지하는 성도들이 되시기를 바랍니다. 우리 인생은 하나님께서 복을 주셔야 행복할 수 있습니다. 사람이 아무리 많은 계획을 세우고 준비한다 할지라도 그 계획이 다 이루어지지 않습니다. 그래서 오늘 성경은 "여호와께서 집을 세우지 아니하시면 세우는 자의 수고가 헛되며 여호와께서 성을 지키지 아니하시면 파수꾼의 깨어 있음이 헛되도다 너희가 일찍이 일어나고 늦게 누우며 수고의 떡을 먹음이 헛되도다"라고 말씀합니다.

사람이 집을 열심히 세웠는데 사람이 세우는 것이 아니라는 말씀입니다. 사울 왕은 자기 왕위를 지키기 위해 다윗을 죽이려고 열심히 쫓아다녔습니다. 그런데 하나님께서는 사울 왕의 집을 세워 주시지 않았습니다. 그래서 오히려 자기도 죽고 아들도 죽고 왕위는 다윗에게로 넘어갔습니다. 자기 힘으로 집안을 세우려 했지만 엉망이 되고 말았습니다.

"여호와께서 성을 지키지 아니하시면 파수꾼의 깨어 있음이 헛되도다"라고 하십니다. 사람들은 자기의 것을 지키기 위해 수고를 합니다. 밤을 새워 지킵니다. 그런데 하나님께서 함께하시지 않으시면 물질도, 명예도, 건강도, 친구도 다 도망가고 맙니다.

노력만 가지고 되는 것이 아닙니다. 아무리 머리가 좋아도 아프리카 시골에 태어나면 소용이 없습니다. 동남아의 학교 교사 출신들이 한국에 노동자로 돈 벌러 오지 않습니까?

들판에 꽃 한 송이가 피려 해도 하나님께서 비를 주시고, 햇빛을 주시고, 도와주셔야 합니다. 그래서 우리 주님은 염려하지 말라고, 들의 백합화를 보라고, 길쌈도 하지 않고 수고도 하지 않아도 하나님께서 다 키우시는 것이라고 하물며 하나님의 자녀인 너희일까 보냐 하고 말씀하신 것입니다. 하나님의 은혜가 있으면 하나님께서 우리의 성을 지켜 주시는 것입니다.

“너희가 일찍이 일어나고 늦게 누우며 수고의 떡을 먹음이 헛되도다”라고 하십니다. 부부가 아이들을 맡겨놓고 열심히 맞벌이를 하고, 밤늦게 돌아오며 투잡을 하고 수고의 떡을 먹었는데 하나님께서 도와주시지 아니하면 다 헛된 수고가 되고 만다는 말입니다.

조금이라도 번 돈을 더 늘려 보겠다고 주식을 하고 하루 종일 주식 생각만 하고 살았습니다. 그런데 주식이 휴지 조각이 되고 맙니다. 자식 키우기 위해 그 고생을 했는데 자녀는 부모님 말씀 듣지 않고 곁길로 가 버리고, 너무 무리하게 일한 나머지 몸은 병들고 맙니다. 열심히 성실하게 사는 것은 맞지만 그런다고 다 되는 것이 아닙니다. 그런데 “여호와께서 그의 사랑하시는 자에게는 잠을 주시는도다”라고 했습니다. 잠을 주신다는 것은 인생의 걱정거리가 없게 하신다는 뜻입니다.

가끔 잠을 이루지 못해 너무 고통스럽다고 기도해 달라고 찾아오시는 성도들이 있습니다. 한 달을 못 잤다고 하시는 분도 있고 몇 달을 잠을 못 자고 산다고 하시는 분도 있습니다. 제가 얼마 전에 잠이 오지 않아 뒤척이다가 아침이 되어 하루 일과를 시작하려니 얼마나 힘이 드는지 모릅니다. 사람들을 만나고 일은 해야 하는데 정신이 혼미하여 일을 제대로 할 수가 없으니 고통스러웠습니다.

하루 이틀을 제대로 못 자도 그런데 한 달을 잠 못 자고 살면 얼마나 고통스럽겠습니까? 평안한 마음으로 매일 단잠을 이루는 것이 얼마나 큰 축복입니까? 성도 여러분, 하나님께서 여러분의 집을 세워 주시고, 여러분의 일터를 지켜 주시고, 평안한 잠을 주시는 가정의 잘되는 축복이 여러분에게 있기를 바랍니다. 부부가 함께 가정을 위하여 하나님께 기도하십시오. 그러면 인생에 후회가 없도록 도와주십니다.

3절 이하에 자녀에 대한 축복의 말씀을 주십니다.

> "보라 자식들은 여호와의 기업이요 태의 열매는 그의 상급이로다 젊은 자의 자식은 장사의 수중의 화살 같으니 이것이 그의 화살통에 가득한 자는 복되도다 그들이 성문에서 그들의 원수와 담판할 때에 수치를 당하지 아니하리로다"(3-5절).

요즘은 자녀를 낳아도 늘 걱정이 이어집니다. 초등학교에 들어가면 '학교에 가서 왕따는 당하지 않을까? 교통사고는 나지 않을까?' 모든 것이 걱정입니다. 고등학교에 들어가면 대학 갈 걱정, 등록금 걱정, 대학에 들어가면 취직할 걱정, 결혼시킬 걱정, 자녀 걱정은 끝이 없습니다. 그런데 걱정한다고 걱정이 내 자녀를 지켜 주는 것이 아닙니다. 성경은 "마땅히 행할 길을 아이에게 가르치라 그리하면 늙어서도 그것을 떠나지 아니하리라"고 말씀하셨습니다. 하나님의 말씀을 가르치고 믿음을 심어놓으면 하나님께서 그 길을 인도해 주십니다. 걱정할 일은 많지만 너무 걱정하지 마세요. 걱정할 시간 있으면 기도하세요.

저는 군에 입대하는 우리 교회 아이들은 꼭 기도해 줍니다. 성경을 주고, 용돈을 줍니다. 그리고 이 돈으로 절대 친구들과 먹지 말고 여자친구와 먹으라고 합니다. 아들이 군대 간다고 하면 어머니는 눈물부터 나옵니다. 저 철없는 것이 무거운 철모를 쓰고 총을 들고 행군을 하고 기합을 받고 그런 것을 생각하면 걱정이 태산 같습니다.

저는 걱정하지 말라고 군대가 효자 만들어 돌려보내 준다고, 강하게 만들어 보내 준다고 이야기합니다. 얼마 전 모임에 갔는데 앞자리에 앉은 후배 목사님이 작사 작곡한 노래가 군대에서 최고 히트곡이라는 것입니다. 그래서 인터넷을 찾아보았더니 너무나 재미가 있었습니다. 그래서 여러분과 함께 한번 해보고 싶었습니다. "어두운 밤에 캄캄한 밤에…."

우리 아이들 잘 지내죠? 이 아이들이 다 기독교 신자가 아닙니다. 그런데 교회에 가면 이렇게 건강하게 성장합니다. 너무 걱정하지 마세요. 하나님께 맡기세요. 내가 쫓아다닌다고 되는 것이 아닙니다.

저는 시골 교회 목사의 아들로 시골 교회에서 목회를 시작한 사람입니다. 부목사 시절 유학을 준비하다가 새벽기도 시간에 갑자기 "하나님, 어디든지 첫 번째 보내 주시는 데로 가겠습니다" 하는 기도가 내 입에서 나도 모르게 나왔습니다.

그리고 그 주에 교회 권사님이 "우리 아버지가 시골교회 장로님인데 교회가 비었습니다. 그런데 목사님, 시골은 안 가시겠지요?" 하더라고요. 저는 하나님께 서원했기에 시골 교회로 내려갔습니다. 그런데 하나님께서 하는 일마다 복을 주셨습니다.

주변에 좋은 장로님들을 늘 주셨고 신실한 복음의 일꾼들을 세워 주셨습니다. 교회는 늘 부흥했습니다. 저는 이력서를 쓰지 않았는데 교회에 청빙이 되었습니다. 남들은 "아니, 목사님은 신학도 늦게 하고 시골 교회 목회를 했는데 어떻게 세상에서 제일 좋은 교회 도림교회에 오게 되었습니까?" 하고 묻습니다. 제가 온 것이 아니라 하나님께서 일하라고 보내 주신 것입니다. 제가 오려고 하지도 않았습니다. 제가 오려고 하면 오지도 못했습니다.

저는 우리 부모님이 늘 굶어가면서 오직 전도를 위해 희생하셨기 때문이라고 말합니다. 제가 아주 어릴 때 부모님은 전도하러 나가면 어린 저를 어디에 둘 데가 없으니까 옛날 짐자전거 뒤에 사과 궤짝을 놓고 그 안에 저를 싣고 다니며 전도했습니다. 복음 전하기 위해 힘썼을 때 하나님께서 복을 주신 것이라 확신합니다.

그래서 저도 다른 욕심 부리지 아니하고 오직 도림교회의 부흥을 위하여 헌신하면 하나님께서 우리 집을 세워 주실 것이라 믿기 때문에 다른 곳 쳐다보지 아니하고 오직 복음을 위하여 살려고 합니다. 이 교회를 순결한 주의 용사들로 세우려고 힘을 씁니다. 그러면 하나님께서 우리 집을 세워 주실 것이기 때문입니다. 저도 복을 받아야 하고 여러분도 복을 받아야 합니다. 그 비결은 하나님께 맡기는 것입니다.

세상 사람들이 이리 간다고 이리 가고, 저리 간다고 저리 가고 자녀들을 끌고 다니지 마십시오. 여러분이 자녀를 위하여 기도로 심고 말씀으로 심으면 자녀들은 그 기도대로, 말씀대로 되는 것입니다. 여러분이 자녀를 위하여 주님께 헌신하면 주님이 대신 책임져 주시는 것입니다. 단잠을 잘 수 있도록 우리를 지키시는 것입니다. 여러분이 심은 대로 하나님께서는 오늘 성경에 약속한 축복을 자녀들에게 주실 줄로 믿으시기 바랍니다. 하나님께서 주신 기업은 절대로 빼앗기지 않습니다. 하나님께 맡긴 기업은 날마다 강성해집니다. 시냇가에 심은 나무처럼 세상에 가뭄이 들고 풍파가 일어도 시들 일이 없습니다. 여러분의 가정은 잘되고 있습니까? 하나님께 맡기고 말씀의 길을 따라 걸어가십시오. 그러면 점점 더 잘되는 가정이 되도록 인도해 주실 것입니다.

여러분 가정 모두 사철에 봄바람이 불어오는 잘되는 가정들이 되시길 바랍니다.

적 용

ⓐ 오늘 말씀의 주제 파악하기:

ⓑ 오늘 말씀 중 은혜받은 부분 나누기:

ⓒ 삶에 구체적으로 적용하기:

함께 드리는 기도제목

1. 범사에 감사하며 믿음을 지키는 가정이 되게 하소서.
2. 우리 자녀들에게 마땅히 행할 길을 가르치고 믿음의 길에서 떠나지 않게 하소서.
3. 모든 계획과 수고를 주님께 맡기고 주님 뜻 가운데 살아가게 하소서.

27

심령이 가난한 자

- **본 문:** 마태복음 5장 1-3절(신 5쪽)
- **찬 송:** 455장(주님의 마음을 본받는 자, 통 507장)
- **요 절:** "심령이 가난한 자는 복이 있나니 천국이 그들의 것임이요"(마 5:3)

사람들은 누구나 복받기를 좋아합니다. 땅을 샀는데 땅값이 갑자기 열 배로 올랐다면 사람들은 복을 받았다고 말합니다. 주식을 샀는데 몇 배로 폭등하면 복을 받았다고 좋아합니다. 남들보다 건강한 신체를 가지고 태어났다면 복받았다고 합니다. 세상이 말하는 복은 물질적이고 현세적인 풍요입니다. 성경에서도 이러한 복을 말씀합니다.

하나님께서 아브라함에게 복을 약속하시며 "네가 큰 민족을 이루겠다. 네게 복을 주어 네 이름을 창대하게 하겠다"라고 약속하셨습니다. 이삭도 복을 받은 자라고 했는데, 땅을 파는 곳마다 우물이 나왔습니다. 중동 지역은 땅을 판다고 물이 나오는 곳이 아닙니다. 하나님께서 기적을 늘 주셨습니다. 하나님께서 욥의 노년에 복을 주사 처음 복보다 더하게 하셨다고 했습니다.

성경에서도 현세의 복을 약속해 주셨습니다. 신명기 28장 3-6절에 나오는 네가 여호와의 말씀을 청종하면 어떤 복을 주신다고 했습니까?

> "성읍에서도 복을 받고 들에서도 복을 받을 것이며 네 몸의 자녀와 네 토지의 소산과 네 짐승의 새끼와 소와 양의 새끼가 복을 받을 것이며 네 광주리와 떡 반죽 그릇이 복을 받을 것이며 네가 들어와도 복을 받고 나가도 복을 받을 것이니라."

이 말씀도 현세의 복에 대한 약속입니다. 그런데 세상의 복과 성경이 말씀하는 복은 본질이 다릅니다. 성경이 말씀하는 복은 '하나님과 함께하는 것'이 복이고 거기에 따르는 조건의 복은 은혜로 주시는 선물입니다.

우리가 사랑하는 사람과 결혼을 하는데 혼수로 자동차도 마련해오고 비싼 다이아반지를 선물했다고 합시다. 좋은 자동차도, 다이아반지도 다 좋은 것이지만 그것이 목적이 아닙니다. 사랑하는 사람이 본질이고 나머지 혼수는 따라오는 것입니다. 혼수가 목적이 되면 그 결혼은 잘못된 것입니다. 언젠가 예물로 준비한 다이아몬드 반지의 크기가 너무 작아 다투다가 파혼에 이르렀다는 이야기를 들은 적이 있습니다. 결혼하는 상대방이 목적이고 예물은 따라오는 것인데 예물이 목적이 되면 그 결혼은 잘못된 것입니다. 복에 대한 이해도 그렇습니다.

성경이 말씀하는 복은 어떤 상황에 처하든지 하나님과 함께하는 것이 복입니다. 예수님 당시에도 많은 사람들이 복을 원했습니다. 이들이 생각하는 복은 로마의 압제에서 해방되는 것이요, 배고프고 지친 민중들에게 먹을 것을 풍족히 제공하는 것이었습니다. 질병에서 해방되는 것이었습니다.

예수님은 이러한 모든 문제를 기적으로 해결해 주실 메시아로 믿었기 때문에 많은 사람들이 따랐습니다. 모든 생활을 율법이 규정하는 당시 사회에서 율법사나 바리새인들과 거리낌 없이 논쟁하고 혁명적인 행보를 보이시는 예수님을 따르는 것은 굉장한 사건이었습니다. 예수님의 제자들도 다르지 않았습니다. 이들도 같은 꿈을 꾸었습니다. 더구나 예수님이 왕좌에 앉으시면 자신들은 이 땅에서 그동안의 수고를 보상받을 것이라 믿었습니다. 그런데 오늘 예수님은 제자들에게 이러한 생각을 뒤집는 말씀을 주십니다. 오늘 우리도 예수 믿는 것에 다른 목적이 있었다면 오늘의 말씀을 깊이 묵상하시기 바랍니다.

오늘 한국 교회에 폭풍과도 같은 바람이 불고 있습니다. 안타까운 일들이 여기저기서 일어나고 있습니다. 왜 그렇게 되었습니까? 우리도 당시 백성들처럼 다른 복을 구하며 예수님을 믿고 있는 것은 아닌가 하는 것입니다. 오늘 예수님은 제자들에게 복에 대한 말씀을 주십니다. 복은 수천 년 전이나 지금이나, 동양이나 서양이나 좋은 것입니다. 복받아야 합니다. 우리에게서 복이 떠나가면, 세상의 복일지라도 우리는 고통스러운 존재가 되고 맙니다.

예수님께서 8가지 복을 말씀하시는데 그 말씀을 듣는 대상이 제자들입니다. 믿음의 사람들입니다. 세상 사람들을 향한 말씀이 아닙니다. 예수님께서 무리를 떠나 산으로 올라가셨을 때 제자들이 나아왔습니다. 그때 너희들은 복에 대해 똑바로 알고 나를 따라오라는 가르침을 주신 것입니다.

3절 말씀 함께 읽겠습니다. “심령이 가난한 자는 복이 있나니 천국이 그들의 것임이요." 가난하다는 말은 쉽게 알겠는데, 심령이 가난하다는 말은 무슨 의미를 담고 있을까요? 심령이란 단어는 '푸뉴마'에서 나온 '프뉴마티'(πνεύματι)입니다. '영'이란 단어입니다. 그러니까 정확히 말하면 영이 가난한 자입니다.

마음이 가난하다고 하면 마음을 비우고 사는 사람, 물욕이 없고 권력이나 다른 욕심을 비우고 사는 사람을 흔히 생각할 수 있는데 예수님께서 말씀하신 심령은 그런 뜻이 아닙니다. 그렇다면 불교의 스님이나 인도의 사막에서 수행하는 수도사들이 마음이 가난한 자들일 수 있습니다. 이들은 나의 힘으로 욕심을 극복하고 마음을 비우려 합니다.

예수님께서 말씀하신 심령이 가난한 자는 "하나님 없이는 살 수 없습니다" 하는 사람입니다. 물질적으로 부해도, 세상 권력의 정점에 있어도, 하나님을 전적으로 의지하는 사람은 심령이 가난한 자가 될 수 있습니다.

종교개혁자 칼뱅은 "오직 자기에게 아무것도 가진 것이 없어 하나님의 자비만을 의지하는 자가 심령이 가난한 자이다"라고 했습니다. 무슨 뜻입니까? 내가 많은 것을 가졌어도 내 것이 아니라는 말입니다. 하나님께서 맡겨주신 것입니다.

"나는 하나님의 자비 없이는 하루도 살 수 없습니다. 내 능력으로는 안 됩니다" 하는 사람을 말하는 것입니다. 일반적으로 가난하다는 말은 물질적으로 가난하거나 신분이 낮은 사람들, 노예 같은 사람들을 의미하는 말입니다. 끼니를 잇기 어려운 사람들, 월세를 내지 못해 고통을 겪는 사람들, 병에 걸려도 치료를 제대로 받지 못하는 사람들의 가난은 너무나 고통스럽습니다. 누군가의 도움이 있었으면 하고 도움을 간절하게 갈구합니다. 가난의 반대말이 부입니다.

물질을 많이 가지고 있으면 사람을 달라 보이게 합니다. 물질의 힘이 대단합니다. 인격도 대단하게 보이게 만듭니다. 사람들 앞에서 주장을 해도 영향력이 있습니다. 그런데 잘 알아야 합니다. 내가 사람들 앞에 주장할 때 그것은 내가 주장하는 것이 아니라 내 물질이나 권력이 말하는 것임을 잊지 않아야 합니다.

우리가 가진 물질이나 능력이나 권세는 하나님께서 우리에게 맡겨주신 선물임을 깨닫고 사는 사람이 청지기입니다. 우리는 모두가 청지기입니다. 청지기는 늘 주인에 충성하며 삽니다. 내가 모든 것을 관리해도 내 것이 아님을 너무나 잘 압니다. 나에게 힘이 있지만 그것 때문에 교만하지 않고 늘 주인을 바라봅니다. 이런 사람은 늘 주인의 신뢰와 보호와 사랑을 받으며 살게 되는 것입니다.

이런 사람이 바로 심령이 가난한 자입니다. 내가 많은 것을 누리며 살아도 늘 하나님의 도우심이 없이는 살 수 없다는 것을 고백하며 살아가는 사람입니다. 가난한 사람들은 늘 도움을 필요로 합니다. 내가 부족함을 압니다. 예수님께서 심령이 가난한 자라고 말씀하신 것이 바로 이런 의미입니다.

심령이 가난하지 못한 대표적인 사람들이 누가 있었습니까? 당시의 바리새인들입니다. 이들은 신앙생활을 자신들이 제일 잘한다고 생각했습니다. 기도도 잘한다고 생각하여 사람들이 있는 거리에 서서 큰 소리로 기도했습니다. 나는 저 세리들과 같지 아니한 것을 감사한다고 말하기도 했습니다. 자신들의 힘으로 능력으로 신앙생활을 잘 한다고 생각하는 교만한 사람들이었습니다.

반면 세리들은 어떻습니까? 예수님의 말씀에 보면 세리는 첫째로, 오히려 하늘을 감히 쳐다보지도 못하고 고개를 숙이고 울면서 기도를 했습니다. 둘째로 "하나님, 나를 불쌍히 여겨주시옵소서" 하면서 하나님께 나를 불쌍히 여겨 달라고 기도합니다. 세 번째로 "나는 죄인입니다"라고 했습니다. 네 번째, 가슴을 치며 기도를 했습니다. 예수님은 이 말씀을 하시고 "저 바리새인이 아니고 이 사람이 의롭다 하심을 받고 그의 집으로 내려갔느니라"(눅 18:14)고 하셨습니다. 하나님께서 세리의 기도만을 들으셨다는 말씀입니다.

청량리 중앙교회에 임택진 목사님이 시무하실 때 김익명 장로님이란 분이 계셨는데 이분은 사업을 크게 하며 교회 재정의 3분의 1을 혼자 감당하신 분이셨습니다. 당시 교육전도사였던 김동호 목사님이 어떤 부탁을 당회에 해달라고 했습니다. 그때에 그 장로님은 "나는 헌금을 많이 하기 때문에 당회에서는 말을 안 해요" 했다는 것입니다. 김동호 목사님이 기억에 가장 많이 남는 장로님이라 하셨습니다. 이분은 물질은 부유해도 심령이 가난한 분입니다. 심령이 가난한 자는 복이 있는데 천국이 그들의 것이라 했습니다. 원어 성경에 보면 천국은 '바실레이아 톤 우라논'(βασιλεία τῶν οὐρανῶν), '하늘의 나라'라는 뜻입니다. 천국은 두 가지 의미가 있습니다. 첫째는 우리가 살고 있는 이 땅에 하나님의 백성으로서 이루어야 할 하나님의 나라, 대표적인 것이 교회입니다. 그리고 우리는 이 세상을 천국으로 이루기 위해 청지기로 일하는 자들입니다.

두 번째는 완성된 천국, 예수님의 재림과 함께 이루어질 영원한 하나님의 나라입니다. 심령이 가난한 자는 이 땅에서도 하나님의 나라 안에 살고 종말에 이 세상을 떠나 영원한 천국 백성이 된다는 말입니다. 심령이 가난하지 못한 사람은 그 심령에 천국이 없습니다. 여러분, 잘 들으십시오. 지금 천국이 없는데 이후에는 천국에 갈 수 있습니까? 없습니다. 천국은 이 땅에서 이어지는 곳입니다. 하나님을 모시고 천국 백성으로 살던 사람이 이사를 가도 영원한 천국으로 이사 가는 것입니다.

성도 여러분, 반드시 심령이 가난해야 합니다. 심령이 가난한 사람은 예수님의 말씀에 나온 것처럼 어려운 것이 아닙니다. 다른 것이 아닙니다. 늘 자신이 죄인임을 아는 사람입니다. 내가 부족함을 아는 사람입니다. 하나님 없이는 내가 가진 것이 아무것도 없기 때문에 하나님의 도우심이 필요한 사람입니다.

사울 왕이 처음에는 겸손하였지만, 이후에 교만하게 되었을 때에 악령이 그를 주장하게 되었습니다. 악령이 그의 생각을 주장하고 그의 주변에는 믿음의 사람들이 떠나갔습니다. 그래서 점점 더 악한 생각을 하게 되고 마침내 파멸의 길로 가게 된 것입니다.

하나님은 교만한 자를 쳐서 물리치시고, 겸손한 자에게 은혜를 베풀어 주신다고 했습니다. 심령이 가난한 자는 하나님 앞에 늘 낮아집니다. 그래서 심령이 가난한 자에게는 늘 은혜가 함께합니다. 은혜는 비와 같다고 했습니다. 비는 항상 낮은 곳으로만 흐릅니다.

은혜가 그렇습니다. 하나님 앞에 나올 때마다 "하나님, 나는 죄인입니다. 나는 하나님 없이는 아무것도 할 수 없습니다. 오늘 이 자리에 나온 것도 하나님의 은혜입니다"라고 고백하는 사람에게는 더 큰 은혜가 흐르게 되는 것입니다. 매 주일 저에게 와서 기도 받는 분들을 보면 거의 모두가 약한 사람들입니다. 질병에 걸려 수술을 받든지, 큰 문제가 일어났든지 하는 사람들입니다. 물론 좋은 일로 오시는 분들도 있습니다만 대부분 약한 사람들입니다. 병에 걸렸으면 병원에 가야지 왜 주의 종에게 옵니까? 내가 약한 것을 알기에 주님의 도움이 있으면 해결해 주실 줄로 믿고 나오는 것입니다. 이런 분들은 심령이 가난한 자들입니다. 하나님의 도우심을 구하는 자들입니다.

그러므로 병중에 있어도, 문제가 발생했어도 그의 심령에는 이미 천국이 임한 것입니다. 그러니 예배를 드려도 은혜가 될 수밖에 없습니다. 기도를 해도 간절하니 하나님을 만나고 그 심령에 하나님이 임하시는 것입니다.

오늘도 하나님은 심령이 가난한 자를 찾으십니다. 오늘 우리가 예배드릴 때에도 심령이 가난한 마음으로 나올 때 은혜를 부어 주십니다. 그 마음에 평강을 주십니다. 기쁨을 주십니다. 우리 여전도회원들이 식당에서 봉사하시는 것을 보면 웃으시며 기쁘게 일하십니다. 돈도 안 주는데 그 궂은일을 하면서 무엇이 그리 좋습니까? 심령에 천국이 임하였기 때문입니다. 마귀는 항상 우리의 심령이 가난하게 되는 것을 방해합니다. 그래서 교만하게 만들고 불평하게 만듭니다. 그러니 은혜가 떠나갑니다. 하나님으로부터 멀어집니다.

이 세상은 우리를 심령으로 가난하게 하는 것을 방해하는 마귀와 싸우는 영적 전쟁터입니다. 이 싸움만은 절대적으로 승리해야 합니다. 마귀는 우는 사자같이 두루 다니며 삼킬 자를 찾는다고 했는데 우리는 영적 전쟁터의 한복판에 서 있는 것을 잊지 마시기 바랍니다. 사랑하는 성도 여러분, 여러분의 심령은 지금 가난하십니까? 심령이 가난한 자만이 천국을 차지합니다. 그 고백대로 하나님을 모시고 이 땅에서 천국을 살다가 주님이 기다리고 계신 천국으로 이사 가는 성도들이 되시기 바랍니다.

적 용

ⓐ 오늘 말씀의 주제 파악하기:

ⓑ 오늘 말씀 중 은혜받은 부분 나누기:

ⓒ 삶에 구체적으로 적용하기:

함께 드리는 기도제목

1. 하나님 없이 살 수 없음을 깨닫고 오직 주님만 의지하게 하소서.
2. 이 땅에서도 천국을 살아가며 하나님의 은혜를 누리게 하소서.
3. 세상의 복이 아니라 하나님의 임재를 가장 큰 복으로 여기게 하소서.

28

애통하는 자

본 문: 마태복음 5장 4절(신 5쪽)
찬 송: 458장(너희 마음에 슬픔이 가득할 때, 통 513장)
요 절: "애통하는 자는 복이 있나니 그들이 위로를 받을 것임이요"(마 5:4)

오늘 예수님의 팔복 중 두 번째 복인 애통하는 자에게 주시는 복입니다. 예수님의 팔복 중 이해가 잘되지 않는 것이 애통하는 자의 복입니다. 팔복에 관한 말씀을 전하기로 몇 달 전에 결정하고 말씀을 묵상하면서 특별히 두 번째, 애통하는 자의 복에 대한 말씀이 마음에 계속 걸렸습니다. 지금까지 새벽기도회나 강해를 통해 팔복의 말씀을 전한 적은 있지만, 한 절 한 절 말씀을 전한 적이 없습니다. 그래서 이 팔복에 대하여, 특별히 애통하는 자에 대하여 묵상하며 몇 주간을 보냈습니다.

오늘 애통하는 자라는 애통의 헬라어 '펜데오'(πενθέω)는 심각한 애통을 말합니다. 죽은 자를 위해 슬퍼할 때 이 '펜데오'라는 애통한다는 표현을 씁니다. 사실 애통하는 자보다 기뻐하는 자가 복이 있고, 불평하는 자보다 감사하는 자가 복이 있고, 불행한 자보다 행복한 자가 복이 있는 것이 당연합니다.

그런데 예수님께서는 역설적이게도 애통하는 자가 복이 있다고 하셨습니다. 항상 웃음만 있고 즐거움만 있으면 좋겠지만 그것은 복이 되지 않습니다. '항상 햇빛만 있으면 사막을 만든다'는 중동의 격언이 있습니다. 그래서 하나님은 사랑하는 자들에게 순결하게 만드시고, 강하게 만드시고, 훌륭하게 만드시려고 연단도 주시는 것입니다.

사람들이 애통하는 것은 여러 가지가 있습니다. 첫째는 나의 고통에 대하여 애통합니다. 사랑하는 가족이 세상을 떠나거나, 불의의 사고로 재산을 잃었을 때, 사람들로부터 손가락질당하고, 심각한 오해를 받을 때 우리는 힘들어하며 애통합니다. 이것은 인간이 누구나 가지는 감정입니다. 슬픈 일이 있을 때 실컷 우는 것도 하나의 치료 방법이 되기도 합니다.

옛날에는 마을에 장례가 나면 동네 사람들이 다 모여 밤을 새웠습니다. 이때 제일 서럽게 우는 사람이 누구입니까? 며느리입니다. 그리고 동네 아낙네들이 모여와 함께 서럽게 눈물을 흘리며 웁니다. 저는 어릴 때에 이 광경이 이해가 되지 않았습니다. 별로 가까운 관계도 아닌데 왜 그렇게 서럽게 우는지 이해가 되지 않았습니다.

그런데 나이가 들면서 '아, 이것이 고통을 해결하는 방법이었구나' 하고 깨닫게 되었습니다. 옛날에는 여인들의 삶이 고통스러웠습니다. 며느리는 대개 시어머니의 구박을 많이 받았습니다.

제가 시골 목회할 때 한 권사님은 오전에 아기를 낳고 힘들어하는데, 시어머니가 딸을 낳았다고 구박하며 밭에 나가 일하라고 하여 점심부터 뙤약볕에 나가 일을 했다고 울면서 이야기하는 것을 들었습니다. 다 그런 것은 아니지만 옛날 여인들은 고생을 많이 했습니다. 그래서 장례가 나면 함께 모여 문상을 하며 웁니다. '아이고, 아이고' 하며 울다 보니 내 신세가 처량하여 더 통곡을 하며 웁니다. 그렇게 한바탕 울고 나면 속이 좀 시원해진다는 것입니다.

심리학자나 의학자들의 연구에 따르면 울어야 할 때 실컷 울면 스트레스가 많이 해소된다고 합니다. 스트레스를 많이 받으면 '카테콜아민'이라는 호르몬 분비가 증가하게 되는데 이때 한바탕 울고 나면 정상 수치로 돌아간다는 것입니다. 그러나 애통할 수밖에 없는 상황에서 계속 애통하고 힘들어하면 마음에 병도 생기고 절망하고 포기하고 부정적인 결말을 맺게 됩니다.

또한 감동의 눈물은 엔도르핀, 세로토닌 등 수많은 신경호르몬이 분비되고 면역세포인 NK세포, T세포를 활성화하여 면역력을 높여준다는 것입니다. 항암효과도 높인답니다. '엔케팔린 호르몬'은 마약성 진통제인 모르핀보다도 효과가 몇백 배 높다는 보고도 있습니다. 그러니까 울 일이 있으면 참지 말고 울고, 특별히 은혜받을 때 울면 놀라운 기적이 있습니다. 하나님께서는 우리 인간을 창조하실 때 이렇게 몸속에 수많은 비밀을 감추어 놓으셨습니다. 의학자들에 의하면 웃음도 놀라운 치료의 효과가 있지만 감동의 눈물은 6배나 치유의 효과가 높다는 것입니다.

우리를 복주시고 치유하시기 위한 하나님의 창조 섭리인 것입니다. 우리 교회에서 예배드리고 축도를 하고 나가면서 보면 눈물을 훔치는 분들을 곳곳에서 보게 됩니다. 내 삶이 한탄스러워 울어도 도움이 되지만 은혜받아 감동으로 눈물을 흘릴 때 하나님께서 그 눈물을 통해 위로와 치유의 은총을 베풀어 주실 것입니다.

둘째는 이웃을 위한 애통입니다. 이웃을 위하여 애통할 수 있는 사람은 이웃을 사랑하기 때문입니다. 예수님께서는 "하나님을 사랑하고 이웃을 네 몸과 같이 사랑하라" 하시고 "이 두 계명이 온 율법과 선지자의 강령이니라"고 마태복음 22장에 말씀하셨습니다. 강령이라는 말은 가장 중심이 되는 기둥이라는 말씀입니다. 하나님 사랑, 이웃 사랑이 모든 율법, 선지자들이 가르침의 중심이라는 것입니다.

이웃을 내 몸과 같이 사랑한다면 이웃의 아픔을 외면할 수 없습니다. 지금 우크라이나에서, 팔레스타인에서 전쟁 중에 고통당하는 이웃의 아픔을 보면서 관심 없이 지낼 수는 없습니다. 북녘 땅의 동포들의 고통을 나 몰라라 하며 살 수는 없습니다. 그래서 우리 믿음의 사람들은 안타까워하며 기도하는 것입니다. 내가 직접 그곳에 가서 사랑을 전할 수는 없지만 선교사를 보내고 구호품을 보내며 그들의 평안을 위해 기도하는 것입니다.

우리 교회가 하는 방과후학교나 경로식당, 사랑의 집수리 같은 일도 이웃의 아픔을 함께 나누는 성도의 삶인 것입니다. 예레미야 선지자는 눈물의 선지자로 알려졌는데, 예레미야애가 3장 48-49절에 "딸 내 백성의 파멸로 말미암아 내 눈에는 눈물이 시내처럼 흐르도다 내 눈에 흐르는 눈물이 그치지 아니하고 쉬지 아니함이여"라고 했습니다.

그는 내 백성의 패망을 보며 내 눈이 눈물에 상하고 창자가 끊어졌다고 고백했습니다. 백성을 위해 얼마나 울었으면 눈이 눈물 때문에 상했겠습니까? 요한도 백성을 위하여 크게 울었다고 했고, 다윗도 백성들을 생각하며 울었습니다. 사도 바울도 편지를 통해 너희를 생각하며 울었다고 했습니다. 예수님도 예루살렘 성을 바라보며 우셨습니다. 이 눈물들은 모두 이웃을 위한 눈물입니다.

하나님 사랑과 이웃 사랑은 서로 연결되어 있습니다. 하나님을 사랑한다고 하며 이웃을 사랑하지 않는다면 이것은 거짓 사랑입니다. 하나님의 마음은 이 땅에 모든 백성이 구원을 얻는 것입니다. 하나님께서 창조하신 인간이 죄를 범하고 하나님의 품을 떠난 것을 하나님은 가장 아파하고 계십니다.

이러한 하나님의 마음을 안다면 우리는 이웃을 향한 사랑의 손길을 펼쳐야 하는 것입니다. 우리 교회와 성도들은 늘 하나님의 마음을 깨달아 알고 이웃을 향한 사랑, 이들의 영혼을 구원하기 위한 애통, 눈물의 기도가 있기를 간절히 바랍니다.

셋째로 영적인 애통입니다. 심령이 가난한 자는 복이 있다고 하셨는데, 심령이 가난한 사람은 자신의 영혼을 돌아볼 때 애통하게 됩니다. 다윗은 일국의 왕이었지만 눈물이 많은 사람이었습니다. 그는 자신의 죄로 인해 애통해했습니다. 도피 생활을 할 때에도 성전에 나아가지 못하는 것을 애통해했습니다.

가룟 유다도 예수님을 팔고 나서 후회하고 애통해했습니다. 그가 받은 은 삼십을 성전에 던져놓고 돌아와 자살을 했습니다. 그러나 그의 애통은 영적인 애통이 아니었습니다. 영적인 애통이 있었더라면 가룟 유다는 회개했을 것입니다. 그리고 진정한 회개가 있을 때 하나님은 그를 용서해 주셨을 것입니다.

오늘 한국 교회가 어렵다고 합니다. 어렵다는 것은 재정이 부족하여 어려운 것이 아닙니다. 일할 사람이 부족하여 어려운 것이 아닙니다. 교회가 교회답지 못해 어려워진 것입니다. 요즘 한국 교회에 눈물이 사라졌습니다. 옛날에는 교회에 모여 조국을 위해, 한국 교회를 위해 울면서 기도하는 사람들이 그렇게 많았는데 지금은 잘 울지 않습니다. 옛날에는 어린이도 울고 어른들도 교회에 모여 울었습니다. 죄의 길을 걸어가지 않게 해 달라고 울면서 기도했습니다.

그러면 지금은 교회도 많고 말씀도 많이 듣기 때문에 죄를 짓지 않아서 울지 않는 것입니까? 사도 바울 같은 이도 "오호라 나는 곤고한 자로다"라고 하며 내 영과 육신이 다른 길로 가는 것을 애통해 했습니다. 텔레비전의 슬픈 드라마를 보면서는 잘도 울면서 정말 슬픈 현실을 맞이하고 있는 이웃을 바라보면서 눈물이 없는 것이 맞는 것일까요? 교회는 늘 애통해하는 눈물이 있어야 합니다. 그러면 한국 교회는 다시 삽니다.

가수 조동진 씨가 부른 〈행복한 사람〉이라는 가요가 있습니다. '울고 있나요. 당신은 울고 있나요. 아, 그러나 당신은 행복한 사람 아직도 남은 별 찾을 수 있는 그렇게 아름다운 두 눈이 있으니.' 이 노래는 기독교인인 조동진 씨가 마태복음 5장에서 영감을 받아 만든 곡이라고 합니다. 울고 있으면 복이 있다는 말입니다. 아직도 희망이 있다는 말입니다.

사랑하는 성도 여러분, 짧은 인생을 사는 동안 더 많이 먹기 위하여, 더 많이 벌기 위하여, 더 좋은 것을 입기 위하여 정신없이 살다가 가는 인생이 되어서는 안 됩니다. 위로 하나님을 바라보고 하나님의 뜻을 깨달아 사는 인생이 되어야 합니다.

"나는 늘 말씀대로 살려고 했지만 지나놓고 보면 또 나는 죄인입니다. 나는 부족합니다. 하나님의 도우심이 없이는 살 수 없습니다" 라고 진심으로 고백할 때에 우리는 주의 전에 나와 애통할 수 있습니다. 그러면 하나님은 언제나 우리에게 위로를 주시고 치유를 주십니다. 오늘 약속이 바로 그 말씀입니다.

"애통하는 자는 복이 있나니 그들이 위로를 받을 것임이요." 그들이 위로를 받는다는 헬라어는 '파라클레데손타이'(παρακληθήσονται)

입니다. 이 단어는 '초청한다', '간구한다', '격려한다' 등 여러 의미가 있습니다. 어떤 학자는 '애통하는 자는 저희가 초청을 받을 것이다'라고 해석을 하지만 위로를 받을 것이라는 해석이 전체 문구상 맞습니다. 누구의 위로를 받습니까?

하나님의 위로를 받는 것입니다. 하나님은 우리의 위로자이십니다. 우리가 나의 죄를 인하여 애통해할 때에 "내가 너의 죄를 다 사하였다. 이를 위하여 내가 십자가를 졌다. 또 다시 지은 죄도 내가 용서한다"라고 우리에게 위로해 주십니다. 상처 입은 자도 애통해하며 주님 앞에 나올 때에 위로해 주십니다.

세상에서 억울한 일을 만나고 "두고 보자, 원수를 갚겠다" 하고 나오는 자에게 위로를 주신다는 말이 아닙니다. 예수님의 비유에 한 과부가 재판장에게 매일같이 나와 애통하며 간구한 것처럼 이와 같이 애통하며 간구하는 자에게 위로를 주신다는 말씀입니다.

주신 말씀을 반대로 보면 나의 죄를 인하여 애통하지 않는 자는 하나님의 위로를 받을 것도 없습니다. 그저 왔다가 빈손으로 돌아가는 것입니다. 그러므로 여러분은 예배자로 나올 때마다 애통하는 심령으로 나오시기 바랍니다. 그러면 우리 하나님은 반드시 여러분에게 위로를 주시고 문제를 해결해 주실 것입니다. 마지막 위로요 완전한 위로는 천국에서 이루어집니다.

요한계시록 21장 4절에 "모든 눈물을 그 눈에서 닦아 주시니 다시는 사망이 없고 애통하는 것이나 곡하는 것이나 아픈 것이 다시 있지 아니하리니 처음 것들이 다 지나갔음이러라"고 하셨습니다. 이 땅의 위로는 한 번에 끝나지 않습니다. 한 가지 문제가 끝나면 또 다른 문제가 찾아오기도 합니다. 그러나 천국에서 우리 하나님이 주시는 위로는 완전한 위로요 모든 문제의 근원을 끝내는 위로입니다.

사랑하는 성도 여러분, 우리는 진정한 위로를 받아야 복되게 살 수 있습니다. 예배는 하나님의 위로를 선포하는 시간입니다. 성도 여러분, 여러분의 죄를 인하여 애통해하십시오. 이웃을 위하여 애통해하십시오. 교회를 위하여 애통해하십시오. 자녀를 위하여 애통해하십시오. 그리하여 여러분은 예배마다 하나님의 위로를 만나고 또 영원한 천국에서 완전한 위로를 받는 성도들이 되시기를 바랍니다.

적 용

ⓐ 오늘 말씀의 주제 파악하기:

ⓑ 오늘 말씀 중 은혜받은 부분 나누기:

ⓒ 삶에 구체적으로 적용하기:

함께 드리는 기도제목

1. 우리의 죄를 깨닫고 애통하며 하나님께 나아가는 겸손한 심령이 되게 하소서.
2. 고통당하는 이웃과 세상을 향한 긍휼과 사랑을 키워주소서.
3. 매주 드리는 예배가 형식이 아닌 하나님과의 진실한 만남이 되게 하소서.

29

온유한 자

- **본 문:** 마태복음 5장 5절(신 5쪽)
- **찬 송:** 292장(주 없이 살 수 없네, 통 415장)
- **요 절:** "온유한 자는 복이 있나니 그들이 땅을 기업으로 받을 것임이요" (마 5:5)

오늘 말씀은 예수님의 팔복 중 세 번째 복인 온유한 자가 받는 복에 대한 말씀입니다. 온유라는 말은 성격이나 마음, 태도가 따뜻하고 부드러운 것을 말합니다. 예수님이 말씀하신 온유의 '프라위스'(πραΰς)라는 단어도 역시 같은 의미입니다.

그런데 마음이 따뜻하고 부드러운 자가 땅을 차지한다는 예수님의 말씀은 우리의 상식과는 맞지 않습니다. 땅을 많이 차지하려면 온유한 것이 아니라 독해야 하지 않습니까? 일을 해도 악착스럽게 하고 못된 일을 해서라도 돈을 모아야 땅을 차지할 수 있습니다. 우리는 먼저 예수님께서 말씀하신 온유의 의미를 깨달아야 합니다.

예수님은 성격이나 마음, 태도를 말씀하신 것이 아니라 하나님 앞에서 온유한 사람을 말씀하신 것입니다. 온유의 반대가 패역입니다. 그렇습니다. 사람은 좋으나 신앙생활에서 하나님 앞에 패역한 사람들이 있습니다. 하나님을 두려워하지 않습니다. 하나님께서 깨달으라고 사인을 주시는데도 마음이 강퍅하면 깨닫지 않고 고집을 부립니다.

반대로 하나님 앞에서 온유하면 어떻습니까? 힘든 일이 있어도 묵묵히 견딥니다. 불평하지 않습니다. 원망하지 않습니다. 교회에서 봉사를 하면서 온유한 사람들은 힘들다고 불평하지 않습니다. 이 세상의 교회는 천국을 지향하지만, 이 세상은 늘 문제가 있습니다. 별의별 일들이 다 일어납니다.

예를 들어봅시다. 주차 봉사를 하는데 주차 봉사 하시는 분들의 지도를 받아 주차하면 얼마나 좋습니까? 그런데 자기 마음대로 하고 오히려 화를 내는 사람도 있습니다. 서울의 어느 교회에서 기업의 고위직에 있는 사람이 은혜를 받고 주차 봉사를 자원했습니다. 주일날 차가 많이 들어오니 주차 봉사 하시는 분들이 힘이 듭니다. 이쪽으로 가시라고 했다가 시비가 붙었습니다.

어떤 교인이 뭔 말이 그렇게 많냐고 험하게 말하다가 귀싸대기를 올려쳤습니다. 눈앞이 얼얼하고 별이 보이는데 아무 생각도 나지 않더랍니다. 그리고 이분이 화가 나서 내가 주차 봉사하려고 교회 나왔나 하면서 당장 그만두겠다는 마음이 들었습니다.

그런데 가만히 생각해 보니 '예수님은 나를 위해 죄 없이 고난당하고 십자가까지 지셨는데 내가 예수 믿으며 주님을 위해 고난당한 것도 없고 나 같은 사람에게 늘 말씀을 내려주셨는데 내가 드디어 주님을 위해 고난을 받았구나' 생각하니 감사의 눈물이 흐르더랍니다. 그래서 더 열심히 감사함으로 봉사하고 장로까지 되었습니다. 요즘 교회마다 식당 봉사하시는 분들이 없어 어려움을 겪는다고 합니다. 그런데 뜨거운 여름에 주방이 얼마나 덥습니까? 열심히 봉사하는데 뒤에서 '음식 맛이 없네, 뭐가 어떻네' 하면서 꼭 가시로 찌르는 말을 하는 사람들이 있습니다. 그 소리를 들으면 인간적으로 화가 나지 않습니까?

저도 교회를 섬기면서 말도 안 되는 불평으로 교회를 힘들게 하는 이야기를 들으면 순간적으로 섭섭하기도 합니다. 그러나 '사도 바울은 매를 맞으면서 옥에 갇히면서 복음을 전했는데 이까짓 이야기 가지고 섭섭해서 되겠는가' 하고 생각을 하고 기도합니다. "하나님, 온유한 마음을 주시옵소서".

온유는 성격이 좋아서 참는 것이 아니라 주님을 위해 고난도 기쁨으로 견디는 것을 말하는 것입니다. 어떤 성도들을 보면 가정도 힘들고, 병도 들고, 보통 사람 같으면 쓰러질 지경인데도 웃으며 봉사를 합니다. 사람이 좋아서 그런 것이 아닙니다. 주님을 생각할 때에 나 같은 사람이 하나님의 자녀 된 것이 감사하고 봉사까지 하게 된 것이 감사하여 기쁨으로 일하는 것입니다. 이것이 하나님 앞에서의 온유입니다.

온유는 성령님께서 주시는 은혜입니다. 그래서 온유는 성령의 아홉 가지 열매의 하나로 기록되고 있습니다. 온유는 줏대가 없고 성격이 연약한 것을 말하는 것이 아닙니다. 오히려 세상의 모든 풍파와 시험을 이겨내는 강한 것을 의미합니다. 갈라디아서에 나오는 성령의 아홉 가지 열매에서 온유라는 단어는 오늘 예수님께서 말씀하신 것과 같은 '프라위스'(πραΰς)라는 단어를 사용했습니다.

이 온유는 사나운 들짐승을 잡아다가 길들여 순하게 되었을 때 사용했던 단어입니다. 입에 재갈을 물려 주인이 원하는 대로 따라갑니다. 시골에서 보면 커다란 황소도 어린아이가 줄을 끌고 가면 조

용히 따라갑니다. 아무나 따라가는 것이 아닙니다. 주인에게만 따라갑니다. 힘이 없어서 그런 것이 아닙니다. 주인에게 순종하는 것이 온유입니다.

그렇습니다. 내적으로는 강하나 하나님 앞에서는 겸손하고 자신의 부족함을 인정하는 것이 온유입니다. 온유는 어느 날 갑자기 주어지는 것이 아니라 성령님의 인도를 따라 일하다 보면 하나님께서 주시는 선물입니다.

민수기 12장 3절에 "모세는 온유함이 지면의 모든 사람보다 더 하더라"라고 했습니다. 모세가 성격이나 마음이 좋은 사람은 아닙니다. 불 같은 사람입니다. 그 불 같은 성격, 자신의 능력을 자만하는 마음을 꺾으시기 위해 하나님은 40년이란 긴 기간 동안 광야에서 양치기로 훈련시키셨습니다. 오랫동안 노예였던 이스라엘 백성들을 다듬고 훈련시켜 하나님의 백성으로 이끌기 위해 하나님은 40년 동안 모세를 이집트의 왕궁에서 최고의 교육을 시키셨습니다. 정치, 군사, 문화 등 모든 면을 왕자로 훈련받았습니다.

그리고 40년을 광야로 보내셔서 힘든 고난의 시간을 보내야 했습니다. 이 40년은 모세가 온유한 사람으로 새롭게 태어나는 훈련의 기간이었습니다. 그래서 모세는 패역한 백성들을 위하여 자기 목숨을 걸 만큼 온유한 사람이 되었습니다.

그 온유함이 지면의 모든 사람보다 더했다는 말씀은 최고로 하나님 앞에 온유한 사람이었다는 말입니다. 그러니까 이스라엘을 인도하는 일에 쓰임받을 수가 있었던 것입니다. 모세의 온유는 고난을 받고 성격이 유해졌다는 뜻이 아닙니다. 자기 의로 애굽 사람을 때려죽이고 출애굽한 이후에도 이스라엘을 공격하는 적들에 대하여는 단호했습니다.

이스라엘 백성들이 우상을 만들고 하나님을 거역할 때에 십계명이 기록된 돌비를 산 아래 던져버려 깨뜨려버리는 성질이 대단한 사람이었습니다. 그러나 하나님의 뜻을 따를 때에 무조건 순종하는 온유한 사람이었다는 말입니다.

성경이 말씀하는 온유의 최고의 모델은 예수님이십니다. 예수님은 세상을 멸하실 능력이 있으셨음에도 고난을 말없이 감당하셨습니다. 십자가 위에서도 조롱하는 무리들을 보며 다 참으셨습니다. 그래서 이사야 53장에서 예수님을 털 깎는 자 앞에서 잠잠한 양으로 말씀했습니다.

예수님께서는 "나는 마음이 온유하고 겸손하니 나의 멍에를 메고 내게 배우라 그리하면 너희 마음이 쉼을 얻으리니"(마 11:29)라고 말씀하셨습니다. 예수님의 멍에를 메고 예수님을 닮아 하나님의 일을 하는 사람이 온유하고 겸손한 사람입니다.

요즘 기독교인들은 세상 사람들과 똑같이 살아갑니다. 똑같이 생각하고 행동하고 죄를 짓고 세상에서 땅을 차지하려고 발버둥을 칩니다. 옛날 교인들은 어린아이 같았는데 요즘 교인들은 자꾸 독해집니다. 신학자 리처드 마우는 《무례한 기독교》에서 "온유는 그리스도인이 잃어버린 소중한 성품 중 하나"라고 선한 영향력을 잃어가는 기독교를 지적했습니다.

여러분이 교회에 나오는 것은 천국 시민을 훈련하는 것입니다. 여러분은 하나님의 말씀을 따라 우리의 생각을 온유하게 해야 합니다. 말도 온유한 말이 나와야 합니다. 행동도 온유해야 합니다. 세상에서도 크리스천들이 온유할 때 우리의 모습을 통해 세상 사람들은 예수님의 모습을 볼 것입니다. 여러분은 온유하십니까?

오늘 예수님은 온유한 자가 복이 있다고 하시며 땅을 기업으로 받을 것이라 하셨습니다. 사람들은 땅을 좋아합니다. 땅은 부를 상징합니다. 그런데 예수님께서는 왜 하나님 앞에 온유한 자가 땅을 기업으로 받는다고 말씀하셨을까요?

땅은 두 가지 의미가 있는데, 첫째는 하나님 나라를 의미합니다. 예수님께서 준비하시겠다 하신 처소입니다. 요한계시록에 나오는 새 하늘과 새 땅입니다. 요한계시록 21장에 새 하늘과 새 땅을 설명하면서 "보라 하나님의 장막이 사람들과 함께 있으매 하나님이 그들과 함께 계시리니 그들은 하나님의 백성이 되고 하나님은 친히 그들과 함께 계셔서 모든 눈물을 그 눈에서 닦아 주시니 다시는 사망이 없고 애통하는 것이나 곡하는 것이나 아픈 것이 다시 있지 아니하리니 처음 것들이 다 지나갔음이러라"고 했습니다.

그 땅은 사망도 아픔도 애통하는 것도, 곡하는 것도, 아픈 것도, 싸우는 것도, 배고픈 것도 없는 완전한 땅입니다. 우리가 이 세상을 떠날 때 반드시 가야 하는 땅입니다. 히브리서 11장에 믿음의 의인들을 이야기하며 더 나은 본향 하늘에 있는 땅을 사모하며 살았다고 했습니다. 이곳은 영원한 기쁨이 있는 곳이라 했습니다.

그런데 예수님은 온유한 자에게 이 땅을 주시겠다고 약속하셨습니다. 반대로 하면 온유하지 않은 자는 새 하늘과 새 땅을 기업으로 받지 못한다는 말입니다. 좀 전에 설명한 대로 온유는 세상에서의 성격이나 성품이 아닙니다. 하나님 앞에 온유한 것입니다.

이런 자만이 새 하늘과 새 땅을 기업으로 받게 되는 약속이 예수님께서 말씀하신 팔복 중 세 번째 복이요, 놀라운 복입니다. 여러분은 온유하여 예수님께서 친히 약속하신 이 땅을 기업으로 받는 성도들이 되시기를 바랍니다.

둘째는 이 세상에서 누리는 땅입니다. 하나님께서는 이스라엘 백성들에게 가나안 땅을 약속하셨습니다. 그런데 그냥 약속하신 것이 아닙니다. 하나님의 말씀을 좌로나 우로나 치우치지 아니하고 그 말씀을 즐거워하며 순종할 때에 땅을 기업으로 주신다고 하셨습니다. 하나님께서 말씀하시는 것은 땅의 크기를 말씀하신 것이 아닙니다.

만약에 그렇다면 이집트에서 노예 생활 할 때에 겨우 가나안 땅을 약속하셨겠습니까? 이왕이면 "서쪽으로 계속 나아가면 너희들이 알지 못하는 신비하고 비옥한 땅 유럽이 있고 남미가 있다. 그 땅을 주겠다. 혹은 동쪽으로 가면 큰 땅이 있는데 지금의 중국이나 러시아 같은 어마어마한 땅이 있다. 그 땅을 주겠다" 하시지 않겠습니까?

가나안 땅은 강대국 틈에 끼어 계속해서 전쟁을 치러야 하는 땅입니다. 큰 땅도 아닙니다. 세계 지도를 놓고 보면 너무나 작은 땅입니다. 지하자원도 별 볼일 없고 석유도 나지 않습니다. 그런데 왜 젖과 꿀이 흐르는 땅이라고 했습니까?

시편 37편 11절에 "그러나 온유한 자들은 땅을 차지하며 풍성한 화평으로 즐거워하리로다"라고 했습니다. 가나안 땅은 이스라엘 백성들에게 약속하신 풍성함과 화평으로 다스리는 진정한 주인이 되는 땅입니다. 많이 가진다고 부자가 아닙니다. 그 부를 풍성한 화평으로 다스릴 줄 알아야 부자입니다.

아무리 많은 것을 가져도 늘 만족함이 없고 더 많이 가지기 위해 형제들끼리 미워하고 싸운다면 부자가 아닙니다. 하나님께서 여러분에게 주신 각자의 땅이 있습니다. 가족이 있습니다. 직장이 있습니다. 사람과의 관계들이 있습니다. 그 땅을 풍성한 화평으로 다스리는 인생이 되기를 원합니다.

신앙생활을 할 때에도 크고 웅장한 교회를 다니면 큰 믿음입니까? 큰 믿음은 교회의 크기와는 상관이 없습니다. 가치 기준을 세상의 큰 것에만 둔다면 만족함이 없습니다. 그 큰 것을 가지고 풍성함을 알고 화평으로 다스릴 줄 알아야 그 큰 것이 내 것이 되는 것입니다. 큰 교회는 큰일을 할 수 있습니다. 외국에 학교를 세울 수도 있고 가난한 이들을 많이 도울 수도 있습니다. 복음 전하는 일도 크게 할 수 있습니다. 그럴 때 큰 교회가 될 수 있습니다. 큰 교회에 있어도 하나님의 일을 하지 못하고 늘 불평하고 서로 다투고 세상에 본이 되지 못한다면 그 교회는 큰 교회가 아닙니다.

성도 여러분, 우리 도림교회는 하나님께서 여러분에게 주신 가나안 땅이 되기를 원합니다. 이 교회에서 풍성한 화평이 있기를 원합니다. 행복하기를 원합니다. 이 교회에서 온 가족이 은혜 가운데 살다가 또 다른 약속한 땅, 새 하늘과 새 땅으로 모두 이사 갈 수 있기를 바랍니다.

적 용

ⓐ 오늘 말씀의 주제 파악하기:

ⓑ 오늘 말씀 중 은혜받은 부분 나누기:

ⓒ 삶에 구체적으로 적용하기:

함께 드리는 기도제목

1. 성령님의 은혜로 강퍅한 마음을 부드럽게 하시고 온유한 성품을 허락하소서.
2. 고난과 어려움 중에도 주님의 멍에를 기쁨으로 질 수 있게 도와주소서.
3. 교회와 가정에서 온유한 말과 행동으로 살아가게 하소서.

30

의에 주리고 목마른 자

- **본 문:** 마태복음 5장 6절(신 5쪽)
- **찬 송:** 455장(주님의 마음을 본받는 자, 통 507장)
- **요 절:** "의에 주리고 목마른 자는 복이 있나니 그들이 배부를 것임이요" (마 5:6)

오늘 말씀은 예수님의 팔복 중 네 번째 복입니다. 이 팔복은 제자들에게 말씀하신 것입니다. 즉 믿음의 사람들에게 주신 말씀입니다. 믿음의 사람들의 복은 세상 사람들의 복과는 다릅니다. 유교에서는 오복을 이야기합니다. 오래 살고, 부하고, 건강하고, 덕을 좋아하고, 질병 없이 잘 사는 것이 오복입니다.

우리나라에서도 오복이라 하면 치아가 좋고, 자손이 많고, 부부가 해로하고, 재산이 있고, 명당자리에 묻히는 것을 말합니다. 다 잘 먹고, 잘사는 것을 말하는데 오늘 성경은 의에 주리고 목마른 자가 복이 있다고 하셨습니다. 이 네 번째 복 역시 우리의 상식과는 다릅니다. 좋은 음식을 배불리 먹고 시원한 생수를 마시는 것이 복 있는 삶이지 어떻게 주리고 목마른 자가 복이 있습니까?

오늘 말씀에는 의와 주리고 목마름과 배부름이라는 세 개의 키워드가 있습니다. 첫째는 의입니다. 의라는 단어 '디카이오쉬네'(δικαιοσύνη)는 '공의', '정의'라는 뜻을 가지고 있습니다. 세상에는 정의를 부르짖는 사람들이 있습니다. 독재에 대항하여 정의를 외치고, 불의한 재판에 대하여 정의를 외칩니다. 세상의 정의도 잘못된 것을 바로잡고자 하는 올바름이 있습니다.

그런데 오늘 말씀에는 그 앞에 정관사가 붙어 '그 의'를 말씀합니다. 그 의는 하나님의 의를 말씀합니다. 하나님께서 악한 자들을 심판하시고 의인들을 지켜주시는 하나님의 공의입니다. 그 의는 인간 세상에서 공정하지 못한 행위에 대한 것을 말하는 것이 아니라 하나님과의 관계에서 시작되는 의입니다.

마태복음 6장 33절에 주님은 "너희는 먼저 그의 나라와 그의 의를 구하라 그리하면 이 모든 것을 너희에게 더하시리라"고 말씀하셨습니다. 여기서도 의는 '디카이오쉬네'라는 같은 단어를 사용하셨습니다. 그의 의는 하나님의 의입니다. 하나님의 뜻입니다.

유대인들은 의가 율법에서 나온다고 생각하고 율법을 지키기 위해 힘썼습니다. 십계명으로부터 시작하여 율법서에 나온 율법의 조항은 모두 613개입니다. 하지 말라는 명령이 365개이며 하라는 명령이 248개입니다. 그러니 얼마나 많습니까? 그런데 법을 해석하면서 가지 율법이라는 것도 생겨났습니다.

예를 들면 식사 전에는 손을 씻어야 한다는 법이 있는데, 그러면 '어느 정도 하는 것이 씻는 것인가? 물에 손가락만 적셔도 되는 것인가? 그것은 씻는 것이 아니다. 적어도 타조 알 정도의 물의 양에 손을 적셔 팔꿈치까지 물이 흘러야 그것이 씻는 것이다' 등 수많은 해석들이 생겨났습니다. 그러니 율법이라는 것이 얼마나 사람을 얽매게 만들겠습니까? 바리새인들은 하나님의 말씀을 지키는 것이 중요한 것이 아니라 율법을 형식적으로 지키기 위해 편법을 일삼았습니다.

그래서 사도 바울은 "율법의 행위로 그의 앞에 의롭다 하심을 얻을 육체가 없나니"(롬 3:20)라고 했습니다. 율법의 행위로는 하나님 앞에서 의롭다 인정을 받을 수 없다는 말입니다. 율법은 아무리 잘해도 백 점이 없습니다. 율법의 눈으로 보면 늘 지적하고 비판합니다. 그래서 사도 바울은 율법이 아니라 오직 믿음으로 의에 이른다고 했습니다.

그렇습니다. 의에 주리고 목마르다는 것은 하나님을 믿음으로 의인이 되었다는 말입니다. 그런데 의라는 것이 다 똑같지 않습니다. 차원이 다릅니다. 야곱 같은 믿음이 있고 에서와 같은 믿음도 있습니다. 그래서 하나님을 믿고 한 번 의롭다 여김을 받은 후에는 우리에게 성화의 과정이 끊임없이 필요합니다. 그러므로 의에 주리고 목마른 자는 하나님께 더 가까이 나아가고, 더 하나님의 말씀대로 살기 위해 주리고 목마른 사람들의 갈급함같이 하나님께 나아가는 자를 말합니다.

오늘의 시대는 의에 주리고 목마른 사람을 찾기가 어렵습니다. 옛날 한국 교회는 밤마다 교회에서 기도하는 사람들이 넘쳐났습니다. 일하다가도 교회에 와서 기도하고 가고 어린이들도 학교에서 돌아오다가 기도하고 갔습니다. 이 민족의 죄를 용서해 달라고 어린아이들까지 울면서 기도했습니다. 오늘의 한국 교회는 울면서 기도하는 사람들은 사라지고, 지적하고 비판하는 사람들이 많습니다. 즉 의에 주리고 목마른 자들이 적다는 말입니다. 복 있는 자가 적어지고 있다는 말입니다. 성도 여러분, 하나님의 나라가 이 땅에 임하기를 주리고 목마른 심정으로 기도하는 영성이 우리에게 회복되기를 원합니다.

둘째, 주리고 목마른 자입니다. 우리가 사는 세상에는 주리고 목마른 사람들이 많습니다. 돈에 주리고 목마른 사람이 있고 권력에 주리고 목마른 사람이 있습니다. 사랑에 주리고 목마른 사람도 있고 행복에 주리고 목마른 사람도 있습니다. 오늘 성경에 주리고 목이 마르다는 것은 심각한 상황을 말합니다.

광야에서 동물들은 물을 찾아 헤맵니다. 건기에 비가 올 리도 없고 물은 다 말라버려 동물들이 고통을 겪습니다. 먹을 것이 없습니다. 내셔널 지오그래픽 같은 영상을 보면 기린도 바짝 말라 앙상한 뼈만 남은 채 주리고 목이 말라 쓰러지고 사자도 주리고 목이 말라 쓰러집니다. 말라가는 웅덩이에 모여 있던 하마 떼가 전멸하는 애처로운 광경도 보게 됩니다.

주리고 목마른 상황은 우리의 생존에 절대적인 문제입니다. 흔히 의식주를 이야기하는데 어떤 것이 가장 절대적이겠습니까? 먹는 것입니다. 입는 것은 없으면 없는 대로 살 수 있고, 아무것이나 걸칠 수도 있습니다. 잠잘 집이 없으면 다리 밑에서도 잠을 잘 수는 있습니다. 그런데 마실 물이 없고 먹을 음식이 없으면 얼마 견디지를 못합니다. 그러므로 오늘 성경에 주리고 목마름은 절대적인 상황을 말씀한 것입니다.

사람들은 육체적인 주림과 목마름에 대하여는 즉각적으로 반응하고 견디지 못합니다. 내가 배고프고 목이 마르니 음식과 물을 찾아 문제를 해결하려 합니다. 그런데 정말 더 중요한 영적인 주림과 목마름에 대해서는 어떻습니까?

성경에 나오는 하박국 선지자는 의에 주리고 목마른 사람이었습니다. 하박국은 악인들이 형통하고 의인들이 고난을 당하는 현실을 보며 하나님께 어찌하여 하나님의 공의가 실현되지 않느냐고 질문을 했습니다. 그때 하나님은 "정한 때가 되면 악인은 심판을 받고 의인은 구원을 받을 것이라"고 말씀해 주셨습니다.

하박국 선지자는 지금 눈앞에 아무 증거가 보이지 않아도 하나님의 말씀을 믿었습니다. 그때에 하나님은 하박국을 의롭다고 인정해 주셨습니다. 하박국을 대표하는 성경 구절이 무엇입니까? "의인은 그의 믿음으로 말미암아 살리라"(합 2:4)입니다.

성도들을 보면 하나님의 말씀을 제대로 먹지 못하여 바짝 마르고 영양실조에 걸려 있는 교인들이 있습니다. 그런데 정작 자신은 몰라요. 배고프고 목마른 것을 느끼지 못한다면 심각한 병에 걸린 것입니다. 그러므로 영의 양식에 주리고 목마름을 느끼는 사람은 그 영혼이 건강하다는 증거입니다.

얼마 전 돌아가신 권사님은 예배 마치고 나갈 때마다 저에게 와서 "목사님, 맛있어요" 하고 가셨습니다. 그 권사님은 하나님의 말씀을 목마른 사슴이 갈급함같이 사모하였기 때문에 말씀이 맛이 있으셨던 것입니다.

하나님의 말씀은 "금 곧 많은 순금보다 더 사모할 것이며 꿀과 송이꿀보다 더 달도다"(시 19:10)라고 말씀하셨습니다. 이렇게 하나님을 사모하는 심령이 주리고 목마른 것처럼 사모하니 복이 있다 하신 것입니다. 무슨 복입니까?

셋째, 배부름의 복입니다. 배부름이 왜 복이 됩니까? 하나님의 의를 그토록 사모했는데, 하나님께서 풍성케 하셨으니 그것이 복입니다. 하나님께서 주시는 복은 세상의 복과 다릅니다. 하나님께서 주시는 복은 세상이 빼앗을 수가 없습니다. 하나님께서 주시는 복은 영원한 복입니다. 하나님께서 주시는 복은 우리의 영혼을 소성케 하는 복입니다.

세상에서는 남보다 조금 더 가지고, 남보다 조금 더 많이 배우고, 남보다 조금만 더 잘생겨도 교만합니다. 그런데 많은 것을 가졌다고 행복한 것이 아닙니다. 많은 것을 가졌는데도 불평하며 살면 그는 불행한 사람이요 가난한 사람입니다.

행복지수를 조사한 설문조사를 보니 세계에서 제일 행복한 나라가 핀란드였습니다. 동남아에서는 2위가 필리핀입니다. 요즘 필리핀에서 우리나라 가정부가 되기 위하여 오고 있지 않습니까? 그러면 우리가 필리핀보다는 더 행복해야 하지 않습니까?

그런데 우리나라는 행복지수가 OECD국가 38개국 가운데 36등입니다. 거의 꼴찌입니다. 신앙에서도 행복지수를 한번 조사했으면 좋겠어요. 여러분은 우리 교인들 중에서 신앙생활의 행복지수가 몇 등쯤 된다고 생각하십니까? 많은 것을 가졌다고, 많은 것을 배웠다고 행복한 것이 아닙니다. 행복은 하나님께서 주시는 것입니다.

오늘 성경은 주리고 목마른 영혼이 배부를 것이라 말씀합니다. 배고픈 사람이 음식을 먹고 나면 배가 부르고 배고프고 갈증으로 힘들었던 것이 사라지게 됩니다. 얼마나 좋겠습니까? 그런데 의에 대하여 갈급했던 성도들에게 배부름을 주신다니 얼마나 좋습니까? 우리가 영적으로 배부르려면 성령 충만함을 입어야 합니다. 그러니까 하나님의 의를 위하여 주리고 목마른 자처럼 간절히 사모할 때 하나님은 성령의 은사를 부어 주십니다. 절대로 외면하시지 않으십니다. 모든 은혜를 넘치게 부어 주십니다.

찬송가 309장에 "목마른 내 영혼 주가 이미 허락한 그 귀한 영생수 주여 갈망합니다"라고 찬송합니다. 목마른 내 영혼이 하나님을 사모했더니 3절에는 "은혜의 소낙비 지금 흡족히 내려 구원의 큰 강물 흘러 차고 넘쳐서 내 추한 모든 죄 모두 씻어버리니 나 지금 은혜를 충만하게 받았네"라고 고백하고 있습니다. 할렐루야.

여러분, 이 찬송이 우리의 체험과 간증이 되기를 원합니다. 우리가 주리고 목말라 하나님을 사모했을 때 어떻게 하신다구요? '은혜의 소낙비 지금 흡족히 내려'. 은혜의 비가 내리는데 그냥 비가 아닙니다. 소낙비처럼 흡족히 내린다고 했습니다. 그러니 신앙생활이 얼마나 행복하고 감사하겠습니까?

성도 여러분, 우리 도림교회 성도들은 '주님을 어떻게 하면 기쁘시게 해드릴까? 어떻게 하면 주님의 말씀대로 순종하며 살아갈까?' 하는 열망이 있기를 바랍니다. 목마른 자가 생수를 갈구하듯이 굶주린 자가 음식을 사모하는 것같이 하나님을 사모하는 성도들이 되시기 바랍니다.

"너희가 전심으로 나를 찾고 찾으면 나를 만나리라"고 하나님은 약속해 주셨습니다. 하나님은 오늘도 의인을 찾고 계십니다. 소돔과 고모라를 멸하실 때 아브라함은 하나님께 간구했습니다. "의인 50이 있어도 멸하시겠습니까?" "의인 50이 있으면 멸하지 않겠다." "45인이 있으면, 40인이 있으면, 30인이 있으면, 20인이 있으면… 멸하시겠습니까?" 하고 아브라함은 질문합니다.

마지막으로 "주는 노하지 마옵소서 내가 이번만 더 말씀하리이다"라고 하며 "의인 열 명이 있어도 멸하시겠습니까?"라고 질문했습니다. 결국 소돔과 고모라는 의인이 열 명도 없어 멸망당하고 말았던 것입니다. 의인이 많지 않다는 말입니다.

우리는 예수님을 나의 구주로 영접한 사람들입니다. 그래서 예수님은 우리의 믿음을 보시고 우리를 의롭다 하시고 죄를 다 씻어 주셨습니다. 문제는 계속해서 의의 길로 가야 하는 것입니다. 이 길에서 탈선하면 안 되는 것입니다.

의에 대한 축복은 받아도 되고 안 받아도 되는 복이 아닙니다. 의로운 자만이 천국에 들어갈 수 있기 때문입니다. 그러므로 예수님께서 말씀하신 복의 한 가지, 한 가지가 다 천국에 대한 약속과 연관이 있습니다. 적당히 구해서는 안 됩니다.

우리 주님은 목마른 자같이 굶주린 자같이 사모하라는 것입니다. 우리는 모두가 천국 길에 서 있는 순례자들입니다. 순례자는 완성된 사람들이 아닙니다.

그래서 힘을 다하여 천성 길을 향하여 걸어가야 하는 것입니다. 사랑하는 도림교회 성도 여러분, 하나님의 의를 구하며 주리고 목마른 자의 심정으로 하나님께 나아오는 성도들이 되시기를 바랍니다.

적 용

ⓐ 오늘 말씀의 주제 파악하기:

ⓑ 오늘 말씀 중 은혜받은 부분 나누기:

ⓒ 삶에 구체적으로 적용하기:

함께 드리는 기도제목

1. 하나님의 의를 사모하며 더욱 거룩한 삶을 살게 하소서.
2. 영적으로 주리고 목마른 심령이 회복되게 하소서.
3. 천국을 향한 순례자로 의의 길을 끝까지 믿음으로 걸어가게 하소서.

31

긍휼히 여기는 자

- **본 문:** 마태복음 5장 7절(신 5쪽)
- **찬 송:** 406장(곤한 내 영혼 편히 쉴 곳과, 통 464장)
- **요 절:** "긍휼히 여기는 자는 복이 있나니 그들이 긍휼히 여김을 받을 것임이요" (마 5:7)

오늘 말씀은 예수님의 팔복 중 다섯 번째 복인 긍휼히 여기는 자의 복입니다. 오늘 성경에 나온 '긍휼히 여긴다'는 '엘레에몬'(ἐλεήμων)이라는 단어는 '자비를 베풀다', '불쌍히 여긴다'는 뜻입니다. 성경에는 긍휼이라고 해석된 단어가 133회가 나옵니다. 제가 세어본 것이니 혹시 틀릴 수도 있습니다만 이렇게 성경에 긍휼이라는 단어가 많이 나오는 것은 긍휼은 하나님의 성품이기 때문입니다.

많은 사람들의 마음속에는 긍휼히 여기는 마음, 자비를 베푸는 마음이 있습니다. 그런데 모두는 아닙니다. 엊그제 부천의 한 호텔에서 불이 났는데 살려 달라는 외침이 들리고 사람들은 떨어져 죽는데 아래에서는 불구경을 하며 춤을 추고 즐기는 사람들이 있었다고 합니다. 어떻게 그럴 수가 있습니까? 그런데 이것은 이들만의 문제가 아닙니다.

우리의 마음속에 하나님의 성품인 긍휼히 여기는 마음이 얼마나 있느냐는 것입니다. 오늘도 우리가 사는 이 세상에는 살려 달라고 부르짖는 사람들이 있습니다. 일터에서 일하다가 어려움을 겪는 사람들의 신음 소리가 있습니다. 청년들도 힘들어합니다. 그래서 살려 달라고 합니다.

원치 않는 전쟁을 만난 나라의 국민들이 있습니다. 이들은 하루하루를 고통 속에 살아갑니다. 전쟁은 정치인들이 만들었는데 고통은 백성들이 당하고 있습니다. 전쟁을 그만두고 싶다고 끝이 나는 것이 아닙니다. 또 먹을 것이 없어서 배고픔에 힘들어하고 굶어 죽는 사람들도 이 땅에는 너무 많이 있습니다. 1년에 무려 7백만 명이 넘는 사람들이 굶어 죽습니다. 우리는 유대인들이 가스실에서 죽어 간 홀로코스트의 잔혹함을 이야기하는데 사실 그보다 훨씬 더 많은 사람들이 매년 굶어 죽습니다. 이것도 다른 의미에서 보면 집단 학살입니다. 왜 이런 일이 일어납니까?

긍휼의 문제입니다. 이 땅에 긍휼이 없고 자기 자신만 있기 때문에 많은 사람들이 고통을 당하고 있습니다. 우리 주님은 "너희들 왜 그렇게 잔인하게 사니?" 하고 "복 있는 사람은 긍휼히 여기는 자다"라고 말씀하신 것입니다. 단순히 우리의 성품을 말씀하신 것이 아닙니다.

며칠 전에도 어느 목사님이 외국인 노동자들을 위해 일하는데 전화를 주셨습니다. 우리나라에는 불법체류자들이 많습니다. 어떤 회사에서는 이것을 이용하여 임금도 제대로 주지 않고 사고를 당해도 치료해 주지 않습니다. 그래서 주로 그런 어려운 이들을 위하여 일하는 목사님입니다. 이 목사님이 "새로운 곳으로 이사 가는데 보증금이 조금 모자랍니다. 도와주시면 안 되겠습니까?" 하는 연락이 왔습니다. 우리 교회도 넉넉하지는 못하지만 이런 간청에 그저 외면할 수는 없지 않습니까? 그래서 큰 교회를 목회하며 늘 마음에 짐이 되고 힘이 듭니다.

저에게는 교도소의 죄수들로부터 많은 편지가 옵니다. '교도소에서 병들어 치료를 제대로 못 받고 있는데 조금만 도와주시면 출소 후에 신앙생활 잘하겠습니다' 하는 내용입니다. 우표를 백 장만 보내 달라는 편지도 있습니다. 너무 많이 받는 편지라서 그 진위를 파악하는 것도 어렵고 마음은 괴롭습니다. 이 중에 진짜가 있으면 어떡하나? 주님 앞에 섰을 때에 주님이 "그때 너 왜 그랬니?" 하고 물으시면 어떻게 하나 하는 고통이 있습니다. '예수님은 어떻게 하셨을까?' 하는 질문을 늘 해보곤 합니다. 긍휼이 사실은 너무 어려운 것입니다.

예수님은 긍휼을 필요로 하는 자에게 긍휼을 베풀어 주셨습니다. 바리새인들은 병자나 소외된 자들을 차별하고 성전에도 못 들어오게 했지만, 예수님은 오히려 불쌍히 여기시고 이들의 병을 고쳐주시고 소외된 자들의 집에도 찾아가셨습니다. 세리와 죄인들의 친구라 했습니다. 당시의 교회는 이들이 성전에 나아오는 것도 거부했지만, 예수님은 십자가로 성전 휘장을 찢으셨습니다. 누구든지 예배하고 싶은 자는 하나님께 나아와 경배할 수 있게 하신 것입니다. 긍휼히 여기는 마음은 예수님의 마음입니다. 예수님의 비유에도 보면 주인에게 일만 달란트를 빚진 종이 있습니다.

주인은 종뿐 아니라 처와 자식들까지 다 노예로 보내어 빚을 갚으라고 명합니다. 종이 빌 때에 주인은 긍휼히 여겨 이 종의 빚을 다 탕감해 줍니다. 이 종이 돌아가던 중에 자신에게 백 데나리온을 빚진 동료를 만납니다. 빚을 갚으라고 윽박지르다가 갚을 돈이 없자 이 동료를 감옥에 집어넣어 버립니다.

일만 달란트는 대략 16만 년을 일해야 벌 수 있는 어마어마한 돈입니다. 지금으로 하면 몇 조 정도 되는 돈입니다. 이 많은 돈을 주인에게 손해를 끼친 것입니다. 그런데 주인은 긍휼히 여겨 다 탕감해 주었습니다. 그런데 탕감받은 종은 백 데나리온, 즉 백 일치 월급에 해당되는 돈을 빚진 종에게 긍휼을 베풀지 않았습니다. 지금으로 하면 천만 원 정도입니다. 이 소문을 들은 주인은 분노합니다. "내가 너를 불쌍히 여김과 같이 너도 네 동료를 불쌍히 여김이 마땅하지 아니하냐" 하고 그 빚을 다 갚기까지 감옥에 가두라고 합니다. 이 예수님의 비유는 바로 우리를 향하신 말씀입니다.

우리는 일만 달란트에 비교할 수 없는 큰 죄를 주님으로부터 용서받았습니다. 그리고 주님의 자녀로 삼아 주셨습니다. 그런데 우리는 누가 나에게 지은 작은 죄에 대해서도 분노하고 용서하지 못한다는 것을 지적하는 비유입니다. 너희가 긍휼을 받았으니 너희도 긍휼을 베풀라는 것입니다. 우리가 깨달아야 하는 것은 하나님께서 누구에게나 다 긍휼을 베푸시는 것은 아닙니다.

출애굽기 33장 19절에 "나는 은혜 베풀 자에게 은혜를 베풀고 긍휼히 여길 자에게 긍휼을 베푸느니라"고 하셨습니다. 모두가 은혜받을 자는 아닙니다. 은혜는 사모하는 자에게 주시고 겸손한 자에게 주신다고 하셨습니다. 긍휼도 그렇습니다. 하나님께 긍휼을 받을 만해야 합니다. 성경에 긍휼을 받는 자에 대한 말씀이 곳곳에 나오는데 잘 들으십시오. 시편 103편 13절에 하나님을 경외하는 자가 긍휼히 여김을 받는다고 했습니다. 시편 102편 13절에는 시온을 긍휼히 여기신다고 했습니다. 하나님을 예배하는 성전에 긍휼을 베푸신다는 말입니다. 느헤미야 1장 5절에 주의 계명을 지키는 자에게 긍휼을 베푸신다고 했습니다.

이사야 55장 7절에는 "악인은 그의 길을, 불의한 자는 그의 생각을 버리고 여호와께로 돌아오라 그리하면 그가 긍휼히 여기시리라"고 하셨습니다. 그리고 오늘 말씀에 긍휼히 여기는 자는 긍휼히 여김을 받을 것이라 했습니다. 하나님께서 우리를 긍휼히 여기시면 인생의 문제가 해결됩니다. 어떠한 환경과 처지에 있든지 문제가 되지 않습니다. 새로운 길을 열어 주십니다. 반대로 하나님의 긍휼이 떠나가면 우리가 감당할 수 없는 큰 문제가 일어나는 것입니다. 야고보서 2장 13절에 "긍휼을 행하지 아니하는 자에게는 긍휼 없는 심판이 있으리라"고 하셨습니다. 이 세상에서도 하나님의 긍휼을 입어야 하지만 마지막 심판 때에는 무조건 긍휼을 입어야 하는 것입니다.

그러므로 여러분은 하나님의 긍휼을 구하시기 바랍니다. 긍휼은 하나님께서 우리에게 주시는 성령의 선물입니다. 성령님은 엎드려 간절히 하나님의 영광을 위하여 구하는 자에게 반드시 응답해 주십니다. 그러므로 우리는 하나님의 나라를 위하여 긍휼을 구해야 하는 것입니다. 세상에 문제가 일어나는 것도, 교회 안에 문제가 일어나는 것도, 가정에 문제가 일어나는 것도 긍휼이 부족해서입니다. 그러므로 긍휼이 너무나 큰 복인 것입니다.

오늘 말씀에 긍휼히 여기는 자는 복이 있다고 하셨는데 그 이유를 긍휼히 여김을 받을 것이기 때문이라 하셨습니다. 세상에서도 다른 사람을 긍휼히 여기면 긍휼을 입을 수가 있습니다. 반드시 그런 것은 아니지만 내가 뿌린 대로 열매를 거둡니다.

6.25전쟁 중에 공산당에게 잡혀 죽을 위기에 처한 사람이 있었는데 이분이 학교 선생님으로 평소에 어려운 학생들을 사비로 도우며 긍휼을 많이 베풀었다고 합니다. 그런데 공산당 장교가 어려울 때에

이 선생님의 도움을 받은 사람이었습니다. 그래서 몰래 도망가라고 해서 목숨을 살리게 되었다는 것입니다.

중국의 '무훈'이라는 사람은 구걸하면서도 가난한 아이들을 위해 학교를 세우고 덕을 많이 쌓았습니다. 그가 세상을 떠났을 때 장례식에 참석한 사람들이 만 명을 넘었고 길거리마다 그의 마지막 길을 보러 온 구경꾼들이 가득 찼고 울음소리가 가득했다고 했습니다. 이를 본 어떤 사람이 "누가 무훈더러 아들이 없다고 했는가?"라고 말했다고 합니다. 세상에서도 긍휼을 베풀면 이처럼 나에게 돌아오기도 합니다.

그런데 오늘 말씀에 긍휼히 여김을 받으리라는 말씀은 하나님께 긍휼히 여김을 받을 것이라는 최고의 약속의 말씀인 것입니다. 긍휼히 여기는 자는 사실 이미 복을 받은 사람입니다. 하나님의 성품이 그 안에 있기 때문입니다.

그리고 그런 자에게 하나님은 긍휼을 베풀어 주십니다. 그래서 늘 행복합니다. 감사합니다. 힘들어도 하나님의 위로를 받습니다. 우리 하나님께서 긍휼히 여겨주시면 세상이 감당할 자가 없습니다. 주님의 사랑에서 우리를 끊을 것이 없는 것입니다. 우리 교회에는 이웃을 섬기는 여러 선교기관들이 있습니다. 사랑의 집수리, 이·미용교실, 한글교실 등도 이웃을 섬기는 긍휼의 마음이 없으면 하지 못합니다. 행복을 파는 가게에도 우리 성도들이 늘 나와 섬깁니다. 카페에도 섬기는 많은 분들이 있습니다. 물건을 팔아 이익을 남기기 위해서 하는 일이 아닙니다. 주님의 사랑을 전하기 위해, 주님의 긍휼을 우리도 이웃에게 베풀기 위해 나의 시간, 나의 물질, 나의 정성을 바치는 것입니다.

이것은 흉내 내서는 할 수 없는 일들입니다. 흉내 내는 사람은 그 속에 진정한 감사와 기쁨이 없습니다. 이미 축복받지 못한 것입니다. 바리새인들은 기도할 때에 길거리에 서서 금식한 것을 흉내 내느라 머리카락을 흐트러뜨리고 두 손을 들고 기도했습니다. 헌금을 할 때에는 나팔을 불었습니다. 이것은 하나님을 속인 것입니다. 그래서 이들의 모습은 주님으로부터 책망받을 수밖에 없었던 것입니다. 그러나 진정으로 변화된 사람은 기쁨으로 즐거움으로 주님을 섬기고 이웃을 섬깁니다. 땀 흘리고 수고하면서도 기쁩니다. 그래서 사도 바울은 긍휼을 베푸는 자는 즐거움으로 할 것이라고 말씀하신 것입니다. 복음을 전하는 일은 최고로 이웃을 긍휼히 여기는 마음입니다. 내 이웃이 멸망 길로 가는 것을 두고 볼 수 없어 긍휼의 마음으로 복음을 전하는 것입니다. 팔복이 모두 어마어마한 복이지만 오늘 말씀하신 예수님의 다섯 번째 복도 굉장한 복입니다. 반드시 받아야 하는 복입니다.

긍휼히 여기는 마음은 바로 주님의 마음이요, 우리는 그 마음으로 살아야 하나님 앞에 설 때에 긍휼을 입을 수 있습니다. 그러므로 오늘 이 복도 영원한 생명과 연관이 되는 굉장한 복입니다.

성도 여러분, 여러분, 마음속에 주님께서 주시는 진정한 긍휼이 넘치기를 바랍니다. 이 긍휼을 실천하며 살아가는 크리스천들이 되십시다. 이 긍휼의 눈으로 이웃을 바라보시고, 어려움을 당하는 나라도 바라보시고, 우리 교회도 바라보시고, 옆에 성도들도 바라보시기 바랍니다. 그러면 우리 주님도 여러분을 긍휼의 눈으로 바라보실 것입니다. 늘 우리는 긍휼의 복을 받아 이 땅에서도 복되게 살고 천국문에 들어갈 때에 주님의 긍휼을 입는 성도들이 되시기를 바랍니다.

적 용

ⓐ 오늘 말씀의 주제 파악하기:

ⓑ 오늘 말씀 중 은혜받은 부분 나누기:

ⓒ 삶에 구체적으로 적용하기:

함께 드리는 기도제목

1. 하나님의 긍휼한 성품이 우리 마음에 충만케 하여 주소서.
2. 어려운 이웃을 섬기는 긍휼의 사역에 기쁨으로 참여하게 하소서.
3. 긍휼의 눈으로 교회와 가정, 이웃과 나라를 보며 주님의 마음으로 섬기게 하소서.

32

마음이 청결한 자

본 문: 마태복음 5장 8절(신 5쪽)
찬 송: 458장(너희 마음에 슬픔이 가득할 때, 통 513장)
요 절: "마음이 청결한 자는 복이 있나니 그들이 하나님을 볼 것임이요" (마 5:8)

오늘 말씀은 예수님의 팔복 중 여섯 번째 복인 마음이 청결한 자가 받는 복입니다. 마음이라는 것이 무엇입니까? 팔복 중 첫 번째 복인 심령이 가난한 자에서 '심령'은 '프뉴마'라는 단어를 사용했습니다. 프뉴마는 영혼의 의미를 담고 있습니다. 구약성경을 기록한 히브리어에서 '루하흐'와 같은 의미로 하나님께서 사람을 흙으로 창조하시고 하나님의 영인 루하흐를 불어넣으셨습니다.

그런데 오늘 읽은 말씀인 8절에는 마음을 '카르디아'(καρδία)란 단어로 기록하고 있습니다. 헬라어에서 마음을 나타내는 단어는 '누스'와 '카르디아'가 있는데 '누스'는 총명, 지각을 뜻하는 단어입니다. 머리에서 나오는 것입니다. 로마서 12장 2절에 나오는 '오직 마음을 새롭게 함으로 변화를 받아'라고 했는데 여기서 '누스'라는 단어를 썼습니다. 생각을 바꾸라는 말입니다.

그런데 오늘 말씀이 기록된 '카르디아'는 마음의 중심을 뜻하는 단어입니다. 고린도후서 3장 3절에 "너희는 우리로 말미암아 나타난 그리스도의 편지니 이는 먹으로 쓴 것이 아니요 오직 살아 계신 하나님의 영으로 쓴 것이며 또 돌판에 쓴 것이 아니요 오직 육의 마음판에 쓴 것이라"고 했습니다. 여기서 마음판, 심비가 바로 '카르디아' 입니다.

속마음을 말하는 것입니다. 이 둘은 연관이 있습니다. 사람은 속마음에서 생각이 나옵니다. 그리고 생각이 새롭게 되면 속마음이 달라집니다. 오늘 말씀이 좀 어렵죠. 여기까지만 어렵습니다. 사람을 움직이는 것은 마음입니다. 어떤 마음을 가지느냐에 따라 행동이 바뀝니다.

마음에 따라 선한 사람도 나오고 악한 사람도 나옵니다. 간사한 사람도 나오고 정직한 사람도 나옵니다. 우유부단한 사람도 나오고 강직한 사람도 나옵니다. 성실한 사람도 나오고 게으른 사람도 나옵니다. 그래서 성경은 두 마음을 품지 말라고 했습니다. 우리는 모두 마음을 가지고 있습니다. 마음은 서로에게 보이지 않습니다. 그래서 앞에서는 웃고 있어도 속에는 칼을 들고 있는 경우도 있습니다.

사랑하는 마음이 한번 일어나면 걷잡을 수가 없습니다. 내가 머리에서 그만 생각하라고 해도 마음이 말을 안 듣습니다. 그 마음이 상대방에게 보여지면 어떡하겠습니까? 참 어렵지요. 미워하는 마음이나 분한 마음이 들어도 마찬가지입니다. 그래서 이 마음이 병을 가져오기도 합니다. 현대인들은 많은 사람들이 마음의 병을 가지고 살아갑니다.

이 마음이 신비합니다. 그래서 마음을 연구하는 '인지심리학'이라는 분야도 있습니다. 마음은 어떻게 만들어집니까? 심리학에서는 유전적인 요인, 자라난 환경, 경험, 주변의 관계, 사회 문화 등이 상호작용하여 한 사람의 마음을 만든다고 말합니다. 오늘 여러분이 가진 마음은 지금까지 살아온 여러분의 삶의 결과물입니다. 이 마음을 잘 만들어온 사람도 있고 그렇지 못한 사람도 있습니다. 그런데 성경을 보면 빌립보서 4장 7절에 "그리하면 모든 지각에 뛰어난 하나님의 평강이 그리스도 예수 안에서 너희 마음과 생각을 지키시리라"고 했습니다. 우리의 생각과 마음을 하나님께서 지키신다는 말입니다. 어떻게요? 하나님께서 우리 마음을 만드셨으니 하나님께서 지켜주시는 것입니다. 우리는 하나님께서 우리에게 창조하신 마음을 잘 간수해야 합니다.

어떻게 하나님께서 주신 마음을 잘 간수해야 합니까? 마음을 청결하게 해야 합니다. 우리가 몸을 씻지 않으면 때가 생기고 냄새가 납니다. 가만히 있어도 때가 생깁니다. 그래서 늘 씻어야 합니다. 여름철에 비가 오고 나면 밭에 풀들이 자라는데 뽑아도 뽑아도 어디서 그렇게 씨가 생기는지 또 나옵니다. 마음도 그렇습니다. 가만히 있어도 죄가 자꾸 일어납니다.

그래서 우리는 계속해서 뽑아내고 씻어야 합니다. 그래야 청결할 수 있습니다. 무엇으로 씻습니까? 말씀으로 씻고 기도로 씻고 찬양으로 씻는 것입니다. 하나님의 말씀을 사모하면 그 말씀이 우리 안에 들어와 우리의 죄 된 부분을 정확하게 아시고 깨끗게 하십니다. 내가 하려고 하는 사람은 안 됩니다. '하나님의 말씀대로 순종하겠습니다' 하는 사람을 깨끗게 하십니다. 오토바이에 사람을 태우고 가면 처음 타는 사람은 운전자의 허리를 꽉 잡고 자기가 몸을 막 일으킵니다. 오토바이가 커브를 돌게 되면 어느 정도 옆으로 뉘어지는데 뒤에 탄 사람이 자꾸 허리를 곧게 세우고 운전자를 힘들게 합니다. 초보를 뒤에 태우면 너무 힘이 듭니다. 교회도 그렇습니다.

하나님의 말씀을 따라가는 대로 내 몸을 맡기면 쉽게 목적지에 도달할 수 있는 것입니다. 그 목적지가 어디입니까? 천국입니다. 성도 여러분, 하나님의 말씀을 따라가는 성도들이 되시기 바랍니다. 늘 기도하고 찬양하며 여러분의 마음을 청결하게 하시기 바랍니다.

빌립보서 2장 5절에 "너희 안에 이 마음을 품으라 곧 그리스도 예수의 마음이니"라고 말씀합니다. 예수님을 믿으면 성령님께서 우리 안에 들어와 우리를 주장하십니다. 우리 안에 예수 그리스도의 마음을 주십니다. 그러면 우리는 예수님을 따라가면 되는 것입니다. 사단 마귀는 우리의 마음과 생각을 부패하고 더러워지도록 공격합니다. 행복한 삶을 살아야 하고 축복된 인생을 사는 것이 하나님의 뜻인데 우리로 하여금 부정적인 생각을 갖게 합니다. 불평과 불만을 일으켜 예수 그리스도의 마음에서 멀어지게 만듭니다. 마귀는 마음과 생각을 공격하는 것입니다. 이 공격을 내 힘으로 막을 수 없습니다.

이스라엘 백성들이 애굽에서 나온 것이 하나님의 전적인 은혜였습니다. 하나님께서는 약속하신 대로 이스라엘 백성들을 해방시켜 주셨습니다. 그리고 가나안 땅의 약속도 주셨습니다. 이들이 하나님께서 창조하신 마음을 잘 간직하고 믿음으로 살았으면 좋을 텐데, 이들의 마음과 생각을 사단 마귀가 공격했습니다. 그래서 이들은 광야에서 불평하고 원망합니다.

물론 이들의 조건이 좋은 것은 아니었습니다. 그러나 하나님의 약속을 믿고 인내로 따라갔으면 좋을 텐데 이들의 마음과 생각이 변했습니다. 그래서 열흘이면 갈 수 있는 가나안 땅을 사십 년이나 고생하며 돌게 되었던 것입니다. 사단 마귀가 우리 마음과 생각을 공격하는 것은 우리로 죄를 짓고 불행하게 만들기 위해서입니다.

그러므로 여러분은 하나님의 말씀을 듣고 '아멘' 하고 예수님이 주시는 마음으로 무장하시기 바랍니다. 그래서 성경은 마귀의 계교를 이기기 위해 하나님의 전신갑주를 입으라 하신 것입니다. 전신갑주가 있어야 마귀의 계교를 이길 수 있는 것입니다. 우리는 항상 하나님의 전신갑주를 입고 우리의 마음과 생각을 청결하도록 지키시기를 바랍니다.

그러면 우리가 받는 복이 있는데 마음이 청결한 자가 받는 복을 "그들이 하나님을 볼 것이요"라고 했습니다. 성경은 하나님을 볼 수 없다고 했습니다. 하나님의 영광이 나타날 때에 하나님은 모세에게 "네가 내 얼굴을 보지 못하리니 나를 보고는 살 자가 없음이니라 내 손으로 너를 덮을 것이라"고 하셨습니다.

이사야 선지자는 하나님을 뵈었을 때에 "화로다 나여 망하게 되었도다"(사 6:5)라고 말했습니다. 그런데 "하나님을 볼 것이요"라고 했습니다. 이 얼마나 굉장한 말씀입니까? 성경에 하나님을 보고 교제하며 살아간 사람이 있습니다. 에녹입니다. 에녹은 특별히 마음이 청결한 사람이었다는 말입니다. 다윗도 죄를 범한 인간이었지만 하나님의 영광을 보았다고 했습니다.

예수님께서는 나를 본 자는 하나님을 보았다고 하셨습니다. 예수님의 말씀의 의미는 예수님을 눈으로 보았다고 해서 본 것이 아닙니다. 예수님을 하나님의 아들로, 인류의 대속자로 본 자는 하나님을 본 것입니다. 그렇습니다. 우리는 예수님을 통해서 하나님을 보는 것입니다. 믿음의 눈으로 하나님을 보는 것입니다.

죄는 하나님과 우리 사이를 가로막았다고 했습니다. 죄는 하나님을 볼 수 없게 합니다. 그런데 예수님께서 그 죄의 장막을 찢어 주셨습니다. 우리가 예수 그리스도를 믿기만 하면 우리는 죄의 문제를 해결하고 하나님의 영광을 볼 수 있습니다.

야스퍼스라는 실존주의 철학자는 '세계를 보면 신비와 암호로 가득 차 있다. 그것만 보아도 우리는 하나님이 계심을 알 수 있다'고 했습니다. 믿음의 사람은 달과 별을 보아도, 매일처럼 보는 태양을 통해서도 하나님을 볼 수 있습니다. 풀과 바람을 통해서도 하나님을 볼 수 있습니다. 그것뿐입니까?

하루하루의 삶을 살아가면서도 하나님이 나와 함께하심을 믿음의 눈으로 보는 것입니다. '아, 하나님이 나와 함께하시는구나' 하고 하나님의 임재를 체험하며 살아가는 것입니다. 그러나 예수를 믿지 못하는 사람들은 신비한 세계를 보면서도 하나님을 보지 못합니다. 신비한 동물의 세계를 보면서도 하나님을 보지 못합니다. 죄 때문입니다.

그러나 마음이 청결한 자는 자연을 보면서 하나님을 보고, 하루를 살면서도 나와 함께 동행하시는 하나님을 봅니다. 그러니 매일이 감사합니다. 행복합니다. '오늘은 하나님께서 나에게 어떤 일을 행하실까?' 기대합니다. 하나님이 행하실 일을 기대하니 복음을 전하는 일을 하고 주님을 위해 봉사하는 일을 기쁨으로 행하는 것입니다. 왜요? 그 마음이 청결하여 하나님을 보기 때문입니다.

사도 바울은 마음이 청결하지 못한 자, 즉 하나님을 마음에 두기 싫어하는 자들에 대하여 이렇게 말씀합니다.

"또한 그들이 마음에 하나님 두기를 싫어하매 하나님께서 그들을 그

상실한 마음대로 내버려 두사 합당하지 못한 일을 하게 하셨으니 곧 모든 불의, 추악, 탐욕, 악의가 가득한 자요 시기, 살인, 분쟁, 사기, 악독이 가득한 자요 수군수군하는 자요 비방하는 자요 하나님께서 미워하시는 자요 능욕하는 자요 교만한 자요 자랑하는 자요 악을 도모하는 자요 부모를 거역하는 자요 우매한 자요 배약하는 자요 무정한 자요 무자비한 자라"(롬 1:28-31).

말씀에 기록된 악하고 더러운 모든 일을 행하는 자들은 마음이 청결하지 못하고 하나님을 보지 못하는 사람들인 것입니다. 우리는 마음이 청결한 자의 복을 받아야 합니다. 청결이라는 것은 부지런히 더러운 것을 닦아내야 가능합니다. 우리는 늘 죄의 때가 묻어옵니다.

오늘 예배를 마치기가 무섭게 죄의 본성은 로마서 1장에 기록된 악하고 더러운 마음을 가지도록 여러분을 유혹할 것입니다. 성도 여러분, 말씀으로 무장하여 죄와 담대히 싸우십시오. 그리고 하나님께 정한 마음을 달라고 간절히 기도하십시오. 오늘 이 하루도 주신 것을 하나님께 감사하며 찬양하는 삶을 사십시오.

어느 성도님이 말기 암 판정을 받고 수술에 들어갔습니다. 수술을 하기 전 저에게 와 기도를 받았는데 이분이 "의사 선생님이 암이 다 퍼져서 가망이 없다고 합니다. 그러나 하나님께서 살려주시면 새 삶을 살겠습니다" 하고 수술을 했습니다. 그런데 이분이 살아났습니다. 죽을 줄 알았는데 다시 살아나니 모든 것이 새롭게 보이더랍니다.

교회 마당 앞의 풀잎 하나도 그렇게 사랑스럽고, 사람들이 교회에 예배드리러 나오는 것만 보아도 그렇게 감사하고 눈물이 흐르더랍니다. 우리 교회에 새가족이 등록하는 것을 볼 때마다 그렇게 감사하더랍니다. 이분이 이전에는 보지 못하던 것을 매일 보며 살아가는 것입니다. 무엇을 봅니까? 하나님이 살아 계시고 나와 함께하시는 것을 보는 것입니다. 마음이 청결한 복을 받은 것입니다.

성도 여러분, 우리는 예수 그리스도를 믿음으로 새사람이 되었습니다. 그러므로 주님이 십자가의 피로 씻어주신 여러분을 청결하게 지켜 나가시기 바랍니다.

마음이 청결한 복도 그냥 복이 아닙니다. 이 세상을 살아가는 동안에도 하나님의 임재를 느끼며 살아갑니다. 하나님께서 그 마음과 생각을 지켜주시니 이 세상에서도 복되게 살다가 하나님이 기다리시는 그 나라로 가는 것입니다. 그러므로 마음이 청결한 자의 복은 이 세상에서도 하나님과 동행하고 하나님이 마음과 생각을 지켜주시는 삶을 살다가 천국으로 가는 복을 받는 것입니다. 천국 백성이 반드시 받아야 하는 복입니다.

성도 여러분, 오늘도 우리에게 주신 말씀을 기억하며 우리 도림의 모든 성도들은 마음이 청결한 자의 복을 다 받아 누리는 성도들이 되시기를 바랍니다.

적 용

ⓐ 오늘 말씀의 주제 파악하기:

ⓑ 오늘 말씀 중 은혜받은 부분 나누기:

ⓒ 삶에 구체적으로 적용하기:

함께 드리는 기도제목

1. 매일 하나님의 말씀으로 우리의 마음을 씻고 정결하게 하소서.
2. 일상 속에서 하나님의 임재와 역사하심을 보며 감사와 기쁨이 넘치게 하소서.
3. 하나님의 전신갑주를 입고 죄의 유혹을 이기게 하소서.

33

화평하게 하는 자

본 문: 마태복음 5장 9절(신 5쪽)
찬 송: 424장(아버지여 나의 맘을, 통 216장)
요 절: "화평하게 하는 자는 복이 있나니 그들이 하나님의 아들이라 일컬음을 받을 것임이요"(마 5:9)

오늘 말씀은 예수님의 팔복 중 일곱 번째인 화평하게 하는 자가 받는 복입니다. 구약성경에 화평이라는 대표적인 단어가 '샬롬'(שָׁלוֹם) 입니다. 이스라엘은 역사적으로 강대국의 틈바구니에서 살아왔습니다. 앗시리아, 바벨로니아, 페르시아, 이집트, 로마 등 강대국들 사이에서 늘 침략당하고 약탈당하는 것이 그들의 삶의 일상이었습니다. 그래서 이스라엘 백성들이 가장 원하는 것이 평안 또는 화평으로 번역되는 샬롬입니다. 그래서 그들은 서로 인사를 할 때에도 "샬롬" 하고 인사를 했습니다.

우리나라에서는 옛날에 서로 만나면 뭐라고 인사를 했지요? "진지 잡수셨습니까?" "식사는 하셨습니까?" 끼니를 거를 정도로 가난했던 시절에 우리가 했던 슬픈 인사말이었습니다. 이스라엘 백성들도 전쟁이 하도 많았던 탓에 밤새 무사했는지를 묻는 인사가 샬롬입니다. 샬롬은 종교적인 색채가 강한 단어입니다. '하나님의 평안이 너와 함께했느냐? 하나님께서 평안을 주셨느냐?' 하는 말입니다.

이 샬롬과 연결되는 신약의 단어가 헬라어인 '에이레네'(εἰρήνη)로 '평화' 또는 '화평'입니다. 이 평화를 가지고 이 땅에 찾아오신 분이 예수님이십니다. 예수님이 이 땅에 오심을 천사는 "하늘엔 영광 땅에는 평화"(눅 2:14)라고 했는데, 여기서 '에이레네'라는 단어를 썼습니다.

인류 역사 이래 싸움이 그친 날이 없었습니다. 지금도 지구상에는 에티오피아, 멕시코, 예멘, 나이지리아, 소말리아, 시리아, 러시아, 미얀마, 우크라이나, 이스라엘 등 수 많은 나라가 전쟁 중에 있습니다. 우리나라도 사실 전쟁이 완전히 그친 것이 아닙니다. 역사학자인 윌 듀런트는 인류 역사상 전쟁이 없었던 시기는 268년에 불과하다고 했습니다. 그것도 '팍스 로마나'라 하여 로마에 의해 전쟁이 그친 시기로 진정한 평화가 아니라 힘에 의한 평화였습니다. 강대국에 의한 평화이지 완전한 평화는 아니었습니다.

싸움이라는 것이 국가 간의 싸움뿐이 아닙니다. 정치권의 싸움, 조직 간의 싸움, 개인과의 개인의 싸움이 그치지 않습니다. 이 모든 싸움의 배후에 무엇이 있는 줄 아십니까? 마귀입니다. 마귀는 아담과 하와의 마음속에 싸움을 불러일으켰습니다. "너도 하나님과 같이 될 수 있다." 하나님 같이 되라는 것입니다.

그리고 가인의 마음속에 동생 아벨을 죽이라는 싸움을 일으켰습니다. 이 마귀의 유혹에 지게 되면 싸움을 하는 것입니다. 마귀는 싸움의 영입니다. 그래서 우리 안에 주신 화평을 빼앗아 가려고 합니다. 교회 안에 일어나는 싸움을 누가 일으키는 것입니까? 마귀가 일으키는 것입니다.

우리 예수님께서는 우리에게 평화를 주시려고 찾아오셨습니다. 예수를 믿고 그 영을 받아들이면 싸움의 영과 미움의 영이 사라집니다. 골로새서 1장 20절에 "그의 십자가의 피로 화평을 이루셨다"라고 했습니다. 십자가의 피로 화평을 이루셨다는 말씀은 로마에 의해 이루어진 힘에 의한 평화와는 정반대되는 말입니다. 십자가는 자기희생입니다. 만백성을 구원하시려 자기 몸을 주신 사랑입니다. 그래서 우리 주님은 하나님과 우리 사이에 화평을 주셨고 인간과 인간 사이에 화평하라 하셨습니다.

화평케 하기 위해서는 항상 대가가 필요합니다. 한 교회가 화평케 되는 데에는 이를 위해 희생하고 눈물로 기도한 사람들이 반드시 있습니다. 이런 사람들을 통하여 하나님은 영광을 받으시고 영혼 구원의 역사를 일으키십니다. 화평이 뭐가 그렇게 중요할까 생각이 들지요? 왜 화평이 여덟 가지 복 중에 들어갈까요?

여러분 가정에서 자녀들이 부모에게 순종하지 않고 형제자매끼리 서로 미워하고 살인하며 싸운다고 생각해 보세요. 부모의 마음이 어떠하겠습니까? '내가 차라리 죽어서라도 이 싸움을 말리면 좋겠다' 하는 것이 부모의 마음일 것입니다. 그렇습니다. 하나님은 우리 아버지시기 때문에 내가 죽어서라도 화평을 주어야 되겠다 생각하시고 이 땅에 십자가를 지시려고 찾아오신 것입니다.

청나라 강희제 때에 지금의 대만 원주민들에게 복음을 전한 오봉 선교사 이야기가 있습니다. 오봉 선교사는 미개한 대만의 아리산 산간 지역 원주민들에게 복음을 전했는데 원주민들은 오봉을 신처럼 받들고 존경했습니다. 그런데 이들에게는 나쁜 풍습이 있었는데 매년 사람을 죽여 인육을 먹고 머리를 제물로 바치는 것이었습니다.

오봉이 아무리 설득해도 이들은 듣지 않고 폭동이 일어날 기세였습니다. 1년, 2년 설득하다가 소용이 없자 오봉 선교사는 아무 때 아무 시에 어떤 사람이 빨간 옷에 빨간 모자를 쓰고 지나갈 터이니 그 사람의 목을 베어 제물로 바치라고 합니다. 토인들은 좋아하며 길목에 지키고 서 있다가 그 사람을 보자마자 칼로 쳐 쓰러트리고 목을 베었습니다. 알고 보니 그들이 하나님처럼 떠받드는 오봉이었습니다.

이에 이들은 대성통곡하며 악습을 철폐하고 오봉의 기일이 되면 붉은 옷을 입고 오봉을 추모한다는 이야기가 있습니다. 오봉 선교사는 예수님처럼 아리산 원주민들의 식인 풍습을 없애기 위해 자신의 몸을 희생한 것입니다. 예수님은 하나님과 우리, 그리고 우리 사이의 화평을 위하여 십자가를 지셨습니다. 우리가 예수님을 사랑한다면 아리산 원주민들보다 못해서야 되겠습니까?

오늘 성경은 '화평케 하는 자'라고 하셨습니다. 분쟁과 미움을 없애고 화평을 만드는 자입니다. 이 세상에는 화평을 만드는 피스메이커(Peace maker)가 있고, 분쟁을 만드는 트러블메이커(Trouble maker)가 있습니다. 피스메이커가 있는 곳에는 미움과 분쟁이 그치고 기쁨과 행복이 넘칩니다. 이런 사람이 있는 곳에는 함께 행복합니다. 그런데 트러블메이커는 어디를 가도 싸움을 일으키고 갈등을 만들어 내고 분파가 일어나게 합니다.

피스메이커는 문제를 이야기하기보다 긍정을 이야기합니다. 상처를 이야기하고 공격하기보다 상처를 싸매어 주는 이야기를 합니다. 그래서 사람들은 피스메이커를 좋아하고 사랑합니다. 그런데 트러블메이커는 늘 부정적인 말을 합니다. 불평을 합니다. 그러니 주변의 사람들이 싫어합니다. 그런 사람 옆에는 같은 종류의 사람들만 모입니다. 사람들은 그 사람으로 인해 상처를 입습니다. 그런데 정작 자신은 모릅니다. 왜요? 현대인들은 "당신 싫어, 내게 가까이 오지 마"라고 잘 하지 않습니다.

유명한 심리학자인 김경일 교수가 트러블메이커에 대해 이야기하면서 "한마디로 그런 사람은 머리가 나쁜 거죠"라고 말합니다. 사람들이 자기를 어떻게 보는지 모르니 머리가 나쁜 사람이라는 것입니다. 그런데 우리는 어떤 트러블 상황에 있어도 그곳에 평화를 심는 자여야 합니다. 우리가 사는 세상은 늘 트러블이 있기 때문입니다. 가정에서도 어느 누구 때문에 트러블이 일어납니다. 그 사람 때문이 아닙니다. 마귀가 우리 가정을 파괴하기 위하여 트러블을 일으킨 것입니다. 회사에서도 어느 누구 때문에 트러블이 일어납니다. 이때 피스메이커가 필요합니다.

성 프란시스코가 그런 기도를 하였습니다. "주여, 나를 평화의 도구로 써 주소서. 미움이 있는 곳에 사랑을, 다툼이 있는 곳에 용서를, 분열이 있는 곳에 일치를, 의혹이 있는 곳에 믿음을, 잘못이 있는 곳에 진리를, 절망이 있는 곳에 희망을, 어둠이 있는 곳에 빛을, 슬픔이 있는 곳에 기쁨을 전하는 자 되게 하소서. 우리는 줌으로써 받고, 용서함으로 용서받으며, 자기를 버리고 죽음으로 영생을 얻기 때문입니다."

화평은 성령의 아홉 가지 은사 중에 하나입니다. 즉 하나님의 영이 임할 때 주시는 선물입니다. 사람이 좋다고 화평하게 하는 것이 아닙니다. 화평하게 하는 자들도 감정이 있고 사정이 있습니다. 상처를 입을 때 아픕니다. 고통스럽습니다.

그러나 화평의 영이 임하면 성경의 말씀대로 분열을 일으키지 않고, 분쟁하지 않고, 미워하지 않고, 분파를 만들지 않고, 기도하며 이기는 것입니다. 그럴 때 하나님은 "네가 참 자랑스럽구나. 네가 진짜 내 아들이다"라고 기뻐하시는 것입니다. 그래서 화평하게 하는 자는 복이 있다고 하셨습니다.

"화평하게 하는 자는 복이 있나니 그들이 하나님의 아들이라 일컬음을 받을 것임이요." 하나님의 아들이라 일컬음을 받게 된다는 것입니다. 이 말씀을 반대로 읽어보니 참 불행한 사람이 됩니다. 하나님의 아들이라 일컬음을 받지 못하는 사람이 되는 것입니다. 사탄의 아들이 되는 것입니다. 그러므로 화평하게 하는 자가 받는 복은 어마어마한 것입니다.

우리는 하나님의 아들이 되는 성도들이 되시길 바랍니다. 하나님의 아들이라 일컬음을 받게 된다는 말씀은 하나님께서 그렇게 되도록 도와주시겠다는 말입니다. 이 말씀이 얼마나 위로가 되고 힘이 됩니까? 다윗이 늘 그런 기도를 했습니다. "하나님, 저들이 나를 조롱합니다. 그런데 나는 하나님의 사람이지 않습니까? 하나님의 영광을 위하여 나를 이기게 하실 줄로 믿습니다" 하는 기도를 수없이 드렸습니다.

우리도 하나님의 아들이라 일컬음을 받을 때에 이와 같이 담대한 기도를 드릴 수 있습니다. "하나님, 제가 하나님의 아들이지 않습니까? 그러니까 하나님의 아들답게 살아가도록 인도해 주십시오"라고 담대하게 기도할 수가 있는 것입니다. 아들은 아버지에게 무엇이든지 말할 수 있습니다. 아버지가 나를 사랑하시는 줄 분명히 믿기 때문입니다.

하나님의 아들을 세상이 건드리지 못합니다. 하나님의 아들은 하나님이 보호하십니다. 그 길을 인도해 주십니다. 무엇보다 중요한 것은 아들은 아버지 하나님의 나라를 상속받습니다. 예수님의 팔복 중 일곱 번째 복, 화평하게 하는 자가 받는 복이 어마어마한 것입니다. 우리는 모두가 화평하게 하는 자가 되시기 바랍니다. 가정에서도 직장에서도 교회에서도 모두가 피스메이커가 되시기 바랍니다. 화평을 깨뜨리는 것은 대개 말로 인해 일어납니다. 그래서 성경은 말의 중요성을 너무나 많이 말씀하십니다.

말은 영적인 영역입니다. 그 영혼에서 생각이 나오고 그 생각에서 말이 나오기 때문입니다. 그러므로 여러분은 성령의 말을 하셔야 하는 것입니다. 여러분의 입술에서 부정적인 말, 그래서 서로를 불편하게 만들고 편을 가르는 말들을 뽑아 버리시기 바랍니다. 천국의 말들만이 있기를 바랍니다. 한번 따라합시다. "사랑합니다. 축복합니다. 행복합니다. 감사합니다. 기도합시다. 찬송합시다. 잘될 것입니다. 멋지십니다. 하나님을 기대합니다." 이런 복된 말만이 우리의 입술에 있어 여러분이 있는 곳마다 화평케 하는 자가 되어 하나님의 아들이라 일컬음을 받고, 천국을 기업으로 받게 되는 여러분이 되시기를 바랍니다.

적 용

ⓐ 오늘 말씀의 주제 파악하기:

ⓑ 오늘 말씀 중 은혜받은 부분 나누기:

ⓒ 삶에 구체적으로 적용하기:

함께 드리는 기도제목

1. 각자가 가정과 교회 세상 속에서 화평을 만드는 자가 되게 하소서.
2. 부정적이고 편을 가르는 말이 아닌 사랑과 축복과 감사의 말을 하게 하소서.
3. 화평을 위해 희생하신 예수님을 따라 우리도 희생을 감당하는 자녀가 되게 하소서.

34

의를 위하여 박해를 받은 자

- **본 문:** 마태복음 5장 10-12절(신 6쪽)
- **찬 송:** 341장(십자가를 내가 지고, 통 367장)
- **요 절:** "의를 위하여 박해를 받은 자는 복이 있나니 천국이 그들의 것임이라" (마 5:10)

교회의 역사는 박해의 역사입니다. 예수님도 박해를 받으셨고, 초대교회도 박해를 받았습니다. 기독교가 들어가는 거의 모든 나라에서 교회는 극심한 박해를 받았습니다. 우리나라에도 천주교가 처음 들어올 때에 극심한 박해를 받았습니다. 숭유억불 정책을 쓸 때에도 불교인들을 억압하기는 했지만 죽이지는 않았습니다.

그러나 기독교는 신유박해로 시작하여, 기해박해, 병인박해 등을 통해 수많은 기독교인들이 순교를 했습니다. 노인도 어린아이도 순교를 했습니다. 개신교가 들어올 때에도 일제강점기와 6.25전쟁의 시기에 박해를 받았습니다. 오늘날도 오픈도어선교회에 의하면 지구상에 2억 이상의 기독교인들이 박해를 받고 있다고 합니다. 기독교는 세상의 불의한 것에 대해 저항하기 때문입니다.

역설적이게도 기독교가 전파될 때마다 박해를 받았지만 그 박해를 이길 때에 교회는 부흥을 했습니다. 로마에 기독교가 전해졌을 때 데키우스 황제와 네로 황제에 의해 극심한 박해를 당했습니다. 그런데 3백 년이 지나지 않아 기독교는 로마의 국교가 되었습니다.

유럽에 기독교가 전해질 때에도 극심한 박해를 받았지만 유럽의 모든 나라들이 기독교를 받아들였고 기독교 문화를 가진 나라들이 되었습니다. 기독교는 박해 가운데 부흥해 온 역사를 가지고 있습니다. '하나님께서는 왜 이러한 박해를 허락하셨을까? 예수를 믿으면 처음부터 복을 받고 행복하면 좋을 텐데' 하는 의문이 있습니다.

사람은 스스로 순결해지지 못합니다. 어떤 분은 내가 알아서 믿을 테니 상관하지 말라고 이야기합니다. 하나님을 내가 알아서 믿겠다는 것은 착각입니다. 우리 인간은 내가 알아서 할 때에 죄에 점점 더 깊이 빠져들게 됩니다. 내 생각, 내 욕심, 내 중심으로 나아갈 때 인간은 죄를 향해 나아갑니다.

그러나 하나님의 말씀, 하나님의 영광을 중심으로 나아갈 때 우리는 의를 향하여 나아가게 됩니다. 하나님께서는 내 중심의 생각과 내 정욕을 깨트리시기 위하여 때로는 고난을 주십니다. 고난을 통해서 사람은 하나님께 부르짖게 되고 순결하게 되고 강하게 연단되는 것입니다.

오늘 말씀에 '의를 위하여 박해를 받는다'는 것은 하나님의 의를 말합니다. 하나님의 말씀대로 살기 위하여, 하나님의 영광을 위하여 박해를 받는 것이 복이 있다는 말입니다. 자기 의를 위하여 어려움을 당하는 것이 복이 있다는 말이 아닙니다. 11절에 "나로 말미암아" 라고 하셨습니다. 예수님을 위하여 박해를 받는 것을 말씀합니다.

오늘날 우리나라는 기독교에 대한 여론이 좋지 않습니다. 일부 교회가 일탈한 행동을 하여 세상의 빛과 소금으로서의 역할을 하지 못했기 때문입니다. 이것은 의를 위하여 박해를 받는 것이 아닙니다. 이번 주에 우리 교단의 총회를 참석합니다. 이번에는 더욱 총회를 참석하는 마음이 무겁습니다. 개회가 제대로 될지도 모르고 또 다시 세상의 언론에 교회가 오르내리는 상황이 될 것이 두렵습니다. 자기 의를 내세운 사람들 때문입니다.

의를 위하여 박해를 받는 자는 복이 있는데 "천국이 그들의 것임이라"고 했습니다. 지금까지 예수님의 팔복에 대하여 말씀을 전했는데 모두가 천국에 관한 약속입니다. 그중에서 오늘 읽은 여덟 번째 복은 천국을 구체적으로 말씀하셨습니다.

천국은 예수를 구주로 믿는 자는 누구나 들어갈 수 있습니다. 즉 예수님을 구주로 믿는 자는 이 세상의 어떠한 박해도 감당하는 믿음이라는 말입니다. 어떤 이는 예수님을 믿으며 박해를 받지 않을 수도 있지만 믿음으로 살기 위해서는 어려움이 있을 수밖에 없습니다. 이것을 믿음으로 이겨야 합니다.

11절에 세상에서 복음을 위하여 직접 당하는 일들이 기록되어 있습니다. "나로 말미암아 너희를 욕하고 박해하고 거짓으로 너희를 거슬러 모든 악한 말을 할 때에는 너희에게 복이 있나니"라고 하셨습니다.

지구상에서 작년 한 해 동안 5천여 명의 기독교인이 예수 믿는다는 이유로 살해당하고 4천여 명이 납치되었습니다. 1만 5천 개의 교회가 공격을 받기도 하고 폐쇄되기도 하였습니다. 중국에는 선교사들이 근래에 다 추방을 당하고 공식 선교사가 열네 가정만 남아 있다고 합니다. 북한, 소말리아, 리비아, 예멘, 나이지리아 등 수많은 국가에서 기독교를 탄압합니다. 역설적이게도 기독교 국가였던 미국에서도 기독교 박해가 이루어지고 있습니다. 동성애 반대를 하면 교회를 빼앗기고 목회자가 파면되는 일들이 근래에 계속 일어나고 있습니다. 주기도문에 '하늘에 계신 우리 아버지'라고 하는 것도 성차별이라 하여 문제가 되고 있습니다.

한국 교회에는 이런 심각한 문제들이 없습니다. 예수 믿는다는 이유로 감옥에 갇히거나 박해를 받는 일도 없습니다. 그러면 우리는 의를 위하여 핍박을 받을 것이 없다는 말입니까? 우리는 직접적으로 박해를 당하고 목숨을 잃는 그런 일은 없지만 우리 상황에서 믿음으로 싸워 나가야 하는 일들이 있습니다.

이것이 의를 위하여 당하는 박해입니다. 우리가 예수님을 나의 구주로 믿은 후에 나의 삶이 변했습니다. 내가 아끼는 물질을 드립니다. 내 시간을 드립니다. 내 마음의 중심을 드립니다. 이것이 세상과 충돌할 때가 있습니다. 당장 필요한 것을 사야 하는데 십일조를 드려야 합니다. 마음에 갈등이 일어나지 않겠습니까? 내가 지금 급한 일이 있는데 주일을 지켜야 합니다. 내 시간을 드리는데 갈등이 일어나지 않겠습니까? 내가 지금 어떤 선택을 해야 하는데 하나님의 말씀과 내가 선택해야 하는 것이 다릅니다. 이때에 갈등이 일어나지 않겠습니까? 우리 교회 한 권사님은 서민 아파트에 당첨이 되었습니다. 좋지 않은 환경에서 사셨는데 얼마나 기쁘겠습니까? 그런데 저에게 와서 이렇게 말합니다. "멀리 가면 주일날도 오는 데 시간이 걸리고 수요예배마다 은혜를 받는데 그곳에서는 오기가 어렵습니다. 저에게는 편한 집보다 은혜가 더 중요합니다" 하는 것입니다. 내가 주님을 선택하기 위하여 손해를 보는 것도 박해입니다. 이때에 주님을 택하는 것이 믿음이요, 이런 믿음을 선택하는 자에게 천국을 주신다는 것입니다.

박해와 환난이 무조건 고통스러운 것만은 아닙니다. 로마서 5장

3-4절에 "다만 이뿐 아니라 우리가 환난 중에도 즐거워하나니 이는 환난은 인내를, 인내는 연단을, 연단은 소망을 이루는 줄 앎이로다" 라고 했습니다. 환난이 당장은 괴로운 것이지만 그 환난을 믿음으로 이겨나갔을 때에 우리는 인내를 배우고 그 인내가 우리를 연단하게 하고 강하게 만듭니다. 그래서 강한 자가 되어 소망을 이루는 것입니다.

성경에 하나님의 사람으로 세우시는 과정을 보아도 그렇습니다. 아브라함, 다윗, 요셉, 모세 등 위대한 믿음의 사람들은 처음부터 그저 된 것이 아닙니다. 이들은 하나같이 고난의 용광로를 지났고 고난의 때에 하나님을 붙들었습니다. 그릇은 한 번에 만들어지는 것이 아닙니다. 다윗을 세우시기 위하여 수많은 연단을 거치게 하셨고 크고 작은 전쟁을 치르며 용사가 되었습니다. 처음부터 전쟁에 능한 용사가 된 것이 아닙니다. 정치적인 문제들을 수없이 만나며 쉴 새 없이 판단을 하며 시행착오를 거친 후 큰 정치인이 되었습니다. 신하들의 반역, 아들 압살롬의 반역을 겪으며 하나님께 부르짖었습니다. 그래서 믿음이 강하고 순결해졌습니다.

이런 고난과 연단의 과정 없이 큰 자리를 맡게 되면 인간은 교만해집니다. 자신이 잘나서 된 줄로 압니다. 한국 교회의 지도자들도 그저 세우시지 않았습니다. 환난과 연단을 통해 하나님의 의를 위하여 끝까지 견딘 사람에게 하나님은 큰일을 맡기셨습니다. 그런데 사람은 교만합니다. 끊임없이 하나님 앞에 엎드려야 하는데 일을 하다 보면 자신이 신이 된 줄 압니다. 내가 하면 되는 줄 압니다. 그래서 오늘날 대형 교회의 문제가 일어난 것입니다. 하나님께서 큰일을 맡기셨으면 복음을 위하여 맡기신 것을 잊지 않아야 합니다. 오직 복음을 위하여 충성해야 합니다. 맡겨주신 교회를 순결하게 이끌고 천국으로 함께 가야 합니다. 목사뿐이 아닙니다. 여러분도 그렇습니다. 내가 세상에서 힘이 있으면 교회에 나와서는 더 머리를 숙여야 합니다. 남들보다 감사할 것이 더 많기 때문입니다. 내가 남들보다 더 많은 물질이 있으면 더 겸손하게 남을 섬겨야 합니다. 남들보다 더 은혜를 입었기 때문입니다. 이것을 잊어버리면 신앙의 그릇에 금이 간 것입니다. 그릇이 깨어지면 물이 조금씩 새어 나갑니다. 당장은 모르지만 어느 순간 보면 물이 다 빠져나가고 신앙의 그릇이 말라버리게 되고 마는 것입니다. 은혜가 다 사라지고 감사가 사라지게 되는 것입니다.

여러분, 내가 예수 믿으며 충성하는데 어려움이 있으면 기뻐하고 즐거워해야 합니다. 교회의 모든 봉사하는 일들이 쉬운 일은 없습니다. 전도하는 일도 어렵고, 교회학교로, 식당에서, 차량부로, 디아코니아센터에서 섬기는 모든 일들이 다 어렵습니다. 일을 하다 보면 어려움도 겪습니다. 나는 선한 뜻으로 했는데 원치 않는 비난을 들을 때도 있습니다. 비판하고 지적하는 것은 열심히 봉사하는 상대방을 힘 빠지게 하고 아프게 합니다. 교회에서 나오는 소문들을 보면 거짓인 경우가 너무 많습니다. 누가 그런 거짓말을 지어내는지 참 대단합니다. 상상하지도 못할 거짓말들을 지어내는 사람이 있습니다. 이런 사람은 땀 흘리며 헌신하는 이들을 욕하고 박해하는 것이요 거짓으로 악한 말을 한 것입니다. 여러분은 그런 소리가 들려도 속상해하지 말고 같이 싸우지도 마세요. 오늘 성경은 너희에게 복이 있다고 했습니다. 오히려 기뻐하고 즐거워하라고 했습니다. 하늘에서 상이 크다고 했습니다.

토마스 왓슨은 영국의 청교도 목사입니다. 국왕 찰스 2세가 선포한 국가가 정한 예배양식에 동의하지 않아 목사직에서 쫓겨났고 많은 고난을 당했습니다.

훗날 복권이 되었고 그가 저술한 《웨스트민스터 소요리문답 해설》은 오늘날까지 신학도들의 필독서로 되어 있습니다. 그는 "우리가 당하는 고난은 가볍다. 고난은 지옥에 비하면 가볍다. 지옥의 고통에 비하면 순교의 고통은 가볍다. 찔린 가시를 뽑아내는 정도다. 고난은 영광에 비하면 가볍다. 우리가 천국에 가서 받을 영광을 생각하면 핍박은 가볍다. 그러므로 핍박에 굴복하지 말라"고 했습니다.

우리 교회에는 교회를 섬기시는 분들에게 서로가 잘한다고 늘 칭찬하는 교회가 되기를 원합니다. 그러면 함께 힘이 나는 것입니다. 20년을 새벽 찬양 반주로 봉사하시는 성도님도 있는데 이것이 쉬운 일이 아닙니다. 아픈 날도 있고 컨디션이 좋지 않은 날도 있습니다. 꽃꽂이를 하시는 성도님도 제가 처음 부임했을 때 꽃꽂이를 정식으로 배운 적이 없고 잘 못하기 때문에 자신이 없다고 하셨는데 충성하다 보니 지금까지 오게 되었습니다. 그러다 보니 실력도 대단합니다. 매 주일 말씀을 전하는 강단을 하나님께 영광 돌리기 위하여 말없이 드리는 그 정성이 쉬운 일이 아닙니다.

영등포역 주변에 노숙인들을 위해 식사봉사를 하시는 우리 교인들도 있습니다. 코로나 기간 동안 쉬었는데 다시 힘을 내어 봉사하시기 바랍니다. 그 노숙인들이 예수님이라 생각하시고 정성껏 식사를 대접하시기 바랍니다. 예수님께서 마지막 날에 "내가 주릴 때에 네가 먹을 것을 주었고"라고 말씀하신다 했습니다. 찬양대도 그렇고 교회학교도 그렇습니다. 주님의 일을 하다가 상처받는 말을 들어도 오히려 기뻐하고 즐거워하세요.

교회에서 봉사하시다가 시험 드시는 분들이 가끔 있습니다. 그래서 하루하루 쉬다 보면 아주 쉬게 되는 것입니다. "너희 전에 있던 선지자들도 이같이 박해하였느니라"고 했는데 우리는 지금 예수 믿는다고 누가 때리거나 감옥에 가두지 않습니다.

그러나 주님을 위해 말없이 내 몸을 내어드려 땀 흘리고, 시간을 내어드리고 정성을 내어드리는 것을 우리 주님은 다 알고 계십니다. 그래서 기뻐하고 즐거워하라는 것입니다. 하늘에서 너희의 상이 크다고 했습니다. 성도 여러분, 우리가 천국에 갔을 때 여러분은 모두 큰 상을 받고 주님의 곁에서 칭찬을 받는 성도들이 되시길 바랍니다.

적 용

ⓐ 오늘 말씀의 주제 파악하기:

ⓑ 오늘 말씀 중 은혜받은 부분 나누기:

ⓒ 삶에 구체적으로 적용하기:

함께 드리는 기도제목

1. 주님의 의를 위하여 작은 어려움이라도 기꺼이 감당하는 믿음을 주소서.
2. 하늘 상급을 바라보며 헌신이 마르지 않는 성도가 되게 하소서.
3. 시험이 찾아온다 할지라도 낙심하지 않고 끝까지 복음의 사람으로 살게 하소서.

35

회개의 세례와 성령세례

- **본 문:** 사도행전 19장 1-7절(신 220쪽)
- **찬 송:** 190장(성령이여 강림하사, 통 177장)
- **요 절:** "그들이 듣고 주 예수의 이름으로 세례를 받으니 바울이 그들에게 안수하매 성령이 그들에게 임하시므로 방언도 하고 예언도 하니" (행 19:5-6)

입교란 어려서 유아세례를 받은 사람이 성년이 된 이후 예수님을 나의 구주로 고백하고 받는 예식입니다. 믿음의 가정에서 태어나 신앙 교육을 받으며 자란 이들이, 어린 시절에는 부모님의 믿음으로 세례를 받았지만 이제는 자신의 믿음으로 예수님을 주로 고백하며 받는 축복의 예식입니다. 입교는 믿음의 가정의 최고의 경사라 할 수 있습니다. 또한 세례는 예수를 믿고 예수님을 나의 구주로 고백하고 받는 예식입니다. 예수님도 친히 우리를 위하여 세례를 받으셨고 초대교회 이후로 수천 년 동안 이 세례의 예식이 이어져 오고 있습니다. 오늘 세례 예식에 참여한 여러분을 주님의 이름으로 축복합니다.

오늘 말씀에 성령세례가 나옵니다. 사도 바울은 에베소 교회에 들러 예수를 믿는다는 사람들을 만납니다. 이때 사람들은 "우리는 성령이 계심도 듣지 못하였다"라고 말합니다. 그러면 너희가 무슨 세례를 받았느냐고 할 때에 이들은 요한의 세례를 받았다고 합니다.

바울은 세례 요한이 회개의 세례를 베풀며 내 뒤에 오시는 이를 믿으라 하였는데 이분이 예수라 가르쳤습니다. 그러자 이들이 예수의 이름으로 세례를 받았다고 했습니다. 세례 요한의 세례는 자신의 죄를 회개하고 새로운 삶을 살기로 결단하는 회개의 세례였습니다. 이때에 바울이 이들에게 안수하니 성령이 그들에게 임하므로 방언도 하고 예언도 하였다고 했습니다. 즉 성령의 세례가 임한 것입니다.

오늘 세례받으시는 분들은 교회에 나와 말씀을 듣고 예수님을 나의 구주로 믿는 믿음이 생겼습니다. 그래서 결단하여 세례를 받습니다. 이분들은 이미 성령세례를 받은 것입니다. 성령님의 역사는 굉장히 많습니다. 그중에 예수님을 나의 구주로 믿어지는 은혜를 입은 것인데 이것은 성령님이 주시는 은혜입니다. 성령님이 이미 여러분의 마음속에 임하신 것입니다.

그러므로 여러분은 여러분 안에 임하신 성령님을 더욱 기쁘시게 하기 위하여 믿음의 생활을 잘하고 성령의 열매가 풍성하도록 해야 하는 것입니다. 성령님은 우리에게 찾아오시기도 하시지만 떠나가기도 하십니다. 그러므로 성령님을 모시고 천국까지 함께하는 여러분이 되시기를 주님의 이름으로 축복합니다.

또 어떤 이는 예수 믿으면 세례받아야 한다고 하니 아직 구원의 믿음은 없으나 세례받는 분도 있을 것입니다. 세례 문답을 할 때에

"여러분은 예수님을 나의 구주로 믿습니까? 나도 예수님처럼 부활할 것을 믿습니까?"라고 질문할 때에 "예"라고 대답은 했지만 사실 아직 믿어지지 않는 분도 있을 것입니다. 그런데 여러분은 모두 하나님의 은혜 안에서 구원받는 백성이 받는 이 세례의 자리에 온 것임을 깨닫고 감사하시기 바랍니다. '아, 나는 은혜받은 자이구나' 하고 깨닫고 말씀을 듣는 일에 힘써야 합니다. 믿음을 주시는 분은 오직 하나님이십니다. 하나님의 말씀을 듣고 믿을 때 그 말씀의 능력으로 믿음이 생겨나는 것입니다. 하나님은 말씀으로 우리에게 다가오십니다. 그러므로 몸과 영과 혼을 다하여 말씀을 들어야 합니다. 그러면 말씀이 여러분에게 임하고 성령세례를 받게 되는 것입니다.

어떤 이는 내 마음으로 결단하고 예수님을 믿기로 작정하였으나 아직 성령세례를 받지 못한 분도 있습니다. 이런 믿음은 약합니다. 내 의지와 능력으로는 늘 흔들립니다. 사탄이 시험할 때 견딜 수가 없습니다. 성령님께서 도와주셔야 합니다. 그러므로 성령세례 받기를 힘써야 하는 것입니다.

베드로는 "너희가 회개하여 각각 예수 그리스도의 이름으로 세례를 받고 죄 사함을 받으라 그리하면 성령의 선물을 받으리니"(행 2:38) 라고 하셨습니다. 성령의 선물을 받으면 내 사정을 아시는 하나님께서 필요한 은사를 주십니다. 권능도 주십니다. 담대함을 주십니다. 그래서 승리하는 믿음의 생활을 하게 되는 것입니다.

초신자는 성령님이 누구이신지 잘 모릅니다. 하나님은 삼위의 하나님으로 온 세상 만물을 창조하시고 주관하십니다. 하늘의 별을 보세요. 그 셀 수 없는 수많은 별들이 공중에 매달려 있습니다. 우리 지구가 속한 은하계를 우리 은하라 하는데 우리 은하만 하여도 태양과 같은 항성이 4천억 개가 있다고 합니다. 우리 눈에 관찰된 안드로메다 은하는 200조 개의 별을 가지고 있다고 합니다. 이런 은하들이 2천억 개 가까이 있다고 하니 참으로 신비롭지요. 이 수도 늘 바뀝니다. 과학이 발달할수록 점점 더 많아지고 있습니다. 하나님은 이 신비한 세상을 주관하시는 분이십니다.

이 하나님께서 우리 인간을 하나님의 형상과 모양대로 창조하셨습니다. 그런데 아담과 하와의 범죄로 우리 인간은 하나님의 품에서 쫓겨났습니다. 죄 가운데 살아가며 하나님을 제대로 알지 못하는 우리를 불쌍히 여기셔서 이 땅에 찾아오신 하나님이 예수님이십니다.

그리고 예수님은 우리의 죄의 문제를 해결해 주시기 위하여 친히 십자가를 지셨습니다. 그리고 부활하시고 승천하셨습니다. 예수님께서 우리에게 주신 약속은 내가 떠나지만 또 다른 하나님, 즉 보혜사 성령님이 우리에게 찾아와 함께 거하실 것을 약속하셨습니다.

예수님의 약속을 믿고 마가의 다락방에 제자들이 모여 기도할 때에 성령이 이들 가운데 임재하셨습니다. 그래서 이들은 각 나라의 말로 방언도 하고 예언도 하였습니다. 겉으로 드러난 증거가 중요한 것이 아니라 성령님께서 약속하신 대로 오신 것입니다. 예루살렘의 제자들은 예수님이 약속하신 대로 기도하며 기다리다가 성령세례를 받았습니다. 그런데 에베소 교회 교인들은 이것을 모르고 있었던 것입니다.

오늘도 우리가 예수님을 나의 구주로 믿고 고백할 때에 성령세례가 주어집니다. 정확히 말하면 성령님께서 우리 안에 역사하셔서 예수를 나의 구주로 믿게 되는 것입니다. 아직 예수님을 나의 구주로 믿지 못한 사람들은 어떻게 해야 합니까?

하나님의 말씀을 들어야 합니다. 하나님의 말씀을 듣고 성령님이 임하시기를 기도하면 "하나님의 말씀은 살아 있고 활력이 있어 좌우에 날선 어떤 검보다도 예리하여 혼과 영과 및 관절과 골수를 찔러 쪼개기까지 하며 또 마음의 생각과 뜻을 판단하나니"(히 4:12)라는 말씀과 같이 우리의 마음의 생각과 뜻을 판단하셔서 우리 가운데 임하여 주십니다. 그래서 우리는 예수를 믿게 되는 것입니다.

하나님의 말씀은 살아 있고 활력이 있어 좌우에 어떤 날선 검보다 예리하여 우리의 마음의 생각과 뜻을 판단하십니다. 우리가 한번 믿어 볼까 하는 마음을 이미 아십니다. 믿는 척하는 것도 이미 아십니다. 우리가 간절한 마음으로 "하나님이 정말 필요합니다. 하나님과 함께하고 싶습니다. 도와주세요"라고 기도할 때에, 하나님의 말씀이 내게 임하고 내 삶을 주장하여 주시기를 겸손하게 원할 때에 성령님이 여러분에게 찾아오십니다. 그리고 그다음 단계가 있습니다. 성령세례를 받은 후에는 성령님의 역사가 넘치기를 기도해야 합니다. 이것이 성령충만입니다. 성령님이 충만하면 그다음에는 성령님의 역사로 우리의 마음이 바뀌고 삶이 바뀝니다. 예전에 좋아하던 것들이 싫어지고 죄 짓는 것들이 싫어집니다.

그래서 성령의 열매가 맺히게 되는 것입니다. 성령의 열매는 갈라디아서 5장에 사랑과 희락과 화평, 인내, 자비, 양선과 충성과 온유, 절제라고 했습니다. 예수님을 믿고 성령이 충만하면 우리의 삶에 이런 열매가 풍성히 맺히게 되고 예수님의 제자가 되는 것입니다.

왜 우리는 성령충만함을 받아야 합니까? 성령이 충만해야 사탄의 시험에 넘어지지 않습니다. 사탄은 나 자신의 정욕과 탐욕을 통하여 우리를 넘어뜨리려 합니다. 이때에 싸우는 유일한 방법은 성령님의 인도를 받는 것입니다.

중생이 먼저이고 성령세례는 다음이라고 가르치는 교단도 있는데 이것은 잘못된 것입니다. 성령님이 오신 이후 우리는 성령세례를 받으면 거듭난 사람이 되고 여기에 성령충만함을 입어야 하는데 성령충만함은 성화와 연관이 있습니다. 그런데 이런 것은 잘 몰라도 괜찮습니다.

중요한 것은 우리가 성령세례를 받아야 하고 그다음에 성령충만을 위해 늘 힘써야 한다는 것입니다. 성도 여러분, 성령충만을 위해 힘써 말씀을 듣고 기도하시기 바랍니다. 성령은 소멸하기 때문입니다. 즉 내가 말씀을 게을리하고 기도를 게을리할 때 성령님은 근심하시고 떠나가신다는 말입니다. 그러면 마귀가 찾아오는 것입니다.

성령충만하면 매일이 기쁘고 감사합니다. 성령충만하면 주님을 위해 일하는 것이 기쁘고 감사합니다. 나의 모든 것을 드려도 늘 행복합니다. 성령충만하면 하나님의 형상을 닮아가는 것입니다. 그렇게 점점 천국과 가까워지는 것입니다.

오늘 세례받는 분들에게 안수를 합니다. 안수는 세례를 베풀 때, 특별한 사명을 줄 때에, 병자를 위하여 기도할 때에, 특별한 은총을 구할 때에 안수를 합니다. 바울이 안수할 때 성령이 그들에게 임하였던 것처럼 오늘 성령님의 임재가 함께하여 진정한 주님의 자녀가 되기를 바랍니다. 그리고 우리 모두 성령충만하여 주님의 제자로 교회를 아름답게 하는 성도들이 되시기를 바랍니다.

적 용

ⓐ 오늘 말씀의 주제 파악하기:

ⓑ 오늘 말씀 중 은혜받은 부분 나누기:

ⓒ 삶에 구체적으로 적용하기:

함께 드리는 기도제목

1. 세례받는 이들 모두에게 진실한 마음과 굳건한 믿음을 주소서.
2. 성령님의 인도하심을 따라 서로 사랑하며 겸손히 섬기는 공동체가 되게 하소서.
3. 말씀을 사모하고 기도에 힘쓰는 참된 제자가 되게 하여 주소서.

36

나로 말미암아 살리라

본 문: 요한복음 6장 52-57절(신 154쪽)
찬 송: 93장(예수는 나의 힘이요, 통 93장)
요 절: "내 살을 먹고 내 피를 마시는 자는 내 안에 거하고 나도 그의 안에 거하나니"(요 6:56)

먹고 마시는 것은 우리 인간의 삶에 있어 제일 밀접한 것입니다. 흔히 우리 인간에 필요한 세 가지를 의식주라고 하는데, 먹고 마시는 것은 옷을 입는 것이나 집에 거하는 것과 비교할 수 없습니다.

낙타는 두 달을 먹지 않아도 살 수 있고, 혹등고래나 뱀은 6개월을 먹지 않아도 살 수 있다고 합니다. 전갈은 먹지 않고도 1년을 살 수 있습니다. 더 오랜 기간을 먹지 않고도 살 수 있는 생물이 있는데, 도룡뇽의 한 종류인 '올름'은 10년을 굶어도 살 수 있습니다. 무려 30년을 먹지 않고 생존할 수 있는 생물도 있습니다. '곰벌레'라고 불리는 '물곰'입니다.

그런데 사람은 그렇지 못합니다. 예수님을 따라 40일을 금식하는 교인들도 있지만 매우 위험합니다. 전혀 먹지 않으면 큰일 납니다. 40일을 금식할 때에도 소금을 먹고 물은 마십니다. 몸을 회복하는 데에도 시간이 오래 걸립니다. 사람이 일주일에 한 끼만 먹어도 된다면 얼마나 편할까요? 사람은 하루만 굶어도 어렵습니다. 그래서 이스라엘 백성들이 광야에서 먹고 마시는 문제로 시험에 들었습니다.

예수님은 오늘 말씀 바로 앞에서 유대인들에게 "너희 조상들이 광야에서 만나를 먹어도 죽었지만, 나는 하늘에서 내려온 살아 있는 떡이다. 사람이 이 떡을 먹으면 영생하리라. 내가 줄 떡은 곧 세상의 생명을 위한 내 살이니라"라고 말씀하셨습니다. 유대인들이 이 말씀을 듣고 이 사람이 어떻게 자기 살을 우리에게 먹이겠는가 논쟁을 합니다.

그때 예수님은 다시 "내가 진실로 진실로 너희에게 이르노니 인자의 살을 먹지 아니하고 인자의 피를 마시지 아니하면 너희 속에 생명이 없느니라 내 살을 먹고 내 피를 마시는 자는 영생을 가졌고 마지막 날에 내가 그를 다시 살리리니 내 살은 참된 양식이요 내 피는 참된 음료로다"(53-55절)라고 말씀하셨습니다.

이 말씀 이후로 예수님을 따르던 제자 중에서 많은 사람이 시험에 들어 떠나고 다시는 함께 다니지 않았다고 했습니다. 당시 모든 사람들이 이 예수님의 말씀을 이해할 수 없었습니다.

예수님의 말씀은 우리를 위해 십자가에 달려 몸을 찢기시고 피를 흘려주시는데 이 십자가가 우리의 죄를 대속하여 주시기 위한 것이라는 사실을 믿는 것이 주님의 살과 피를 먹고 마시는 것이라는 의미였습니다. 나를 위해 살을 찢겨 주시고 피를 흘려 주신 그 사실을 믿는다는 것이 그 살을 먹고 피를 마신다는 의미입니다.

오늘 말씀 이후에 예수님은 제자들에게 설명을 해주시면서 믿지 아니하는 자가 있다고 하시며 예수님을 팔 자가 누구인지를 아셨다고 했습니다. 가룟 유다의 이야기입니다. 가룟 유다의 본질적인 문제는 예수님을 인생의 스승으로 따랐을지는 모르지만 죄를 대속하여 주실 구세주로 믿지 않았다는 것입니다.

오늘 우리는 성찬예식을 거행합니다. 성찬예식은 주님의 살과 피를 마시는 것을 상징하는 예식입니다. 우리는 떡과 잔을 먹고 마시며 예수님께서 우리를 위해 살을 찢겨 주시고 피를 흘려 주신 것을 깊이 되새겨야 할 것입니다.

떡을 먹는다고 해서 사실 주님의 살을 먹는 것이 아닙니다. 포도주를 마신다고 해서 주님의 피를 마시는 것이 아닙니다. '우리 주님이 최후의 만찬에서 떡을 주시며 이것은 내 살이다, 잔을 주시며 이것은 내 피다 하셨는데 그렇구나, 우리 예수님께서 나를 위해 십자가에 살을 찢겨 주시고 피를 흘려 주셨구나. 이 떡과 잔을 대하며 주님의 십자가의 은혜를 내가 믿습니다' 할 때에 하나님의 영이 내 안에 거하시고 주님의 살과 피를 먹고 마시는 자가 되는 것입니다.

떡과 잔이 우리 안에 들어가 우리와 하나가 되는 것처럼 믿음으로 이 성찬에 참여할 때에 주님은 우리 안에 영원히 동행해 주시는 것입니다. 이 믿음에 참여하는 자는 영생을 가졌다고 했습니다. 마지막 날에 영생을 가진 자는 다시 살리시겠다고 하셨습니다.

그렇습니다. 믿음으로 이 성찬에 참여하는 우리는 마지막 날에 다시 살아날 것입니다. 먼저 가신 내 부모님, 내 형제자매들과 영원한 그 나라에서 다시 만나게 될 것입니다. 가룟 유다는 최후의 만찬에 참여하고 주님의 떡과 잔을 받았지만 그에게는 예수님을 나의 구원주로 믿는 믿음이 없었습니다. 그래서 그는 예수님을 파는 자가 되었습니다.

그에게는 그가 받은 떡과 잔이 예수님의 살과 피와 아무 상관이 없었습니다. 그는 믿지 않았기에 생명이 그와 함께 하지 않았습니다. 사도 바울도 주의 몸을 분별하지 못하고 먹고 마시는 자, 즉 주님이 나를 위해 그 몸을 찢기시고 피를 흘려 주신 것을 믿지 않고 먹고 마시는 자는 자기의 죄를 먹고 마시는 것이라고 하셨습니다.

여러분은 오늘 이 성찬을 통해 주님의 살과 피를 대하는 감사와 그 은총을 믿는 믿음이 함께하기를 바랍니다. 그러면 영생을 가진 것입니다. 오늘 예수님은 믿음으로 예수님의 살과 피를 대하는 자는 영생을 가졌다고 했습니다. 가졌다고 번역을 해놓아서 완료형으로 쓰여졌는가 해서 원어 성경을 찾아보았더니 '에케이'(ἔχει), 즉 '그가 가지다'라는 현재형으로 되어 있었습니다.

지금 가지고 있는 것입니다. 이후에 빼앗길 수도 있다는 말입니다. 이것은 기독교 신앙의 중요한 의미를 말씀해 주고 있습니다. 신앙생활하다가 주님을 잃어버린 사람들이 있습니다. 주님이 사라지신 것이 아닙니다. 주님은 언제나 그 자리에 계십니다. 집 나간 탕자를 기다리시는 아버지처럼 언제나 기다리시고 계십니다.

주님을 다시 찾으려면 돌아가야 합니다. 지금 있는 자리가 목자 없는 양같이 너무 위험하기 때문입니다. 돌아간다는 말은 회개한다는 말입니다. 회개한다는 단어 '메타노에오'(μετανοέω)는 돌아간다는 뜻입니다. 단순히 뉘우친다는 말이 아닙니다. 행동을 교정한다는 말도 아닙니다.

죄의 자리에서 하나님의 품으로 돌아가는 것이 회개입니다. 이 자리에 혹시 주님을 믿었으나 그 은혜와 감사와 감격을 잃어버린 분이 있다면 하나님께로 돌아오시기 바랍니다. 그러면 성령님은 여러분과 함께 거하여 주십니다. 성경은 성도를 성령이 거하는 전이라고 하셨습니다. 성령님과 여러분이 한 집에 산다는 말입니다.

성령님이 함께하시면 십자가의 은혜가 감사하게 되고 내게 영생이 있는 것이 믿어집니다. 이 믿음으로 살 때에 감사가 되고 늘 은혜가 됩니다. 그리고 성령님은 이런 성도들과 함께 거하기를 기뻐하시며 마지막 날에 우리를 죽음에서 살리시는 것입니다. 오늘 성경은 '나로 말미암아 살리라'고 하셨습니다.

주의 성찬을 대하며 그 살과 피의 공로를 믿는 믿음이 우리를 다시 살리시는 것입니다. 신앙생활은 나를 변화시키기 위해 노력하고 무엇을 깨닫고 하는 것이 아닙니다. 이것이 율법이요 바리새인입니다. 우리는 완벽해질 수가 없습니다. 율법과 바리새인은 늘 완벽을 생각합니다.

그러니 그 잣대로 살기 때문에 다른 사람을 비판할 수밖에 없는 것입니다. 우리는 '주님께서 나를 위해 십자가에 살을 찢기시고 피를 흘려 주셨구나' 하는 사실이 믿어질 때 저절로 감사가 나오고 저절로 삶이 바뀌는 것입니다. 그래서 더욱더 주님께 가까이 가기를 내 심령이 기뻐할 때 저절로 성화가 이루어지는 것입니다.

예수 믿는 것이 왜 축복인지 아십니까? 저절로 믿어지기 때문입니다. 그러면 감사가 나옵니다. 모든 것이 은혜입니다. '오늘도 나 같은 죄인에게 주님의 살과 피에 참여할 수 있는 성찬을 허락하시니 감사합니다' 하는 마음으로 주의 성찬에 참여할 때 이것이 주님의 성찬에 진정으로 참여하는 의미입니다. 오늘 주의 성찬에 참여하는 성도 여러분, 여러분이 받은 영생을 빼앗기지 말고 감사하며 살아가시기를 바랍니다.

적 용

ⓐ 오늘 말씀의 주제 파악하기:

ⓑ 오늘 말씀 중 은혜받은 부분 나누기:

ⓒ 삶에 구체적으로 적용하기:

함께 드리는 기도제목

1. 주님의 십자가 사랑을 깊이 깨닫고 회개의 자리로 돌아오게 하소서.
2. 성찬의 은혜를 깨달아 매일 감사하며 주님과 동행하게 하소서.
3. 우리 안에 성령의 열매가 풍성히 맺어져 주님을 닮아가게 하소서.

37

무엇으로 심든지 그대로 거두리라

본 문: 갈라디아서 6장 7-9절(신 309쪽)
찬 송: 587장(감사하는 성도여, 통 306장)
요 절: "자기의 육체를 위하여 심는 자는 육체로부터 썩어질 것을 거두고 성령을 위하여 심는 자는 성령으로부터 영생을 거두리라"(갈 6:8)

가을은 추수의 계절입니다. 식물들은 1년 동안 열심히 자라 각자의 열매를 맺고 있습니다. 심은 대로 거두는 것은 하나님이 정하신 세상의 법칙입니다. 콩을 심으면 콩이 나고 팥을 심으면 팥이 납니다. 적게 심으면 적게 거두고 많이 심으면 많이 거둡니다. 좋은 것을 심었으면 좋은 것을 거두고 나쁜 것을 심으면 나쁜 것을 거둡니다. 이것이 '심음과 거둠의 법칙'입니다.

오늘 사도 바울이 농사 이야기를 하려고 하는 것이 아닙니다. 영적인 세계를 말씀하는 것입니다. 우리가 하나님 앞에서 심은 그대로 하나님께서 거두게 하신다는 말씀입니다. 그런데 왜 "스스로 속이지 말라 하나님은 업신여김을 받지 아니하시나니"라고 합니까? 세상에서 심은 대로 거둔다는 것을 잘 알고 있는 너희들이 영적 법칙에서도 마찬가지로 심은 대로 거둔다는 것을 알지 않느냐? 왜 스스로 속이느냐 하는 말입니다.

하나님은 업신여김을 받지 아니하신다는 말씀은 영적인 심음과 거둠의 법칙을 알면서도 제대로 심지 아니하는 자들에 대한 경고의 말씀입니다. 이것이 하나님을 업신여기는 행위라는 것입니다. 말씀을 듣고 찬양하고 기도하지 않으면서 믿음이 성장하기를 기다리는 것은 어리석은 것입니다. 땅을 가꾸지 않고 그대로 몇 년만 내버려두면 잡초가 무성하고 벌레들이 가득한 땅으로 변해버리고 맙니다. 십여 년 전 시골에 있는 기도원에 우리 직원들과 성도들이 가서 과일나무를 많이 심었습니다.

감나무도 심고, 체리도 심고, 밤나무도 심고 좋은 과일나무를 많이 심었습니다. 이제 몇 년이 지나면 우리 도림교회 아이들이 가서 실컷 따먹을 것이라고 생각했습니다. 그런데 바쁘다 보니 그냥 내버려 두었습니다. 그래도 나무이니까 저절로 자라줄 것이라 생각했습니다. 어떻게 되었겠습니까? 밤나무 한 그루 남기고 다 죽어 버렸습니다. 그 밤도 수풀이 우거져 떨어진 밤을 줍기 어렵게 되었습니다.

심고 가꾸어야 합니다. 잡초도 깎아주고 거름도 주어야 합니다. 농약도 쳐야 합니다. 그런데 그대로 두니 심은 대로 된 것입니다. 우리 심령의 밭도 그렇습니다. 심은 대로 거두는 것입니다. 열심히 말씀을 심어야 합니다.

그러면 믿음이 자랍니다. 열심히 찬양을 심어야 합니다. 믿음의 찬양은 우리를 힘이 나게 합니다. 원수 마귀가 물러갑니다. 치유의 역사가 일어납니다. 이것이 찬양을 심은 자가 거두는 축복입니다. 또 열심히 봉사해야 합니다.

주님을 위해 열심히 봉사하면 하나님께서 영광을 받으시고 기뻐하시는 대로 우리에게 갚아 주십니다. 우리가 행한 대로 갚아 주시는 것입니다. 우리가 정직하게 살면 정직한 것에 대한 보상을 주십니다. 우리가 욕심을 부리면 그 욕심을 뿌린 대로 나에게 돌아옵니다.

하나님의 농원에 심은 것은 하나님께서 반드시 좋은 것으로 갚아 주십니다. 자녀를 위하여 심었으면 자녀의 축복으로 갚아 주십니다. 영혼 구원을 위하여 심었으면 약속하신 별의 축복과 이생과 내생의 복으로 갚아 주십니다.

아브라함이 아들 이삭을 하나님께 드렸더니 세상 만민이 자손이 되게 하는 복을 주셨습니다. 하나님의 말씀을 믿고 고향친척 아버지 집을 떠났더니 영적인 축복과 함께 새로운 땅을 주셨습니다.

그러므로 우리는 첫째, 부지런히 씨를 뿌려야 합니다. 우리 한국 교회는 우리 신앙의 조상들이 열심히 씨를 뿌렸습니다. 눈물을 흘리며 씨를 뿌렸습니다. "눈물을 흘리며 씨를 뿌리는 자는 기쁨으로 거두리로다 울며 씨를 뿌리러 나가는 자는 반드시 기쁨으로 그 곡식 단을 가지고 돌아오리로다"(시 126;5, 6)라고 약속해 주신 대로 지금 한국 교회는 많은 열매를 거두었습니다. 한국 교회만큼 전도에 열심을 낸 나라들이 드뭅니다. 복음을 만나고 예수를 믿은 감격으로 수많은 전도인들이 삼천리 방방곡곡을 걸어다니며 복음을 전했습니다. 교회를 개척하기 위해 힘을 썼습니다. 그래서 한때 9만 개에 육박하는 교회를 세웠습니다.

우리나라 인구 4, 5백 명에 한 개 꼴로 교회를 세운 것입니다. 한국 교회는 그 열매를 먹고 살았습니다. 그런데 열매를 다 먹고 씨를 뿌리지 않으면 다음에 거둘 것이 없습니다. 우리도 미래를 위하여, 다음 세대를 위하여 눈물로 씨를 뿌려야 하는 것입니다. 우리 교회는 열심히 복음을 위하여 씨를 뿌려야 합니다. 지난번 바자회 때 모든 성도들이 땀을 흘린 것도 복음을 위하여 씨를 뿌린 것입니다. 우리는 선교를 위하여, 다음 세대를 위하여 열심히 씨를 뿌려야 합니다. 하나님은 뿌린 대로 거두게 하십니다. 사랑하는 성도 여러분, 하나님이 기뻐하시는 복음을 전파하는 일을 위하여 씨를 쉬지 않고 뿌리는 우리 교회가 되기를 원합니다.

둘째, 씨를 뿌리는 데에는 수고가 있어야 합니다. 아무 땅에나 심으면 안 됩니다. 예수님도 네 가지 밭에 대한 비유를 주셨습니다. 돌짝밭, 가시밭, 길가와 같은 밭, 그리고 옥토를 말씀해 주셨습니다. 돌짝밭은 옥토를 만들려면 그 돌을 다 골라내야 합니다. 가시밭은 그 가시덤불을 다 뽑아내야 합니다. 길가와 같은 밭은 딱딱한 땅을 갈아엎고 부드러운 땅이 되게 해야 합니다. 그러면 옥토가 될 수 있습니다.

여기서 끝나는 것이 아닙니다. 잡초는 자꾸 자라납니다. 벌레들이 달려듭니다. 잡초를 계속해서 뽑아내고 벌레를 잡아주어야 합니다. 그리고 거름을 주어야 합니다.

제가 아는 목사님이 시골 산속에 사시는데 가끔 추수한 농작물을 보내 주십니다. 이 농작물은 자연 환경에서 그대로 기른 것입니다. 농약도 주지 않습니다. 풀 속에서 그대로 자라게 합니다.

그런데 우스운 것은 모두 크기가 작아요. 배추도 야생에서 자라서 그런지 크기가 작고 맵습니다. 크고 탐스러운 농작물을 거두려면 거름도 많이 주고 벌레도 병충해를 막기 위해 농약도 뿌려야 합니다. 이것이 보통 일이 아닙니다. 시골에 낙향하는 사람들이 뭐 한 천 평쯤 밭농사 짓는 것이 뭐 그리 어렵겠나 생각합니다. 그런데 어렵습니다. 서울 사람들은 잘 견뎌내지를 못합니다.

대학 시절에 농촌봉사활동을 하곤 했습니다. 그때 서울에서 자란 여학생들이 쪼그려 앉아서 김을 매는 것이 힘들어 울면서 기어다니며 풀을 매는 것을 보았습니다. 이것은 영적인 의미를 우리에게 주고 있습니다. 영적인 축복을 얻기 위해서는 우리가 쉬지 않고 우리의 심령의 밭을 가꾸어야 한다는 것입니다. 우리가 기도의 능력을 받는 것은 어느 날 갑자기 받는 것이 아닙니다. 말씀을 듣고 아멘하고 그 믿음으로 쉬지 않고 기도해야 합니다. 기도가 생활이 되어야 합니다. 신자들이 무슨 큰 일이 일어나면 그때야 기도합니다. 그러니 기도가 잘되겠습니까?

성령님께서 안타까워 탄식하시며 우리의 기도를 도와주시지 않으면 기도할 수가 없습니다. 날마다 기도하는 사람은 기도의 능력이 있습니다. 그래서 무슨 일을 만나든지 담대하게 기도하며 나아가는 것입니다. 주님을 위하여 봉사할 때 땀 흘려 일합니다. 시간을 드리고 몸을 드립니다. 엊그제도 어떤 분이 몸이 아픈데 권사라서 빠질 수도 없고 바자회 때 무리를 했더니 너무 아프다는 것입니다. 사람이 안 아플 수가 없습니다. 그래서 눈물을 흘리며 씨를 뿌리는 자라고 하셨습니다. 그 열매가 반드시 있습니다. 하나님께서 우리의 수고를 다 기억하시는 줄로 믿으시기 바랍니다.

셋째, "우리가 선을 행하되 낙심하지 말지니 포기하지 아니하면 때가 이르매 거두리라"(9절)고 말씀하셨습니다. 이것은 하나님의 약속입니다. 하나님께서 이루어 주시겠다는 것입니다. 그러니 포기하지 말라는 것입니다. 그러면 우리는 무엇을 심고 기다려야 합니까? 8절에 "자기의 육체를 위하여 심는 자는 육체로부터 썩어질 것을 거두고 성령을 위하여 심는 자는 성령으로부터 영생을 거두리라"고 말씀하십니다. 많은 사람들이 육체를 위하여 심습니다. 여기서 육체를 위하여 심는다는 것은 세상에서의 모든 노력을 말하는 것은 아닙니다. 우리는 세상에서도 잘 심어야 합니다. 학생들은 미래를 꿈꾸며

공부를 열심히 해야 합니다. 장사를 하는 사람도 누구보다 성실하고 정직하게 일을 해야 합니다.

사람관계도 잘 심어야 합니다. 교회에서 목사님들을 청빙할 때 그 분이 어떤 분인가 하고 저에게 전화가 많이 옵니다. 하나님의 일을 하는 일꾼을 추천하는데 함부로 추천할 수는 없지 않습니까? 그 아무개 어떠냐고 물어보면 뭐라고 합니까? 아, 그분은 정말 좋은 분이라고, 인품도 훌륭하고 실력도 있다고, 그 교회에 아주 적합하신 분이라고, 교회를 반드시 행복하게 목회할 분이라고 이렇게 말할 수 있으면 얼마나 좋겠습니까? 황정훈 목사님이 이번 주에 대구의 한 유명한 교회로 부임을 하시는데 그 교회 청빙하는 장로님을 만나 제가 이렇게 이야기했습니다. 정말 좋은 목사님이라고, 만약에 목회하는 것이 마음에 안 들면 언제든지 리콜하겠다고 그랬습니다.

목회를 잘할 것이라고 믿기 때문입니다. 그런데 그렇지 못한 분을 말할 때 어떻게 말합니까? 그분 못됐다고, 그분 받으면 큰일 난다고 이렇게 말합니까? 뭐라고 대답하는가 하면 "난 그분 잘 모릅니다" 그럽니다. "아니, 목사님 옆에 교회에 있었잖아요" 그러면 "만나기는 많이 만났지만 잘 모릅니다" 그럽니다. 목사님 사이에서는 그러면 무슨 이야기인지 다 압니다. 못됐다는 이야기입니다. 나는 추천할 수 없다는 뜻입니다. 그 사람은 관계를 잘못 심은 것입니다.

간혹 우리 교회에서 지방으로 이사 가며 그 지역에 등록하시는 분들이 있습니다. 그때에 제가 목사님에게 전화를 걸어 "그 집사님은 정말 충성스런 분입니다. 그 교회에 복입니다. 목사님, 특별히 잘 부탁드립니다"라고 이야기하는 분들이 있습니다. 그분은 우리 교회에서 신앙생활할 때에 잘 심은 것입니다. 여러분은 우리 교회를 떠나서도 안 되겠지만 혹시 부산이나 광주같이 다른 지역으로 이사갈 때에 "그분은 목사님 교회에 복입니다"라고 추천할 수 있는 성도들이 되시기를 바랍니다.

오늘 성경에서 육체를 위하여 심는다는 것은 자기 정욕을 위하여 심는 것을 말합니다. 세상에서 좀 더 많이 가지기 위한 욕심으로 심은 것입니다. 다른 사람 눈에 눈물을 흘리게 하면서도 더 높은 자리에 올라가기 위해 심은 것입니다. 그래서 세상에서 얻는 것이 물론 있습니다. 잘난 체하고 살았습니다. 그런데 성경은 뭐라고 하십니까? 썩어질 것을 거둔다고 했습니다. 세상을 떠날 때 아무 소용이 없는 것입니다.

하나님 앞에 보일 것이 없는 것입니다. 썩어질 것을 거둔다고 했는데 사실은 그의 영혼이 썩은 것입니다. 여러분은 하나님 앞에 설 때에 "내가 주님의 몸 된 교회를 위하여 이렇게 눈물 흘리며 충성했습니다. 내가 헌신함으로 교회가 은혜로워졌고 부흥했습니다. 이렇게 달란트를 남겼습니다"라고 고백할 수 있는 여러분이 되시기 바랍니다. 그다음에 성령을 위하여 심는 자가 있습니다.

앞에는 '육체를 위하여'라고 했는데 지금은 '성령을 위하여'라고 했습니다. 성령님은 삼위일체의 하나님이십니다. 우리 안에 역사하시는 하나님이시고 교회를 지키시는 하나님이십니다. 이 성령 하나님을 위하여 심었다는 말은 성령님이 기뻐하시는 일을 위하여 헌신하고 충성했다는 말입니다. 이것이 쉬운 일이 아닙니다. 나의 기쁨과 나의 편안함과 나의 생각보다 성령님을 먼저 생각하고 심는 것이 절대로 쉬운 일이 아닙니다. 속상한 일도 생깁니다. 답답하고 안타까운 일도 만나고 오해도 받습니다. 그래서 그저 '주여' 하고 눈물만 주르르 흘릴 때가 많습니다.

그런데 우리에게는 추수할 날이 반드시 찾아옵니다. 그날은 내가 하나님 앞에 서는 날입니다. 그때를 기억하며 낙심하지 말고 포기하지 말고 성령님을 위하여 심으라는 것입니다. 그러면 그날에 "영생을 거두리라"고 했습니다. 할렐루야. 우리 모두 영생을 거두는 성도들이 되시기를 바랍니다. 오늘은 추수감사절입니다. 추수의 계절에 만물이 열매를 맺고 그 열매를 드러내고 있습니다.

여러분은 1년 동안 열매를 잘 맺으셨습니까? "하나님, 감사합니다. 하나님의 은혜로 여기까지 왔습니다. 내가 맺은 이 열매를 보십시오" 하고 선한 열매를 하나님 앞에 보여드리는 이번 감사절이 되시기 바랍니다.

적 용

ⓐ 오늘 말씀의 주제 파악하기:

ⓑ 오늘 말씀 중 은혜받은 부분 나누기:

ⓒ 삶에 구체적으로 적용하기:

함께 드리는 기도제목

1. 우리의 삶이 옥토가 되어 말씀과 기도로 날마다 가꾸어지게 하소서.
2. 주님의 기쁨이 되는 열매를 맺는 삶을 살게 하소서.
3. 다음세대가 믿음의 유산을 이어받을 수 있도록 눈물로 복음의 씨를 뿌리게 하소서.

38

겸손히 섬기라

본 문: 빌립보서 2장 1-4절(신 319쪽)
찬 송: 452장(내 모든 소원 기도의 제목, 통 505장)
요 절: "아무 일에든지 다툼이나 허영으로 하지 말고 오직 겸손한 마음으로 각각 자기보다 남을 낫게 여기고"(빌 2:3)

바울이 아시아에서 복음을 전하고 있을 때 마케도니아에서 한 사람이 '건너와 우리를 도우라'는 환상을 보게 되었습니다. 사도 바울은 제2차 선교를 통해 마케도니아에 들렀고 이곳에서 자주 장사 루디아를 만나 빌립보 교회를 세우게 되었습니다. 빌립보 교회에는 기적도 많이 일어났고 선교와 기도에 힘쓰는 교회였습니다. 그런데 복음에 대적하는 자들이 일어났고, 내부적으로는 유오디아와 순두게의 분쟁이 있었습니다. 그래서 사도 바울은 로마 감옥에서 빌립보 교회를 염려하며 하나님의 일을 하는 성도의 자세에 대해 오늘 말씀하고 있습니다.

우리는 이웃을 섬기기 위한 바자회를 준비하고 있습니다. 같은 마음으로 같은 일을 하지만 일을 하는 사람들의 생각이 다르고 일하는 방법도 다를 수가 있습니다. 이때에 우리는 내가 기준이 아니라 성경이 가르치는 방법으로 일해야 합니다. 그래서 이번 바자회가 하나님께 영광을 돌리고 복음의 열매가 맺히는 은혜로운 바자회가 되기를 원합니다.

빌립보서 2장은 '그러므로'라는 단어로 시작합니다. 앞에 어떤 내용이 있다는 뜻입니다. 1장 말미에 "너희는 그리스도의 복음에 합당하게 생활하라 대적하는 자들이나 너희가 받는 고난을 두려워하지 말라 저희에게는 멸망의 증거이나 너희에게는 구원의 증거"라고 말씀했습니다.

"그러므로 그리스도 안에 무슨 권면이나 사랑의 무슨 위로나 성령의 무슨 교제나 긍휼이나 자비가 있거든"(1절)이라고 말씀합니다. 여기에 나쁜 것이 하나도 없습니다. 그런데 이런 말씀을 하는 것은 그리스도 안에 무슨 권면을 하는데 겉으로는 그리스도를 위한다고 하지만 자신의 생각을 말하기 때문에 문제가 된 것입니다.

사랑의 위로라고 했는데 사랑의 위로가 얼마나 좋은 것입니까? 특별히 이번 바자회는 힘든 세상을 살아가는 이웃들에게 예수 그리스도의 이름으로 사랑의 위로를 주는 바자회가 되어야 할 것입니다.

성령의 교제도 아름다운 것입니다. 성도들의 만남은 성령 안에서의 교제일 때 열매가 아름답습니다. 일주일 만에 서로 만나면 기도의 제목을 묻고 함께 찬양하고 함께 받은 은혜를 나누고 그럴 때 교회는 아름다운 공동체가 됩니다. 긍휼이나 자비도 좋은 것입니다. 긍휼은 사랑하는 마음으로 상대방을 측은히 여기는 마음입니다. 우리는 모두 주님의 긍휼을 입었습니다. 그리고 너희도 긍휼을 베풀라고 하셨습니다. 예수님의 팔복 중에도 "긍휼히 여기는 자는 복이 있다 그들이 긍휼히 여김을 받을 것이다"라고 하셨습니다. 긍휼 중에서 최고의 긍휼은 이웃의 영혼을 불쌍히 여기는 것입니다. 이들이 구원받지 못하고 영원한 형벌에 처하게 되는 것을 그대로 볼 수 없어 안타까운 마음으로 복음을 전하는 것입니다. 우리 바자회가 이런 마음으로 준비되어야 할 것입니다.

자비도 좋은 것입니다. 자비도 남을 사랑하는 마음으로 가엾게 여기는 마음입니다. 자비는 하나님의 마음입니다. 사도 바울은 "하나님의 모든 자비하심으로 너희를 권한다"라고 하면서 "너희 몸을 거룩한 산 제사로 드리라"고 했습니다. 우리가 하나님을 기쁘시게 하기 위하여 이웃을 위해 땀 흘리고 봉사하는 것이 거룩한 산 제사입니다.

이런 좋은 일을 할 때에 2절에 보면 "마음을 같이하여 같은 사랑을 가지고 뜻을 합하며 한마음을 품어"라고 했습니다. 왜 이런 말씀을 하시는가 하면 빌립보 교회가 그리스도 안에서의 권면과 사랑의 위로와 성령의 교제와 긍휼이나 자비를 베풀었어도 마음을 같이하지 못했기 때문입니다.

교회 일을 하며 서로 간에 경쟁의식 때문에 다툼이 일어났다는 말입니다. 사도 바울의 말씀은 계속해서 같이하라고 합니다. 마음도 같이하고, 사랑도 같이하고, 뜻도 같이하고 같은 마음을 품으라고 합니다.

"몸이 하나인데 머리가 둘인 사람이 한 사람인가? 두 사람인가?" 하고 랍비에게 질문을 했습니다. 현대에도 그런 사람이 간혹 있는데 옛날에도 있었던 모양입니다. 랍비의 대답이 "한 쪽 머리를 때려보라. 다른 머리가 웃고 있으면 두 사람이고, 울고 있으면 한 사람이다"라고 했습니다. 교회는 같은 마음을 가지고 함께 웃고 함께 우는 공동체가 되어야 함께 행복합니다. 가정에서도 누가 누구를 이기면

서로가 행복하지 않습니다. 함께 이기고 함께 지는 것이 행복한 가정입니다.

저는 정치권을 보면서 '이분들이 같은 마음을 품으면 우리나라가 얼마나 행복할까?' 하는 생각을 해봅니다. 정당에 따라서 어쩌면 그렇게 둘로 나누어져 다른 생각을 하는지 참 신기합니다. 서로 국민을 위한다고 하는데 생각은 다릅니다.

어려운 백성들이 잘사는 일에 같은 마음을 가지고, 국방을 하는 일에도 같은 마음을 가지고, 경제가 발전하는 데에도 같은 마음을 가지고 머리를 맞대고 의논하고 실행하면 우리나라가 얼마나 살기 좋은 나라가 될 것인가 하는 마음이 듭니다. 그런데 내가 생각하는 것만 옳다는 것입니다.

이분들이 오늘 빌립보서의 말씀을 듣고 은혜받았으면 좋겠어요. 하나님의 일을 할 때에도 그렇습니다. 마귀는 하나님의 일을 할 때에도 시험합니다. 다른 사람은 틀렸고 네가 옳다는 것입니다. 우리는 이러한 마귀의 유혹에 속지 않아야 합니다. 3절에 "아무 일에든지 다툼이나 허영으로 하지 말고 오직 겸손한 마음으로 각각 자기보다 남을 낫게 여기고"라고 했습니다. 하나님의 일은 다툼이나 허영으로 하지 말라고 했습니다.

성가대가 아름다운 화음을 만들어 내기 위해서는 모두의 역할이 함께 중요합니다. 소프라노는 멋지게 합창을 이끌고 나갑니다. 그런데 소프라노만 있으면 안 됩니다. 알토가 은은하게 받쳐 주어야 합니다. 테너도 힘 있게 나갈 때 듣는 이가 시원합니다. 그런데 베이스가 함께 있어야 멋진 화음이 이루어집니다.

남성만 있는 것보다는 여성이 함께 어울려 합창할 때 더 멋진 화음이 이루어집니다. 여기에 오케스트라가 함께하면 더욱 은혜로운 찬양이 됩니다. 내가 최고라고 하는 순간 화음이 깨어져 버립니다. 다툼은 상대방을 이기려는 마음에서 나옵니다. 허영도 내가 다른 사람보다 낫게 보이려는 마음에서 나옵니다. 이러한 마음은 거룩한 공동체를 깨뜨립니다. 세상은 서로 상대방을 이기려고 합니다. 이겨야 삽니다. 직장에서도 다른 사람을 밟고 올라서려고 합니다. 세상은 허영이 많은 곳입니다. 그래서 다른 사람에게 보이기 위한 짝퉁도 많습니다.

허영의 옷을 입으면 자기 자신의 진실한 내면을 바라보지 못합니다. 내가 나로 사는 것이 멋진 것인데, 우리 하나님이 창조하신 그 모습으로 사는 것이 멋진 것인데 사람들은 허영 때문에 자신의 모습을 파괴합니다. 사람들이 보아주는 나에 관심을 가지고 사는 사람은 불행합니다. 외식하는 자들을 주님께서 책망하셨는데 신앙생활을 할 때에도 외식하는 자들은 기도를 해도 사람들 들으라고 합니다. 헌금을 해도 사람들 보라고 합니다. 봉사를 해도 칭찬하지 않으면 시험에 듭니다. 무슨 회장 자리 차지하려고 얼마나 애를 쓰는지 모릅니다. 다 마귀가 유혹하는 것입니다.

우리 주님은 "너희 중에는 그렇지 않아야 하나니 너희 중에 누구든지 크고자 하는 자는 너희를 섬기는 자가 되고 너희 중에 누구든지 으뜸이 되고자 하는 자는 너희의 종이 되어야 하리라 인자가 온 것은 섬김을 받으려 함이 아니라 도리어 섬기려 하고 자기 목숨을 많은 사람의 대속물로 주려 함이니라"(마 20:26-28)고 하셨습니다

오늘 사도 바울도 "오직 겸손한 마음으로 각각 자기보다 남을 낫게 여기고"라고 말씀하십니다. 겸손은 내가 실력이 없고 힘이 없어서 하는 행위가 아닙니다. 그것은 무능입니다. 겸손은 내가 힘이 있

어도 힘자랑을 하지 않습니다. 내가 지식이 있어도 지식 자랑을 하지 않습니다. 물질이 있어도 물질 자랑을 하지 않습니다. 이 겸손이 어렵습니다.

성공회 신학대학장을 지낸 예수회의 대천덕 신부는 강원도 태백 시골 마을에 수도원을 짓고 어려운 이웃을 위해 평생을 바치고 한국 사회에 많은 교훈을 주신 분입니다. 이분이 한국 교회를 보면서 뼈아픈 일침을 했습니다. "한국 교회 지식인들 가운데 겸손한 사람을 찾기 어렵다"라고 했습니다. 진짜 지식인은 자기보다 남을 낫게 여기는 마음을 가진 사람입니다. 교만한 사람이 있는 곳에는 항상 분쟁이 일어납니다. 내 생각 외에는 인정하지 않기 때문입니다.

세계적인 장애인 공동체 사역을 하는 장 바니에를 어떤 목사님은 이렇게 이야기했습니다. "내가 상대방을 넘어뜨리려고 약점을 보는 순간에 장 바니에는 그 사람의 상처를 보고 있었다"라고 했습니다. 감동을 주는 말입니다. 우리는 다른 사람의 무엇을 보고 있습니까?

영등포 지하차도를 운전해 가다 폐지를 리어카에 가득 싣고 힘겹게 고갯길을 올라가는 할머니를 본 적이 있습니다. 폐지의 무게보다 인생의 짐이 얼마나 무거울까 생각을 했습니다. '얼른 언덕 위에 비상 주차를 해놓고 왜 함께 밀어주지 못했을까' 하는 후회도 해보았습니다. '이렇게 잘 먹고, 잘사는 나도 힘들다고 하는데 사실은 이분보다 나는 몇 십 배나 더 못하구나' 하는 생각도 했습니다. 초등학교를 나오지 못해 한글도 모르고 힘들게 시장에서 살아가는 그분들이 사실은 더 훌륭하고 굉장한 분들입니다. 절망하지 않고 포기하지 않고 살아가는 그 모습이 멋지잖아요.

우리 교회에서 봉사할 일이 있을 때마다 아픈 몸을 이끌고 김치를 만들고, 식당 봉사를 하고, 전도 신문을 들고 나가시는 분들이 사실 우리 교회에서 제일 훌륭하신 분들입니다. 저는 하나님께서 그렇게 보실 것이라고 분명히 믿습니다. 이분들이 이 땅의 수고가 끝나면 하늘에서 상급이 제일 클 것이라고 믿습니다.

이분들은 불평하지 않습니다. 불평할 것 같으면 나오지도 않지요. 이 일이 하나님께서 나에게 맡겨주신 일임을 믿고 땀 흘려 일하는 것입니다. 이것이 오늘 4절 말씀에 각각 자기 일을 돌아보는 것입니다. '하나님께서 나에게 무슨 일을 원하시는가?' 각각 자기 일을 돌보아야 합니다. '각각'입니다. 여기에 예외는 없습니다.

나이가 들어서 일을 할 힘이 없으면 기도의 책임이 있습니다. 나에게 호흡이 붙어 있는 한 다른 사람보다 더 많이 기도하며 영적 전쟁에서 마귀를 이기도록 교회를 위하여 힘써야 하는 것입니다. 그리고 다른 사람들의 일을 돌보라고 했습니다. 우리가 사는 세상에는 도움이 필요한 사람들이 많습니다. 우리가 돌보지 않아 도움의 손길을 기다리며 고통에 잠겨 있는 사람들이 많습니다.

성도 여러분, 우리는 하나님 앞에서 내가 할 일을 돌보고 이웃들을 향하여 성도들을 향하여 겸손한 마음으로 섬기는 우리 교회가 되기를 원합니다. 천국 문은 겸손한 사람들만이 들어갈 수 있습니다. 교회는 이 겸손을 훈련하는 곳입니다. 우리가 함께 겸손한 마음으로 섬길 때 오늘 사도 바울의 기쁨만이 아니라 교회공동체 모두의 기쁨이요 또한 주님의 기쁨이 충만하게 될 것입니다.

우리 교회는 모두 오직 겸손한 마음으로 교회와 이웃을 섬겨 우리가 함께 기쁘고 주님을 기쁘시게 하는 성도들이 되시기를 바랍니다.

적 용

ⓐ 오늘 말씀의 주제 파악하기:

ⓑ 오늘 말씀 중 은혜받은 부분 나누기:

ⓒ 삶에 구체적으로 적용하기:

함께 드리는 기도제목

1. 겸손한 마음으로 서로를 자기보다 낫게 여기는 믿음의 공동체가 되게 하소서.
2. 우리 교회가 마음을 같이하여 화합과 합력으로 주님의 영광을 나타내게 하소서.
3. 각자에게 맡겨주신 사명을 돌아보고 교회와 이웃을 위해 헌신하는 삶을 살게 하소서.

39

여호와께 복을 받는 자

- **본 문:** 시편 115편 12-15절(구 888쪽)
- **찬 송:** 429장(세상 모든 풍파 너를 흔들어, 통 489장)
- **요 절:** "여호와께서 우리를 생각하사 복을 주시되 이스라엘 집에도 복을 주시고 아론의 집에도 복을 주시며 높은 사람이나 낮은 사람을 막론하고 여호와를 경외하는 자들에게 복을 주시리로다"(시 115:12-13)

여호와께서 우리를 생각하사 복을 주신다고 했습니다. 하나님은 늘 우리를 생각하시며 우리에게 주시고 싶어 하십니다. 왜 그렇게 주시고 싶어 하시는지 궁금하지 않으십니까? 우리는 하나님의 자녀이기 때문에 사랑하는 자녀들에게 무엇이든 좋은 것을 주시고 싶어 하십니다.

우리도 자녀들에게 무엇인가 자꾸 주고 싶어 합니다. 맛있는 요리를 해놓고 자녀들을 기다립니다. 백화점에서 멋진 옷을 보면 내 자녀에게 사주고 싶습니다. 사랑하기 때문입니다. 하나님께서는 우리를 사랑하시기 때문에 은혜를 주시기를 원하고, 평강을 주시기를 원하고, 기쁨을 주시기를 원하고, 물질을 주시기를 원하고, 이렇게 좋은 것을 주시기를 원하시는 복의 하나님이십니다.

하나님의 자녀들이 세상에서 고개 숙이고 웅크리고 사는 것을 원하시지 않습니다. 성경에는 하나님께서 우리에게 복을 주시겠다고 하신 내용들이 수없이 들어 있습니다. 성경은 우리가 이 땅에 사는 동안에도 복을 주시고 말씀대로 사는 자녀들에게 영생복락을 약속해 주신 책입니다.

그런데 기복신앙에 대하여 하도 부정적으로 자꾸 이야기하니까 복을 구하는 것이 뭐 잘못된 것인가 생각하는 사람도 있습니다. 우리 하나님께 복을 구하는 것은 절대로 잘못된 것이 아닙니다. 우리는 잠시만 복을 받지 못하면 비참한 존재가 되는 것이 인간입니다. 건강의 복을 받지 못하면 얼마나 고통스럽습니까? 매 주일 저에게 기도받으러 오는 성도들을 보면 질병 때문에 참다 참다 고통스러워 저에게 오는 것입니다. 어제도 어떤 분이 너무 힘들다고 찾아오셨습니다.

우리는 물질의 복을 받지 못해도 힘이 듭니다. 빚을 지고 살면 얼마나 힘이 듭니까? 어떤 분은 신용카드를 열 개 넘게 돌려 막기 하는 것도 보았습니다. 빚이 점점 늘어가는 것입니다. 평안의 복을 받지 못해도 힘이 듭니다. 기쁨도 없고 감사도 없습니다. 그러니 하나님께서 주신 복된 인생을 잘못 사는 것입니다.

가정의 복을 받지 못해도 늘 근심이 있습니다. 남편 때문에, 아내 때문에, 자녀 때문에 겪는 고통이 보통이 아닙니다. 그래서 성경은 우리를 위하여 모든 복을 주시겠다 약속하셨습니다. 그런데 우리가 복만 구하고 하나님의 말씀은 듣지 아니하면 이것도 잘못된 것입니다. 하나님의 자녀는 하나님의 자녀답게 살아야 하는데 그러지 못하고 세상 사람들과 똑같이 살면서 복만 달라고 한다면 그것은 기복주의입니다.

예수님께서는 "너희는 먼저 그의 나라와 그의 의를 구하라 그리하면 이 모든 것을 너희에게 더하시리라"(마 6:33)고 하셨습니다. 우리가 하나님의 영광을 먼저 생각하고 하나님의 나라와 의를 구하는 삶을 살 때에 하나님께서는 모든 것을 더하여 주신다고 했습니다. 그래서 우리는 복을 받는 사람이 되는 것입니다.

이 복은 차별이 없습니다. 이스라엘 집에도 복을 주시고, 아론의 집에도 복을 주시고, 높은 사람이나 낮은 사람이나 복을 주신다고 했습니다. 이스라엘은 모든 백성을 의미하는 말입니다. 아론은 제사장 가문입니다. 그러니까 누구에게든지 복을 주신다는 말입니다. 높은 사람에게도 복을 주시고 낮은 사람에게도 복을 주신다고 했습니다.

다윗은 낮은 사람인 목동 가문이었습니다. 그런데 하나님께서 복을 주시니 이스라엘의 명문 가문이 되었습니다. 사울의 가문은 망하는 가문이었는데 다윗의 가문이 흥하는 가문이요, 명문 가문이 된 것은 하나님께서 다윗의 집에 복을 주셨기 때문입니다.

다윗이 오벧에돔의 집에서 하나님의 법궤를 모셔 온 이후 주변에 다윗을 공격하던 적들을 물리치고 평안의 시기가 왔습니다. 이때 다윗은 "나는 백향목 궁에 살거늘 하나님의 궤는 휘장 안에 있도다" 하며 성전 건축을 준비합니다. 이때에 하나님은 기뻐하시며 나단 선지자에게 말씀하셨습니다.

"그러므로 이제 내 종 다윗에게 이와 같이 말하라 만군의 여호와께서 이와 같이 말씀하시기를 내가 너를 목장 곧 양을 따르는 데에서 데려다가 내 백성 이스라엘의 주권자로 삼고 네가 가는 모든 곳에서 내가 너와 함께 있어 네 모든 원수를 네 앞에서 멸하였은즉 땅에서 위대한 자들의 이름 같이 네 이름을 위대하게 만들어 주리라"(삼하7:8-9)고 약속하셨습니다. 양치기를 데려다가 왕을 삼았다는 말입니다.

그리고 16절에 "네 집과 네 나라가 내 앞에서 영원히 보전되고 네 왕위가 영원히 견고하리라 하셨다 하라" 하셨습니다.

이후 다윗은 무슨 일이 있을 때에 "하나님 그때 나의 집을 나의 나라를 지켜 주신다고 하시지 않았습니까"라고 기도했습니다. 하나님께서는 하나님의 백성들에게 신분 고하를 막론하고 복을 주신다고 했습니다.

제가 시골에서 목회할 때에 예수 믿고 복을 받아야 한다고 했더니 어떤 분이 "우리가 시골에서 농사지어 그저 겨우 사는데 농사지어 무슨 복을 크게 받겠습니까?"라고 말한 것이 기억이 납니다. 정말 그렇습니까? 우리 신앙의 선조들은 못 먹고, 못 입고 힘든 시기를 지날 때에 매일같이 주의 전에 나와 복을 달라고 기도했습니다.

아이들을 초등학교 보내기도 어려웠던 시절에 피곤한 몸을 이끌고 교회에 나와 부르짖었습니다. 우리는 못 먹고, 못 살아도 내 자식들만큼은 잘살게 해달라고 부르짖었습니다. 60년대 초 우리나라는 아시아에서 꼴찌에서 두 번째로 못살았습니다. 아이들은 겨울철에 양말도 없이 학교에 오기도 했습니다. 겨울철에 장갑도 없었는데 저는 미국의 교회 여전도회원들이 털실로 짠 장갑을 시골 교회로 보내주어서 그 장갑을 끼고 얼마나 좋아했는지 모릅니다. 노란색과 검정색 실로 짠 그 벙어리장갑이 지금도 기억이 납니다. 우리는 가장 불쌍한 나라였습니다. 가능성이 없는 나라였습니다.

그런데 시편 144편 15절 말씀에 "여호와를 자기 하나님으로 삼는 백성은 복이 있도다"라고 했는데 우리나라가 가장 잘한 것은 하나님을 믿은 것이었습니다. 우리나라는 하나님을 믿은 사람들이 선각자가 되고 민족의 지도자가 되었습니다. 예수 믿는 많은 사람들이 나라를 이끌었습니다.

3.1운동 당시에도 민족대표 33인 가운데 기독교의 목사, 장로들이 16명이나 되었습니다. 당시 기독교인이 얼마 되지 않았는데도 기독교인들이 이렇게 나라를 이끌었습니다. 우리나라 애국가도 "하나님이 보우하사 우리나라 만세"라고 했습니다. 여러 곳에 발표된 논문에 보면 도산 안창호 선생님이 금식 기도 후 작사한 곡이라 하기도 하고, 정동제일교회 최병헌 목사님이 윤치호 씨와 함께 작사한 곡이라고 합니다. 윤치호 씨가 나중에 친일을 했다 해서 혹은 애국가가 특정 종교를 지칭한다 해서 애국가를 바꾼다고 하는 시도도 있었는데 참으로 안타까운 일입니다.

우리는 하나님께서 복을 주시니 오늘날 세계에서도 유명한 나라가 된 것입니다. 하나님은 누구에게나 복을 주시기를 기뻐하시는데 한 가지 조건이 있습니다. "여호와를 경외하는 자들에게 복을 주시리로다"(13절)라고 했습니다. 경외란 하나님을 두려워하고 경배하는 것을 의미하는 단어입니다. 이 두려움은 우리가 잘못하면 어떤 벌을 주실까 해서 무서워하는 두려움이 아닙니다. 존경의 두려움입니다. 무서워하는 것과 두려워하는 것은 다릅니다.

우리가 가정에서 아버지를 대할 때에 무서운 아버지면 안 됩니다. 아버지는 모든 것을 다 들어주시고 나를 사랑해 주시는 아버지로 생각합니다. 그렇다고 아버지에게 함부로 대하지 않습니다. 존경의 마음으로 대합니다. 그렇습니다. 하늘 아버지도 우리가 경외심을 가지고 나아갈 때에 이를 기뻐하십니다. 그래서 성경에는 '경외'라는 단어가 180회 이상이나 나옵니다. 그만큼 하나님을 경외하는 것이 중요하다는 말입니다.

하나님께 대하여 경외심을 가지고 나올 때에 복을 주신다고 오늘 성경은 분명히 약속하셨습니다. 심지어 구원을 얻는 데에도 경외심이 필요합니다. 빌립보서 2장 12절에는 "그러므로 나의 사랑하는 자들아 너희가 나 있을 때뿐 아니라 더욱 지금 나 없을 때에도 항상 복종하여 두렵고 떨림으로 너희 구원을 이루라"고 했습니다. 교만하면 패망에 이른다고 했습니다. 구원에서 떨어진다고 했습니다.

성도 여러분, 하나님을 경외하는 마음으로 나아오시기 바랍니다. 예배를 드릴 때에도 경외심으로 예배드려야 합니다. 봉사를 할 때에도 하나님을 경외하는 마음으로 봉사해야 합니다. 교회에서 함부로 말하는 이들이 간혹 있습니다. 하나님을 경외하면 그렇지 않습니다. 말을 할 때에도 심지어 생각을 할 때에도 우리의 마음의 중심을 보시는 하나님을 생각하며 경외심을 가져야 하는 것입니다.

하나님을 경외하는 자는 하나님의 음성 듣기를 기뻐합니다. 하나님을 경외하는 자는 하나님께 기도하기를 쉬지 않습니다. 하나님을 경외하는 자는 하나님을 기쁘시게 하기 위해 힘씁니다. 이렇게 하나님을 경외하는 자에게 복을 주신다 하셨습니다.

14절에서는 "여호와께서 너희를 곧 너희와 너희의 자손을 더욱 번창하게 하시기를 원하노라" 하셨습니다. 하나님을 경외하는 자에게 너희뿐 아니라 너희 자손까지 더욱 번창하게 하신다 하셨습니다. 하나님은 복을 약속하실 때 자손이 잘되는 복을 말씀하셨습니다.

하나님께서는 아브라함에게 나타나셔서 내가 네게 복을 주리라, 너는 복이 될지라 하시면서 "내가 네게 큰 복을 주고 네 씨가 크게 번성하여 하늘의 별과 같고 바닷가의 모래와 같게 하리니 네 씨가 그 대적의 성문을 차지하리라"(창 22:17)고 자손의 복을 약속하셨습니다.

제가 기도할 때에 오늘보다 내일이, 아버지보다 자녀들이 더 잘되게 해달라고 기도합니다. 오늘 잘살아도 내일이 힘들면 그것은 잘된 인생이 아닙니다. 나는 잘살았는데 내 자녀 대에 그렇지 못하다면 그것은 축복받은 가정이 아닙니다. 대를 이어 계속 잘되는 가정이 되어야 하는 것입니다. 이 종은 우리 도림교회 성도들이 하나님을 경외하고 살아 자녀들이 축복받기를 늘 기도합니다.

목사님들을 만나 대화하다 보면 어느 교인이 복을 받아 수억의 십일조를 드렸다는 이야기를 들으면 이상하게 배가 아파요. 그런데 우리 교인들이 자녀가 미국의 유명한 대학에 들어갔다고, 혹은 굉장한 자리에 들어갔다고 축복 기도 받으러 오면 왜 그렇게 기분이 좋은지 몰라요.

부모님은 사실 잘 배우지도 못하고 고생하면서 살았는데 그 자녀들이 잘되는 것을 보면 너무나 기쁘고 감사한 것입니다. 그런데 부모가 하나님을 경외하면 저절로 자녀들이 복된 인생이 될까요? 그것은 아닙니다. 하나님을 경외하는 믿음이 자녀에게로 내려가야 그것이 복이 되는 것입니다. 그래서 신명기 6장 6-7절에 "오늘 내가 네게 명하는 이 말씀을 너는 마음에 새기고 네 자녀에게 부지런히 가르치며 집에 앉았을 때에든지 길을 갈 때에든지 누워 있을 때에든지 일어날 때에든지 이 말씀을 강론할 것이며"라고 했습니다.

복이 자녀에게로 내려가게 하려면 자녀에게 말씀을 부지런히 가르쳐야 합니다. 집에 있을 때, 길을 갈 때, 누워 있을 때, 일어날 때에도 자녀에게 부지런히 말씀을 강론하라고 했습니다. 풀어 설명하라는 뜻입니다. 하나님의 말씀대로 살아야 복을 받는다, 우리 인생은 하나님께서 지켜주셔야 한다는 것을 쉬지 않고 자녀에게 가르치라는 것입니다. 우리는 자녀들이 잘되라고 많은 것을 배우게 합니다. 어렸을 적부터 학원에 다니게 하고 좋은 대학에 보내기 위해 힘을 씁니다. 우리가 세상에서 잘살기 위해서는 많은 지식을 갖는 것이 필요합니다. 그런데 성경은 여호와를 경외하는 것이 지혜와 지식의 근본이라 했습니다. 내 자녀가 하나님을 경외하면 되는 것입니다.

가정마다 제일 큰 기도의 제목은 자녀에 대한 것입니다. 우리 성도들의 가정을 보면 자녀들이 어쩌면 그렇게 믿음생활 잘하고 세상에서도 잘되는 것을 볼 때에 너무나 기쁩니다. 부모의 기쁨도 너무나 클 것입니다. 그런데 어떤 자녀들은 부모의 이 마음을 모릅니다. 이야기해도 듣지 않습니다. 그래서 날마다 속이 탑니다. 그러면 어떻게 해야 합니까?

우리에게는 하나님께서 주신 마지막 비밀의 무기가 있습니다. 기도하는 것입니다. 쉬지 않고 기도하는 것입니다. 될 줄로 믿고 강청하는 기도를 드리는 것입니다. 눈물의 기도는 역사하는 힘이 큽니다. 하나님께서 의로운 기도를 응답하시기를 기뻐하십니다.

성도 여러분, 오늘 하나님께서 주신 말씀대로 여호와를 경외하고 하나님의 말씀을 자녀들에게도 잘 가르쳐 대를 이어 축복을 누리는 가정들이 되시기를 바랍니다.

적 용

ⓐ 오늘 말씀의 주제 파악하기:

ⓑ 오늘 말씀 중 은혜받은 부분 나누기:

ⓒ 삶에 구체적으로 적용하기:

함께 드리는 기도제목

1. 하나님을 경외하는 마음으로 예배드리고 말씀에 순종하며 살아가게 하소서.
2. 자녀들에게 하나님의 말씀을 부지런히 가르쳐 대를 이어 믿음이 전수되게 하소서.
3. 하나님을 경외하는 가정들이 영적으로나 물질적으로 축복받고 번창하게 하소서.

40

열매 없는 무화과나무

본 문: 마가복음 11장 12-14절(신 74쪽)
찬 송: 449장(예수 따라가며, 통 377장)
요 절: "예수께서 나무에게 말씀하여 이르시되 이제부터 영원토록 사람이 네게서 열매를 따 먹지 못하리라 하시니 제자들이 이를 듣더라" (막 11:14)

예수님께서 베다니에서 나와 예루살렘으로 가시는 도중에 시장하셨습니다. 그때 멀리 무화과나무를 보시고 가셔서 무화과 열매를 얻고자 하셨으나 아무것도 없었습니다. 이때 예수님은 "이제부터 영원토록 사람이 네게서 열매를 따먹지 못하리라"고 말씀하셨습니다. 오늘 읽은 말씀 11장 20절 이하에 보면 날이 저물어 제자들이 성 밖으로 나가다가 예수님께서 열매를 영원히 맺지 못할 것이라 말씀하신 그 무화과나무가 뿌리까지 말라 버린 것을 보았습니다. 베드로가 이 사실을 놀라 예수님께 고합니다. 예수님은 많은 기적을 말씀으로 행하셨습니다. 말씀으로 병자를 고치시고 말씀으로 귀신을 내어 쫓으셨습니다.

마귀가 시험할 때에도 말씀으로 이기셨습니다. 우리에게 말씀인 성경을 주시고 우리가 복음을 들고 나갈 때 말의 권세도 주셨습니다. 우리의 입으로 구하는 것도 들어 주시겠다고 하셨습니다. 그러므로 성도들은 믿음의 말을 해야 하는 것입니다. 우리가 입으로 말하는 것들이 그대로 이루어질 줄 믿어야 하는 것입니다. 우리가 하나님께 말하는 것이 무엇입니까? 기도입니다. 우리는 능력이 없지만 성도는 기도의 능력으로 살아가는 것입니다. 예수님은 놀라는 베드로에게 "하나님을 믿으라, 너희가 기도하고 마음에 의심치 아니하면 그대로 되리라"고 말씀하셨습니다. 오늘 베드로에게 주신 이 말씀이 우리에게도 임하기를 원합니다.

그러므로 우리는 첫째, 믿음의 말을 해야 합니다. 그 사람이 말하는 것이 믿음의 열매입니다. 이방 여인인 수로보니게 여인이 귀신 들린 딸을 고쳐 달라고 예수님께 나아왔을 때 예수님은 망신을 주며 거절하셨습니다. 자녀의 떡을 취하여 개들에게 주는 것이 마땅하지 않다고 하셨습니다. 이때 수로보니게 여인은 실망하지 않고 믿음의 말을 합니다. "주인의 상 아래 개들도 부스러기는 먹습니다"라고 했습니다.

'부스러기만 주셔도 내 딸은 나을 수 있습니다. 부스러기면 충분합니다' 하는 믿음의 고백입니다. 이 말씀을 듣고 예수님은 '네가 이 말을 하였으니', 즉 믿음의 말을 하였으니 '돌아가라 귀신이 네 딸에게서 나갔느니라' 하셨습니다. 믿음의 말로 이 가정의 해결할 수 없는 고통인 딸을 고칠 수 있었던 것입니다.

이 여인이 그저 믿음의 말을 한 것은 아닐 것입니다. 평소에 무리들과 함께 예수님을 따라다녔고 말씀을 들었고 예수님이 행하시는 기적도 눈으로 보았을 것입니다. 그러므로 '그렇다, 내 딸도 이분이 고치실 수 있다' 하는 믿음으로 예수님께 나아온 것입니다. 제가 여러분에게 믿음의 말을 하라고 아무리 말씀을 전하여도 믿음이 없는데 어떻게 믿음의 말이 나오겠습니까? 믿음의 말을 하려면 믿음이 있어야 합니다. 반대로 지금 믿음의 말을 하고 있지 않다면 믿음이 없다는 말입니다.

믿음은 오직 하나님의 말씀을 들음에서 납니다. 그런데 중요한 사실이 있습니다. 하나님의 말씀이 그저 들리는 것이 아닙니다. 하나님의 은혜가 그저 내리는 것이 아닙니다. 사모하는 자에게 내립니다. 그러므로 내가 지금 믿음이 없어도 "하나님, 내게 믿음 주세요" 하고 기도하는 자에게 하나님은 영의 귀를 열어 주십니다. 그래서 말씀이 들리게 하시는 것입니다.

말씀이 들린다는 것이 얼마나 큰 축복인지 알아야 합니다. 하나님의 말씀이 들려지고 그 말씀이 은혜가 되고 감동이 되면 그다음에는 그 말씀이 나를 주장하게 되는 것입니다. 그래서 나도 믿음의 말을 하게 되는 것입니다. 믿음은 지금 내 눈으로 보면 불가능해 보여도 '하나님께서 원하시면 이룰 수 있음을 믿습니다' 하는 고백입니다. '하나님께서 그 길을 인도하시는 줄 믿습니다' 하는 고백입니다.

내가 믿음의 말을 하면 내 삶에 놀라운 역사가 일어나는 것입니다. 믿음의 말은 내 삶을 변화시킵니다. 믿음의 말은 내 가정을 변화시킵니다. 믿음으로 기도하면 문제가 해결되는 것입니다. 하나님께서 우리에게 주신 굉장한 선물이 말입니다. 이 말을 믿음으로 하시기 바랍니다. 그리고 믿음의 역사를 체험하는 성도들이 되시기를 바랍니다.

둘째, 은혜로운 말을 해야 합니다. 말은 그 사람의 영적인 상태를 나타냅니다. "나비의 생각은 꽃에 가 있고 쇠파리의 생각은 오물에 가 있다"는 말이 있습니다. 그렇습니다. 은혜를 바라보는 사람은 은혜로운 말을 하게 되어 있습니다. 에베소서 4장 29절에서 "무릇 더러운 말은 너희 입 밖에도 내지 말고 오직 덕을 세우는 데 소용되는 대로 선한 말을 하여 듣는 자들에게 은혜를 끼치게 하라"고 했습니다. 우리는 예수 믿고 우리의 심령이 변하고 우리의 입술이 변했습니다.

그러므로 은혜로운 말이 나와야 하는 것입니다. 가정에서도 은혜로운 말이 나오고 성도들 간에도 은혜로운 말이 나와야 하는 것입니다. 은혜로운 말이 무엇입니까? 이것을 알려면 먼저 은혜를 알아야 합니다. 은혜는 부족한 것을 덮어주는 것이 은혜입니다. 안 될 것도 도움이 있어 되게 하는 것이 은혜입니다. 여기서 은혜란 하나님의 은혜입니다. 우리는 모두가 하나님의 은혜를 받은 사람들입니다. 내 힘으로, 내 공로로 예수 믿고 구원받는 자는 없습니다. 내 힘으로 악한 영들과 싸워 이길 자도 없습니다. 지금도 하나님의 은혜가 아니면 이 자리에 있을 수 없습니다. 그러므로 우리는 은혜를 잊지 않고 살아야 합니다. 우리는 값없이 은혜받은 자이니 이 은혜로운 말을 해야 합니다.

축복의 말을 하는 사람은 축복의 사람이 됩니다. 행복의 말을 하는 사람들 주변에는 행복하기를 꿈꾸는 사람들이 모여듭니다. 그래서 함께 행복하게 되는 것입니다. 산을 올라갈 때 힘이 듭니다. 그런데 옆에서 격려를 하면서 "다 왔다. 이 고개를 넘으면 멋진 풍경이 기다리고 있다. 공기가 좋다. 오늘 여기 오길 잘했다" 하고 이야기를 하면 옆에 있는 사람들이 힘을 얻습니다. 그런데 옆에서 "누가 여기 오자고 했어. 길은 왜 이리 관리를 안 해 놨어. 괜히 왔네. 힘들어 죽겠다. 돌아가자" 이런 말을 하는 사람 옆에 있으면 힘도 들고 그날 기분은 망치는 것입니다.

마케팅 전략에서 금기시하는 것이 있습니다. 상품은 좋지만 가격이 비싸다고 말하면 안 된다는 것입니다. 가격은 좀 비싸지만 상품이 좋다고 말해야 합니다. 같은 내용이지만 어떻게 말하느냐에 따라 결과가 달라지는 것입니다. 언젠가 이야기한 적이 있는데 어느 유명 강사가 질문을 합니다. 안경을 왜 썼습니까?

한 그룹의 사람들은 '눈이 안 좋아서'라고 대답합니다. 그런데 반대편의 사람들은 '잘 보려고'라고 대답을 합니다. 앞의 그룹은 부정적인 대답을 한 것입니다. 무엇을 물어보아도 앞의 그룹은 부정적인 대답을 하고 뒤의 그룹은 긍정적으로 대답을 합니다. 너무 신기했습니다.

여러분은 왜 예수를 믿습니까? '지옥에 안 가려고'라고 대답하면 안 됩니다. '축복받고 천국에 가려고'라고 긍정의 대답이 습관이 되어야 합니다. 여러분은 왜 도림교회에 나오십니까? '마땅히 갈 교회가 없어서, 가까워서'라고 대답하면 안 됩니다.

'하나님께서 내게 주신 축복이라서, 혹은 세상에서 제일 은혜로운 교회이기 때문에'라고 은혜로운 대답이 나와야 합니다. 그러면 도림교회가 가장 은혜로운 교회가 되고 세상에서 제일 좋은 교회가 되는 것입니다. 부정적인 말을 하는 사람들 옆에는 부정적인 사람들만이 모여듭니다. 그러니 행복할 수 없고 잘될 수가 없는 것입니다. 말은 하나님께서 주신 영역이기 때문입니다. 그래서 더러운 말은 너희 입 밖에도 내지 말라고 하셨습니다. 성경은 우리 인생을 집을 짓는 것으로 비유했습니다. 우리의 언어로도 우리는 집을 짓고 있습니다. 정결한 말, 믿음의 말, 감사하는 말, 축복의 말로 집을 짓는 사람은 인생이 그 말처럼 아름답습니다.

그러나 부정적인 말, 불평하는 말, 남을 공격하는 말, 사나운 말을 사용하는 사람들은 그 말과 같은 보기 싫은 집을 짓고 있는 것입니다. 여러분은 은혜의 말을 하는 영적인 습관이 있기를 바랍니다. 이 습관을 고치는 것이 쉬운 일이 아닙니다. 더구나 우리의 말은 심령에서 나오는 것이기 때문에 더욱 어렵습니다.

사람은 고쳐 쓰는 것이 아니라는 옛말이 있습니다. 잘 고쳐지지 않는다는 말입니다. 그래서 말씀을 듣고 쉬지 않고 기도하면서 내 심령이 밭이 옥토로 변화되도록 눈물로 힘써야 하는 것입니다. 성도 여러분, 가정에서, 교회에서, 일터에서 항상 은혜로운 말을 하도록 기도하며 내 입술을 다스리는 성도들이 되시기를 바랍니다.

셋째, 성도는 진실한 말을 해야 합니다. 정보통신 기술이 발달하면서 온갖 뉴스가 인터넷을 가득 채우고 있습니다. 며칠 전, 손흥민 선수가 토트넘을 떠나기로 했다는 유튜브 중계가 떴습니다. 궁금해서 들어가 보니 조회수를 늘리기 위한 거짓 뉴스였습니다. 유튜브에 거짓말이 너무 많고 악의적인 것도 많습니다.

정치에 관한 유튜브 방송도 너무 다른 이야기들을 하고 있습니다. 무엇이 진실인지 모를 정도로 그럴듯한 뉴스들이 넘쳐나고 있습니다. 십계명 중 제9계명에 '네 이웃에 대하여 거짓 증거하지 말라'고 하셨습니다. 진실이 아닌 것은 말하지 말라는 뜻입니다. 사람들은 자기 자신을 자랑하기 위하여 거짓말을 하고, 자기의 이익을 위하여 거짓말을 하고, 두려움 때문에 거짓말을 합니다. 또 하나 중요한 것은 마귀에게 속아서 거짓말을 합니다. 마귀는 거짓의 영이기 때문입니다.

진실은 무엇입니까? 텔레비전 프로그램 중에 〈그것이 알고 싶다〉라는 프로그램이 있었습니다. 지금도 있는지 모르겠지만 잊혀져간 사건 속에 또 다른 진실이 있음을 파헤치는 프로그램이었습니다. 사람들은 진실을 알고 싶어 합니다. 많은 추악한 역사적인 진실이 묻히고 사람들은 침묵합니다. 크리스천은 우리가 사는 세상이 진실해지도록 힘써야 합니다. 그런데 정말 알아야 할 진실이 무엇입니까? 하나님의 말씀입니다. 이 세상을 하나님이 창조하시고 주관하시고 마지막 심판이 있다는 것이 가장 중요한 진실입니다. 그리고 우리가 이 세상을 살아가는 동안 지켜야 할 진리를 성경 66권에 빼곡히 말씀해 놓으셨습니다. 이 진리를 지키는 것이 진실입니다.

이 성경의 말씀대로 행하면 우리는 진실한 말을 할 수밖에 없습니다. 성경대로 살자는 것입니다. 우리는 성경이 말씀하는 대로 살며 성경이 지시한 말씀을 세상 사람들에게 전해야 합니다. 최고의 진실은 하나님의 말씀을 세상에 전하는 것입니다.

그리고 성도들 간에도 성경에서 말씀하시는 대로 사랑의 말을 하고, 축복의 말을 하고, 감사하는 말을 하고, 믿음의 말을 해야 하는 것입니다. 우리는 나부터 진실한 말을 할 수 있기를 바랍니다. 성경이 말씀하는 진실한 말은 단지 사실을 말하는 것이 아닙니다.

우리가 사는 세상이 하나님의 뜻대로 세워지기 위해 우리가 진리를 말해야 하는 것입니다. 성경에 기록된 가르침대로 우리의 마음과 언어를 사용해야 하는 것입니다. 오늘 예수님께서 무화과나무를 저주하자 무화과나무가 말라 버렸습니다. 예수님께서 시장하신데 무화과나무에 열매가 없어서 저주하신 것이 아닙니다.

그렇게 급하거나 속이 좁으신 하나님이 아니십니다. 우리에게 가르침을 주시기 위해서입니다. 말라 버린 열매 없는 무화과나무의 가르침은 열매가 없어서가 아닙니다. 기도의 능력을 가르쳐 주시기 위해서입니다. 우리가 사람들에게 하는 말이 능력이 있습니다. 우리가 하는 말대로 해주시겠다고 하셨습니다.

심지어 광야에서 불평하던 이스라엘 백성들에게 너희 불평대로 그대로 해주겠다 하셨습니다. 또한 하나님께 드리는 말인 기도가 능력이 있음을 알려주시기 위해서입니다. 믿고 구하라는 것입니다. 이것을 제자들은 눈으로 체험했습니다.

이 체험의 신앙을 가지고 제자들은 험한 전도의 길을 믿음으로 기도하며 걸어갔을 것입니다. 성도 여러분, 믿고 기도하여 그 기도가 눈앞에 이루어지는 체험이 여러분의 신앙생활에 있기를 바랍니다.

적 용

ⓐ 오늘 말씀의 주제 파악하기:

ⓑ 오늘 말씀 중 은혜받은 부분 나누기:

ⓒ 삶에 구체적으로 적용하기:

함께 드리는 기도제목

1. 하나님의 음성을 사모하게 하시고 그 말씀이 내 삶을 주장하게 하소서.
2. 축복과 격려의 말이 내 입에서 흘러나오게 하소서.
3. 말과 삶이 일치되는 복음의 증인으로 살게 하소서.

41

천국이 이런 자들의 것

- **본 문:** 마태복음 19장 13-15절(신 32쪽)
- **찬 송:** 455장(주님의 마음을 본받는 자, 통 507장)
- **요 절:** "예수께서 이르시되 어린아이들을 용납하고 내게 오는 것을 금하지 말라 천국이 이런 사람의 것이니라 하시고"(마 19:14)

오늘부터 교회력으로 대림절이 시작됩니다. 우리가 지금 사용하는 달력은 그레고리력이라 하여 1월이 시작됩니다. 이 그레고리력도 부활절을 언제 지켜야 하는지를 중심으로 만든 달력입니다. 교황 그레고리 13세가 만든 달력입니다. 이 그레고리력이 재미있습니다.

올해인 2024년 2월 29일에 태어난 사람은 내년에도 생일이 없고 후년에도 생일이 없습니다. 즉 2월이 28일까지밖에 없습니다. 그리고 4년에 한 번 2월 29일이 돌아옵니다. 그레고리력과 다르게 교회는 교회력을 중심으로 절기를 지킵니다. 대림절, 성탄절, 성령강림절 같은 절기입니다.

교회의 모든 절기에서 시작은 대림절입니다. 즉 대림절은 1월과 같은 의미를 지닙니다. 왜냐하면 예수님의 오심을 기다리는 것을 그만큼 중요하게 보았다는 것입니다. 예수님의 다시 오심은 세상의 종말이요, 새로운 세상의 시작입니다.

모든 기독교는 예수님의 다시 오심을 잊지 않고 소망하기 위해 천주교, 정교회, 루터교, 구세군 모두 대림절을 지킵니다. 우리 강단 앞에는 대림절 첫 주일에 보라색 양초를 하나 켭니다. 다음 주부터 새로운 양초를 켜나갑니다. 그리고 대림절 4주가 지나면 그다음 주는 성탄절이 됩니다.

기독교 역사에 자리 잡은 이 대림절 양초는 예수님께서 빛으로 오심을 소망하는 의미를 가지고 있습니다. 이제 예수님이 곧 오신다는 것입니다. 그러므로 이 기간 동안 모든 기독교 신자들은 몸과 마음을 정결하게 하며 회개의 기도를 하고 이웃을 섬기는 일을 실천합니다. 이렇게 예수님께서 오시는 그날을 기다리며 훈련하고 소망하는 것입니다. 예수님은 소망하는 자에게 찾아오시고 준비된 자를 만나주십니다. 성도 여러분, 이 대림절 기간 동안 예수님께서 다시 오심을 기다리며 예수님 맞을 준비를 하는 여러분이 되시기 바랍니다.

그저 정신없이 세상을 따라 살다가 예수님이 오시면 부끄러울 사람도 있을 것입니다. 그래서 대림절은 몸과 마음을 정결하게 하며 말씀을 읽고 기도에 힘쓰는 절기입니다. 내가 주님 맞을 준비를 하지 못하고 산 것을 회개하는 절기입니다. 이웃을 섬기지 못한 것을 회개하며 이웃을 위해 구제에 힘쓰는 절기입니다. 성탄절을 앞두고 준비하는 '사랑의 저금통'도 바로 이런 의미입니다. 이 대림절 기간 동안 예수님께서 전하신 말씀을 중심으로 은혜를 받고자 합니다. 오늘 말씀은 어린아이의 부모들이 예수님께서 안수하시고 기도해주심을 바라며 어린이들을 데리고 예수님께로 왔습니다. 부모의 마음은 수천 년 전이나 지금이나 똑같습니다.

내 자녀를 축복받는 자녀로 키우겠다는 것입니다. 저도 어릴 적에 부흥회가 있으면 어머니를 따라 부흥회에 참석을 했습니다. 그리고 어머니는 저를 데리고 부흥사 앞에 가서 안수기도를 받게 했습니다. 모든 어린이들이 원한다고 다 안수기도를 받는 것은 아닙니다. 부흥사 목사님이 피곤하시잖아요. 그래서 집회를 여는 교회에서 목사님을 만나지 못하게 합니다. 그런데 저는 목사 아들이라는 백으로 안수기도를 받곤 했습니다. 어머니는 누가 신령하다 하면 저를 데리고 가서 안수기도를 받게 했습니다. 오늘 성경에 나오는 부모들이 그런 마음이었을 것입니다. 이들은 서로 자기 아이들을 데리고 예수님 앞으로 왔습니다. 오늘 성경에 어린아이들이라고 했는데 헬라어 성경에 '파이디온'(παιδίον)이라고 나옵니다. 파이디온은 일곱 살이 안 된 어린아이들을 뜻하는 단어입니다.

이런 어린아이들을 데리고 예수님을 따랐다는 것은 굉장한 열심입니다. 예수님은 지금 갈릴리를 떠나 요단 건너에 이르셨다고 했는데 지금 굉장히 먼 광야 길을 걸어서 움직이고 계신 것입니다. 이런 길을 네다섯 살 된 어린아이들을 데리고 따라 다니는 것은 힘든 일입니다. 배고프다고 칭얼대고 힘들다고 주저앉기도 할 것입니다.

그러나 예수님께 축복을 받겠다는 열망이 이들을 예수님께로 이끌었습니다. 그런데 제자들은 꾸짖었다고 했습니다. 지금 병자들을 위해 기도해 주시고 말씀을 전하시느라 식사할 시간도 없는데 왜 귀찮게 하느냐, 가라는 것입니다.

바로 앞 18장 1절에 제자들이 예수님께 나아와 "천국에서는 누가 크니이까"라고 물었습니다. 이때 예수님은 한 어린아이를 불러 세우시고 "이르시되 진실로 너희에게 이르노니 너희가 돌이켜 어린아이들과 같이 되지 아니하면 결단코 천국에 들어가지 못하리라 그러므로 누구든지 이 어린아이와 같이 자기를 낮추는 사람이 천국에서 큰 자니라"(3-4절)고 말씀하셨습니다. '돌이켜'라고 하십니다.

원어를 해석하면 '어린아이로 변화되지 아니하면'이라는 뜻입니다. 사람이 나이가 들었는데 어떻게 어린아이로 변화가 됩니까? 이것은 겉모습을 말하는 것이 아니라 속마음을 말씀하신 것입니다. 너희가 세상에서 살면서 여러 가지 세상의 지식이 들어가고 욕심이 들어가고 계산이 들어가고 죄가 들어가고 이러한 것들에서 돌이키라는 말씀이십니다. 어린아이는 순수합니다. 말한 것을 그대로 믿습니다. 교만하지 않습니다. "너희는 지금 살다보니 교만해지고 마음에 더러운 것들이 많이 들어 있다. 그것을 버리고 어린아이들의 마음과 같이 변화되지 아니하면 결단코 천국에 들어가지 못하리라"는 것입니다. '결단코'는 절대로 못 들어간다는 말씀입니다. 그런데 반대로 하면 천국에 들어가는 것이 너무 쉽습니다. 어린아이같이 변화되기만 하면 됩니다. 무엇이 변화되어야 합니까? 말씀 앞에서 어린아이와 같이 되라는 것입니다. 어린아이들의 믿음이 순수합니다. 하나님의 말씀을 듣고 그 말씀을 그저 믿습니다. 다른 복잡한 생각하지 않습니다.

예수님께 오병이어를 가지고 온 어린아이도 요한복음 6장에 보면 '파이디온'이란 단어입니다. 파이디온은 일곱 살이 안 된 어린아이입니다. 다섯 살인지 여섯 살인지 모릅니다. 이 어린아이는 예수님을 사랑하니 예수님이 시장하신 것만 생각했습니다.

'내가 이것을 예수님께 드리면 나는 굶어야 하는구나' 하고 복잡하게 생각하지 않았습니다. 그래서 아장아장 걸어와 예수님께 드린 것입니다. 우리 교회 어린아이들이 제게 선물을 하는데요, 딱지도 가져오고 초콜릿도 가져옵니다. 어머니 이야기를 들어보니 우리 아이가 제일 좋아하고 아끼는 딱지래요. 어린아이의 마음에 목사님을 사랑하니 자기가 세상에서 제일 아끼는 것을 주고 싶은 것입니다.

어른들은 그렇지 않아요. 갑자기 큰돈이 생겼습니다. 그러면 '이것을 십일조를 드려야지' 하고 떼어 놓았다가 다시 아까워 집어넣습니다. '그래도 십일조는 축복을 심는 것인데 하나님의 것이니 드려야지' 하고 봉투에 넣었다가 '다음에 드리면 되지. 어렵게 생긴 돈인데 하나님도 이해하시겠지' 하고 들어갔다 나왔다 하고 주일 아침에 또 들어갔다 나왔다 합니다. 이것저것 생각을 합니다.

그러다 보니 십일조를 드리지 않고 감사헌금으로 하고 무엇으로 하고 복잡한 생각을 합니다. 어린아이의 마음은 그렇지 않습니다. 복잡하게 생각하고 계산하지 않습니다. 예수님은 이런 어린아이의 마음이 되지 아니하면 결단코 천국에 들어가지 못한다고 하셨습니다.

예수님은 분명히 '결단코'라고 하셨는데 어른들은 이 결단코를 슬며시 없애 버립니다. 성경에 말씀하신 것을 들으며 어떤 것은 받고 어떤 것은 받지 않습니다. 조금 전에 예수님께서 이렇게 어린아이를 세우시고 말씀을 주셨는데 제자들은 벌써 이 사실을 잊어버렸습니다. 그래서 어린아이들이 오는 것을 귀찮아하며 꾸짖으며 쫓아내려 한 것입니다. 순수한 마음으로 나아오는 부모들까지 꾸짖었습니다. 마가복음에도 이 말씀이 나오는데 마가복음에서는 예수님께서 이 상황을 보며 분노하셨다고 했습니다. 제자들은 물론 예수님을 생각하여 그런 행동을 했을 것입니다.

어린아이들의 마음보다 예수님의 피곤함이 더 신경 쓰일 수도 있었습니다. 혹은 당시에 어린아이들을 사람 취급 하지 않는 문화에도 기인했을 것입니다. 사람 수를 셀 때에도 어린이는 수에 넣지 않았습니다. 우리나라에서도 수십 년 전만 해도 아이들은 언제나 어른 다음이었습니다. 식사를 해도 아버지가 식사 숟가락을 드셔야 식사를 할수 있었습니다.

아버지 밥그릇 앞에 놓인 생선에 손을 댔다가 두들겨 맞은 아이들도 있었습니다. 얼마 전에도 그랬는데 2천 년 전이니 어떠했겠습니까? 제자들은 어린아이들을 쉽게 생각한 것입니다. 그런데 예수님은 그런 시대에도 그렇게 하시지 않았습니다. 예수님은 사람의 가치를 영혼으로 보셨습니다. 어린아이가 천국의 주인이라 하신 것은 어린아이의 영혼이 순수하다는 말씀입니다.

대림절을 맞이하며 우리의 신앙생활이 어린아이의 마음으로 변화되기를 바랍니다. 며칠 전 함박눈이 왔을 때 교회 마당에 어린아이들이 모여 있었습니다. 아이들이 뛰어노는 모습이 너무 예뻐 "애들아, 사진 찍자" 그랬더니 모두 달려와 신이 나서 사진을 찍습니다. 제가 길 가는 사람들에게 사진 찍자고 하면 그렇게 좋아하겠습니까? 예수님께 기도받으러 온 어린아이들이 이런 순수한 모습이었을 것입니다.

어린아이는 배운 대로 합니다. 그래서 어린아이를 백지 상태라고 합니다. 백지 상태인 어린아이의 마음에 무엇을 그려 넣느냐에 따라 아이들의 모습이 달라집니다. 이것을 생각하면 우리가 교만할 것이 아니라 감사해야 합니다. 내가 잘나서 잘 사는 것이 아닙니다. 내가 북한 땅에 태어났다면 내가 아무리 잘나도 소용이 없는 것입니다.

하나님께서 지금까지 나를 이렇게 그려주신 것을 감사해야 합니다. 여러분, 우리가 마음대로 예수 믿을 수 있는 대한민국에 태어난 것을 감사해야 합니다. 이렇게 행복한 교회에서 매 주일 말씀을 들으며 신앙생활할 수 있는 것을 감사해야 합니다. 하나님은 우리가 이 세상에서 무엇을 했냐를 물으시지 않습니다. 어떻게 살았느냐 물으십니다. '내 명령을 지키며 살았느냐? 믿음으로 살았느냐? 네 영이 지금 깨끗하냐?' 하는 것을 물으십니다. 세상에서 보이는 것과 하나님께서 보시는 것은 다릅니다. 그래서 예수님께서도 어린아이들의 그 순수한 영혼을 보시고 이들을 안으시고 축복하고 안수해 주신 것입니다. 어린아이는 겸손합니다. 네다섯 살 먹은 아이들이 교만할 것이 무엇이 있습니까? 예수님께서 이리 오너라 하실 때에 주저 없이 달려가 안겼을 것입니다.

예수님은 우리에게 너희는 선생이 되려 하지 말라고 하셨습니다. 그런데 우리는 조금만 잘생겨도, 조금만 많이 가져도, 조금만 많이 배워도 그것을 자랑하려 합니다. 마태복음 5장에 예수님께서는 "심령이 가난한 자는 복이 있나니 천국이 그들의 것임이요"(마 5:3)라고 하셨습니다. 심령이 가난한 자가 천국에 들어가게 된다, 어린아이와 같아야 천국을 차지할 수 있다는 말씀이 놀랍게도 같은 말씀입니다.

심령이 가난한 자는 지금도 천국입니다. 그리고 이 세상을 떠날 때 천군천사의 나팔소리와 함께 우리 주님이 내 이름을 불러 주십니다. 그때에 우리는 영원한 하나님 나라에 들어가 살게 되는 것입니다. 성도 여러분, 우리는 대림절에 우리 마음을 돌이켜 보기를 원합니다. 내 마음에 묻어 있었던 때가 있으면 말씀으로 하얗게 씻기를 원합니다.

하나님의 말씀을 순수하게 받아들이는 마음이 되기를 원합니다.

우리의 마음이 어린아이의 마음과 같이 순수하면 예수님께서 어린 아이들을 기뻐하시며 안으신 것처럼 하나님의 말씀이 우리에게 임하시기를 기뻐하십니다. 그리고 그 말씀이 우리 인생을 안아 주십니다. 내가 갈 길을 주장해 주십니다.

내가 주장하면 우리는 실패합니다. 그러나 하나님의 말씀이 주장하는 인생은 실패가 없습니다. 잘못된 마음을 갖지 않도록 지켜 주십니다. 이 세상을 떠날 때에도 순수하게 주님 만나기를 기다리다가 주님 품에 안기게 되는 것입니다. 성도 여러분, 이 대림절에 여러분의 마음이 어린아이의 마음으로 주님 앞에 나왔는지 돌이켜 보십시다.

더러운 것이 묻어 있다면 회개의 기도를 하십시다. "하나님, 내 영혼을 어린아이의 마음같이 순수하게 변화시켜 주시옵소서"라고 기도하십시다. 그리고 우리 모두가 어린아이의 마음으로 천국을 차지하는 성도들이 되시기 바랍니다.

적 용

ⓐ 오늘 말씀의 주제 파악하기:

ⓑ 오늘 말씀 중 은혜받은 부분 나누기:

ⓒ 삶에 구체적으로 적용하기:

함께 드리는 기도제목

1. 어린아이와 같이 순수하고 겸손한 마음으로 우리를 변화시켜 주소서.
2. 예수님 오심을 기다리며 우리의 몸과 마음을 정결하게 하소서.
3. 하나님의 말씀이 주장하는 인생이 되게 하시고 그 말씀에 순종하게 하소서.

42

깨어 있으라

본 문: 마태복음 25장 1-13절(신 43쪽)
찬 송: 175장(신랑 되신 예수께서, 통 162장)
요 절: "그런즉 깨어 있으라 너희는 그날과 그때를 알지 못하느니라" (마 25:13)

대림절 주일을 보내고 있습니다. 우리 앞에 있는 양초가 하나씩 켜질 때마다 우리는 주님께서 가까이 오심을 기억하며 주님을 맞을 준비를 해야 합니다. 예수님께서 세상에 오심을 알린 구약의 마지막 선지자가 세례 요한입니다. 세례 요한은 예수님을 어떻게 알렸는가 하면 "회개하라 천국이 가까이 왔느니라"고 외쳤습니다. 이것은 초림 예수에 대한 소개입니다.

지금 또 이 시대에 세례 요한이 와서 외친다 하여도 같은 선포를 할 것입니다. 우리는 늘 예수님께서 오실 그날을 기다리며 살아가는 인생입니다. 예수님께서는 이 세상에 오셔서 많은 비유를 주셨습니다. 그 비유의 대부분이 천국에 대한 비유, 종말에 대한 비유입니다.

사람은 누구나 종말을 맞이하게 되는데 그날을 예비하며 살지 못하는 인생들에 대해 안타까워하시며 비유로 말씀을 주셨습니다. 깨달을 자는 깨달으라는 것입니다. 오늘 예수님의 비유도 종말의 날에 대한 비유입니다. 사람들은 오늘 있을 일을 염려하며 당장 급한 일을 준비하며 삽니다. 종말을 늘 준비하며 사는 사람이 그리 많지 않습니다. 종말의 그날은 도적같이 온다고 하셨습니다. 그날과 그 시는 하나님만이 아신다고 하셨습니다. 대림절은 종말의 그날이 언제일지 알지 못하지만 그날이 오늘 오는 것처럼 준비하며 훈련하는 절기입니다. 여러분은 종말을 준비하며 사십니까?

주일학교에서 전도사님의 설교를 들은 어린 딸이 집에 와서 엄마에게 이야기합니다. "엄마, 이 세상에서 우리는 천국을 준비하며 살아야 한대요." 그러자 엄마가 "참 기특하지, 내 딸" 하고 칭찬을 했습니다. 그러자 이 딸이 "엄마는 작년에 제주도 갈 준비도 하고 올해는 설악산 갈 준비는 하면서 왜 천국 갈 준비는 안 해?" 그랬다는 것입니다.

엄마가 이 말을 듣고 자신의 삶을 돌이켜 보게 되었다고 합니다. 여러분은 천국 갈 준비를 하며 사십니까? 종말을 기다리는 사람은 마음이 달라지고 언어가 달라지고 행동이 달라지게 됩니다. 예수님을 맞을 준비를 해야 하기 때문입니다.

내가 즐길 것 다 즐기고 내 뜻대로 살다가 이 세상을 떠날 때가 되면 그때 기도도 많이 하고 헌신도 하고 정결한 마음을 가지고 준비하겠다 생각하는 사람도 있을 것입니다. 하나님은 그런 사람에게 절대로 속지 않으십니다. 그래서 추수를 거두어 놓고 "내 영혼아, 평안하라"고 외쳤던 어느 부자의 비유도 말씀해 주셨고 맷돌을 갈던 두 여인의 비유도 해주셨고 달란트의 비유, 양과 염소의 비유, 주인의 종을 잡아 죽인 악한 농부들의 비유, 가라지 비유, 무화과나무 비유 등 많은 비유를 말씀해 주셨습니다. 예수님의 말씀 중 실로 많은 부분을 차지하고 있는 것이 종말과 천국에 대한 비유입니다. 그만큼 우리에게 천국이 중요하기 때문입니다.

오늘 예수님께서 이야기해 주신 말씀의 배경은 24장에 제자들이 천국이 언제 임하느냐, 어떤 징조가 있느냐 질문을 할 때 예수님께서는 그날의 징조와 함께 여러 가지 비유의 말씀을 해주셨습니다. 그 비유 중의 하나가 오늘 말씀입니다. 오늘 예수님의 비유를 보면 열 명의 처녀들이 신랑을 기다리고 있습니다.

이 처녀들은 들러리입니다. 즉 신부의 친구들이 함께 혼인 잔치에 참여하기 위해 기다리고 있는 것입니다. 예수님의 비유에서 혼인 잔치가 암시하는 것은 천국 잔치입니다. 그런데 신랑이 언제 올지 아무도 모릅니다. 오늘날처럼 몇 월, 몇 시, 무슨 예식장 이렇게 청첩장을 보내던 시대도 아닙니다.

요즘은 휴대폰이 있어서 '아, 지금 신랑이 어디쯤 오고 있다' 하고 알려줄 수 있지만 당시는 그런 것도 없었습니다. 오늘 온다 하니 그저 기다리고 있는 것입니다. 그런데 밤이 되었습니다. 유대인들은 대개 밤중에 결혼식을 합니다. 낮에 결혼식을 하면 중동의 그 뜨거운 열기를 이기며 사람들은 혼인집에 가야 합니다. 쉬운 일이 아닙니다.

그래서 밤중에 결혼식을 하기에 신부의 들러리들이 등불을 준비하고 있었던 것입니다. 신랑은 친구들과 함께 신부의 집을 향하여 옵니다. 그러니 그 시간이 언제일지 몰라 저녁부터 등불을 켜고 기다리고 있는 것입니다. 예수님의 이 비유는 예수 그리스도께서 재림하시는 종말의 그날을 기다리는 성도들의 모습을 설명하고 있는 것입니다.

그런데 그 다섯은 미련하고 다섯은 슬기 있는 자라고 했습니다.

세상에서는 좀 미련해도 살 수 있습니다. 그런데 예수님께서 말씀하신 미련하다는 뜻은 치명적인 문제를 가지고 있습니다. 영적으로 미련하면 영적 분별력이 없습니다. 어떤 것을 하나님께서 기뻐하시는지, 어떤 것을 미워하시는지 알지 못합니다.

지금 종말의 날이 내 앞에 다가왔는데도 깨닫지 못하고 준비를 하지 않습니다. 지금 열 명의 처녀가 다 등불을 들고 신랑을 기다리고 있습니다. 신자라는 말입니다. 모두가 교회에 출석을 하고 헌금도 드리고 봉사도 합니다. 직분도 받았습니다. 이것을 예수님은 등불을 들고 있다는 것으로 표현을 하셨습니다. 그런데 슬기로운 다섯은 기름을 준비했는데 미련한 다섯은 기름을 준비하지 않았습니다. 오늘 “신랑이 더디 오므로 다 졸며 잘새”라고 했습니다. 열 명의 처녀가 다 잠이 들었습니다.

예수님께서 겟세마네 동산에서 최후의 기도를 드릴 때에 제자들이 다 졸며 잠이 들었습니다. 우리는 신앙생활을 하며 깨어 있으려고 애쓰지만 다 잠이 듭니다. 나는 한 번도 영적으로 졸지 않았다고 생각한다면 스스로 속고 있는 것입니다. 부목사님 중에 예배 중에 잘 조는 분이 있었습니다. 그래서 제가 졸지 말라고 그랬더니 자기는 절대로 안 졸았다는 것입니다. 고개가 땅까지 떨어져 졸았는데도 본인은 졸지 않았다는 것입니다.

사실은 본인이 모르는 것입니다. 우리가 잠을 잘 때에도 한잠도 못 잤다는 분들이 있는데 잠깐씩 잠이 듭니다. 요즘 전자시계에는 잠든 시간들이 다 표시가 됩니다. 한 십 분 잠깐 눈을 붙였는데 잠이 들지 않습니다. 그런데 일어나 시계를 보면 잠시 잠이 들었던 것을 알 수 있습니다. 우리가 영적으로 잠이 들지 않도록 늘 깨어 있으면 좋겠습니다만은 육신의 연약함으로 인해 우리는 시험에 들기도 합니다.

아브라함도, 다윗도, 모세도 다 잠시 시험에 든 적이 있습니다. 예수님은 이러한 우리의 모습을 잘 아시기에 시험에 들지 않게 깨어 기도하라고 하셨습니다. '일어나라, 찬물로 세수하라'는 것이 아니라 기도하라고 하셨습니다. 기도는 내 힘으로 하겠다는 것이 아닙니다. 하나님의 도우심을 구하는 것이 기도입니다. 그러므로 "시험에 들지 않도록 도와주세요" 하고 기도하라는 것입니다. 오늘 성경에 신부들이 잠이 들었는데 깨우는 소리가 있었습니다.

신랑이 왔다는 소리가 울려 퍼졌습니다. 아마 집 앞에서 함께 기다리던 종이 이들을 깨웠을 것입니다. 목사는 여러분이 영적으로 깊은 잠에 들지 않도록 깨우는 주님의 종입니다. 그래서 지금도 시험에 들지 말라고 하나님의 말씀을 전하는 것입니다. 우리는 말씀을 들으며 깨어 내 영혼의 등불이 꺼져 가고 있지는 않은지, 예비된 기름은 있는지를 살펴보아야 합니다.

열 처녀가 깨어보니 어리석은 다섯 처녀의 등불은 꺼져 가고 있었습니다. 심지에 기름이 공급되지 않으니 심지가 타고 냄새가 나는 것입니다. 이것은 예수님을 맞이해야 하는 결정적인 순간에 내 안에 성령의 기름이 고갈되어 버린 것을 의미합니다. 지금 믿음이 없는 것입니다. 이들이 처음부터 기름이 없었던 것은 아닙니다. 처음에는 예수님을 잘 믿었습니다. 그런데 세월이 흐르며 차츰 믿음이 식어 갔습니다. 이 어리석은 다섯 처녀는 지금 자신들의 등불에 기름이 다 떨어져 가는 것을 모르고 있었다는 데에 심각한 문제가 있습니다. 어제도 어느 성도님들과 대화하며 이런 이야기를 했습니다. 코로나 팬데믹으로 인해 전 세계가 어려움을 겪고 있고 한국 교회는 큰 위기를 맞고 있습니다. 저는 이것을 한국 교회에 대한 경고라고 보았습니다.

지금 한국 교회의 현실을 보면 많은 교회들이 예수님의 재림을 기다리는 모습이 없습니다. 엉뚱한 것을 쫓아다닙니다. 교회마다 분쟁이 일어납니다. 경제도 어렵고 교인들이 줄고 교회 재정이 어려워지니까 선교비를 줄여 교회를 유지할 생각이나 하고 있습니다. 선교비를 줄이면 그다음에 문제가 해결이 됩니까? 지금은 한국 교회가 회개해야 할 때인 것입니다. 첫사랑을 회복해야 할 때입니다.

그리고 말씀 중심으로 돌아갈 때인 것입니다. 그러면 하나님께서 길을 열어 주십니다. 신랑이 더디 왔는데 왜 더디 왔다고 예수님은 말씀하셨을까요? 알곡과 가라지를 구별하시기 위해서입니다. 기름을 준비한 자와 준비하지 못한 자를 구별하시기 위해서입니다. 늦게 오시니 가짜 신앙이 다 드러나게 된 것입니다. 진짜 믿음은 마지막에 어려운 때에 다 드러나게 되는 것입니다. 이들은 기름을 준비하지 못했습니다.

그래서 이들은 슬기로운 다섯 처녀에게 기름을 나누어 달라고 합니다. 보통 같은 동네 친구들 같으면 당연히 기름을 나누어 주지 않겠습니까? 나누어 주지 않는 사람들이 오히려 야박한 사람들입니다. 그런데 예수님의 비유에서 이들은 단호하게 거절합니다. 예수님께서 이렇게 말씀하신 것은 도덕적 교훈을 주시려 이 비유를 주신 것이 아니기 때문입니다.

내 신앙의 기름은 절대로 남에게 빌려줄 수 있는 것이 아니라는 의미입니다. 어떤 분이 저에게 나는 우리 부모님이 예수 잘 믿고 내 아내도 예수 잘 믿으니 천국에 갈 때 그들 바짓가랑이를 잡고 치마를 잡고 가면 된다고 하는 말을 했습니다. 천국은 남의 믿음으로 가는 것이 아닙니다. 구원은 각자의 것입니다. 구원은 냉정한 것입니다. 오늘 예수님의 비유를 보면 과거의 믿음을 가지고 가는 것도 아닙니다.

지금 내 등불이 불타오르고 있어야 합니다. 그래야 신랑 되신 예수님을 맞이할 수 있는 것입니다. 어리석은 다섯 처녀가 기름을 사러 간 사이에 신랑이 옵니다. 슬기로운 다섯 처녀는 신랑과 함께 혼인잔치에 들어가고 문은 닫혔습니다. 11-12절에 보면 "그 후에 남은 처녀들이 와서 이르되 주여 주여 우리에게 열어 주소서 대답하여 이르되 진실로 너희에게 이르노니 내가 너희를 알지 못하노라 하였느니라"고 했습니다. 예수님의 비유가 일반적인 상황과는 맞지 않습니다. 들러리들이 늦었다고 잔치 집에서 문을 안 열어 줍니까?

예수님께서 이러한 상황을 모르신 것이 아닙니다. 예수님께서 뭐라고 대답했다고 하셨습니까? "진실로 너희에게 이르노니 내가 너희를 알지 못하노라." '진실로'라고 하셨습니다. 분명히 이렇게 한다는 뜻입니다. '내가 너희를 알지 못하노라'고 한다고 했습니다.

마태복음 7장에서도 예수님은 "나더러 주여 주여 하는 자마다 다 천국에 들어갈 것이 아니요 다만 하늘에 계신 내 아버지의 뜻대로 행하는 자라야 들어가리라 그날에 많은 사람이 나더러 이르되 주여 주여 우리가 주의 이름으로 선지자 노릇 하며 주의 이름으로 귀신을 쫓아내며 주의 이름으로 많은 권능을 행하지 아니하였나이까 하리니 그때에 내가 그들에게 밝히 말하되 내가 너희를 도무지 알지 못하니 불법을 행하는 자들아 내게서 떠나가라 하리라"(마 7:21-23) 하셨습니다.

내가 너희를 도무지 알지 못한다고 하셨습니다. 우리도 그날에 예수님께서 내가 너를 알지 못한다고 말씀하시면 큰일입니다. 가장 비참한 신세가 되고 마는 것입니다. 그러므로 우리는 예수님의 말씀을 기억하며 깨어 있는 자들이 되시기 바랍니다. 마귀는 여러분이 영적으로 잠들도록 유혹합니다. 그 유혹이 집요합니다. 여러분의 각자의 약함을 공격합니다. 그래서 영혼이 잠들게 하는 것입니다. 성도 여러분, 깨어 있어야 합니다. 깨어 있다는 말은 하나님의 말씀을 듣고 기도하는 생활을 말합니다.

하나님의 말씀을 들으면 그 말씀이 나를 살립니다. 하나님의 말씀 외에 여러분을 살릴 것은 이 세상에 아무것도 없습니다. 말씀을 듣고 이 말씀이 여러분 마음에 임할 때에 믿음을 주시고 그 믿음으로 영혼이 살아나는 것입니다. 그 믿음이 우리를 구원에 이르게 하는 것입니다.

신랑이 더디 왔다고 했습니다. 그러나 신랑은 반드시 옵니다. 믿음은 기다림입니다. 내 눈에 보이지 않아도 믿고 기다리는 것이 믿음입니다. 지금 우리는 대림절 두 번째 주일을 지나고 있습니다.

오늘의 말씀을 통하여 내가 깨어 있는지, 내 영혼의 기름이 풍성하고 가득한지 스스로를 돌이켜 보는 주일이 되기를 원합니다. 오늘 주님을 맞이하더라도 기쁨으로 "주님, 어서 오시옵소서" 하고 맞이하는 성도들이 되시기를 바랍니다.

적 용

ⓐ 오늘 말씀의 주제 파악하기:

ⓑ 오늘 말씀 중 은혜받은 부분 나누기:

ⓒ 삶에 구체적으로 적용하기:

함께 드리는 기도제목

1. 우리의 영혼을 깨워주시고 언제나 주님을 맞을 준비된 마음으로 살게 하소서.
2. 우리의 믿음이 흔들리지 않고 성령의 기름으로 늘 충만케 하소서.
3. 세상의 유혹과 시험을 이겨내고 주님 다시 오심을 간절히 소망하게 하소서.

43

하나님께 영광을

- **본 문:** 마태복음 5장 13-16절(신 6쪽)
- **찬 송:** 91장(슬픈 마음 있는 사람, 통 91장)
- **요 절:** "너희는 세상의 소금이니 소금이 만일 그 맛을 잃으면 무엇으로 짜게 하리요 후에는 아무 쓸 데 없어 다만 밖에 버려져 사람에게 밟힐 뿐이니라"(마 5:13)

예수님께서 본격적으로 공생애를 시작하시며 선포하신 첫 말씀이 마태복음 4장의 "회개하라 천국이 가까이 왔느니라" 하신 선포였습니다. 그리고 5장에 산상수훈을 시작하시며 팔복을 말씀하셨습니다. 그다음에 이어 주신 말씀이 너희는 세상의 소금이요 빛이라는 말씀입니다. 산상수훈은 천국에 대한 말씀인데 이어서 세상에 대한 말씀을 주셨습니다.

가장 중요한 것을 먼저 말씀하신 것입니다. 우리에게는 천국이 가장 중요합니다. 이 세상의 모든 권력과 물질과 명예를 다 얻어도 천국을 얻지 못하면 그것은 비참한 결말에 이르고 맙니다. 우리가 지금 대림절 기간을 지나고 있는데 대림절이 의미하는 것이 바로 천국을 준비하는 삶입니다.

그런데 예수님은 천국만 말씀하신 것이 아니라 우리에게 이 세상도 말씀하십니다. 천국과 이 세상은 서로 분리된 것이 아니라는 말씀입니다. 우리는 이 세상에서도 천국을 준비하는 자의 삶을 살아야 하고 천국을 누리며 살아야 합니다. 그 천국을 준비하는 우리의 자세로 첫 번째 말씀하신 것이 '너희는 세상의 소금이요 빛이다' 하는 말씀입니다.

첫째, "너희는 세상의 소금이니"라고 하셨습니다. 소금은 팔레스타인에서 아주 흔한 것입니다. 지천에 널려 있는 것이 소금입니다. 가치가 있는 것이 아닙니다. 그런데 왜 우리를 소금이라고 하셨을까요? 이왕이면 "너희는 세상의 다이아몬드다, 사파이어다"라고 하시면 좋을 텐데 흔한 소금이라고 하셨습니다. 이것은 진정한 가치를 말하는 것입니다.

사람들은 흔한 것이 얼마나 소중한 것인지 잘 모르고 살아갑니다. 산에 나무가 흔하고 바다에 물이 흔합니다. 공기 중 산소가 얼마나 흔합니까? 공기가 금처럼 희귀하다면 사람들은 살 수가 없습니다. 공기가 모여 있는 곳에 바글바글 모여 살 것입니다. 하나님께서는 이 세상을 창조하실 때 우리에게 정말 필요한 것을 많이 마련해 주셨습니다.

그래서 우리는 그 고마움을 모르고 살아갑니다. 가정에서 남편이, 아내가 얼마나 소중합니까? 건강하고 사고 없이 잘 있을 때는 잘 모릅니다. 얼마 전 아내가 아팠을 때에 병원에 수술하러 들어가면서, 휴대폰 요금은 어디로 나가고, 관리비는 어떻게 하고, 쓰레기봉투는 어디서 사고, 이자는 어디로 얼마가 나가는지 이런 것을 몇 페이지에 적어서 저에게 주었습니다. 그런데 정작 내가 아는 것이 하나도 없는 것입니다. 먹는 거야 인터넷에서 주문하면 되는데 그밖에 하는 일이 많아 하루하루 살아가는 것이 너무 힘들었습니다. 병원에 입원해 있는 동안 병원에 왔다 갔다 하는 것도 힘이 들었습니다. 목회하는 일을 쉴 수는 없잖아요. 아내가 돌아오고 나니 그렇게 고마울 수가 없었습니다. 걷는 것만 보아도 감사합니다.

여러분, 평소에 잘하십시오. 평소에 감사할 줄을 알아야 합니다. 분쟁이 있는 교회에 다니다가 이사 와서 우리 교회에 등록한 성도들이 많습니다. 이분들을 만나 대화해보면 "목사님, 하루하루 너무 감사해요, 교회만 오면 감사해서 눈물이 나요" 하고 이야기들을 하십니다.

우리 교회는 평소에 평안한데 그렇지 못한 교회에서 매일같이 교회만 가면 영적으로 힘들게 하는 사람들 때문에 고통을 겪다가 우리 교회 오니 천국과 같은 것입니다. 어떤 분은 "카페가 있어서 너무 감사해요. 식당이 너무 감사해요"라고 감사한 것을 말합니다. 그렇지 못한 곳에 있었기 때문에 감사한 것입니다. 감사할 것이 너무 많습니다. 그러니 천국이 되는 것입니다. 감사할 것을 깨달아야 합니다.

소금은 흔한 것이지만 우리 옆에서 아주 중요한 역할을 합니다. 음식을 만들 때 반드시 소금이 있어야 합니다. 국을 먹어도 소금이 없으면 맛이 없습니다. 또 소금은 부패를 방지합니다. 옛날에 내륙에 사는 사람들은 생선을 먹을 방법이 없습니다.

그런데 생선에 소금을 뿌려 저장하면 냉장고가 없던 시절에도 생선을 먹을 수가 있습니다. 참 신기한 것입니다. 소금 좀 뿌려 놓았다고 생선이 썩지 않으니 기가 막힌 것입니다. 세균 방지, 잡초 제거,

겨울철에 얼지 않도록 하는 등 여러 가지를 위해 테니스장에도 소금을 뿌립니다.

배추도 그냥 물에 씻어 놓으면 며칠을 가지 못합니다. 시커멓게 썩어 버립니다. 그런데 소금을 넣는 순간 오랜 기간을 맛있게 먹을 수 있습니다. 다큐멘터리를 보니 김치를 몇 년 동안 깊은 강물에 넣었다가 꺼내 묵은지 요리를 만드는데 굉장히 맛있다고 합니다. 다 소금이 하는 일입니다.

소금은 숙성시키는 역할도 하지만 해로운 세균을 죽이는 일도 합니다. 참 신비한 물질입니다. 어떻게 하나님께서 이런 신비한 선물을 주셨을까요. 그래서 세상에 좋은 금이 세 가지가 있는데 뭐라고 하지요? 황금, 소금, 지금이라고 합니다. 그런데 요즘은 더 좋은 금이 나왔답니다. 현금이래요.

우리 권사님들이 그러는데 입금이 더 좋답니다. 예수님께서 "너희는 세상의 소금이니" 라고 하셨을 때 이런 소금의 가치를 말한 것은 아닙니다. 너희가 소금이 얼마나 중요한지 잘 알고 있지 않느냐, 그러니 너희가 세상의 소금이 되라는 말씀입니다.

맛이 없는 세상에 너희가 맛이 되어라, 부패한 세상에 너희가 부패를 방지하는 소금이 되어라, 세상을 병들게 하는 악한 세균과 같은 자들을 꼼짝 못하게 하는 소금이 되어라 하는 말씀입니다. 성도 여러분, 여러분이 있는 곳마다 사람들이 행복해지는 소금 같은 사람들이 되시기 바랍니다.

여러분이 있는 곳마다 부패한 세상이 깨끗해지는 소금과 같은 사람들이 되시기 바랍니다. 더러운 세균을 꼼짝 못하게 하는 하나님의 공의로 살아가는 능력 있는 사람들이 되시기 바랍니다. 예수님께서는 "소금이 만일 그 맛을 잃으면 무엇으로 짜게 하리요 후에는 아무 쓸 데 없어 다만 밖에 버려져 사람에게 밟힐 뿐이니라"고 하셨습니다.

소금이 어떻게 그 맛을 잃을 수 있습니까? 우리는 소금이라고 하면 바닷가에서 만들어 온 소금만을 생각하는데 실제로 캐는 소금이 더 많습니다. 유대 나라에는 캐는 소금도 있었고 사해에는 소금물이 있었습니다. 캐는 소금을 물에 희석하여 두면 불순물이 있는 경우 산화하여 비릿하고 이상한 맛이 되어 버리고 맙니다.

그러면 소금이지만 소금의 역할을 하지 못하기에 길가에 버려지고 사람들에게 밟히는 것입니다. 예수님께서는 이러한 사실을 잘 알고 계시기에 예를 들어 설명을 주신 것입니다. 예수님은 지금 소금 이야기를 하고 있는 것이 아닙니다. 하나님의 자녀들이 그 맛을 잃으면 이렇게 된다는 것을 말씀하고 있는 것입니다.

마가복음 9장 50절에서도 지옥에는 사람마다 불로서 소금 치듯 한다고 하시며 "소금은 좋은 것이로되 만일 소금이 그 맛을 잃으면 무엇으로 이를 짜게 하리요 너희 속에 소금을 두고 서로 화목하라 하시니라"고 말씀하셨습니다. 성도들이 소금의 맛을 잃으면 화목을 잃어버립니다. 천국을 깨트리는 것입니다.

소금이 소금의 역할을 하려면 반드시 자신이 녹아져야 합니다. 녹지 않으면 소금 덩어리 그대로 있습니다. 예수님께서는 "한 알의 밀이 땅에 떨어져 죽지 아니하면 한 알 그대로 있고 죽으면 많은 열매를 맺느니라"(요 12:24) 하셨습니다. 같은 의미입니다. 소금이 소금의 역할을 하려면 내가 녹아져 희생해야 합니다. 즉 나의 주장, 나의 욕망, 나의 것을 버리고 희생할 때 소금의 역사가 일어납니다. 예수님께서 자기 십자가를 지고 나를 따르라 하셨는데 십자가가 그것입니다. 십자가가 의미하는 것은 내가 죽는 것입니다. 그런데 사람들은 죽지 않으려고 합니다. 가정에서 어머니가 죽으면, 아버지가 죽으면 가정이 삽니다. 그런데 누구 하나 죽지 않으려 하면 그 가정은 엉망이 되고 맙니다. 교회도 그렇습니다. 소금이 주는 의미는 내가 죽어야 한다는 것입니다. 그러면 모두가 함께 삽니다. 그러나 내가 죽지 않으려 하면 모두가 함께 고통을 겪게 되는 것입니다. 소금의 삶은 화려하지 않습니다. 묵묵히 녹아 없어지는 것입니다. 그러나 모두를 살게 하고 행복하게 하는 데 중요한 역할을 합니다. 우리 도림교회 성도들은 모두 소금 같은 삶을 살기를 원합니다. 이것이 우리 주님이 세상에서 이렇게 살라고 명령하신 삶입니다.

둘째, "너희는 세상의 빛이라"고 말씀하셨습니다. 빛은 세상을 밝히는 역할을 합니다. 태양은 지구에게 빛을 줍니다. 그리고 밤에는 달에 빛을 줍니다. 태양 빛은 식물의 광합성 작용을 돕고 식물은 태양 빛을 통하여 성장합니다. 그리고 산소를 배출합니다. 과일을 익게 합니다. 차가운 대기를 따뜻하게 합니다.

태양 빛은 우리 인간의 몸에도 굉장한 역할을 합니다. 면역력을 강화시키고 비타민을 생성시킵니다. 병원에서 의사 선생님이 저에게 태양 빛을 많이 쬐라고 하더라고요. 태양 빛은 우리 몸에 멜라토닌을 억제하고 세로토닌을 분비하게 합니다. 세로토닌은 우리를 행복하게 하고 스트레스를 줄입니다.

그리고 태양 빛이 사라지면 억제되었던 멜라토닌이 분비가 됩니다. 멜라토닌을 잘 아시죠? 여러분이 수면을 위해 드시는 약이지요. 그래서 깊은 잠에 들게 합니다. 우리는 아침에 일어나면 태양이 떠오르니 빛을 너무 당연하게 생각합니다. 소금도 그렇지만 늘 풍성하고 너무 당연하게 여기니 감사하지를 못하는 것입니다.

예수님은 우리를 세상의 빛이라 하시며 태양 빛이 아닌 등잔 빛을 말씀하셨습니다. 그렇습니다. 우리는 우리가 있는 곳에 어둠을 밝히는 등불과 같은 빛입니다. 등불의 크기만큼 우리가 있는 주변이 밝아집니다. 이 등불을 말 아래 두지 않고 등경 위에 둔다고 하셨습니다. 말은 등불을 덮는 데 쓰는 그릇과 같은 것입니다. 등불을 등경의 높은 곳에 두어야 집 안 모든 사람에게 비춥니다. 이같이 너희 빛을 비추게 하라고 하셨습니다. 등불도 소금과 같이 자기 자신을 태워야 빛의 사명을 감당할 수 있습니다. 예수님은 빛으로 이 세상에 오셨습니다. 예수님이 오심으로 죄악이 물러가고 세상이 희망을 갖게 되었습니다. 우리도 그렇습니다. 우리가 있는 곳마다 죄악을 물리치는 사명이 있습니다.

어둠에 있는 사람들, 소망을 잃어버린 사람들에게 천국의 소망을 주어야 합니다. 우리를 통해 이같이 빛이 비추게 되면 "그들로 너희 착한 행실을 보고 하늘에 계신 너희 아버지께 영광을 돌리게 하라" 하셨습니다. 여기서 착한 행실은 세상 사람들이 말하는 사람 좋은 것을 말하는 것이 아닙니다. 성경에 착하다는 표현은 하나님의 말씀대로 사는 것을 말합니다.

모두가 하나님의 말씀대로 살면 세상이 이렇게 될 수가 없습니다. 우리가 사는 이 세상도 천국이 될 것입니다. 예수님께서도 세상은 어둡다고 하셨습니다. 그래서 너희가 빛으로 어둠을 밝히라는 것입니다. 그러면 세상 사람들이 믿음의 사람들을 인정하게 될 것입니다. 예수님께서 이같이 살아라 하신 결론은 하나님께 영광입니다.

우리가 어려운 이웃을 도와도 "내가 마음이 좋아서 한 것이 아니라 하나님께서 기뻐하시기 때문입니다"라고 우리는 고백해야 합니다. 시상식에서 많은 연예인들이 "하나님께 영광을 돌립니다"라고 말합니다. 이 말을 통해 공격을 받을지라도 담대하게 고백하는 것을 보면 그 교회 목사님은 참 기쁘겠다 하는 생각이 듭니다.

우리 도림교회 성도들은 무슨 좋은 일이 있을 때 "하나님께 감사와 영광을 돌립니다"라고 고백하기를 바랍니다. 우리 교회는 다음 주에 새가족 환영회를 합니다. 올해에도 하나님께서 새가족을 많이 보내주시고 영혼 구원의 사명을 감당하게 하셨습니다. 이 모든 일을 하나님께 영광 돌리십시다.

모두들 어려운 한 해를 지났는데 올해 마지막까지 이렇게 하나님을 예배할 수 있는 것도 하나님의 자비와 긍휼임을 믿고 하나님께 감사와 영광을 돌립시다. 예수님께서는 "너희가 열매를 많이 맺으면 내 아버지께서 영광을 받으실 것이요 너희는 내 제자가 되리라"(요 15:8)고 말씀하셨습니다.

한 해가 저물어 가고 있습니다. 우리 모두 주님 앞에 감사와 충성으로 많은 열매를 맺어 하나님께 영광을 돌리고 주님께 내 제자다 인정받는 성도들이 되시기를 바랍니다.

적 용

ⓐ 오늘 말씀의 주제 파악하기:

ⓑ 오늘 말씀 중 은혜받은 부분 나누기:

ⓒ 삶에 구체적으로 적용하기:

함께 드리는 기도제목

1. 희생과 섬김으로 세상을 살리는 빛과 소금이 되게 하소서.
2. 내 삶의 자리에서 화목을 이루는 자가 되게 하소서.
3. 하나님께서 보내주신 새 가족을 잘 섬기고 계속해서 영혼 구원의 사명을 감당케 하소서.

44

성탄을 기다리는 사람들

본 문: 마태복음 2장 7-12절(신 2쪽)
찬 송: 122장(참 반가운 성도여, 통 122장)
요 절: "집에 들어가 아기와 그의 어머니 마리아가 함께 있는 것을 보고 엎드려 아기께 경배하고 보배합을 열어 황금과 유향과 몰약을 예물로 드리니라"(마 2:11)

우리는 모두 기다리는 인생을 살아갑니다. 어머니는 뱃속의 아기가 태어날 날을 기다리고, 학생들은 시험을 기다립니다. 회사원들은 월급날을 기다리고, 사형수는 사형당할 날을 기다립니다. 이 기다림들이 같을 수는 없습니다. 행복한 기다림도 있고 불안과 두려운 기다림도 있습니다. 성경에는 기다림에 대한 많은 말씀들이 있습니다. 우리는 대림절 마지막 주일을 지나며 성탄을 기다립니다. '매년 다가오는 성탄이 또 찾아왔구나' 하는 사람도 있을 것이고 '또 성탄을 맞이했으니 우리 주님 만날 날이 그만큼 가까이 왔구나' 하는 사람도 있을 것입니다.

예수님이 오신 이 땅의 성탄은 하나님을 알지 못하는 사람들에게는 진짜 성탄을 맞이할 준비를 하라는 기회요 믿음의 사람들에게는 신랑 되신 예수께서 다시 오실 그날을 기다리는 장엄한 시간입니다. 2천 년 전 예수님께서 이 땅에 오실 때에도 많은 사람들이 예수님의 오심에 관심이 없었습니다. 각자 자기의 일에 관심이 있었기 때문입니다.

안나와 같은 선지자, 시므온과 같이 경건한 사람들만이 예수님의 오심을 기다렸습니다. 여러분은 예수님의 다시 오심을 기다리고 있습니까? 오늘도 예수님의 다시 오심을 기다리는 사람들은 경건한 사람들입니다. 오늘 성경에 예수님의 오심을 기다리는 두 종류의 사람들이 나옵니다.

첫째는 헤롯 대왕입니다. 헤롯은 이두메 출신의 에돔 사람으로 권력에 대한 집착이 굉장했던 사람입니다. 로마로부터 유대 왕으로 인정받은 후 그는 유대인들의 환심을 사기 위해 유대의 명문 가문과 결혼을 합니다. 유대인들의 환심을 사기 위해 예루살렘 성전을 건축하기도 합니다. 성전을 건축할 때에도 성소에는 제사장들이 직접 건축하게 하는 세심함도 있었고 솔로몬 성전의 두 배가 넘는 대규모 성전을 지었습니다. 얼마나 권력에 대한 집착이 강했는지 아내와 처남과 두 아들까지 자기의 왕권을 위협하는 것으로 생각하여 죽인 사람입니다. 동방박사들이 유대인의 왕으로 태어난 아기가 누구인지 알려주지 않고 떠나자 베들레헴 지경의 두 살 이하 아기를 모두 죽일 정도로 잔인한 사람이었습니다.

헤롯은 동방박사들이 별을 보고 찾아와 유대인의 왕으로 나신 이가 어디 계시냐고 할 때에 자신의 왕위를 빼앗길 것을 두려워했습니다.

오늘 말씀 바로 앞에 헤롯은 "모든 대제사장과 백성의 서기관들을 모아 그리스도가 어디서 나겠느냐"라고 묻습니다. 동방박사들은 유대인의 왕으로 나신 이라고 물었는데 헤롯은 분명히 그리스도가 어디서 나겠느냐고 묻습니다. 이 질문이 의미하는 것은 헤롯은 유대인들이 메시아를 기다리고 있는 사실과 그가 그리스도인 것을 분명히 알고 있었다는 것입니다. 그리스도가 나타나면 이스라엘 백성들은 폭동을 일으킬 것입니다.

서기관과 대제사장의 대답을 보면 이들도 베들레헴에서 구주가 나실 것이라고 대답을 합니다. 이들도 메시아가 오실 것을 다 알고 있었습니다. 알고 있는 것과 기다리는 것은 다릅니다. 이들은 사실 메시아를 기다리지 않았습니다. 지금 이들은 헤롯대왕의 통치 아래 자신들의 기득권을 누리고 있던 사람들입니다. 진심으로 메시아를 기다렸다면 당장 동방박사들을 따라나섰을 것입니다.

오늘도 많은 사람들이 크리스마스를 알고 있습니다. 그러나 그리스도를 진심으로 기다리는 사람들은 많지 않습니다. 하나님의 나라보다 오늘의 삶이 더 중요할 뿐입니다. 헤롯은 동방박사들에게 "가서 아기에 대하여 자세히 알아보고 찾거든 내게 고하여 나도 가서 그에게 경배하게 하라"고 합니다. 이것은 거짓말입니다.

겉으로는 나도 경배하겠다는 경건을 가장한 거짓말입니다. 헤롯은 그리스도가 태어나면 죽이겠다는 것입니다. 그리스도가 태어나면 자신의 시대는 끝이 나기 때문입니다. 그러므로 그는 그리스도를 기다리지 않았던 사람입니다.

둘째, 동방박사들입니다. 이들은 페르시아 사람들입니다. 박사를 헬라어 성경에 보니 '마고스'(μάγος)라고 되어 있는데 좋게 말하면 천문학 박사로 볼 수 있으나 일반적으로는 점성술사들입니다. 역사가 헤로도토스에 의하면 마고스는 조로아스터교의 사제로 신성한

계급이었다고 기록하고 있습니다. 별을 보고 세상에 어떠한 영향을 미치는지 연구하던 사람들입니다. 사실 오늘날의 천문학자들과는 다른 미신적입니다. 마고스에서 '매직'(magic), 즉 마술이란 단어가 나왔습니다. 그런데 이들이 별을 연구하다가 이상한 별을 보고 이것은 왕이 탄생한다는 의미로 해석하고 별을 따라 예루살렘까지 온 것입니다.

사실 별이 움직이는 것이 아닙니다. 그런데 이들은 별을 따라왔습니다. 이 장면에서 우리는 하나님께서 왜 유대 나라의 수많은 믿음의 사람들을 제외하고 이방 나라, 그것도 별을 섬기고 연구하는 점성술사들을 통하여 예수님의 탄생 소식을 알려 주셨을까 궁금하게 됩니다.

여러분, 궁금하시죠? 저도 궁금합니다. 어떤 학자들은 이들은 이스라엘 백성들이 페르시아에 유배되었을 때 하나님을 만나게 된 사람들이라고 해석을 하는데 정확하지 않습니다. 우리는 하나님의 뜻을 알 수가 없습니다. 다만 분명히 믿는 것은 이들에게 신기한 별이 나타나 이들을 이끌었다는 것입니다. 그동안 움직이던 별이 한 곳에 서지 않았는데 이 별이 베들레헴에 머물러 섰습니다.

이것이 신비입니다. 동방박사들은 별을 보고 두 달이 넘는 기간 동안 4천 리 가까운 거리를 낙타를 타고 따라왔습니다. 보통 집념이 아닙니다. 이들은 이 땅에 태어나는 위대한 왕의 징조를 보고 포기하지 않고 찾아온 것입니다.

이 장면을 보면서 이스라엘 백성들은 이 별을 보지 못했을까요? 보았을 것입니다. '아, 별이 참 신기하다. 굉장히 크고 밝은 별이네' 하고 넘겨 버렸을 것입니다. 별을 보고 흉조라고 두려워하는 사람도 있었을 것이고 관심 없는 사람도 있었을 것입니다. 오늘은 별이 없습니까? 오늘도 하나님께서는 성경에 기록된 수많은 징조들을 통해 주님이 다시 오실 것을 우리에게 알려주시고 있습니다. 그 별을 보고 우리는 깨달아야 합니다.

그런데 많은 사람들이 사는 것에 몰두하다 보니 주님이 오시는 날을 기억하지 못하고 기다리지 않습니다. 주님을 기다리지 않는다는 것은 죄를 짓고 죄 가운데 산다는 뜻입니다. 그때도 그랬습니다. 그래서 하나님은 유대 땅에 그리스도의 탄생을 기다리지 않는 헤롯 대왕이나 종교 지도자들을 택하시지 않고 이방 나라 점성술사들을 택하셨습니다.

예수님의 족보에도 여리고 성의 기생인 라합, 이방 여인인 룻의 이야기를 기록하셨습니다. 창녀로 변신한 다말은 시아버지를 통해서 아기를 낳고 예수님의 조상이 됩니다. 자존심 강한 유대인들에게 이것은 받아들여질 수 없는 이야기입니다. 그런데 하나님은 그렇게 하셨습니다. 이것이 하나님께서 일하시는 방법입니다.

메시아가 이 땅의 왕으로 오시는 장면도 화려한 왕궁이나 대제사장의 가문으로 화려하게 태어난 것이 아니라 여인숙 하나 제대로 얻지 못한 목수 요셉의 아들로, 그것도 마구간에서 온갖 냄새가 지독한 곳에서 태어나셨습니다. 우리는 이러한 사실들을 보며 감사해야 합니다. 하나님은 아무리 큰 죄인일지라도 나의 죄를 고백하며 나아갈 때 그를 불러 쓰십니다.

아무리 천한 집안일지라도 그것을 따지지 않으십니다. 하나님은 교만한 자를 미워하시나 겸손한 자를 귀하게 여겨 주십니다. 하나님은 가문을 보시지 않습니다. 학식을 보시지 않습니다. 재물을 보시지 않습니다. 다만 하나님을 사모하는 자들을 택하시고 역사 속에 그들을 사용하십니다. 예수님이 태어나실 때 진실로 메시아의 탄생을 기다린 사람들은 고통 속에 있던 사람들이었습니다. 들판에서 떨며 양을 치던 목자들 같은 사람들이었습니다. 메시아가 와서 우리의 고통을 해결해주실 것을 간절히 기다리는 사람들이었습니다. 예수님은 기다리는 사람들을 통하여 찾아오십니다.

우리는 지금 대림절 마지막 주일을 지나고 있습니다. 대림절은 주님을 기다리는 훈련의 절기입니다. 예수님께서 누구에게 찾아오시겠습니까? 예수님은 왕궁으로 오시지 않았습니다. 헤롯 왕궁으로 찾아오셨다면 그 왕자는 백성들에게 고통이었을 것입니다. 부패한 종교 지도자들의 가문에 찾아오셨다면 소외된 백성들에게 아픔을 주었을 것입니다. 예수님은 가장 낮은 곳으로 찾아오셨습니다. 그리고 낮은 자들과 함께하시며 이들을 치료해 주시며 천국 복음을 전해주셨습니다. 그렇습니다. 오늘도 예수님은 진정 우리의 죄를 아파하며 주일을 진심으로 기다리는 성도들에게 찾아오십니다.

예수님은 화려한 교회에 오시는 것도 아닙니다. 굉장한 종교 지도자들의 모임에 오시는 것도 아닙니다. 주님의 오심을 예배 가운데 간절하게 기다리는 여러분의 마음에 찾아오시는 것입니다. 동방박사들은 별의 인도를 따라 아기 예수를 만납니다.

동방박사들도 내심 이 땅의 왕이 굉장한 곳에 태어나실 것이라고 기대하고 있었을 것입니다. 그런데 정작 별이 멈추어 서고 별빛이 내리는 곳은 냄새나는 마구간이었습니다. 놀랍게도 그 마구간 안에 아기가 있었습니다.

동방박사들은 의심하지 않았습니다. 두 달여를 쉬지 않고 달려온 의미를 발견했기 때문입니다. 그들에게 확신이 있었기 때문입니다다. 11절에 "집에 들어가 아기와 그의 어머니 마리아가 함께 있는 것을 보고 엎드려 아기께 경배하고 보배합을 열어 황금과 유향과 몰약을 예물로 드리니라"고 했습니다. 주저 없이 이들은 자신들이 왕께 경배하기 위해 준비해온 예물을 의심치 않고 마구간 구유에 놓이신 아기께 엎드려 경배하고 드립니다.

황금과 유향과 몰약은 의미를 가지고 준비해 온 정성이었습니다. 지금도 황금이 비싸지만 당시는 더욱 귀한 것이었습니다. 보통 사람들이 볼 수 없는 것이었습니다. 황금은 왕권을 상징하는 것입니다. 유향은 나무에서 채취되는 것으로 신성함을 상징하는 물질입니다. 몰약은 식물의 즙을 말린 것으로 약재로 쓰입니다.

굳이 황금과 유향과 몰약의 종교적인 의미를 말한다면 왕권과 신성함과 치료자를 뜻한다고 할 수 있습니다. 아마 동방박사들이 왕에게 가장 적합한 세 가지 예물을 준비했을 것입니다. 이들은 아기 예수께 경배하고 예물을 드리고 즉시 떠납니다. 무엇을 요구하지도 않았습니다. 이들의 마음속에는 기쁨이 가득했을 것입니다. 우리가 이 땅에 오신 왕을 뵈었다는 것입니다. 냄새나는 마구간에 눕혀진 아기를 보면서도 하늘로부터 오신 분이라는 확신을 가졌습니다. 그러니까 아낌없이 예물을 드리고 아기 예수를 보호하기 위하여 헤롯에게 알리지 않고 서둘러 다른 길로 돌아간 것입니다.

오늘 말씀 이후에 보면 이들은 꿈에 헤롯에게 돌아가지 말라는 지시를 받았다고 했습니다. 이들은 왕궁에서 헤롯으로부터 극진한 대접을 받았을 것입니다. 최고 권력자를 만나 식사도 함께했을 것입니다. 그러나 이들은 헤롯이나 왕궁보다 냄새나는 마구간에 계시는 예수님을 더 귀하게 여겼습니다. 이들의 시작부터 마지막까지 하나님께서 인도하시고 사용하신 것입니다. 우리는 성탄절을 기다리며 동방박사의 마음을 배워야 합니다.

현대인들은 그저 높은 곳으로 가려고 합니다. 많은 것을 가지기 위해 자신의 시간과 인생을 희생합니다. 동방박사들은 왕궁을 택하지 않고 마구간을 택했습니다. 헤롯 대왕의 명령을 따른 것이 아니라 꿈에 나타난 계시를 더 중요하게 생각했습니다. 성도 여러분, 지난 1년을 돌이켜 보며 우리는 별을 보며 따라 왔는지 우리 자신을 돌이켜 보십시다. 성경을 통하여 주시는 하나님의 말씀을 그 어떤 가치보다 귀하게 여기며 살아왔는지 우리 자신을 돌이켜 보십시다. 이것이 성탄을 기다리는 성도들의 모습입니다. 그리하여 오늘도 마구간으로 찾아오신 우리 예수님을 만나는 여러분이 되시기를 바랍니다.

적 용

ⓐ 오늘 말씀의 주제 파악하기:

ⓑ 오늘 말씀 중 은혜받은 부분 나누기:

ⓒ 삶에 구체적으로 적용하기:

함께 드리는 기도제목

1. 동방박사들처럼 하나님 말씀을 따라 순종하는 삶을 살게 하소서.
2. 주님 다시 오심을 소망하며 경건하게 살아가게 하소서.
3. 서로 사랑하며 주님의 사랑을 세상에 전하는 믿음의 사람이 되게 하소서.

45

은혜로 살았습니다

본 문: 고린도후서 6장 1-2절(신 291쪽)
찬 송: 301장(지금까지 지내온 것, 통 460장)
요 절: "이르시되 내가 은혜 베풀 때에 너에게 듣고 구원의 날에 너를 도왔다 하셨으니 보라 지금은 은혜 받을 만한 때요 보라 지금은 구원의 날이로다"(고후 6:2)

하나님, 감사합니다. 하나님께 영광을 돌려드립니다. 우리는 최근 몇 년 동안 풍랑을 헤치며 살아왔습니다. 코로나 팬데믹은 일제강점기 기독교의 박해 이후 한국 교회에 최고로 힘든 시기였습니다. 예배조차 드릴 수 없었던 시기에 저는 바벨론 포로기에 있던 유대인들을 생각했습니다. 이들은 하나님의 은혜를 누리며 마음껏 예배드릴 수 있었던 때에 은혜를 망각하고 하나님께 영광을 돌리지 않았습니다. 하나님께서는 그러면 너희들의 입으로 말한 그대로 들어주겠다 하시며 이스라엘 백성들에게 전쟁을 주셨고 바벨론에 노예로 끌려가 생활하게 하셨습니다.

노예 생활을 하며 고통을 겪던 이들은 비로소 하나님의 은혜를 기억하고 바벨론 강가에서 울면서 찬송을 불렀습니다. 은혜받을 때에 그 은혜가 얼마나 귀하고 좋은 것인지 깨닫고 감사하며 살지 못했던 것입니다. 코로나 팬데믹은 우리 한국 교회에 바벨론 강가였습니다. 우리는 우리의 죄악을 회개했고 예배를 드릴 때마다 늘 마음 속에는 눈물이 가득 고여 있었습니다. 그리고 지난 수년간 우리 교회는 다시 회복의 은혜를 입었습니다. 아직도 천여 명의 온라인 신자들이 있지만 많은 성도들이 공예배에 참여하고 있습니다. 특별히 올해에는 이전에 있었던 디아코니아센터의 거의 모든 프로그램들이 회복이 되었습니다.

어려운 이웃들을 위한 이·미용 봉사만 남아 있는데 새해에 회복이 될 줄로 믿고 기도하고 있습니다. 그 지독한 시기에도 헌금은 한 번도 후퇴한 적이 없습니다. 하나님께서 우리 교회에 은혜를 주셨습니다. 고난이 깊을 때에 하나님과 교회를 사랑하는 귀한 일꾼들을 오히려 훈련시키고 세워 주셨습니다. 우리가 신앙에 순결하기만 하면 하나님은 우리를 내버려두지 않으십니다. 다니엘서 4장에 하나님은 그루터기와 뿌리는 남겨 두신다고 했습니다. 그루터기와 뿌리에 하늘의 이슬을 주신다 하셨고 다시 회복의 은혜를 입게 될 것을 말씀하셨습니다. 우리 교회가 한국 교회의 그루터기가 되는 교회가 되기를 원합니다.

우리 교회에 특별히 주신 은혜를 어려움을 겪고 있는 한국 교회와 나누고 복음을 전하는 일에 더욱 순결하게 쓰임 받는 우리 교회와 여러분이 되시길 바랍니다. 오늘까지 살아온 것이 하나님의 은혜였습니다. 우리는 은혜 아니면 살 수가 없습니다. 매일같이 이슬처럼 내리는 은혜를 받고 이 자리까지 온 것입니다. 성도를 아름답게 만드는 것이 은혜입니다. 매일매일 은혜를 받으며 한 알의 영롱한 진주가 만들어지는 것처럼 우리는 하나님 앞에 아름다운 열매로 익어

가는 것입니다. 그러나 은혜가 사라지면 우리는 마른 낙엽처럼 이리저리 날리다가 썩어지는 존재가 되고 맙니다. 인간은 실력으로 사는 것이 아닙니다. 아무리 좋은 실력을 가졌다 할지라도 북한 땅에 태어나든지 아프리카 빈국에 태어나면 그 실력을 가질 수도 없고 써먹을 수도 없습니다.

나는 잘 살아보려고 하는데 하나님께서 그 은혜를 거두시면 아무것도 할 수가 없는 것입니다. 성경에 기록된 많은 인물들의 이야기는 실력 있는 사람을 기록한 것이 아닙니다. 은혜받은 사람들을 기록했습니다. 은혜받은 사람은 성경에 기록되고 영원한 하나님 나라에서 해같이 빛나게 되는 것입니다.

오늘 한 해의 마지막 주일 예배를 드리며 하나님의 은혜에 진정으로 감사하는 성도들이 되시기를 바랍니다. 오늘 주신 말씀 1절을 함께 읽으십시다. "우리가 하나님과 함께 일하는 자로서 너희를 권하노니 하나님의 은혜를 헛되이 받지 말라."

사도 바울은 지금 고린도 교회 성도들에게 이 편지를 보내고 있습니다. 사도 바울은 고린도 교회를 향하여 "우리가 하나님과 함께 일하는 자"라고 표현을 합니다. 고린도 교회는 복음을 받은 지 5-6년이 흘렀습니다. 이제는 성숙한 성도가 되어 하나님을 위해 일하는 자들이 되어야 합니다. 그래서 함께 일하는 자라고 한 것입니다.

이렇게 바울이 말한 배경에는 고린도는 항구도시로 무역이 활발한 도시였습니다. 무역상들에게 일반 여인들까지 매춘을 하는 것이 일상화되었고 이 여인들은 각종 정보를 듣고 아는 것이 많았습니다. 그래서 여성들이 교회에서 말을 많이 하는 고로 바울은 "여자는 교회에서 잠잠하라"(고전 14:34)고 말한 것입니다. 교회의 일에 대해 말하지 말고 일만 하라고 해석하면 안 됩니다.

쓸데없는 세상 이야기를 하지 말라는 것입니다. 성경을 잘 알고 이야기해야 합니다. 외국의 상인들이 많이 들어오니 우상도 함께 들어오게 되었고 그래서 고린도서에는 우상의 제물에 대한 것도 말한 것입니다. 고린도는 굉장히 복잡한 문제를 안고 있는 도시였습니다. 여러 민족이 함께 살고, 물질이 풍성하고, 우상숭배가 만연하고, 철학이 발달하여 이러한 문제들이 교회 안으로도 들어오게 되었습니다. 이들은 예수파, 베드로파, 아볼로파, 바울파로 파벌을 만들고 싸웠습니다. 그래서 바울은 "그리스도께서 나뉘어졌습니까?"라고 책망을 했습니다. 이렇게 문제가 많으니 하나님께서 이 시험을 이기라고 은사도 많이 주셨습니다. 고린도전서 14장이 은사 장입니다. 그런데 이 은사를 가지고 서로 내가 잘났다고 또 싸운 것입니다. 이들은 세상의 철학과 물질에 오염이 되었습니다.

그래서 오늘 사도 바울은 "너희들은 하나님과 함께 일하는 자다. 그러니 하나님의 은혜를 헛되이 받지 말라"고 하신 것입니다. 하나님의 은혜는 값없이 우리에게 주신 것을 말합니다. 사람들은 공짜를 가치 없는 것으로 생각을 합니다. 우리가 받은 은혜가 원래 가치 없는 것이 아닙니다. 하나님께서 값을 다 치러 주셨습니다.

예수님께서 십자가에 피 흘려 사신, 세상에서 가장 값진 것입니다. 그 은혜를 우리에게 값없이 주신 것입니다. 시골 처녀 마리아에게 은혜를 주신 것도 값없이 주신 것입니다. 사도 바울은 복음을 위해 누구보다 고생을 많이 한 사람입니다. 그런데도 그는 내가 하나님의 은혜를 가장 많이 받은 자라고 고백했습니다.

나는 은혜받을 자격이 없는데 은혜를 받았음을 깨달았기 때문입니다. 바울은 "나의 나된 것은 하나님의 은혜"(고전 15:10)라고 했습니다. 이것을 깨달았기 때문에 자신이 가진 세상에서 자랑할 만한 모든 것들을 분토만도 못하다고 했습니다. 지금 내가 하나님을 위하여 복음을 전하고 있는 것이 가장 귀한 일임을 깨달았기 때문입니다.

오늘 우리도 자격이 있어 이 자리에 있는 사람은 아무도 없습니다. 모두가 값없이 은혜를 받은 것입니다. 우리 교회도 은혜를 많이 받았습니다. 엊그제도 어느 장로님이 "목사님, 하나님이 우리 교회를 참 사랑하십니다. 어쩌면 코로나가 오기 직전에 예배당 건축을 마칠 수 있었을까요? 지금 지으려면 그 돈으로는 지금의 절반도 못 지을 텐데, 우리 교회는 코로나 시기에도 이렇게 좋은 시설을 주셔서 잘 이기게 되었습니다. 하나님, 참 감사합니다"라고 말씀을 하셨습니다. 건축뿐입니까? 코로나 시기에도 우리 교회에 많은 은혜를 주셨습니다.

좋은 성도들을 많이 보내 주셨습니다. 많은 이웃들이 하나님의 자녀가 되었습니다. 어떤 교수님은 우리 교회에서 예배드리고 너무 은혜가 되어 아예 우리 교회 주변으로 이사 오셨다는 이야기를 며칠 전에 듣고 너무 감사했습니다. 우리 도림교회가 참으로 은혜받은 교회라는 것이 우리 성도들이 우리 교회를 그렇게 기뻐합니다. 자랑합니다. 교회가 부흥하는 것을 기뻐하고 새가족이 등록하는 것을 보며 감사하다고 합니다. 이것이 은혜받은 증거입니다.

세상 사람들은 내가 사업이 잘되어 큰돈을 번 것을 기뻐합니다. 내 자녀가 잘된 것을 기뻐하고 자랑합니다. 그런데 은혜받은 사람들은 교회가 잘되는 것을 자랑하고 기뻐하는 것입니다. 이것은 성령님이 아니고서는 주실 수 없는 복된 마음인 것입니다.

우리는 하나님의 은혜를 헛되이 하지 않아야 합니다. 헛되이 한다는 말은 공허하게 만든다는 말입니다. 항아리가 깨진 것처럼 아무리 많은 물을 부어도 다 줄줄 새어 나가는 것을 말합니다. 왜 은혜가 새어 나갈까요?

심령의 그릇이 깨어졌기 때문입니다. 심령이 교만해지고 강퍅해지면 하나님의 은혜 없이도 내 힘으로 살겠다고 합니다. 이것은 하나님의 내미신 손을 뿌리치는 것입니다. 우리 도림의 성도들은 올해도 은혜로 살았고 내년에는 더 큰 은혜가 쌓이는 성도들이 되시기를 바랍니다.

2절에 "이르시되 내가 은혜 베풀 때에 너에게 듣고 구원의 날에 너를 도왔다 하셨으니 보라 지금은 은혜 받을 만한 때요 보라 지금은 구원의 날이로다"라고 말씀합니다. 하나님께서 은혜를 베푸실 때에 그 은혜를 깨닫고 은혜로 사는 성도들이 간구하는 것을 다 들어주십니다. 하나님이 들어주시면 우리는 두려울 것이 없습니다.

듣는다, '에파쿠오'(ἐπακούω)는 경청한다는 뜻입니다. 귀 기울여 들어 주신다는 말입니다. 우리의 작은 신음에도 응답하신다고 하시지 않았습니까? 하나님의 때가 되면 다 응답해 주십니다. 그러므로 우리는 하나님께서 은혜 주실 때에 은혜받는 자들이 되어야 하는 것입니다. 이 말씀을 자세히 살펴보면 은혜 주실 때라고 했는데 이 '때'는 '카이로'(Καιρῷ)라는 단어로 기록되었습니다. 이는 순간, 찰나를 말하는 단어입니다. 즉 '작은 은혜의 순간도 놓치지 말고 은혜를 받으라. 그러면 나도 너의 기도에 귀를 기울여 경청하겠다'는 약속의 말씀입니다.

성도 여러분, 교회는 은혜의 장소입니다. 예배는 은혜받는 시간입니다. 성도들의 모임은 은혜의 자리입니다. 여러분은 모든 작은 순간에도 은혜, 오직 은혜를 받고 은혜로 축복받는 성도들이 되시기 바랍니다.

구원의 날에 너를 도왔다고 하셨는데 구원은 자기 힘으로 얻을 사람은 아무도 없습니다. "돈으로도 못 가요, 힘으로도 못 가요, 벼슬로도 못 가요, 지식으로 못 가요, 잘생겨도 못 가요, 맘 착해도 못 가요, 하나님 나라"라는 복음성가 가사가 있습니다. 천국은 오직 하나님을 믿는 믿음으로 가는 것이며 하나님이 그 믿음을 보시고 우리를 도우셔야 가는 나라인 것입니다.

그런데 오늘 하나님께서 도우신다고 약속하셨습니다. 그러므로 어떻게 하라는 것입니까? "보라 지금은 은혜 받을 만한 때요 보라 지금은 구원의 날이로다." 지금 은혜받아야 한다는 것입니다. 지금 은혜받고 있어야 구원의 날이 임하는 것입니다. 그리고 그 구원이 천국까지 이어지는 것입니다.

그러므로 은혜를 헛되이 하지 않으려면 첫째, 기도해야 합니다. 은혜를 헛되이 하는 자는 기도하지 않습니다. 기도하지 않아도 사는데 아무런 아쉬움이 없습니다. 그래서 기도하지 않아요. 은혜는 한번에 그치는 것이 아닙니다. 계속해서 채워야 합니다. 안타깝게 기도하고 간절히 기도해야 합니다. 무너져 가는 한국 교회를 생각하며 눈물의 기도를 해야 합니다.

많은 교회들이 복음을 떠나고 식어가고 있습니다. 뜨겁게 기도할 때에 은혜는 더 크게 계속해서 부어지는 것입니다. 미리 미리 기도해야 나중에 울 일이 없습니다. 성도 여러분, 여러분을 위하여 기도하시고 우리 교회를 위하여 기도하시고 한국 교회와 세계선교를 위해 간절히 기도하는 성도들이 되시기를 바랍니다.

은혜를 헛되이 하지 않으려면 둘째, 말씀을 사모해야 합니다. 은혜를 헛되이 받는 사람은 말씀을 사모하지 않습니다. 달라지는 것이 없기 때문입니다. 그러는 사이 영혼이 황폐해지고 새까매져 가는 것입니다. 매일 말씀을 읽으며 오늘 주신 말씀이 하나님께서 내게 주신 말씀임을 믿고 그 말씀대로 순종하며 살기를 힘쓰십시오. 말씀을 들을 때마다 전력을 다하여 말씀을 들으십시오. 말씀은 귀로 듣는 것이 아니라 가슴으로 듣는 것입니다. 하나님은 예배하는 자를 찾으신다고 하셨습니다. 찾으신다는 말은 기억하시고 지켜주신다는 말씀입니다.

우리 하나님이 우리를 지켜주시지 아니하면 악한 영들과의 싸움에서 이길 자가 없습니다. 마귀는 우는 사자같이 두루 다니며 삼킬 자를 찾는다고 말씀하셨는데 은혜가 떨어지면 마귀의 먹잇감이 되고 마는 것입니다. 예배를 통하여 은혜를 받으면 하나님은 더 큰 은혜를 주십니다. 여러분은 예배 시간마다 은혜를 만나야 합니다. 그러면 그 은혜가 여러분의 인생을 복된 길로 인도하고 천국 길로 인도하는 것입니다.

은혜를 헛되이 하지 않으려면 셋째, 감사해야 합니다. 내가 받은 구원을 감사하고 나 같은 사람에게 주신 은혜를 감사하시기 바랍니다. 감사를 잃어버리면 즉시 불평이 나옵니다. 예배를 드리고 나가자마자 불평이 나옵니다. 은혜를 잃어버렸기 때문입니다.

우리가 지난 1년을 보내며 감사할 것이 얼마나 많습니까? 받은 감사를 세어보시기 바랍니다. 가정에서 감사하면 가정이 행복해집니다. 교회에서 감사하면 수많은 은혜와 축복이 내리고 구원의 은총까지 받습니다. 세상 사람들은 자기의 물질과 지식과 권력을 자랑하지만 은혜받은 자는 하나님을 자랑하고 교회를 감사합니다.

은혜는 하늘로부터 내려온 생명의 동아줄을 붙잡는 것입니다. 감사하는 성도들이 되시기 바랍니다.

성도 여러분, 지난 한 해 동안 우리나라에 어려움이 많이 있었습니다. 지금도 국민들이 서로 대치하고 미워하고 있습니다. 이 나라에 하나님의 은혜가 필요합니다. 우리도 얼마나 고생이 많았습니까? 그런데 이렇게 마지막 주일, 하나님께 예배드리고 있습니다. 은혜입니다. 우리에게 주신 은혜를 헛되이 하지 말고 더 큰 은혜를 사모하여 하나님의 약속이 이루어지는 성도들이 되시기를 바랍니다.

적 용

ⓐ 오늘 말씀의 주제 파악하기:

ⓑ 오늘 말씀 중 은혜받은 부분 나누기:

ⓒ 삶에 구체적으로 적용하기:

함께 드리는 기도제목

1. 받은 은혜를 기억하며 헛되이 하지 않게 하소서.
2. 은혜의 때를 놓치지 않고 더 깊이 사모하게 하소서.
3. 예배를 통해 은혜받고 감사로 살아가는 삶이 되게 하소서.

말씀과 기도가 있는 구역 만들기 17

믿음의 유산을 잇는 사람들

1판 1쇄 인쇄 _ 2025년 12월 20일
1판 1쇄 발행 _ 2025년 12월 26일

지은이 _ 정명철
펴낸이 _ 이형규
펴낸곳 _ 쿰란출판사

주소 _ 서울특별시 종로구 이화장길 6
편집부 _ 745-1007, 745-1301-2, 743-1300
영업부 _ 747-1004, FAX 745-8490
본사평생전화번호 _ 0502-756-1004
홈페이지 _ http://www.qumran.co.kr
E-mail _ qrbooks@daum.net / qrbooks@gmail.com
한글인터넷주소 _ 쿰란, 쿰란출판사
페이스북 _ www.facebook.com/qumranpeople
인스타그램 _ www.instagram.com/qrbooks
등록 _ 제1-670호(1988.2.27)
책임교열 _ 최진희 · 김준표

 ISBN 979-11-24013-47-2 93230